GODDARD **BLEI ZU GOLD**

DAVID GODDARD

BLEI ZU GOLD

Das große Praxisbuch
der Geheimen Lehren
für Kenner der
magischen Künste

Aus dem Englischen
von Marita Böhm

wird herausgegeben von Hans Christian Meiser.

Die Originalausgabe erschien unter dem Titel *The Tower of Alchemy*
bei Samuel Weiser Inc., York Beach, Maine

Die Deutsche Bibliothek – CIP-Einheitsaufnahme
Goddard, David:
Blei zu Gold : das große Praxisbuch der
Geheimen Lehren für Kenner der magischen Künste /
David Goddard. Aus dem Engl. von Marita Böhm. –
Kreuzlingen ; München : Hugendubel, 2001
(Atlantis)
Einheitssacht.: The tower of alchemy <dt.>
ISBN 3-7205-2178-8

© David Goddard 1999
© der deutschsprachigen Ausgabe: Heinrich Hugendubel Verlag,
Kreuzlingen/München 2001
Alle Rechte vorbehalten

Umschlaggestaltung: Zembsch' Werkstatt, München
Produktion: Maximiliane Seidl
Satz: EDV-Fotosatz Huber / Verlagsservice G. Pfeifer, Germering
Druck und Bindung: Huber, Dießen
Printed in Germany
ISBN 3-7205-2178-8

*Seiner Heiligkeit Urgyen Trinley Dorje,
dem 17. Gyalwa Karmapa
– Schneelöwe unter den Weisen –,
voller Hochachtung gewidmet.*

*Patrick Francis Coyne,
einer reinen »Stimme« im
heilenden Lied der Nachtigall,
voller Liebe zugeeignet.*

INHALT

VORWORT 17

DANKSAGUNG 23

I   DAS FUNDAMENT LEGEN 25

    Das Große Werk 27
    Die Mysterien 32
    Das Gold 36
    Die mythische Symbolkette 38
    Der magische Spiegel 39
    Gott existiert und existiert nicht 40
    Atlantis 41
    Vorbereitungen auf das Werk 42

    Die Kontemplation –
    Die Smaragdtafel des Hermes Trismegistos 46

II   DER OFEN UND DER BLASEBALG 49

    Die Lehre 51

    Die Übung: Das Rote Werk 52
    Entspannung 53
    Atem 53
    Das Kabbalistische Kreuz 55

	Die Übung: Das Weiße Werk	59
	Auswirkungen	67
	Die Kontemplation	69
III	DER HEILIGE GRAL	71
	Die Lehre	73
	Die Übung	82
	Auswirkungen	84
	Die Kontemplation	85
IV	DIE GEFÄHRTEN DES LICHTS	87
	Die Lehre	89
	Die runde Tafel	92
	Die Übung	95
	Die Kontemplation	98
V	DER HEILIGE TREFFPUNKT	99
	Die Lehre	101
	Die weit reisenden Geister des Lichts	104
	Die Übung: Stufe 1	109
	Auswirkungen	111
	Die Übung: Stufe 2	113
	Auswirkungen	114
	Die Kontemplation	114

VI	SONNE UND MOND VERNEIGEN SICH VOR IHM	117
	Die Lehre	119
	Schöpfungen der Geschöpfe	119
	Die Arbeit am Tisch	122
	Der Caduceus des Hermes	124
	Die Übung	132
	Die Kontemplation	134
VII	DIE ZITADELLE DER SEELE	137
	Die Lehre	139
	Die innere Burg	146
	Keter-Malkut	150
	Die Übung	152
	Auswirkungen	155
	Die Kontemplation	156
VIII	DER BLÜHENDE BAUM	159
	Die Lehre	161
	Der Stab der Macht	163
	Die Hochzeitskammer	167
	Kammer des Innewohnens	170
	Die Übung	173
	Auswirkungen	177
	Die Kontemplation	177

| IX | DIE KOINZIDENTE MUTTER | 179 |

    Die Lehre 181
    Tummo 185
    Alexandria: Wo der Osten den Westen berührt 187
    Die Schwarze Isis 193

    Vorbereitungen 197

    Die Übung 199

    Die Kontemplation 201

| X | DER PFAUENSCHWANZ | 203 |

    Die Lehre 205
    Die Zitadelle 206
    Der Golem 210
    Das Gewand der Herrlichkeit 215
    Die Erste Materie 218

    Die Übung 224

    Auswirkungen 227

    Die Kontemplation 228

| XI | DER VERBORGENE UNSTERBLICHE | 229 |

    Die Lehre 231
    Der Gesalbte 232
    Der Regent 234
    Der Einsiedler 236

    Die Übung 237

    Auswirkungen 243

    Die Kontemplation 243

XII ZUR ERINNERUNG AN ARTUS, DEN KÖNIG 245

    Die Lehre 247
    Der Unrat 250

    Die Übung 257

    Auswirkungen 262

    Die Kontemplation 262

XIII DEN DRACHEN WECKEN 265

    Die Lehre 267
    Die geflügelte Schlange 270

    Die Übung 275

    Auswirkungen 278

    Die Kontemplation 280

XIV DER CLAVICULUM 281

    Die Lehre 283
    Die Saphire 286
    Die Blätter des Baums 292
    In den oberen Welten 293
    Die Verborgenen Pfade 296

    Die Übung: Stufe 1 298
    Das Amt des Verwalters 298

    Auswirkungen 301

    Die Übung: Stufe 2 301
    Die Wache 301

    Auswirkungen 303

    Die Kontemplation 303

XV DIE KRONE DES LEBENS 305

    Die Lehre 307
    Das Goldene Vehikel 312
    Wirkung in der äußeren Welt 314
    Eine Krone des Lebens will ich dir geben 317

    Vorbereitungen 317

    Die Übung 317

    Auswirkungen 323

    Die Kontemplation 324

XVI SARRAS 325

    Die Lehre 327

    Die Übung 328
    Stufe 1: Die Reise 329
    Stufe 2: Die Vision 334
    Stufe 3: Die Rückkehr 344
    Stufe 4: Der Aufstieg 349

    Auswirkungen 352

    Die Kontemplation 353

XVII DIE SOROR MYSTICA 355

    Die Lehre 357
    Künftige Praxis 360
    Die Mudra 361
    Die Edlen 367
    Der Schatz des Drachen 370

    Die Kontemplation 372

    Abschiedsgruß 373

ANHANG I 375
Farben und Schlüssel 377
Ein alchimistisches Gebet 380

ANHANG II 383
Literatur 385
Abbildungsverzeichnis 388
Register 389
Über den Autor 397

Ich bin ein Diener des Geheimen Feuers ...

Gandalf, in *Der Herr der Ringe*
von J. R. R. Tolkien

*Mutter der dreimal Siegreichen,
wir preisen dich und werfen uns zu Boden.
Ein krummes Messer, eine Schädelschale
und einen Dreizack hältst du in den Händen ...
Wir werfen uns vor dir, die allen Nutzen bringt, nieder ...
Ewig strahlend, vollkommen leer, Vajra-Tänzerin, Mutter von allen,
ich verneige mich vor dir...
Aus dem Milchozean ihres Segens wird gute Butter gewonnen,
die Würdige als Ehre empfangen.
Mögen sich alle an dem Lotusgarten der erhabenen Mutter
ewig erfreuen.*

Lobpreisung des Dorje Phagmo,
aus dem *Vajrayogini-Sadhana*
von Rangjung Dorje,
dem 3. Karmapa.

VORWORT

Das vorliegende Buch ist das Ergebnis dessen, was in der Kabbala als *Tzorech G'voah*, ein »höheres Bedürfnis«, bezeichnet wird. Als solches wurde es im Auftrag der Meister des Dienstes geschrieben. Auf den folgenden Seiten werden die verborgenen Lehren hinsichtlich der Wissenschaft der Weisen dargelegt. Dieses »höhere Bedürfnis« richtet sich an die spirituellen Aspiranten, die in karmischer Hinsicht geeignet sind, das Große Werk zu diesem Zeitpunkt der Geschichte zu vollenden. Ihnen erschließen nun die Weisen – die Menschen, die dieses Ziel bereits erreicht haben – auf beispiellose Art den Weg, um ihnen beim Finden des Schatzes aller Schätze zu helfen. Denn in jeder Generation gibt es immer wieder Schüler, die genau an der Schwelle dazu stehen, einer der »Wissenden« zu werden.

Dieses Buch ist ein Leitfaden zur Wissenschaft des Hermes Trismegistos und ein wahrer Führer zur Heiligen und Königlichen Kunst. Es bietet die spezifischen Lehren und besonderen Übungen an, die den aufrichtig bemühten Aspiranten befähigen werden, zum »Geheimnis aller spirituellen Werke« vorzudringen, was in der Vollendung des Großen Werks gipfeln kann. Denn dieses Werk ist *Theurgie* – »göttliche Handlung« –, die wahre Alchimie, die die praktische Anwendung der heiligen Kabbala ist. Es führt zur Erlangung des Steins der Weisen, wodurch das persönliche Bewusstsein und das Urbewusstsein eins werden. Dieser Stein – das Juwel der Ewigkeit – überwindet jede Begrenzung, heilt alle Leiden und setzt selbst der Notwendigkeit des Todes ein Ende.

Diese Geheimen Lehren sind die verborgene Essenz des *Sefer Jezira*, die Melchisedek den Stammvater Abraham lehrte, nachdem er ihn in die himmlische Überlieferung, die Kabbala, eingeführt hatte. Melchisedek ist jenes geheimnisvolle Wesen, das König des Friedens und Priester des höchsten Gottes ist – Melchisedek, »geboren ohne Vater und ohne Mutter, der weder Tod noch das Ende der Zeit kennt«.

Die alten Alchimisten verbargen die Geheimnisse ihrer Kunst in einer Vielfalt verwirrender Symbole und Motive, die sie wiederum einer bunten Palette von Quellen entnahmen: chemische Prozesse, astrologische Symbolik, Fabeltiere und Sagengestalten, hebräische, griechische und lateinische Buchstabendeutungen, Metallurgie und Götter aus den Mysterienpantheons der klassischen und hellenistischen Weltanschauungen. Weil das moderne Erziehungs- und Bildungswesen im Westen dem Suchenden nicht mehr die Informationen an die Hand gibt, um diese Geheimnisse zu »entschlüsseln«, können Praktizierende ihr gesamtes Leben darauf verwenden, lediglich die verschlüsselte »Sprache« der Alchimisten zu erlernen. Folglich vermögen moderne Schulen und Schüler der Kleinen Mysterien die praktische Alchimie verständlicherweise nicht mehr zu nutzen, durch die das Ziel in einem einzigen Leben erreicht werden könnte. In der alchimistischen Symbolik wird der theoretische Aspekt der Kunst durch ein verwirrendes Labyrinth repräsentiert, um die intellektuellen Schwierigkeiten zum Ausdruck zu bringen, die mit dem Großen Werk einhergehen, während die *Praxis* (die praktische Umsetzung) als der »Turm der Kunst« bezeichnet wird.

Einige der mit der Hermetischen Kunst Vertrauten erheben vielleicht Einwände gegen die Freimütigkeit und Offenheit dieses Leitfadens für das Große Werk. »Es ist nichts verborgen, was nicht offenbar werde« (Matthäus 10:26 und Lukas 12:2). Weil bis vor kurzem diese Lehren und Techniken nur »von Mund zu Ohr«, von Lehrer zu Schüler vermittelt wurden, konnten diese wirklich großen »okkulten« Geheimnisse nur zutiefst ergebenen Seelen anvertraut werden. Doch selbst innerhalb der vorliegenden Seiten mögen diese Lehren nicht ohne weiteres missbraucht werden, weil nur Frauen und Männer mit der erforderlichen Selbstmotivation und Selbstdisziplin zur Beständigkeit die »Früchte« des Werkes in ihrer ganzen Fülle ernten werden. Nur hingebungsvoll Praktizierende, die das Rennen bis zum Ende durchhalten, werden die Zeichen der Verwirklichung manifestieren. Aber das

Schöne an der alchimistischen Praxis besteht darin, dass man seine Fortschritte tatsächlich messen kann; denn die Arbeit mit dem Geheimen Feuer basiert nicht auf Glauben, sie führt zu erkennbaren physischen und spirituellen Ergebnissen. Im *Sohar* wird jedoch zu Recht gewarnt: »Es ist nicht schicklich, dass ein Bürgerlicher das Zepter des Königs ergreift.« Also vervollkommnet die Alchimie, die Königliche Kunst, zuerst ihre Adepten und macht sie danach zu Herren des Geheimnisses des Saturns, befreit vom Rad der Geburt und des Todes. Durch das Praktizieren der Alchimie ist das spirituelle Wachstum des Adepten gesichert.

Mit dem Wissen und der potenziellen Erfahrung, die in diesem Buch enthalten sind, werden hermetische Adepten die Essenz oder den Schlüssel der Königlichen Kunst in Händen halten. Sollten sie sich auf die uralten und schwer verständlichen alchimistischen Texte berufen, werden sie »von innen erleuchtet« erscheinen.

Um gewisse Aspekte des alchimistischen Prozesses zu verdeutlichen, habe ich Vergleiche zur tibetischen Tradition des *Vajrayana* (Diamantweg), dem esoterischen Kern des Mahayana-Buddhismus, angestellt. Diese Lehren haben ihren Ursprung in der großen Klosteruniversität Nalanda in Bihar, Indien, die vom 5. bis zum 10. Jahrhundert u.Z. ihre Blütezeit erlebte. Die vielleicht größte Zierde des Nalanda-Klosters war der Weise Nagarjuna, der als Autor, Philosoph und Alchimist wirkte. Nagarjuna, der »Schlangenmeister«, begründete die Madhyamika-Schule (in deren Mittelpunkt das Nichts oder die »Leere« steht) und fand das *Prajnaparamita-Sutra* wieder. Durch die Praxis der Alchimie erhielt Nagarjuna die gesamte Klostergemeinschaft Nalanda (ungefähr 500 Lehrer) aufrecht, entwickelte hochtantrische Lehren und verblieb mehrere Jahrhunderte lang in Menschengestalt auf Erden.

Die Vajrayana-Lehren wurden im 11. Jahrhundert vom ehrwürdigen und erleuchteten Guru Padmasambhava (Guru Rimpoché) nach Tibet gebracht, von dem es wie bei Melchisedek heißt, er sei »geboren ohne Vater und ohne Mutter und kenne weder Tod noch das Ende der Zeit«, denn er überwand den Zwang von Geburt und Tod. Die sich speziell mit Alchimie befassenden tibetischen Lehren sind die Sechs Doktrinen des Naropa und die Dzogchen-Lehren über den »Regenbogenkörper des klaren Lichts«. Diese Lehren werden hauptsächlich von der Kagyü-Linie des tibetischen Buddhismus überliefert und von den verwirklichten Lama-Yogis dieser Schule gelehrt.

Meinem Vergleich der Alchimie mit dem Yoga des tibetischen Buddhismus liegen zwei Absichten zu Grunde. Erstens sprachen die alten europäischen Alchimisten oft von ihrer »Melancholie«, womit sie die Depression meinten, von der alle spirituell Praktizierenden von Zeit zu Zeit geplagt werden. In der Alchimie ist diese Depression weit verbreitet und allgemein bekannt, weil ihre Adepten meistens isoliert und in einer sie keineswegs unterstützenden Kultur arbeiten. Demgegenüber verfügt der tibetische Buddhismus über eine ununterbrochene Linie von Praktizierenden, die die »Zeichen der Vollendung« erlangt haben und damit anderen bestätigen können, dass das Ziel erreichbar ist. Die tibetische Kultur ist außerdem eine, in der die »Früchte des Geistes« mehr als alles andere hochgehalten werden.

Zweitens will ich aufzeigen, dass es trotz der unterschiedlichen äußeren Erscheinung von »westlichen« und »östlichen« esoterischen Traditionen eine planetarische Tradition gibt, die dem Großen Werk zu Grunde liegt. Es heißt, dass »alle Mystiker aus demselben Land kommen und dieselbe Sprache sprechen«. In diesem Land fließen die Milch des Verstehens und der Honig der Weisheit; dieses Land ist Malkutz ha'Schamaim, das »Königreich des Himmels«. Die »Sprache«, die die Weisen sprechen, ist die des Himmels, des höheren Bewusstseins: *conversatio nostra in coelis*, »unsere Sprache ist im Himmel«. Gemeinsam bilden die Weisen des Ostens und des Westens eine große Gemeinschaft der zeitlosen Weisheit, die unter so verschiedenen Namen wie die Große Weiße Loge, der wahre Sangha, das Haus Israel und das Kollegium des Heiligen Geistes bekannt ist. Da, wo wir jetzt stehen – mit unserer ganzen Verwirrung, unserem ganzen Schmerz und Egoismus –, standen einst auch die Weisen. Und mehr noch – sie versichern uns unentwegt, dass auch wir die Höhe erklimmen können, auf der sie nun stehen, denn das ewige Licht leuchtet uns und verglüht nicht.

Während dieser Zeit tief greifender planetarischer Transformation arbeiten die Angehörigen der östlichen und westlichen Traditionen – »die von den Anden und die vom Ganges«, um die alte rosenkreuzerische Bezeichnung zu verwenden – zusammen, um die Menschheit in die befreienden Lehren der ungeteilten zeitlosen Weisheit einzuführen. Diese ewige Weisheit, die alle kulturellen und sektiererischen Aspekte oder Unterteilungen transzendiert, ist eine Widerspiegelung makelloser und friedlicher Weisheit, die, wie es in der Kabbala heißt, »ein reiner Einfluss [ist], der von der Herrlichkeit des Allmächtigen ausgeht.« Es ist der Weg, der das Menschsein heilt und vervollkommnet und zum klaren Licht des reinen Geistes führt, das zugleich die höchste Glückseligkeit, das eigentliche Elixier des Lebens, spendet.

DANKSAGUNG

Ohne Beistand gelingt keine Geburt. Diese Darstellung der Geheimen Weisheit ist das Ergebnis jahrhundertelanger Arbeit und stützt sich auf viele Mitarbeiter. Hier habe ich die Ehre, einigen der spirituellen Ältesten und Lehrer, die im 20. Jahrhundert jeder auf seine Weise auf das transzendente Licht der großen Glückseligkeit hingewiesen haben, meine Hochachtung zum Ausdruck zu bringen:

> Dem Ba'al-Shem Z'ev ben Shimon Halevi, Paul Foster Case, dem 12. Tai-Situpa, W. Ernest Butler, Tony Willis, Chuje Akong Rimpoché, Dion Fortune, Marian Green, Brooke Medicine-Eagle, Lama Thubten Yeshe, Kalu Rimpoché, Joan Grant, Katherine Kurtz, Elizabeth Kübler-Ross, Gareth Knight, Moyra Caldecott und Seiner Heiligkeit, Tenzin Gyatso, dem Vierzehnten Dalai Lama, Träger des Weißen Lotus des Mitgefühls.
> Möge euch allen Gnade und Wunder widerfahren.

Und den Vajradhara, jenen erleuchteten Weisen, die, nachdem sie den Weg gegangen und zu den lebendigen Steinen im Tempel des Absoluten geworden sind, uns weiterhin führen und ermutigen – die Siegreichen, die Beobachter, die Heiligen, die Herren des Mitgefühls.
Möge euch allen Ehre und Dankbarkeit widerfahren.

I

DAS FUNDAMENT LEGEN

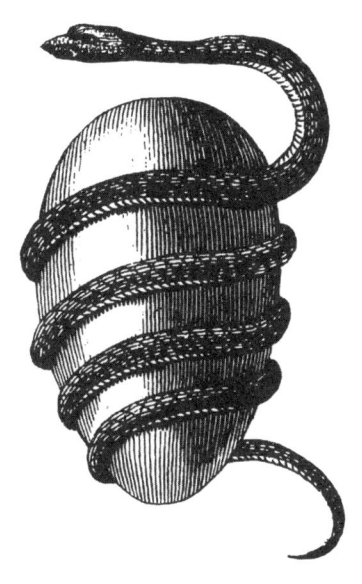

*Was für Gott das Mysterium ist,
ist für den Menschen die Privatsphäre.*

Aphorismus

Das Große Werk

Alchimie ist das arabische Wort für »Stoff aus Ägypten«, abgeleitet von dem uralten Namen des Landes im Nildelta, *Khem*, der »Schwarzes Land« bedeutet. Der Begriff »Alchimie« zur Bezeichnung der Königlichen Kunst tauchte zuerst in den Schriften des Zosimos auf, der im Jahre 300 u.Z. in Alexandria wirkte. Im vedischen Indien war die Alchimie unter dem Begriff *Nagayuna*, »Weg der Schlange«, bekannt. In China datiert der älteste bekannte alchimistische Text, *Nei Jing* (»Der Innere Klassiker des Gelben Kaisers«), zwischen 4000 und 5000 v.u.Z. und geht somit dem *I Ging* und dem *Tao te King* voraus.

Die Alchimie wird als die Königliche Kunst bezeichnet, weil sie das Mittel ist, um das göttliche Potenzial im Menschen zu entschleiern und zu manifestieren. Als Teil der in die kulturellen Triebkräfte der westlichen Zivilisation eingebetteten Wissenschaft der Weisen ist die Alchimie der Weg der Großen Mysterien des Geistes, der zur vollkommenen Erleuchtung führt. Dieser Prozess wird oft das *Magnum Opus*, das Große Werk, genannt, weil er den endgültigen Aufstieg hinauf zum mystischen Berg der Verwirklichung darstellt, durch den die Befreiung vom Rad der Geburt und des Todes erlangt wird. Als ein Pfad beschleunigter Evolution birgt die Alchimie viele Gefahren in sich (wie jede andere Bergbesteigung auch), und ihre innersten Geheimnisse wurden immer verborgen gehalten, damit der Unvorbereitete, der spirituell »Unreife« die für die Ausübung der Kunst erforderlichen hochfrequenten Energien entweder nicht missbraucht oder von ihnen verbrannt wird. Denjenigen, die das Große Werk vollendet haben, wird eine außergewöhnliche Macht über physische Zustände verliehen, beispielsweise die Transmutation von Materie, die Heilung aller Krankheiten und eine außerordentlich verlängerte Spanne der menschlichen Inkarnation.

Von den befreiten Weisen – den Männern und Frauen, die das Große Werk vollendet haben – ist in allen esoterischen Traditionen in der ganzen Welt die Rede. Drei Beispiele werden in der Bibel angeführt: Henoch, »der mit Gott ging und nicht war«; Elias, der in einem feurigen Wagen zum Himmel fuhr; und Jesus, der von den Toten auferstand. Der Taoismus, die chinesische Variante der Alchimie, kennt ›Acht Unsterbliche‹, Menschen, die dadurch, dass sie »den Weg« (Tao) gingen, von allen Beschränkungen der inkarnierten Existenz – Geburt, Krankheit und Tod – befreit wurden. In Tibet sind solche verwirklichten Weisen als »unsterbliche Vajra-Träger« bekannt. Die mystische Überlieferung der russischen orthodoxen Kirche berichtet über Einsiedler, die so genannten Starzen Methusalems, deren Leben ganze Jahrhunderte umfasste. Der Katholizismus lehrt als einen Glaubensartikel, dass Maria, die Mutter von Jesus, »den Tod [nicht] gekostet« habe und bei ihrer Himmelfahrt physisch in das Firmament aufgenommen wurde. Bei den Rosenkreuzern, einer esoterischen Form der christlichen Kabbala, wird ein voll verwirklichter Weiser mit dem lateinischen Begriff *Ipsissimus* bezeichnet, der »er, der am meisten er SELBST ist« bedeutet (mit der hinduistischen Vorstellung von *Atman*, das Absolute Selbst, identisch). Diese Männer und Frauen – diese menschlichen Unsterblichen – sind vom Atem des Heiligen Lebens bekleidet und zu überbewussten Vertretern der Macht Gottes geworden.

In den esoterischen Büchern des Judaismus werden die *Lamed-Vaw* erwähnt, die 36 Gerechten, auf deren Schultern die Welt ruht, die sieben Säulen der Weisheit und Gerechtigkeit und die sieben Heiligen, deren aufeinander folgende Leben sich über die gesamte Menschheitsgeschichte erstrecken. Der Überlieferung zufolge handelt es sich bei diesen sieben Heiligen um Adam, Methusalem, Shem, Jakob, Serah (die Tochter Ashers), Ahijah aus Shiloh (der *Maggid* oder Innere Lehrer des Ba'al Shem Tov) und den Propheten Elias selbst. In der Tat lehren alle drei »Religionen des Buches der Bücher«, Judaismus, Christentum und Islam, die Auferstehung der Toten, wenn am Ende der Zeit die ganze Menschheit in unzerstörbaren physischen Körpern auferstehen und die immer währende Ernte dessen, was sie gesät hat, einbringen wird.

Die Lehren der Alchimie waren in Indien vor langer Zeit unter dem Begriff *Nagayuna* bekannt. Swami Vivekananda schreibt in seinem Buch *Raja Yoga*:

> In Indien gab es einmal Sektenmitglieder, die sich die Rasayanas nannten. Diese fanden, dass Idealität, Wissen, Spiritualität und Religion in Ordnung seien, aber der Körper nur ein Mittel darstelle, um zu all dem zu gelangen. Wenn sich der Körper von Zeit zu Zeit auflöst, wird das Ziel erst sehr viel später erreicht. Ein Mensch möchte beispielsweise Yoga üben oder spirituell werden. Bevor er sehr große Fortschritte gemacht hat, stirbt er. Dann nimmt er einen neuen Körper an, beginnt aufs Neue, stirbt wieder und so weiter. Auf diese Weise geht mit dem Sterben und Wiedergeborenwerden viel Zeit verloren. Wenn man aber den Körper stärken und vervollkommnen könnte, bliebe uns viel mehr Zeit für unsere spirituelle Entwicklung. Daher sagen die Rasayanas, man müsse als Erstes den Körper stärken, um ihm dann Unsterblichkeit verleihen zu können. Sie fragten sich, warum wir unseren Körper nicht für immer erhalten könnten, wenn doch der Geist [Bewusstsein] den Körper erzeuge und wenn jeder Geist nur eine Mündung für diese unendliche Energie sei und es jeder dieser Mündungen unbegrenzt möglich wäre, beliebig viel Energie in sich aufzunehmen? Wir selbst müssen alle Körper schaffen, die wir jemals besitzen. Sobald dieser Körper zerfällt, müssen wir einen neuen erzeugen. Wenn uns dies möglich ist, warum können wir es dann nicht hier und jetzt tun, ohne den Körper verlassen zu müssen? Wenn es uns möglich ist, nach dem Tode zu leben und neue Körper zu schaffen, warum sollten wir dann nicht die Fähigkeit besitzen, es schon in diesem Leben zu tun, ohne dass sich der Körper gänzlich auflöst, einfach dadurch, dass wir ihn ständig verwandeln? Die Rasayanas glaubten ferner, dass im Quecksilber und im Schwefel die wunder-

barste Kraft verborgen sei und der Mensch mittels bestimmter Zubereitungen dieser Substanzen den Körper beliebig lange erhalten könne.[1]

Dieses Zitat zählt im Hinblick auf alchimistische Theorie und Praxis zu den direktesten, die jemals geschrieben wurden. Aber die alchimistischen Substanzen Quecksilber und Schwefel sind nicht physischer Art, sondern geistige Zustände, Aspekte des Bewusstseins. James Redfield weist in seinem Buch *The Celestine Vision* auf diesen sehr wichtigen Punkt hin:

> Zu allen Zeiten hat der Osten Männer hervorgebracht, die gleichermaßen menschliche Fähigkeiten auf ein verblüffendes Maß gesteigert haben ... eine erstaunliche Sammlung von dokumentierten Fällen ungewöhnlicher physischer Transformation, beispielsweise die Fähigkeit, zu schweben und die Körperform spontan zu verändern, sowie die Demonstration unglaublicher Kraftleistungen. Viele Denker in der östlichen Tradition führen solche Fähigkeiten auf Yogaübungen zurück, und auch wenn sie vielleicht noch immer selten anzutreffen sind, so sind sie dennoch das erwartete Resultat jahrelanger Meditation und Bewegungsübungen. ...
>
> Die Bibel sagt, dass Jesus beliebig auftauchen und verschwinden konnte, über Wasser ging und vieles mehr. ... Später interpretierte die christliche Kirche solche Fähigkeiten als das Merkmal einer Gottheit und gewiss nicht als etwas, dem normale Sterbliche nacheifern können.
>
> Doch sowohl in der östlichen wie westlichen Geschichte gibt es eine Fülle von Beispielen für überragende Fähigkeiten, und die Erweckung, die heute vor sich geht, beinhaltet auch eine Revision dessen, was nicht nur für speziell ausgebildete Adepten, sondern auch für Sie und mich möglich ist.[2]

---

[1] Swami Vivekananda: The Yoga and Other Works, New York 1996, S. 679
[2] James Redfield: The Celestine Vision, New York 1997, S. 183-184 (dt.: Die Vision von Celestine)

Der Alchimist Thomas Vaughan schrieb in seinem 1650 veröffentlichten Werk *Coelum Terrae*:

> In seinem natürlichen Zustand befindet sich der Mensch – so sagen sie [die Weisen] – in der niedrigen Schöpfung, in der er zu einem von zwei Extremen gelangen muss – entweder zur Verwesung, wie es alle Menschen gemeinhin tun, denn sie sterben und vermodern in ihren Gräbern oder aber zu einem spirituellen, glorifizierten Zustand, wie Henoch und Elias, die entrückt wurden. Und das – so sagen sie – ist ein wahres Extrem, denn danach ist ein Wechsel ausgeschlossen.[3]

Die Alchimie ist also der Yoga des Westens. Der Begriff *Yoga* bedeutet »Vereinigung«; das englische Wort »conjugal« (ehelich) entstammt derselben Wurzel. Dem Yoga und der Alchimie liegen ein und dasselbe Ziel zu Grunde: die Vereinigung mit dem, was sowohl die Quelle als auch das Ziel alles Existierenden ist. Dieses letztendliche Erreichen – die Vollendung des Großen Werkes – wird in der alchimistischen Symbolik durch die den eigenen Schwanz verschlingende Schlange dargestellt, womit zum Ausdruck gebracht werden soll, dass die Quelle und das Ziel im endlosen Kreis der Ewigkeit eins werden. Diese Vollendung verbirgt sich auch hinter dem alchimistischen Begriff *Azoth*, ein Kunstwort, eine verbale Formel für die Vollendung des alchimistischen Werkes. Es besteht aus dem ersten und letzten Buchstaben des hebräischen Alphabets (A für Alef und Th für Taw), dem ersten und letzten Buchstaben des griechischen Alphabets (A für Alpha und O für Omega) und dem ersten und letzten Buchstaben des lateinischen Alphabets (A und Z): »Ich bin Alpha und Omega, der Erste und der Letzte.«

Alle bisher veröffentlichten Bücher über Alchimie wurden von zwei Kategorien von Autoren verfasst. Bei der ersten handelt es sich um alchimistische Adepten, die ihr schwer erarbeitetes Wissen unter dem Schleier von Symbolik und Metapher zu Papier brachten, um ihren

---

[3] Thomas Vaughan (Eugenius Philalethes): »Coelum Terrae« in A. E. Waite, The Works of Thomas Vaughan, London 1919, S. 217

Nachfolgern zu helfen. Diese von den Weisen selbst geschriebenen Texte sind für gewöhnlich voller seltsamer und fremdartiger Diagramme, die als Mandalas der Kunst dienen. Die zweite Kategorie setzt sich aus denjenigen Schülern und Gelehrten zusammen, die von außen her versuchen, in die Geheimnisse der alchimistischen Wissenschaft einzudringen oder das ganze Streben als betrügerisch zu »entlarven«. In diesem Buch wird zum ersten Mal im Westen die Königliche Kunst der Alchimie vom Standpunkt der Weisen aus dargestellt – aus dem Heiligtum, von innen nach außen gesehen.

Die Komplexität alchimistischer Diagramme und Formeln, ihre wechselnde Erscheinung von Jahrhundert zu Jahrhundert ist nicht auf mangelnde Beständigkeit seitens der Weisen zurückzuführen. Wie die im Laufe der Zeit zunehmende Anzahl der buddhistischen Tantras im Vajrayana haben sich auch die Beschreibungen und Begriffe für den alchimistischen Prozess vervielfacht. Die Ursache dafür waren nicht Emotion und Imagination auf der Suche nach immer neuen Objekten der Verehrung, sondern die Neigung, religiöse Spekulationen durch praktische esoterische Erfahrungen zu ersetzen. Ebenso wie eine neue Entdeckung in der Wissenschaft nicht nur zu einer Fülle von Fakten und der Erweiterung unseres Wissensgebiets beiträgt, sondern auch zu weiteren Entdeckungen und einer erneuten Beurteilung früherer Fakten führt, eröffnet jede neue Meditationserfahrung neue Horizonte und schafft neue Methoden der Praxis und Verwirklichung. Der menschliche Geist kann nicht an einem Punkt auf seinem Weg zum Wissen anhalten. Stillstand bedeutet Tod, Starrheit und Zerfall. Das ist das Gesetz allen Lebens und Bewusstseins. Und es ist das Gesetz des Geistes, aus dem Leben und Bewusstsein fließen.

Die Mysterien

Die praktische esoterische Tradition des Westens wird oft als »die Mysterien« bezeichnet. Der im theologischen Sinn angewendete Begriff »Mysterium« meint eine über das normale Denken hinausgehende spirituelle Wirklichkeit. Das Endziel der Mysterien liegt in der Vergöttlichung: unserer vollkommenen Identifizierung mit Allem-was-Ist, der Einen Wirklichkeit. In vielen östlichen Traditionen wird dies Erleuchtung oder Erwachen und in der westlichen Tradition Illumination genannt.

Wenn hier von »Wegen« die Rede ist, beziehen wir uns nicht auf religiöse Pfade oder Systeme, durch die ein Mensch beschließt, das Absolute zu verehren. Mit »Weg« ist die Art und Weise oder Methode gemeint, wie wir das Ziel erreichen wollen. In den esoterischen Traditionen des Ostens und des Westens sind zwei Hauptansätze bekannt: der *direkte Weg* (oder der formlose Weg) und der *indirekte Weg* (oder Weg der Form).

Der direkte Weg wird manchmal als der »mystische« Weg bezeichnet. Dies und die Tatsache, dass seine Adepten oft »Mystiker« genannt werden, ist irreführend. Bei diesem Ansatz geht es im Wesentlichen darum, die Vereinigung mit der Quelle des Seins dadurch zu erreichen, dass jede Erscheinung des Andersseins abgelehnt wird. Der Adept konzentriert sich völlig auf die Eine Wirklichkeit und setzt dazu keine Visualisierungen, Rituale oder Zeremonien ein. Alle »Erscheinungen« gelten als Ablenkungen vom Ziel. Wann immer die Aufmerksamkeit vom Absoluten abschweift, wird sie wieder auf ihren Brennpunkt gelenkt. Schließlich wird die wahre Natur des Bewusstseins, das alle Phänomene überschreitende Gewahrsein (manchmal *Samadhi* genannt) erlangt. Beispiele für diesen Ansatz sind das *Zazen* in der Zen-Meditation, das tibetische *Mahamudra* und die *Via Negativa* der christlichen Mystik.

Der indirekte Weg wird auch als der »zeremonielle« Weg bezeichnet, was genauso irreführend ist wie der Begriff »mystisch«, denn er beinhaltet keineswegs das ständige Vollziehen von Zeremonien oder Ritualen. Die Adepten dieses Weges werden oft »Magi« genannt (ein dem männlichen »Magier« vorbehaltener Begriff). Der Weg heißt darum indirekt, weil sein *Modus operandi* jenem des Billardspiels ähnlich ist, bei dem man die Kugel durch mehrmaliges Stoßen vom Rand des Billardtisches abprallen lässt und das Ziel somit indirekt erreicht. Der indirekte Weg setzt bei der Erscheinungsweise der Dinge an. Er ist den Kampfkünsten insofern ähnlich, als er, statt Gegenkraft einzusetzen, die Kraft des Gegners gegen diesen selbst richtet. Bilder und Formen, verborgene geistige Kräfte, emotionale Neigungen und der physische Körper selbst stehen im Mittelpunkt. Der indirekte Weg wendet geschickt den Spieß genau der Erscheinungen, die uns an die Illusion der Getrenntheit fesseln, gegen diese selbst und verwandelt sie in nützliche Werkzeuge zu unserer Befreiung.

Nach einigem Nachdenken treten die potenziellen Fallgruben dieser beiden Ansätze ans Tageslicht. Keine von ihnen ist »höher« oder »besser« als die andere. »Direkt« bedeutet nicht schneller, und »indirekt« besagt nicht, dass das Ziel zufällig erreicht wird. Letzten Endes hängt es von persönlichem Temperament und der Umgebung ab. Nur sehr wenige Menschen eignen sich ausschließlich für den einen oder den anderen Weg. Adepten des direkten Weges bedienen sich oft liturgischer (zeremonieller) Gebete als Teil ihres Tagesablaufs. Adepten des indirekten Weges wiederum stellen fest, dass anfangs in zeremoniellem Rahmen erreichte Bewusstseinszustände später keines rituellen Impulses mehr bedürfen, um erfahrbar zu werden, und sie können nun auf dem direkten Weg in diese Zustände gelangen.

Ebenso wenig sollte man glauben, man sei kein Mystiker, wenn man den indirekten Weg nimmt, oder man sei kein Magus, wenn man sich für den direkten Ansatz entscheidet. Diese Bezeichnungen sind unrichtige Begriffe, die Uneingeweihte den Adepten anhängen, und sie fallen kaum ins Gewicht. Denken Sie daran, dass wir in beiden Fällen von wahren Adepten sprechen und nicht von Einzelpersonen, die spirituelle Bücher lesen und scheinheilig über »höhere Dinge« reden, oder von denjenigen, die sich als Alternative zu einer erfüllten Karriere, Unterhaltung oder Beziehungen Ritualen hingeben. Ein tibetisches Sprichwort über Religion kann gleichermaßen auf deren esoterischen Aspekt angewendet werden. »Viele Menschen bekennen sich zur Religion, aber nur wenige praktizieren sie.« Oder wie es ein Meister der westlichen Tradition ausdrückte: »Viele werden gerufen, aber nur wenige sind auserwählt.«

Schließlich werden sowohl der direkte als auch der indirekte Weg im Weisen vereinigt und integriert. Wie W. E. Butler in seinem bahnbrechenden Buch *The Magician: His Training and Work* schrieb:

Denn der Magier-Adept hängt, auch wenn er vielleicht die uralten Zeremonien vollzieht, nicht von ihnen ab. Die Regeln, die die äußeren, sichtbaren Symbole der inneren Zustände des Gefühls, des Geistes und der Seele waren, sind durch die Ausbildung, der er sich unterzogen hat, zu Bestandteilen seines inneren Bewusstseins geworden. Dann wird die Vorbereitung des Ortes innerhalb des nicht zu passierenden Rings, der Grenzen seiner eigenen Aura, getroffen, der Engel des Werkes darin angerufen und der mystische Tempel in seiner mentalen Sphäre errichtet. In diesen »Tempel, der nicht mit Händen gebaut wurde«, steigt die göttliche Schechina, die Herrlichkeit des Ewigen, herab, und sie verweilt über dem Sitz der Gerechtigkeit zwischen den Cherubim im Allerheiligsten des Herzens des Magiers.[4]

Im Vajrayana ist der indirekte Weg als der tantrische Weg bekannt. Seine Adepten sind Siddhas, trantrische Yogis, diejenigen, die die Praktiken der Tantras ausüben. Das *Tantra* ist — wie es vielen westlichen Schülern eingeredet wurde — kein östliches System der Sexualmagie. Diese falsche Vorstellung wurde von gewissen zwielichtigen Zauberlehrern in Umlauf gebracht, die ihre eigenen sexuellen Bedürfnisse zu rechtfertigen versuchten, bei denen es sich oft um nichts weiter als die Manifestation fortbestehender adoleszenter Besessenheit und Rebellion handelt. Ich verurteile Sexualmagie nicht per se, vorausgesetzt, dass sie von erwachsenen Personen auf freiwilliger Basis praktiziert wird. Aber lassen Sie uns darauf eingehen, was das Tantra nun eigentlich ist. Das Tantra ist gleich der Alchimie voller sexueller Symbolik, die den Praktizierenden dahin bringt, Geschick in der Praxis der Sublimierung zu erwerben. Wie ein Yogi sagte: »Wozu brauche ich eine äußere Gemahlin, wo ich doch die Göttin (Kundalini Devi) in mir habe?« Im Mahayana-Buddhismus sind die Schriften in zwei Gruppen unterteilt: die Sutras und die Tantras. Die Sutras sind die moralischen und ethischen Lehren von Buddha Shakyamuni. Die Tantras sind schriftlich festgehaltene Übungen, Handbücher der Meditation und

---

[4] W. E. Butler: The Magician: His Training and Work, London 1970, S. 152

des Yoga. Das vorliegende Buch ist also der Definition nach ein westliches Tantra.

In diesem Buch gehen wir nach der Methode des indirekten Weges vor. Der Gebrauch hochwirksamer assoziativer Symbole aus dem kollektiven Unbewussten wird unserem Wahrnehmungsvermögen das unmittelbare Verständnis der nicht manifestierten Wirklichkeiten vermitteln, die diese Symbole darstellen, damit wir mit dem Auge der Zeit in das Auge der Ewigkeit blicken können. Denn es ist von entscheidender Bedeutung zu erkennen, dass Symbole an sich leere Formen sind, so wie Becher in Erwartung des Weins. Sie sind die Wegweiser, die die Richtung unserer Reise anzeigen, aber nicht die Reise selbst. Durch Studium und Meditation wird ein Symbol mit der spirituellen Kraft, die es repräsentiert, in Verbindung gebracht. Die theoretischen Abschnitte dieses Buches sind zum Teil darauf ausgerichtet, den Leser über die verwendeten Symbole, ihren Zweck und ihre Funktion zu unterrichten. Dadurch wird die »Studienbedingung« erfüllt. Die den Meditationsaspekt bildenden Übungen bauen die Symbole in das subjektive Bewusstsein des Übenden ein. Und so wird die spirituelle Kraft mit der Astralform vereinigt sein, und die bestrahlten Symbole (sichtbare Zeichen innerer Gnade) werden im Stande sein, das Bewusstsein zu erheben und Transmutation und echte Transubstantiation zu bewirken. Die »Kontemplation« am Ende eines jeden Kapitels hilft, den Adepten mit der historischen Linie von Weisen zu verbinden, die das Ziel erreicht haben.

Das Gold

Die verbreitetste Assoziation zur Alchimie ist die der Verwandlung von Blei in Gold. Dabei handelt es sich nicht nur um eine Tatsache, sondern auch um ein Symbol für etwas Größeres. Die Fähigkeit, Metalle (und andere Aspekte der physischen Welt) zu verwandeln, wird tatsächlich durch die Ausübung der Kunst erlangt. Diese Fähigkeit trägt jedoch nur rein äußerlich dazu bei, die Vollendung des Großen Werkes herbeizuführen. Die eigentliche Verwandlung ist das Werk, das der Adept an seinem eigenen Wesen vornimmt, wobei das »Blei« der Unwissenheit in das verfeinerte »Gold« der Erleuchtung sublimiert wird. Aber an diesem Punkt hört die Arbeit nicht auf. Wie in den östlichen Lehren wird auch in der Alchimie die Ansicht vertreten, dass der physische Körper selbst das Produkt des Bewusstseins und der Geist der Schöpfer und Erhalter der Form ist. Die wichtigste alchimistische Operation ist daher die Verwandlung eines vergänglichen, sterblichen und grobstofflichen Körpers in einen unsterblichen physischen Körper reiner Erleuchtung – ähnlich der Verwandlung, der sich die Rasayanas unterzogen.

Die westlichen Lehren bezeichnen dieses sublime Vehikel als den »Sonnenkörper« oder »Auferstehungskörper« (da der auferstandene Körper Jesu nach seiner Kreuzigung eines der bekanntesten Beispiele ist). Der Ausdruck im Vajrayana dafür lautet »Regenbogenkörper« oder »Körper der reinen Glückseligkeit«. Es ist der *Sambhogakaya* der Bodhisattvas, der Körper des höchsten universalen Bewusstseins, von Glückseligkeit genährt und erhalten und nur in den höchsten Stufen der Meditation, Versenkung und Erleuchtung erfahrbar. Dieser Körper allein durchdringt alle anderen Vehikel, seien sie spiritueller, geistiger, emotionaler und körperlicher Art. Im hinduistischen Yoga kennt man dafür den Sanskrit-Begriff *Anandamaya-Kosha*. Der Sonnenkörper integriert alle Ebenen und daher auch die Organe und Fähigkeiten des Einzelnen zu einem vollständigen Ganzen. In diesem Prozess der alchimistischen Integration liegt das Geheimnis der Unsterblichkeit. Der Sonnenkörper existiert als Samen, *in potentia*, im Herz-Chakra, umgeben von der Regenbogenaura des Mitgefühls. Der Samen erscheint als ruhige, goldene Flamme. Im Westen wird er manchmal der »Sonnentropfen« genannt. In den Vajrayana-Texten wird er als der »unzerstörbare Tropfen« bezeichnet. Andere Bezeichnungen sind Atman, innerer Christus, Buddha-Natur; er ist die Göttliche Immanenz.

Der physische Körper kann zwar noch nicht in die anderen Körper eindringen, wird aber selbst von den anderen Körpern durchdrungen. Daher wird er zur natürlichen Bühne für alle spirituellen Handlungen und Entscheidungen und zum Ausgangspunkt für jede spirituelle Entfaltung. Vom kabbalistischen Standpunkt aus wird in Malkut die göttliche Präsenz – Schechina – für die Heilung von Nationen offenbart. Das ist die esoterische Bedeutung vom »Kommen des Messias«, wenn das, was in allen Herzen schlummert, voll und ganz sichtbar wird.

Die mythische Symbolkette

Die in den folgenden Übungen verwendeten Bilder sind dem arturischen Gralsmythos entnommen. Der »bretonische Sagenkreis« ist nicht nur eine Rassengeschichte über die Gesegneten Inseln (Großbritannien), sondern auch eine Geschichte aus der undenklichen Vergangenheit mit Verbindungen zu ganz Europa sowie dem Nahen und Mittleren Osten. Er ist im kollektiven Unbewussten aller Menschen gegenwärtig, deren rassisches Erbe auf Europa zurückzuführen ist. Diese archaischen Bilder finden Verwendung im Werk, weil sie im kollektiven Unbewussten und, was noch wichtiger ist, im Unterbewusstsein von Adepten »Gewicht« haben. Die modernen mentalen Entsprechungen zu archaischen Bildern wie beispielsweise Burgen oder Drachen (Wolkenkratzer oder Laserstrahlen) sind zu neuzeitlich, um die Veränderungen im Bewusstsein hervorzurufen, so wie es die alten Symbole vermögen.

Doch solches ist nicht auf die Alchimie beschränkt. Alle spirituellen Systeme, die fähig sind, zu »halten, was sie versprechen«, erkennen die Notwendigkeit der Nutzung alter Symbole an. Im Vajrayana zum Beispiel macht man Gebrauch von Symbolen aus der alten indischen Zivilisation. Es ist eine Tatsache innerer, psychologischer Dynamik, dass der Geist, wann immer er Gedankengebilde zur Darstellung der »Ewigkeit« erzeugt, stets Bilder von Dingen aus der fernen Vergangenheit heranzieht.

Im Artusmythos stoßen die Symbolik von Camelot, der Gralsburgen, Corbenic, der Stadt Sarras, der Feenreiche, der Zauberländer, des verwunschenen Landes von Logres und des Wüsten Landes allesamt auf Resonanz mit der westlichen Kultur. Noch wichtiger jedoch ist, dass sich jedes einzelne dieser Bilder auch in uns findet. Artus selbst – der einstige und zukünftige König – verkörpert diesen unsterblichen Teil von uns, der an einem verborgenen und heiligen Ort – dem innersten Kern – schlummert. Er symbolisiert diese »höchste Macht«, das

Höhere Selbst, die das Land heilen und alles ins Licht eines endlosen Tages führen wird. Artus ist die alchimistische Metapher für das Potenzial des Sonnenkörpers.

Auf einer noch tieferen Ebene repräsentieren diese Bilder die makrokosmischen Energien, die ebenfalls in unserem Inneren vorhanden sind. Letzten Endes transzendieren diese den Makrokosmos oder die universelle Natur umfassenden Kräfte jeglichen kulturellen und historischen Rahmen, genauso wie die Adepten und Weisen, die, wenn sie diese Ebene der Wirklichkeit erreicht haben, die Beschränkungen von Familie, Gesellschaft, Rasse, Kultur und äußeren Credos hinter sich lassen.

Die Heranziehung des Artusmythos in diesem Buch bedeutet nicht, dass angehende Adepten zu Gelehrten auf dem Gebiet der Artuslegenden werden müssen. In der praktischen Arbeit gebrauchen wir nur die Schlüsselelemente, die wesentlichen Symbole des Mythos. Aber für diejenigen, die sich intensiver mit den Artuslegenden beschäftigen möchten, werden die Schriften von John und Caitlín Matthews von unschätzbarem Wert sein, denn sie sind voller wertvoller Einblicke und durchdrungen von spiritueller Integrität.

Der magische Spiegel

Die Leser, die mit esoterischer Arbeit nicht vertraut sind, werden sich vielleicht von den detaillierten Visualisierungen in der praktischen Anwendung der Alchimie und des Vajrayana verwirrt fühlen. Die uralte Wissenschaft der Visualisierung ist unseren modernen geistigen Strukturen fremd, obgleich wir sie in der Fantasie tagtäglich anwenden. Aber ihre Theorie und Praxis wurde durch die Forschung und die Entdeckungen in der Tiefenpsychologie bestätigt. Die Visualisierung ist eine Technik der Selbsterkenntnis und der erneuten Integration der in unserem Unterbewusstsein aktiven Kräfte. Vor allem fördert sie unmittelbar den Befreiungsprozess.

Da letzten Endes alles Bewusstsein ist, ist der »Geist« (in der buddhistischen Metaphysik der Begriff für »Bewusstsein«) der Erschaffer von allem und die Quelle der Illusion der Getrenntheit. Durch die geschickte Anwendung des bilderzeugenden Vermögens des Bewusstseins (Imagination) gestalten wir die Werkzeuge für unsere Befreiung. Die Subjektivität der inneren Vision vermindert nicht deren Realitätswert. Sie ist auf ihrer eigenen Ebene real. Solche Visionen sind keine Halluzinationen, weil ihre Wirklichkeit die der menschlichen Psyche ist. Sie sind Symbole, in denen das höchste Wissen und das edelste Streben des menschlichen Geistes verkörpert sind. Visualisierung ist der schöpferische Prozess spiritueller Projektion, durch den die innere Erfahrung in sichtbare Form umgesetzt wird, vergleichbar mit dem schöpferischen Akt eines Künstlers, dessen subjektive Idee, Emotion oder Vision in ein objektives Kunstwerk verwandelt wird, das dann eine eigene, vom Schöpfer unabhängige Wirklichkeit annimmt.

Alchimistische Adepten und tibetische Yogis bauen ihre spirituelle Schöpfung Stück für Stück auf, um ihre Vision zu verwirklichen. Das ist keine Sache von emotionaler Ekstase oder unkontrollierter Imagination, sondern ein bewusst geführter schöpferischer Prozess der Verwirklichung, in dem nichts dem Zufall überlassen wird und für vage Emotionen oder verwirrtes Denken kein Platz ist.

Gott existiert und existiert nicht

In der exoterischen Religion besteht ein ideologischer Konflikt zwischen Religionen wie dem Judaismus, Christentum und Islam, die Gott als ein »Wesen« darstellen, und Religionen wie dem Buddhismus und Taoismus, die »gottfrei« sind und sich das »Höchste« als einen Seinszustand vorstellen. Dieses Paradoxon hat zu vielen Missverständnissen geführt.

Sich die Eine Wirklichkeit entweder als Person oder als Zustand vorzustellen kann mit potenziellen Nachteilen verbunden sein. Weil alle Bilder auf begrenzter Erfahrung beruhende Vorstellungen sind, haben sie gewisse unbewusste Assoziationen, die wir durch richtiges Denken auflösen müssen. Die Vorstellung vom Absoluten als Person impliziert im Unterbewusstsein die Idee, dass einige Dinge von dieser Person gegeben oder zurückgehalten werden, dass einige Geschöpfe bevorzugt werden und andere nicht. Andererseits kann die Vorstellung von der Einen Wirklichkeit als Zustand beinhalten, dass keinerlei persönliche Beziehung existiert und man sie ohne Hilfe des Unbeschreibbaren erzeugen muss, einzig und allein durch seine eigenen Bemühungen.

Dieses Paradoxon wird vom esoterischen Kern der Religion aufgelöst. Einige christliche Mystiker haben gelehrt, dass sogar die drei Personen der Heiligen Dreifaltigkeit schließlich in Gott integriert sind. Der Kabbala zufolge ist sogar die Göttlichkeit (*Azilut*) nichts weiter als ein von Gott getragenes »Gewand«. Mit anderen Worten, jede vom Menschen erzeugte Vorstellung vom Absoluten ist zwangsläufig begrenzt. Die Wissenden versichern uns, dass das Absolute essenzielles, reines Sein ist (es gibt kein anderes). Folglich treten diejenigen, die es in sich erkennen und sich mit ihm vereinen, in einen Zustand reinen Seins ein. In den Pali-Texten heißt es, dass selbst der Buddha es nicht unterließ, die Meditation der höchsten spirituellen Eigenschaften (Liebe, Mitgefühl, wohlwollende Freude, Gleichmut) als ein »Verweilen in Gott« (*Brahma-vihara*) oder die Erfahrung eines göttlichen Zustands zu bezeichnen. Alle wahren Weisen und spirituellen Meister haben mit Worten und Taten kundgetan, dass das ewige Mitgefühl an sich ist, eine das Universum beseelende absolute Liebe.

Atlantis

In diesem Buch wird gelegentlich Bezug auf Atlantis genommen. Für unsere Zwecke ist es unerheblich, ob Atlantis wirklich existiert hat. Aus geologischen Erkenntnissen geht hervor, dass es wahrscheinlich ziemlich viele »Atlantisse« gab. Für unsere Zwecke ist Atlantis eine Metapher, ein Symbol der alchimistischen Kunst. Das wahre Atlantis befindet sich in Ihnen, so wie es sich in uns allen befindet. Es ist eine spirituelle Erinnerung an das, was die Kabbala als das Himmlische Eden bezeichnet. Geschichten von dem im dunklen Meer versunkenen und verloren gegangenen Land sind Geschichten und Mythen, die an die Strände der Oberfläche unseres Geistes branden. Atlantis ist der Schattenort und zugleich der Geburtsort der Zivilisation. In diesem schönen Land im Westen wandelten die Götter mit den Menschen. Zwar ist es für uns nun verloren, aber trotzdem bleibt es für immer erreichbar. Atlantis ist der wahre Geburtsort und das wahre Ziel. Es ist Ruta, Lyonesse, Avalon, das Himmlische Jerusalem und Hy-Brasil. Es ist die Stadt der Goldenen Tore auf dem heiligen Berg, der Geburtsort der Weisheitslehrer, von Hermes, Melchisedek, Osiris, Merlin und Quetzalcóatl.

Vorbereitungen auf das Werk

Dem Leser wird aufgefallen sein, dass im vorliegenden Buch diejenigen, die das Werk in Angriff nehmen, als Praktizierende oder Adepten bezeichnet werden. Damit soll betont werden, dass dieses Handbuch für Menschen geschrieben wurde, die bereits einige Erfahrungen auf diesem Gebiet besitzen, oder besser ausgedrückt, für diejenigen, die sich Fertigkeiten in esoterischer Disziplin angeeignet haben. Es ist nicht für »Schüler«, Neulinge in den mystischen Lehren gedacht.

Ein Schüler muss wissen, auf welcher Stufe er dafür geeignet ist, sich auf dieses Werk einzulassen. Im Vajrayana müssen sich Adepten, bevor sie sich an den Tantras versuchen, zuerst eine spirituelle Integrität, eine moralische Reinheit angeeignet haben, indem sie die Sutras, die in dem »Achtfachen Edlen Pfad« destillierten ethischen Lehren des Buddha, befolgen. Auch in der Alchimie sollten angehende Adepten einen Zustand der Integrität erreicht haben.

Die westliche Zivilisation basiert in erster Linie auf den Zehn Geboten, dem Moralkodex, den Moses auf dem Berg Sinai empfing. Diese Gesetze bilden die Grundlage des Verhaltens von Adepten.[5] Sie wurden zu dem destilliert, was manchmal als die Moralprinzipien der Meister bezeichnet und als eine »rechte Beziehung zur Quelle des Lebens und rechte Beziehungen zum übrigen Leben« näher erläutert wird. Die Zehn Gebote stehen außerdem in inneren oder esoterischen

---

[5] Obwohl das sechste Gebot schlecht übersetzt ist. Es lautet eigentlich: »Du sollst nicht morden«, womit die vorsätzliche Tötung gemeint ist. Alle Wesen haben das Recht zur Selbstverteidigung.

Beziehungen zu den zehn Sefirot, die für diejenigen, die die göttliche Weisheit erlangen wollen, genauso bindend sind:

1. »Du sollst keine anderen Götter neben mir haben.« Keter: Kein Wesen wird vor dem Primat des Absoluten verehrt. Die Hingabe eines Eingeweihten richtet sich auf das Absolute; alle anderen beschworenen Wesen sind »Zeugen« dieser Darbringung.
2. »Du sollst dir kein falsches Bildnis machen.« Chokmah: Verwechsle keine Bilder des Geistes oder der Tradition mit dem Transzendenten.
3. »Du sollst den Namen des Herrn, deines Gottes, nicht missbrauchen.« Binah: Die Gottesnamen oder Worte der Macht sollen nicht für Handlungen verwendet werden, die das allgemeine Wohl verletzen.
4. »Gedenke des Sabbattages, dass du ihn heiligst.« Chesed: Zeige Hingabe an die Dinge des Geistes.
5. »Du sollst deinen Vater und deine Mutter ehren.« Geburah: Achte alle Wesen als Manifestationen des Göttlichen, die durch das Universalgesetz der Interdependenz grundsätzlich miteinander verbunden sind.
6. »Du sollst nicht töten.« Tiferet: Töte kein anderes Wesen vorsätzlich, außer um dich selbst zu verteidigen oder andere zu beschützen. Lass das Böse nicht zu.
7. »Du sollst nicht ehebrechen.« Netzach: Verunreinige nicht das spirituelle Leben durch Machtstreben.
8. »Du sollst nicht stehlen.« Hod: Missbrauche kein esoterisches Wissen, um dir einen ungerechten Vorteil gegenüber anderen zu verschaffen.
9. »Du sollst nicht falsch Zeugnis reden wider deinen Nächsten.« Jesod: Täusche dich oder andere nicht mit falschen Lehren oder falschen Informationen und sprich nicht über heilige Dinge, nur um dein jesodisches Ego, das niedrigere Selbst, zu erhöhen.
10. »Du sollst nicht begehren.« Malkut: Begehre nicht den (giere nicht blindlings nach dem) Besitz von irgendetwas im Universum.

Bevor angehende Adepten mit den Übungen in diesem Buch beginnen, sollten sie sich in der Philosophie und Metaphysik der heiligen Kabbala gut auskennen. Die meisten westlichen esoterischen Schulen verwenden die Kabbala, wie Dion Fortune es ausdrückte,»ihrer Reinheit und ihres praktischen Sinns« wegen. Die Alchimie ist tatsächlich der praktische Aspekt der Kabbala (im Unterschied zu den theoretischen Aspekten), bietet die Methoden und Hilfsmittel, durch die kabbalistische Lehren konkret verwirklicht werden.

Paracelsus schrieb:

> Wenn man *die Methoden der Kabbalisten* und der alten Astronomen nicht versteht, ist man nicht von Gott für die Spagyrische Kunst geboren, von der Natur für das Werk des Vulkans auserwählt oder dazu geschaffen, seinen Mund über die Alchimistischen Künste aufzumachen.[6] [Hervorhebungen in Kursivschrift vom Autor]

Die Exponenten der Alchimie identifizierten die Kabbala als den einzigen Schlüssel zu ihrer Hermetischen Kunst durch verschiedene bildhafte Darstellungen. So brachten beispielsweise zwei gekreuzte Schlüssel über einem im alchimistischen Gefäß wachsenden Baum zum Ausdruck, dass, wenn der Baum des Lebens im Adepten nicht gesät und wachsen und die Kabbala von ihm nicht verstanden und verwirklicht würde, der Rest fehlerhaft und daher nutzlos sei. Ein anderes Symbol zur Darstellung dieses Sachverhalts war ein ausgewachsener Baum mit einer goldenen Krone um den Stamm direkt über den Wurzeln. Die Lage der Krone entspricht der Position des Buddha, als er unter dem »Weltenbaum« saß und Erleuchtung erlangte. Alchimistische Abhandlungen sprechen vom oben nach unten wachsenden *arbor philosophica*. Der Beschreibung des Alchimisten und Kanonikers George Ripley zufolge befindet sich bei diesem *arbor inversum* (umgestülpter Baum) »die Wurzel seiner Mineralien in der Luft und die Krone in der Erde«.[7] Für diejenigen, die mit der Kabbala ver-

---

[6] Paracelsus: »Tincture of the Philosophers«, in: A. E. Waite, Hrsg.: Hermetic and Alchemical Writings of Paracelsus the Great, Edmonds, WA, 1974, S. 22
[7] George Ripley: »Ripley Revived«, in: S. Merrow Broddle, Hrsg.: Philalethes, Alchemical Works, Boulder, CO, 1994

traut sind, ist das Symbol offenkundig. Der Baum des Lebens wird verkehrt herum gezeigt, im Himmel verwurzelt und nach unten in das Physische hineinwachsend. Keter, »Die Krone«, ist die erste Sefira des Baums und daher die »Wurzel« des Lebensbaums. Durch die Darstellung der Krone über den Wurzeln des Baums gaben die Alchimisten dem Betrachter zu verstehen, was für ein Baum gemeint war. Der kabbalistische Baum des Lebens entspricht dem »Weltenbaum« der schamanischen, hinduistischen, ägyptischen, sumerischen, toltekischen und nordischen Traditionen. In den *Upanischaden* wird er als ein Baum beschrieben, der »ewig existiert und dessen Wurzeln sich hoch oben und dessen Zweige nach unten hin ausstrecken. Die reine Wurzel des Baums ist Brahman (das Absolute), das Unsterbliche, in dem die drei Welten bestehen, den niemand übertreffen kann, das wahrlich das Selbst ist.« Die spirituelle Wiedergeburt der Welt beginnt im menschlichen Bewusstsein – im Geist des Alchimisten. Der Baum des Lebens wächst aus dessen eigenem Herzen, dem Zentrum seiner oder ihrer Welt, heraus. Sich in immer neuen Unendlichkeiten, in immer höhere und reinere Reiche ausbreitend, wird er zum Baum der Erleuchtung.

Die kabbalistischen Grundlehren, die der Leser unbedingt kennen sollte, bevor er die in diesem Handbuch vorgestellten Übungen angeht, betreffen die kabbalistischen vier Welten (in der Kabbala impliziert eine »Welt« einen bestimmten Modus göttlicher Aktivität). Zu diesem Zweck empfehle ich wärmstens die Werke von Z'ev ben Shimon Halevi, besonders *A Kabbalistic Universe*, *Der Weg der Kabbalah* und *Lebendige Kabbalah: Anleitung und Übungen zur praktischen Arbeit im Alltag*.[8] Die erforderliche Visualisierungsfähigkeit bezieht sich auf die 22 Tarotkarten der Großen Arkana. Praktizierende müssen mit den Einzelheiten dieser Bilder von zeitloser Weisheit derart vertraut sein, dass sie sich jedes einzelne beliebig ins Gedächtnis zurückrufen können. Für die Zwecke der fortgeschrittenen Kabbala und Alchimie (ihr geheimer Kern) kann ich den von Paul Foster Case entworfenen und von The Builders of the Adytum (Erbauer des Adytum – B.O.T.A.) he-

---

[8] Siehe »Literatur« für weitere Einzelheiten.

rausgegebenen Kartensatz empfehlen.[9] Als zweite Wahl mag das Rider-Waite-Tarot dienlich sein, aber dem Case-Deck ist es esoterisch gesehen untergeordnet. Für die Durchführung des Großen Werkes nützen alle anderen Tarot-Kartensätze nichts, wie künstlerisch wertvoll sie auch sein mögen.

Zu allen Zeiten haben »Suchende nach dem Licht« lange Reisen unternommen, schreckliche Entbehrungen auf sich genommen, ihren ganzen Reichtum aufgewendet, nur um dann weniger zu lernen als das, was sich Adepten, die diesem Buch folgen, möglicherweise aneignen. Hier aber ist der Weg, um das durchsichtige Juwel der Yogis zu erlangen, den Stein der Weisen, den Schatz aller Schätze.

Die Kontemplation –
Die Smaragdtafel des Hermes Trismegistos

Mit Sicherheit, unfehlbar, gewiss und absolut wahhaftig: Das, was oben ist, ist wie das, was unten ist, und das, was unten ist, ist wie das, was oben ist, um die Wunder des Einen zu wirken; und da alle Dinge von dem Einen und durch die Vermittlung des Einen hervorgegangen sind, so entstehen auch alle Dinge aus diesem Einen durch Anpassung; Sein Vater ist die Sonne, Seine Mutter ist der Mond, der Wind trug Ihn im Leib; Sein Name ist die Erde.

Dies ist der Vater aller Vollkommenheit oder die Erfüllung der ganzen Welt. Seine Macht ist vollkommen, wenn er in Erde verwandelt wird. Du sollst die Erde vom Feuer trennen, das Feine vom Groben, sanft und mit viel Weisheit; es steigt von der Erde zum Himmel empor und dann wieder hinab zur Erde: und belebt erneut die Kraft des Oberen und des Unteren.

So wirst du die Herrlichkeit der ganzen Welt besitzen; lass darum alle Finsternis von dir weichen. Das ist die starke Kraft aller Kräfte, alles Feine überwindend und alles Feste durchdringend. So wurde die Er-

---

[9] Das Tarot von Case ist zur Zeit nicht lieferbar (A. d. Ü.).

Die Kontemplation – Die Smaragdtafel des Hermes Trismegistos

de erschaffen. Auf diese Weise wurden wunderbare Anpassungen bewirkt. Darum werde ich Dreimal Großer Hermes genannt, denn ich verfüge über die drei Teile der Philosophie der gesamten Welt. Was ich über das Werk der Sonne geschrieben habe, ist vollendet.[10]

---

[10] Vor vielen Jahren kam ich an eine Kopie dieser Übersetzung der *Smaragdtafel* aus einem Lehrbuch mit dem Titel *Tarot Fundamentals* von Paul Foster Case, das von den Builders of the Adytum in Los Angeles veröffentlicht wurde. Sie war Teil eines Diagramms, das die 22 Tarotkarten darstellt, und befindet sich seitdem in meinen Notizen. Im Laufe der Jahrhunderte wurde die *Smaragdtafel* viele Male übersetzt, aber ich halte mich aus Respekt vor Dr. Case' Beitrag zum Großen Werk im 20. Jahrhundert an diese Übersetzung. Alle anderen Verweise auf die *Smaragdtafel* in diesem Buch entstammen dieser Quelle. Eine geringfügig andere Version der *Smaragdtafel* findet sich in M. A. Atwoods *Hermetic Philosophy and Alchemy*, New York 1960, S. 8.

II

DER OFEN UND DER BLASEBALG

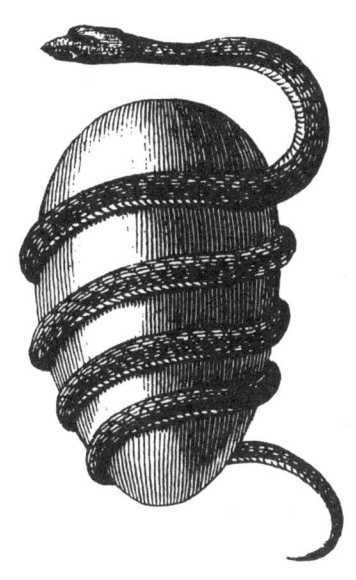

Du musst wissen, o guter König, dass dieses Magisterium
das Geheimnis der Geheimnisse des höchsten Gottes ist;
Er hat es seinen Propheten anvertraut, deren Seelen
Er ins Paradies geholt hat.

Morien der Einsiedler[1]

Die Lehre

Den alchimistischen Büchern zufolge umfasst das Große Werk zwei Hauptstufen, das »Weiße Werk« und das »Rote Werk«. Gemeinsam gipfeln sie in der Vollendung, dem alchimistischen Gold der Erfüllung. Das Weiße Werk, das zuerst in Angriff genommen wird, konzentriert sich auf das subtile Vehikel der Seele, während beim Roten Werk der physische Körper im Mittelpunkt steht. In der Praxis wird bei beiden Werken der physische Körper jedoch nicht direkt einbezogen – abgesehen von Entspannung, Körperhaltung (Asana) und Atmung (Pranayama) – weil die unmittelbare Konzentration auf die Körperorgane, besonders die endokrinen Drüsen (die physischen Entsprechungen der Chakras im ätherischen Körper), leicht zu einem Ungleichgewicht der feinen elektrischen und chemischen Funktionen führen und Krankheit zur Folge haben kann. Diese Millionen physiologischer Funktionen werden vom Unterbewusstsein gesteuert. In der alchimistischen Praxis nehmen wir die indirekte Route (durch das Weiße Werk), um die notwendigen Veränderungen im astro-ätherischen Körper vorzunehmen, sodass das Unbewusste diese Veränderungen allmählich auf ganz normale Weise durchführt, während es den physischen Körper fortwährend stärkt und erhält. Aus diesem Grund wird die Form des Be-

---

[1] Morien der Einsiedler in einer angeblichen Rede vor dem Omaijaden-Kalifen Khalid Ibn Jazid, 7. Jahrhundert u.Z.

wusstseins, bildlich dargestellt durch den Tarot-Schlüssel 18, »Der Mond«, im *Sefer Jezira* als die »körperliche« oder »inkarnierende Intelligenz« bezeichnet. Es ist diese Kraft des Geistes, die die Verkörperung aufrechterhält. Durch die konstruktiven und eliminierenden Funktionen der körperlichen Intelligenz wird der physische Körper nach und nach in den unsterblichen Körper eines Weisen verwandelt.

Die für die folgenden Grundübungen erforderlichen Fähigkeiten lassen sich in zwei Kategorien einteilen, in physische und mentale. Diese das Fundament bildenden Grundübungen gehen allen weiteren Übungen voraus. Falls sie nicht gemeistert werden, wird alles Weitere von minderer Qualität sein und folglich schlechte Resultate erzielen. »Wer Ohren hat zu hören, der höre!«

Die Übung: Das Rote Werk

> *Der Löwe, der Sol verschlingt, sagt:*
> *»Ich war der grüne und goldene Löwe ohne Sorgen,*
> *in mir ruhen alle Geheimnisse der Philosophen.«*
> Alchimistische Meditation

Die für diese Meditation eingenommene Haltung ähnelt der ägyptischer Götterstatuen. Setzen Sie sich aufrecht auf einen Hocker oder einen Stuhl mit gerader Rückenlehne. Ihr Kinn ist leicht zur Brust geneigt, sodass die Halswirbel gestrafft sind (Berufstänzer und erfahrene Yogis halten ihren Kopf gewohnheitsmäßig so). Halten Sie die Oberschenkel waagerecht und die Beine senkrecht. Die Füße (entweder barfuß oder in Socken) befinden sich in einer Linie mit den Hüften und stehen fest auf dem Boden. Die Ellbogen bilden einen rechten Winkel mit den Händen und liegen leicht auf Ihren Oberschenkeln. Die Muskulatur sollte nicht übermäßig angespannt sein. Diese Haltung ermöglicht es den Kräften, mit denen Sie sich während der Meditation in Verbindung setzen, in Ihrem Körper und Ihrer Aura frei durchzufließen und dabei Himmel und Erde zu vereinigen.

Entspannung

Die Fähigkeit, sich beliebig zu entspannen, ist für die okkulte Arbeit unerlässlich. Jeder Meditation sollte eine Entspannungsübung vorausgehen. Anfangs kann es eine Zeit lang dauern, aber mit zunehmender Übung wird es Ihnen leichter fallen. Durch Entspannung wird Ihr Körper zu einem klaren Kanal, durchlässig für das eindringende Licht, sodass die Energie ungehindert fließen kann. Wenn Sie die Meditationshaltung eingenommen haben, konzentrieren Sie sich zunächst auf Ihre Füße. Spannen Sie die Muskeln beider Füße etwa vier Sekunden lang an, dann lockern Sie sie.

Nun konzentrieren Sie sich auf Ihre Waden – erst anspannen, dann lockern. Setzen Sie diesen Vorgang am ganzen Körper nach oben hin fort: Oberschenkel, Gesäß, Bauch, Brust, Hände, Unterarme, Oberarme, Schultern und Hals. Spannen Sie Ihre Gesichtsmuskeln und Kopfhaut an, indem Sie vier Sekunden lang eine Grimasse schneiden, und lockern dann die Muskulatur. Dieses Anspannen und Lockern der Muskeln lässt Energie frei, die infolge von Anspannung in Ihren Muskeln eingeschlossen ist. Nach einer solchen Entspannungsübung wird sich Ihr Körper vereint und ausgeglichen anfühlen.

Atem

Die Atmung ist ein Vehikel der spirituellen Erfahrung, die Verbindung zwischen physischem Körper und Geist. Sie ist der erste Schritt in der Transformation des Körpers von einem mehr oder weniger passiven und unbewusst funktionierenden physischen Organ zum Hilfsmittel oder Werkzeug eines vollkommen entwickelten und erleuchteten Geistes, wie es die Vollkommenheit und das Strahlen des Körpers des Buddha zeigt.

Die Atmung ist von wesentlicher Bedeutung bei der Aufnahme der strahlenden Energie aus dem Universum. Wir atmen ständig; das ist ein automatischer Vorgang, der der Kontrolle des Unterbewusstseins unterliegt (wie alle körperlichen Vorgänge), jedoch auch von der bewussten Ebene aus gelenkt werden kann. Beim Einatmen nehmen wir *Pra-*

na, belebende Energie, in uns auf; beim Ausatmen wird diese Energie über den Blutstrom überall in unserem physischen Organismus verteilt. Um diese Energie vollauf nutzen zu können, müssen wir richtig atmen. Das bedeutet nicht, dass wir uns den ganzen Tag ausschließlich auf unsere Atmung konzentrieren sollen; das wäre sogar geradezu schädlich. Sondern es bedeutet, dass wir uns während der Meditationssitzungen die richtige Atmung angewöhnen. Unser Unterbewusstsein wird sie dann allmählich übernehmen. Ein anderer Grund für die tiefe Atmung während der Meditation ist der, dass wir uns so auf die weiterführende Arbeit vorbereiten. Während tiefer Meditation, der Trancearbeit und Astralprojektion neigt der Körper zu flacher Atmung. Indem wir es zur Gewohnheit machen, jedes Mal, wenn wir uns zur Meditation vorbereiten, tief zu atmen, eignen wir uns eine Routine an, die uns gute Dienste leisten wird.

Um aus der Luft den größten Nutzen zu ziehen, müssen wir aus dem Zwerchfell, einem Muskel zwischen Brust- und Bauchhöhle, atmen. Denken Sie daran, dass Sie den Atem nicht einziehen müssen; dafür sorgt schon der Luftdruck. Dehnen Sie einfach Ihr Zwerchfell nach außen. Ihr Brustkorb wird sich ausdehnen und die Luft in Ihre Lungen hereinströmen. Bitte begehen Sie nicht den Fehler, den Brustkorb gewaltsam auszudehnen. Dadurch können dort feine Blutgefäße beschädigt werden. Lassen Sie die Muskeln unterhalb der Rippen den größten Teil der Arbeit erledigen. Bei richtiger Ausführung werden Sie eine Ausdehnung im Kreuz, an den Seiten sowie an der Vorderseite des Körpers spüren. Versuchen Sie immer daran zu denken, dass Sie, bevor Sie zu einem neuen Zyklus der tiefen Atmung ansetzen, erst das Zwerchfell zusammenziehen, um die alte, verbrauchte Luft aus der Tiefe Ihrer Lungen auszustoßen.

Im Folgenden wird der Atmungszyklus während der Meditation im Einzelnen erläutert. Entleeren Sie Ihre Lungen. Atmen Sie tief ein und zählen dabei bis vier. Halten Sie den Atem an, während Sie bis zwei zählen, dann atmen Sie aus und zählen dabei wieder bis vier. Ihr Zwerchfell bleibt angespannt, während Sie bis zwei zählen, dann atmen Sie bis vier ein. Sie sollten nach Ihrem eigenen Rhythmus zählen, wobei Sie sich an Ihrer Lungenleistung orientieren. Der Atemzyklus einer Person kann schneller sein als der einer anderen. Horchen Sie auf Ihren

Atemzyklus. Er sollte beinahe unhörbar sein. Ist Ihr Atemzyklus geräuschvoll, führen Sie ihn nicht richtig durch. In diesem Fall verlangsamen Sie den Zyklus. Sobald Sie sich zur Meditation hingesetzt haben, beginnen Sie mit diesem Atemzyklus im Vier-Zwei-Vier-Rhythmus. Wenn Sie sechs vollständige Ein- und Ausatmungszyklen bewusst ausgeführt haben, gehen Sie im Geiste zur nächsten Meditationsphase über.

Da *Prana* – oder universale Energie – und Bewusstsein miteinander verbunden sind, wird Prana dem Bewusstsein folgen, sofern es von Konzentration geleitet wird. Prana sammelt sich dort an, wo sich der Geist konzentriert. Prana – die Eine Strahlende Energie – wird direkt vom Herzzentrum und durch den alchimistischen Blasebalg, die Lungen, aufgenommen. Wenn das Blut durch das Körperorgan Herz fließt, nimmt es die strahlende Energie (das »trinkbare Gold« der Alchimie) auf und führt es dann allen Bestandteilen des physischen Vehikels zu.

Das Kabbalistische Kreuz

Vor jeder Meditationssitzung sollte die subjektive »Sphäre der Sinneswahrnehmung« – die Aura – geschützt oder versiegelt werden. Dieses Versiegeln trägt dazu bei, sich ausschließlich auf die bevorstehende Arbeit zu konzentrieren, und es lenkt die Meditation dem Höheren Selbst zu. In der westlichen Mysterientradition wird dazu gewöhnlich die Formel des Kabbalistischen Kreuzes eingesetzt. Wie alle magischen Techniken beinhaltet diese Formel verschiedene Anwendungen und Stufen der Macht. An dieser Stelle ist es wichtig, dass Sie Ihre Vorstellungen von dem Aberglauben befreien, esoterische Formeln seien an sich magisch. Das trifft nicht zu. Das Bewusstsein selbst ist der wahre Magier. Formeln sind lediglich Werkzeuge, die ein geschulter Geist einsetzt. Sofern ein Hammer nicht von Menschenhand hochgehoben wird, vermag er nichts auszurichten. Auf dieselbe Weise dient eine Formel als Brennpunkt für den Geist, um eine Bewusstseinsveränderung zu bewirken. Sobald sich diese Veränderung stabilisiert hat (man kann beliebig in diesen Zustand eintreten und Erkenntnis gewinnen), wird die Formel möglicherweise überflüssig. Das gilt für das gesamte Instrumentarium der Magie des Lichts, seien es Zauberstäbe, Schwerter, Roben, Tempel oder Schulen. Es ist unerlässlich, dass Sie anfangen, das zu verstehen. Der Zweck der Mysterien besteht darin, Sie zu befähigen, jegliche Form von Begrenzung zu überwinden und über sie hinauszugehen, und nicht einen Satz Fesseln gegen einen anderen auszutauschen. Das Kabbalistische Kreuz wird folgendermaßen ausgeführt:

Stellen Sie sich aufrecht hin und visualisieren Sie einen unendlichen Raum weißen Glanzes über Ihrem Kopf. Heben Sie die rechte Hand über den Kopf und sprechen Sie:

IN DEINEN HÄNDEN, O UNBESCHREIBLICHER ...

[Visualisieren Sie, wie sich der Glanz zu einer Kugel zusammenzieht, die Ihren Kopf beleuchtet. Führen Sie die rechte Hand nach unten und berühren Sie die Stirn, während Sie sprechen:]

LIEGT...

[Zeigen Sie mit der rechten Hand auf Ihre Füße und stellen Sie sich eine Linie weißen Lichts vor, die von der Kugel über Ihnen durch den Körper hinabgeht und eine weiße Kugel um Ihre Füße und Knöchel herum bildet, und sprechen Sie dabei:]

DAS KÖNIGREICH ...

[Zeigen Sie auf Ihre rechte Schulter, stellen Sie sich vor, wie sich der Glanz zu Ihrer rechten Schulter bewegt, und sprechen Sie:]

DIE KRAFT ...

[Zeigen Sie auf Ihre linke Schulter, stellen Sie sich vor, wie sich der Glanz mit Ihrer Hand von der rechten Schulter in einer Linie zu der linken Schulter hinüberbewegt, und sprechen Sie:]

UND DIE HERRLICHKEIT ...

[Wölben Sie beide Handflächen vor dem Herzen zusammen und sprechen Sie:]

IN EWIGKEIT...

[Stellen Sie sich noch einmal die weiß leuchtende Kugel über Ihrem Kopf vor und sprechen Sie abschließend:]

AMEN.

Sie haben jetzt die Energie des grenzenlosen Lichts in den lebendigen Baum all Ihrer Hüllen (den geistigen, astralen, ätherischen und physischen Körper) hineingebracht. Spüren Sie, wie Sie sich mit dem strahlenden Lichtkreuz, das zur Achse und zum Raum Ihres Seins geworden ist, ausdehnen. Verweilen Sie in diesem Bewusstsein.

Nach der Meditationssitzung versiegeln Sie Ihre Aura mit der folgenden Variante des Kabbalistischen Kreuzes. Stellen Sie sich aufrecht hin und visualisieren Sie einen unendlichen Raum weißen Glanzes über Ihrem Kopf. Heben Sie beide Hände über den Kopf und formen Sie mit ihnen eine Schale. Stellen Sie sich vor, dass diese Schale ein Gral des Lichts ist, und sprechen Sie:

ÜBER MEINEM HAUPT STRAHLT DEINE HERRLICHKEIT, O EWIGER ...

[Lassen Sie Ihre linke Hand an Ihre linke Körperseite sinken, während die rechte Hand über Ihrem Kopf bleibt, und sprechen Sie:]

UND IN DEINEN HÄNDEN ...

[Visualisieren Sie, wie sich der Glanz zu einer Lichtkugel zusammenballt, die Ihren Kopf bestrahlt. Führen Sie die rechte Hand nach unten und berühren Sie die Stirn, während Sie sprechen:]

LIEGT ...

[Zeigen Sie mit der rechten Hand auf die Füße und stellen Sie sich eine Linie weißen Lichts vor, die von der Strahlenkugel über Ihnen aus Ihren Körper durchdringt und um Füße und Knöchel eine zitronengelbe, olivgrüne, rotbraune und indigoblaue Kugel bildet, und sprechen Sie dabei:]

DAS KÖNIGREICH ...

[Zeigen Sie auf die rechte Schulter, stellen Sie sich vor, wie sich der Glanz zu Ihrer rechten Schulter bewegt und eine purpurrote Kugel bildet, und sprechen Sie:]

DIE KRAFT ...

[Zeigen Sie auf die linke Schulter, stellen Sie sich vor, wie sich der Glanz mit Ihrer Hand von der rechten Schulter in einer Linie zu der linken Schulter hinüberbewegt, wo er eine blaue Kugel bildet, während Sie sprechen:]

UND DIE HERRLICHKEIT ...

[Formen Sie vor Ihrem Herzen mit beiden Händen eine Schale, die von einer goldglänzenden Kugel umgeben ist, und sprechen Sie:]

IN EWIGKEIT...

[Stellen Sie sich noch einmal die weiß leuchtende Kugel über Ihrem Kopf vor und sprechen Sie abschließend:]

AMEN.

[Ruhen Sie wieder im Göttlichen.]

Die Übung: Das Weiße Werk

Wenn du deinen unreinen Körper nicht reinigst, ihn weiß machst und ihm seine Seele wiedergibst, wirst du auf diesem Gebiet nichts erreichen.

Rosarium Philosophorum[2]

Bevor angehende Alchimisten mit der *Praxis* der Kunst beginnen, müssen sie sich dem widmen, was in den alten Texten als »Dignifikation« bezeichnet wird. Das heißt, sie bereiten sich mit Gebet und Reinigung auf die Aufgabe vor. Bei den folgenden Übungen handelt es sich um Gebete in Aktion, die gleichzeitig die subtilen Energien, die den physischen Körper aufrechterhalten, reinigen. Diese Vorübungen sind abgestuft und werden immer intensiver und sollten vor allen anderen Übungen, und zwar der Reihe nach dem Kabbalistischen Kreuz, der Haltung, Entspannung und Herstellung des Atemzyklus im Vier-Zwei-Vier-Rhythmus, durchgeführt werden. Die Grundübung, die so genannte Mittlere Säule, wird in diversen Büchern erläutert, aber die beste Darstellung findet sich in *The Art of True Healing*[3] von Israel Regardie. Im Folgenden werden diese Grundübung sowie die fortgeschrittenen Techniken behandelt, die meines Wissens noch nie bekannt gegeben wurden.

Stufe 1

Stellen Sie sich über Ihrem Kopf eine Kugel aus strahlend weißem Licht vor. Während Sie ausatmen, sehen Sie einen weißen Lichtstrahl in den Bereich der Kehle gehen, um dort eine weitere Kugel aus weißem Licht zu bilden. Beim nächsten Ausatmen geht aus der zweiten Kugel erneut ein Strahl hervor, der im Brustbereich eine dritte bildet. Fahren Sie damit fort, eine vierte Kugel im Genitalbereich und schließlich eine fünfte im Knöchel- und Fußbereich entstehen zu lassen. Verstärken Sie mit Ihrer Vorstellungskraft die Intensität der Kugeln; lassen Sie sich von ihrer Strahlung durchdringen. »Baden« Sie bis zum

---
[2] Reuben Swinbirne Clymer: Alchemy and the Alchemists, London 1907, S. 108
[3] Israel Regardie: The Art of True Healing, San Rafael, CA, 1991

Ende der restlichen Meditationssitzung im Einfluss dieser Kugeln göttlichen Lichts.

Visualisieren Sie die Kugeln wie zuvor. Konzentrieren Sie sich auf das Keter-Zentrum über Ihrem Scheitel und intonieren Sie:

EHEIEH

[Dann konzentrieren Sie sich auf Ihren Kehlbereich und intonieren:]

YAHVEH-ELOHIM

[Sehen Sie die Kugel sich hellgrau färben. Am Brustzentrum intonieren Sie:]

YAHVEH-ELOAH-VE-DA'ATH

[Sehen Sie die Kugel eine goldgelbe Farbe annehmen. Am Genitalbereich intonieren Sie:]

SHADDAI-EL-CHAI

[Nun färbt sich die Kugel violett. Intonieren Sie schließlich am Fußzentrum:]

ADONAI-HA-ARETZ

[Sehen Sie die Kugel sich zitronengelb, olivgrün, rotbraun und indigoblau färben. Ruhen Sie während der restlichen Meditationszeit in der belebenden Kraft des göttlichen Lichts der Emanation. Schließen Sie die Meditation mit dem Kabbalistischen Kreuz ab.]

Stufe 2
Bauen Sie wie zuvor die Mittlere Säule von Keter bis hinunter zu Malkut mit den entsprechenden Farben auf. Intonieren Sie dabei den der jeweiligen Sefira zugeordneten göttlichen Namen. Dies hilft, die Zent-

ren durch die vibrierende Kraft des Klangs zu bilden. Stellen Sie sich den weißen Lichtstrahl vor, der die einzelnen Kugeln der Reihe nach miteinander verbindet: Keter mit Daat, mit Tiferet, mit Jesod und schließlich mit Malkut.

Wenn die Mittlere Säule aufgebaut ist, richten Sie Ihre Aufmerksamkeit wieder auf Keter. Während Sie bis vier ausatmen, visualisieren Sie einen Strom aus strahlend weißem Licht, der an der linken Seite Ihres Körpers und Ihrer Aura entlang in Malkut hineinfließt. Verweilen Sie mit Ihrer Konzentration bei Malkut, während Sie bis zwei zählen.

Dann atmen Sie, während Sie bis vier zählen, ein und stellen sich vor, dass der Strom aus strahlend weißem Licht sich an der rechten Seite Ihres Körpers und Ihrer Aura in die Sefira Keter, die Krone über Ihrem Scheitel, emporbewegt. Ihre Aufmerksamkeit bleibt für zwei Zählzeiten auf Keter gerichtet. Beim nächsten Atemzyklus wiederholen Sie den Vorgang: Beim Ausatmen (bis vier zählen) – von Keter an der linken Seite zu Malkut hinunter; bei Malkut verweilen (bis zwei zählen); beim Ausatmen (bis vier zählen) – von Malkut an der rechten Seite zu Keter hinauf; bei Keter verweilen (bis zwei zählen).

Wiederholen Sie diesen Zyklus insgesamt sechsmal. Es ist wichtig, dass in Ihrer Vorstellung der weiße Lichtstrom nicht nur durch Ihren Körper, sondern auch durch Ihre Aura fließt. So wird sichergestellt, dass die einfließende kosmische Energie überall in Ihren Körpern, sowohl den subtilen als auch dem physischen, zirkuliert und sie stärkt.

Führen Sie die Entspannungs- und Atemübungen während mindestens zehn Atemzyklen im Vier-Zwei-Vier-Rhythmus durch. Bauen Sie die Mittlere Säule in den Farben der Königinnenskala auf und intonieren Sie dabei die entsprechenden Gottesnamen der einzelnen Sefirot. Wenn die Mittlere Säule steht, beginnen Sie mit dem Aufbau der Sefirot in den »Seitlichen Säulen«. Das kann in einfachen Etappen geschehen – Keter am ersten Tag, Chokmah am zweiten Tag und so weiter. Vielleicht ist es für Sie eine nützliche Gedächtnisstütze, wenn Sie sich am ersten Tag Keter vornehmen, am folgenden Tag Keter und Chokmah, am darauf folgenden Tag Keter, Chokmah und Binah und so weiter. Fügen Sie erst dann eine weitere Sefira hinzu, wenn Sie die vorhergehenden mit Leichtigkeit visualisieren können.

Keter ist eine weiß glühende Lichtkugel (wie brennendes Magnesium), die auf Ihrem Kopf liegt und den Scheitel leicht durchdringt. Visualisieren Sie Chokmah in hellgrauer Farbe auf der linken Kopfseite. Stellen Sie sich Binah in tiefstem Indigoblau (oder Schwarz) auf der rechten Seite vor. Die silber farbene Sefira Daat sollte Ihren Hals und Ihr Gesicht umgeben. An der linken Schulter und dem linken Oberarm befindet sich die Sefira Chesed in Königsblau und ihr gegenüber auf der rechten Seite Geburah in Scharlachrot. Die Sefira Tiferet, die Herz und Solarplexus umgibt, ist von goldgelber Farbe. Netzach in Smaragdgrün befindet sich an der linken Hüfte und Hod in leuchtendem Orange an der rechten Hüfte. Jesod in der Farbe Violett ist im Genitalbereich lokalisiert. Die Sefira Malkut umgibt die Knöchel und Füße und weist eine vierfache Färbung aus Zitronengelb, Olivgrün, Rotbraun und tiefem Indigoblau (wie Binah) auf.

Wenn Sie diese Übung vollständig beherrschen und sich die Sefirot mühelos ins Gedächtnis rufen können, stellen Sie sich die zweiundzwanzig Pfade vor, die sie in weißem Licht miteinander verbinden. Die Visualisierung der Sefirot und der Pfade des Lebensbaums kann als eine Art Stichwortübung verwendet werden, um Ihrem Gedächtnis die Symbolik des Baumes einzupflanzen, sodass Sie sie in freien Augenblicken während des Tagesablaufs aufrufen können.

Stufe 3

Sobald eine gewisse Routine bei der Errichtung des Baumes in der Aura erreicht wird, fahren Sie mit der folgenden Übungsreihe fort, die allgemein als die »Übung des miteinander verwobenen Lichts« bekannt ist. Hierbei handelt es sich um abgestufte Übungen, die bestimmte Energieströme in der »Sphäre der Sinneswahrnehmung« (dem physischen und den subtilen Körpern und den verschiedenen aurischen Ebenen) einrichten und diese Kräfte auf die physischen Ebenen hinüberführen sollen. Die erste Stufe dieser Übung haben Sie bereits kennen gelernt, als Sie Energie vom Keter-Zentrum an der linken Seite Ihres Körpers und Ihrer Aura abwärts in Malkut gezogen und dabei bis vier ausgeatmet haben. Beim Einatmen haben Sie dann die Energie von Malkut an der rechten Seite Ihres Körpers und Ihrer Aura empor in Keter hineingeführt.

Wenn Sie das rhythmische Atmen aufgenommen, die Mittlere Säule aufgebaut und die erste Stufe der Übung des miteinander verwobenen Lichts gemeistert haben, widmen Sie sich den nächsten beiden Stufen. Konzentrieren Sie sich auf das Kronenzentrum Keter. Stellen Sie es sich als eine weiße strahlende Kugel vor, die, während sie sich schnell dreht und herumwirbelt, Energie aus dem Universum in sich hineinzieht und diese so transformiert, dass sie für die sofortige menschliche Verwertung verfügbar ist.

Beim Ausatmen lenken Sie die weiße Energie an der Vorderseite Ihres Körpers und Ihrer Aura abwärts zu Malkut. Lassen Sie Ihre Aufmerksamkeit für zwei Zählzeiten bei Malkut verweilen. Dann atmen Sie ein und führen das Licht durch die Rückseite Ihres Körpers und Ihrer Aura empor in das Kronenzentrum. Konzentrieren Sie sich auf Keter, während Sie bis zwei zählen. Nun beginnen Sie den Zyklus aufs Neue. Diese Übung sollte ebenfalls mindestens sechsmal vollständig durchgeführt werden.

Seien Sie nicht beunruhigt, wenn sich körperliche Empfindungen wie Gänsehaut oder ein prickelndes Gefühl einstellen. Der physische Körper reagiert lediglich auf die einfließende Energie. Sie werden feststellen, dass diese Übung die Wirkung hat, Sie mit dem Vitalstrom des Lebens zu kräftigen.

Nach Abschluss der Übung verweilen Sie in dem daraus folgenden Gefühl von Ruhe, Vitalität und Wohlbefinden. Lassen Sie sich auf allen Ebenen von der Lebenskraft nähren.

Stufe 4

Nachdem Sie wie zuvor das rhythmische Atmen aufgenommen und die Mittlere Säule aufgebaut haben, lassen Sie das Licht von Keter nach Malkut abwärts und dann wieder aufwärts an den Seiten Ihrer »Sphäre der Sinneswahrnehmung« mindestens sechsmal zirkulieren. Dann lassen Sie die Energie von Keter nach Malkut abwärts über die Vorderseite und aufwärts über die Rückseite Ihrer »Sphäre der Sinneswahrnehmung« mindestens sechsmal zirkulieren. Diese Energiezirkulationen legen den Umfang des »alchimistischen Gefäßes«, der Aura, fest.

Richten Sie Ihre Aufmerksamkeit auf Malkut und visualisieren Sie ein weißes Licht in einem breiten Band, das in einer Spirale emporsteigt. Stellen Sie sich vor, dass die Spirale unter Ihrem rechten Fuß zum Vorschein kommt, sich hinter der linken Wade windet, um und über Ihren rechten Oberschenkel und so weiter. Diese Bewegung ergibt eine Spirale aus weißem Licht, die im Uhrzeigersinn von Malkut nach Keter aufsteigt. Die Spirale sollte die gesamte »Sphäre der Sinneswahrnehmung« (Aura und Körper) innerhalb ihres weißen Glanzes einhüllen. Machen Sie Gebrauch von den ab- und aufsteigenden Linien, die Sie auf den beiden ersten Stufen der Übung des miteinander verwobenen Lichts visualisiert haben, um ein Gefühl für die Eiform der Aura zu entwickeln, um die sich die emporstrebende Spirale windet. Lassen Sie die Spirale aufsteigen, während Sie bis vier einatmen. Richten Sie nun Ihre Aufmerksamkeit auf Keter, während Sie bis zwei zählen, und stellen Sie sich dann vor, dass die Energie von Keter direkt zu Malkut fließt, während Sie bis vier ausatmen. Konzentrieren Sie sich für zwei Zählzeiten auf Malkut und lassen daraufhin bis vier die Spirale nach Keter aufsteigen. Führen Sie diese Übung mindestens sechsmal vollständig durch. Verweilen Sie abschließend in der Eiform des weißen Lichts, der subjektiven aurischen »Sphäre der Sinneswahrnehmung«.

Wir kommen nun zum »Kern« der Übungen des miteinander verwobenen Lichts, der »Fontäne-Atmung«. Dazu gehen Sie erst die vorhergehenden Stufen der Übung des miteinander verwobenen Lichts durch und richten dann Ihr Bewusstsein auf das Kronenzentrum Keter. Während Sie bis vier *ausatmen*, stellen Sie sich Keter als eine Fontäne aus reinweißem Glanz vor, die in Ihrem ganzen Körper und Ihrer ganzen Aura einen glühenden Strom hervorsprudeln lässt, der sich im Malkut-Zentrum an Ihren Füßen ergießt. Für zwei Zählzeiten konzentrieren Sie sich auf Malkut. Während Sie bis vier *einatmen*, steigt eine weiße, mit den Farben des Regenbogens getönte Lichtsäule von Malkut durch Jesod, Tiferet und Daat in das Kronenzentrum Keter empor, auf das Sie für zwei Zählzeiten Ihre Aufmerksamkeit gerichtet halten. Beim nächsten Ausatmen ergießt sich der reinweiße Glanz wieder von Keter hinunter in Malkut, wo Sie im Geiste kurz verweilen, und beim Einatmen steigt die strahlende Säule durch die Mittlere Säule zurück zu Keter empor. Diese Übung wird daraufhin noch zehnmal wiederholt. Israel Regardie sagt über die Energie (*Chaiah*, die Lebensenergie des grenzenlosen Lichts), die wir durch diese Übung in uns aufnehmen: »Die Lebenskraft ist unermesslich; wir sind von dieser spirituellen Kraft, dieser Energie ganz und gar gesättigt und durchdrungen. Sie bildet unser Höheres Selbst, sie ist unsere Verbindung zur Gottheit, sie ist Gott in uns. Jedes Molekül in unserem physischen System wird von der dynamischen Energie dieser Kraft durchtränkt; jede Zelle in unserem Körper enthält sie im Überfluss ...«[4]

Stufe 5

Visualisieren Sie die Sefirot der Seitlichen Säulen aus strahlend weißem Licht in Ihrer Sphäre der Sinneswahrnehmung. Nehmen Sie die Vorstellung von einem Blitz zu Hilfe, um sie in die bereits imaginierten Kugeln der Mittleren Säule hineinzuweben: Keter, Chokmah, Binah, Daat, Chesed, Geburah, Tiferet, Netzach, Hod, Jesod und Malkut.

Jeden Tag soll eine der Sefirot in der Farbskala von Briah (Königinnenskala) strahlen, wobei der Gottesname der Sefira intoniert wird, um den Farbwechsel auszulösen:

Chokmah, YAH
Binah, ELOHIM
Chesed, EL
Geburah, ELOHIM-GIBOR
Netzach, YAHVEH-TZABAOTH
Hod, ELOHIM-TZABAOTH

Nehmen Sie gegebenenfalls ein Schaubild des Lebensbaums zu Hilfe.

Beginnen Sie mit Keter. Dann arbeiten Sie zwei Tage an Chokmah, zwei Tage an Binah und so weiter. Während Sie den Baum hinabsteigen, achten Sie darauf, dass Sie die vorhergehende Sefira weiterhin in der ihr zugeordneten Farbe visualisieren. Lassen Sie sie nicht ins Weiße zurückfallen. Auf diese Weise werden Sie, sobald Sie bei Malkut angelangt sind, den ganzen Baum in der Königinnenskala erhalten.

---
[4] Israel Regardie, The Art of True Healing, San Rafael, CA, 1991, S. 6

Wenn Sie diese Aufgabe vollendet haben, lassen Sie Ihr Bewusstsein am Blitzstrahl auf und ab gleiten, bis Sie flexibel sind. Das ist eine gute Grundübung für geistige Beweglichkeit.

Visualisieren Sie nun eine Zeit lang den ganzen Baum innerhalb Ihrer Aura. Stellen Sie sich die Sefirot in der Königinnenskala und die verbindenden Pfade in weißem Licht vor. Dies dient als wirkungsvolles Bild einer auf allen Seinsebenen vereinten Beziehung. Schließen Sie die Sitzung mit dem Kabbalistischen Kreuz ab.

Stufe 6

Wenn Sie die vorhergehenden Übungen vollzogen haben, steigen Sie den Baum des Körpers zu Keter empor, und während Sie die Übung der Fontäne-Atmung ausführen, sprechen Sie hingebungsvoll den höchsten und heiligsten Namen des Unbeschreiblichen aus. Intonieren Sie ihn als ein Mantra: »Ich bin, der ich bin.« Dabei konzentrieren Sie sich bei »Ich bin« auf Keter, bei »der« auf Malkut und bei »ich bin« wieder auf Keter. Wiederholen Sie langsam dieses Mantra im Bewusstsein dessen, wer wen wahrnimmt. Lassen Sie sich mit diesem Mantra zu einer behutsamen Bewusstseinsveränderung verhelfen. Wenn es sich richtig anfühlt, hören Sie mit der Wiederholung auf und SEIEN Sie einfach.

Wenn Sie aus Ihrem meditativen Zustand auftauchen, wiederholen Sie die Übung der Fontäne-Atmung weitere sechs Mal. Versiegeln Sie Ihre Aura mit dem Kabbalistischen Kreuz und strecken Sie Ihren Körper ausgiebig.

Führen Sie die Übungen des miteinander verwobenen Lichts vor jeder Meditationssitzung durch. Bemühen Sie sich, zu erkennen, dass der physische Körper keineswegs fest ist, sondern sich tatsächlich aus Billionen von Lichtpunkten (Atomen) mit riesigen Zwischenräumen zusammensetzt. Das ab- und aufwärts steigende Licht (bei der Fontäne-Atmung) durchdringt und sättigt alles, und der physische Körper widersetzt sich nicht dem eingehenden Licht.

Stufe 7

Auf dieser Stufe verbinden wir unseren subjektiven Baum mit dem objektiven Makrokosmos, von dem er eine Widerspiegelung ist. Sie beginnen bei Malkut, steigen den Baum des physischen Körpers empor und bauen dabei die Sefirot in der Königinnenskala von Briah auf. Während Sie sich erneut auf Malkut konzentrieren, senden Sie einen in einer Spirale aufsteigenden Wirbel aus indigoblauer Energie von Ihrem persönlichen Malkut-Zentrum abwärts geradewegs in den Kern des Planeten. Stellen Sie sich den Wirbel als einen Kegel aus sich spiralförmig bewegender Energie vor. Die Kegelspitze befindet sich auf jeden Fall in Ihrem Zentrum. Während seiner spiralförmigen Bewegung nimmt der Kegel an Umfang zu, bis er das Innere des Planeten erreicht und sich mit ihm vereint. Von Ihrem Jesod-Zentrum schicken Sie einen sich spiralförmig bewegenden Wirbel aus silberner Energie nach außen auf die Astralebene, die Sie sich als herbstlichen Vollmond an einem violetten Himmel vorstellen.

Von Ihrem Tiferet-Zentrum senden Sie einen sich spiralförmig bewegenden Wirbel aus goldener Energie nach außen auf die mentale Ebene, die Sie sich als glühende Mittagssonne an einem orangefarbenen Himmel vorstellen. Von Ihrem Kronenzentrum Keter schicken Sie einen sich spiralförmig bewegenden Wirbel aus reiner weißer Energie, einem umgestülpten Kegel gleich, aufwärts in die Höhen des Himmels. Verweilen Sie in dem daraus resultierenden Bewusstseinszustand.

Führen Sie die Übung der Fontäne-Atmung mindestens zehnmal durch. Achten Sie darauf, wie Sie sich vorher und hinterher fühlen. Dann steigen Sie vom Baum von Asija herunter und vollziehen abschließend das Kabbalistische Kreuz.

Auswirkungen

Diese Techniken mögen zwar einfach erscheinen, sind aber dennoch der Schlüssel zu allem anderen. Tatsächlich sind sie die Übungen der Adepten. Sie bilden den in so vielen Drucken dargestellten »alchimistischen Springbrunnen«, in dem die Weiße Königin (der ätherische Körper) und der Rote König (der physische Körper) gemeinsam ein Bad nehmen. Wie der Alchimist Artephius schrieb (über das grenzenlose Licht unter dem Namen »Wasser des Lebens«): »Dieses *aqua vitae* oder Wasser des Lebens ist richtig bestimmt. ... Es ist der königliche

Springbrunnen, in dem der König (Sol) und die Königin (Luna) gemeinsam baden. ... und der Geist ist in den Körper integriert und mit ihm eins geworden.«[5] Die Übungen des miteinander verwobenen Lichts und der Fontäne-Atmung haben insgesamt eine transformative Wirkung. Gerade ihre Einfachheit macht sie so potent. Respiration, die Atmung, ist die Urbewegung. Der heilige Name EHEIEH, mit dem das Göttliche in Keter verehrt wird, ist der Klang des Ausatmens. Und damit der Leser nicht verleitet wird zu denken, dass die Kernübung nur für »Anfänger« gedacht ist, ziehen Sie das Folgende in Betracht. Im Buch der Offenbarung (dem am meisten missverstandenen Text der kanonischen Bibel) schildert der Autor seine Vision, in der er die 24 Ältesten sieht, die die Göttliche Gegenwart umgeben und ihre Kronen vor Gott *fortwährend* auf den Boden niederlegen und dann wieder aufsetzen. Diese Ältesten sind die Herren des Lichts, die die himmlische Runde des Melchisedek, den Hohen Rat hoch oben bilden. Indem sie ihre »Kronen« – *in der Gegenwart* – niederlegen und wieder aufsetzen, vollziehen diese Hohen ständig die Fontäne-Atmung und erneuern so ihr unsterbliches Leben.

Den folgenden Übungen in diesem Buch sollten immer das Schlagen des Kabbalistischen Kreuzes, Entspannung, die Aufnahme des tiefen und rhythmischen Atmens, die Lichtzirkulation und die Zyklen der Fontäne-Atmung vorausgehen. Es ist nicht weiter erforderlich, mit den auf der siebenten Stufe erwähnten Wirbeln zu arbeiten. Erfahrene Praktizierende werden schnell erkennen können, wie viele Zyklen der Fontäne-Atmung erforderlich sind, bevor sie zu einer Visualisierungsübung übergehen. Am Ende einer Sitzung ist es außerdem weise, noch ein paar Zyklen der Fontäne-Atmung anzuhängen, um die in der Meditation aufgenommene Energie in den physischen Körper zu integrieren, und zu guter Letzt das aurische Gefäß mit dem Kabbalistischen Kreuz hermetisch zu versiegeln.

---

[5] Artephius: »The Secret Book of Artephius«, Übersetzung von Lapidus aus dem 12. Jahrhundert, The British Library Collection

Die Kontemplation

Es wird hilfreich sein, die folgenden Zeilen in Hinblick auf die 18. Tarotkarte »Der Mond« zu betrachten, die das *Sefer Jezira* als die körperliche oder inkarnierende Intelligenz bezeichnet.

*Alexander schreibt aus Persien,
ein Wolf und ein Hund seien auf seinem Feld,
die, wie die Weisen sagen,
von selber Herkunft sind,
aber der Wolf kommt aus dem Osten
und der Hund aus dem Westen.
Sie sind voller Eifersucht,
Wut, Besessenheit und Wahnsinn:
Einer tötet den anderen,
und von ihnen kommt ein großes Gift.
Aber wenn ihr Leben wieder hergestellt ist,
gehen sie eindeutig als
die Große und Kostbare Medizin hervor,
das großartigste Heilmittel auf Erden,
das die Weisen stärkt und wieder herstellt,
die Gott Dank sagen und ihn lobpreisen.*

The Book of Lambsprinck[6]

---

[6] »The Book of Lambsprinck«, in: A. E. Waite, Hrsg.: The Hermetic Museum, York Beach, ME, 1991, S. 284

III

DER HEILIGE GRAL

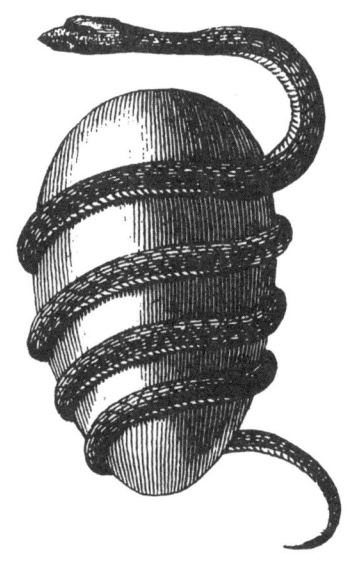

Er ist zu groß, um »Gott« genannt zu werden. Er ist verborgen, doch zugleich überall sichtbar. Er ist körperlos, doch zugleich in allem verkörpert. Es gibt nichts, was Er nicht ist. Er hat keinen Namen, weil alle Namen Sein Name sind. Er ist die Einheit aller Dinge, darum müssen wir Ihn mit allen Namen kennen und alles »Gott« nennen.

Hermes Trismegistos[1]

Die Lehre

Die Suche nach dem Heiligen Gral ist seit langem ein Symbol für die zunehmende Entfaltung auf dem spirituellen Weg. Seine Erlangung symbolisiert die Befreiung des Gralsträgers von Tod und Wiedergeburt (so wie Galahad, der in die Oberen Welten versetzt wurde) und den Erwerb der Fähigkeit, alle Krankheiten zu heilen (wie etwa die Heilung des verwundeten Fischerkönigs durch Parzival und Lanzelot). Beide Eigenschaften beziehen sich auf die Vollendung des alchimistischen Großen Werks, auf den Stein der Weisen, der Erlösung vom schmerzvollen Rad der Geburt und des Todes bringt. (In einigen Artusromanen wird der Gral als Stein und nicht als Kelch beschrieben, und in der buddhistischen Mythologie bezieht man sich auf ihn als das vom Drachen gesuchte »wunscherfüllende Juwel«, die »Perle von hohem Wert«.) Sie weisen außerdem auf die Erzeugung der *medicina catholica* hin, der alle Krankheiten heilenden Universalmedizin. Sowohl die Suche nach dem Gral als auch seine Erlangung sind Metaphern für das »Erfassen« der Quintessenz. Dies ist die Erkenntnis des Urstoffs der Schöpfung, der *Prima Materia*, der alchimistischen Ersten Materie, die im Sanskrit als *Akasha* bezeichnet wird, was »die Schale der zu mischenden Elemente« bedeutet.

---

[1] Timothy Freke und Peter Gandy: The Wisdom of the Pagan Philosophers, Boston 1998, S. 18

Vier Symbole sind mit dem Gralsgeheimnis aufs Engste verbunden: die Lanze, das Schwert, der Kelch und der Stein. Sie stehen jeweils für die Luft der Weisen, das Feuer der Weisen, das Wasser der Weisen und die Erde der Weisen. Die fortwährende Wechselwirkung dieser Symbole weist auf die Präsenz der Urmaterie – der Quintessenz – innerhalb und zwischen jeder einzelnen der vier elementaren Manifestationen des Geistes hin. Und der Geist ist das Zentrum – der stille, dimensionslose Punkt – aller vier Elemente der Weisen. Die Reihenfolge lautet: Akasha, Luft; Akasha, Feuer; Akasha, Wasser; und Akasha, Erde. Auf dieselbe Weise geht im Tarot der Schlüssel »Der Narr« (der Quintessenz zugeordnet) allen anderen Tarotkarten voraus und trennt sie, so wie der mathematische Wert Null (0) vor allen weiteren Zahlen in der Reihenfolge steht und sie trennt (zum Beispiel 0, 1, 0, 2, 0, 3, 0, 4, 0 und so weiter). Aus diesem Grund sind die physischen Orte, an denen die Domäne eines sichtbaren Elements von einer anderen abgelöst wird, »Kraftorte«: Küsten, Hügel und Berggipfel, Dampfbäder und zeremonielle Feuer. Sie symbolisieren den Zwischenzustand zwischen den beiden Elementen – die Quintessenz. Beim Pentagramm werden die vier Dreiecke des fünfzackigen Sterns ebenfalls den Elementen zugeordnet, während das obere Dreieck die Quintessenz als die herrschende Macht repräsentiert. Die Tatsache, dass man ein Pentagramm zeichnen kann, ohne den Stift vom Papier zu heben, zeigt die gegenseitige Abhängigkeit der vier Elemente und ihre völlige existenzielle Abhängigkeit von der Urmaterie auf. Bei der Quintessenz allein liegt die wahre »Herrschaft« über die Elemente.

Die evokative Kraft der Gralssuche ist eine Inspiration für das Schöne. Ihr Mysterium wird in der Malerei, Bildhauerei und in Wandteppichen, in Romanen, Gedichten und in der Musik gepriesen. Das im Gralssymbol bewahrte Versprechen und sein zentrales Erlösungsmotiv hat Schriftsteller, Barden und Künstler jahrhundertelang inspiriert, durch ihre Kunst dem Kelch der Kelche zu huldigen. Es spricht den tiefsten Teil der menschlichen Natur an – eine irrationale und zugleich unablässige Sehnsucht danach, dass das Gute siegen wird, dass das Leben ewig währt. Jede neue Religion, die entstanden ist, hat versucht, den Gral im Sinne ihrer eigenen Struktur darzustellen. Aber der Gral steht über allen, gehört zu ihnen allen, enthält sie alle. Er symbolisiert

Die Lehre 75

die Realität, dass der Geist alles nährt und aufrechterhält, dass das Universum immer während erschaffen und bewahren wird.

Makrokosmisch gesehen ist der Gral die große Geist-Schale, in der die gesamte Existenz enthalten ist. Er ist der universale Kelch, der in den heiligen Händen des Ewigen gehalten wird. Er ist der Spiegel des Tetragrammatons und die Wahrsageschale der Schöpfung, in der Gott Gott erblickt. Aber weil das Ewige alles Existierende durchdringt und alles Existierende ist, ist der makrokosmische Gral *Neschamah*, die der dritten Sefira Binah, Sphäre der Großen Mutter, zugeordnete göttliche Seele (daher die immer wiederkehrenden Bilder von Göttinnen und Jungfrauen, die den Gral tragen). Deshalb wird die Göttliche Allgegenwart ebenfalls Binah zugeordnet. Betrachter und Vision sind nicht voneinander getrennt, sondern eins: »Ich gebe mich dadurch zu erkennen, dass ich sehe.« Wir sprechen hier ein »Mysterium« an, eines der scheinbaren Paradoxe, die die Lehren der zeitlosen Weisheit durchdringen. Sie werden Mysterien genannt, weil sie spirituelle Realitäten auszudrücken versuchen, die Vernunft und an Formen gebundenes Denken überschreiten, doch gerade durch unser Bedürfnis, auf Sinneserfahrung beruhende Sprache und Vorstellungen zu verwenden, begrenzt und Missdeutungen ausgesetzt sind.

Im Mikrokosmos, im Mensch, symbolisiert der Gral *Ruach*, das Höhere Selbst oder den unsterblichen Geist, der in einigen Traditionen als der heilige Schutzengel bezeichnet wird. Dieser individualisierte Aspekt des Einen Lebens löst unser Gefühl der »Ichhaftigkeit«, unsere Individualität, die nützliche Illusion von Getrenntheit, aus. Solange wir uns dieses Aspekts von uns selbst nicht bewusst gewahr werden, ruft er zugleich die Illusion des Getrenntseins vom Ganzen hervor. Unser Geist ist der Gral für das Göttliche Selbst des Selbsts, das, was allein wirklich real, wirklich ewig ist. In der Kabbala wird dies *Jechida* genannt, was das »Einzigartige und Unteilbare« bedeutet, und ist Keter zugeordnet. Auf dem erweiterten Baum der Jakobsleiter ist der Geist die Welt von Briah und Jechida von Azilut. Aber Azilut durchdringt die obere Seite Briahs oder wohnt ihr inne und wird in einer spirituellen Hülle gehalten. Durch Resonanz grenzt der Geist (Briah) an Jezira an, dem Reich der Psyche oder Seele. Hier müssen wir uns daran erinnern, dass beim Umgang mit Mandalas – heiligen

Diagrammen – so wie beim Baum des Lebens das »Obere« dem »Inneren« entspricht. Wenn wir also sagen, dass Jechida sich auf der »höchsten Ebene« in Azilut befindet, meinen wir damit zugleich auf der »innersten« Ebene eines Menschen. Wie Joseph Campbell, der berühmte Mythograf, es ausdrückte: »In seiner tiefsten Identität ist der Mensch eins mit dem Transzendenten.«[2]

Bei den meisten von uns existieren diese höheren Aspekte der menschlichen Entfaltung als latentes Potenzial, einem Samen gleich, der noch wachsen, blühen und Früchte tragen muss. Der alchimistische Schüler Thomas von Aquin bezeichnete diese Aspekte als *latens Deitas*, und in den westlichen Mysterien sind sie als der »innere Gott« oder *Adonai Interna* bekannt. Das Ziel des Großen Werks ist die Vergeistigung des physischen Körpers, sodass sich das Höhere Selbst voll und ganz auf Erden manifestieren kann. Das ist das Erwachen eines Buddhas oder eines Gesalbten. Das ist aber auch die verborgene Bedeutung des kabbalistischen Gebets: »Möge der Heilige wieder auf seinen Thron eingesetzt werden« – in Seiner ganzen Fülle für die Menschheit.[3]

Wie auch immer, wir arbeiten mit den Dingen, so wie sie sind, und bei den meisten von uns ist das Göttliche latent vorhanden. Diese Situation wird durch den 14. Tarot-Schlüssel »Mäßigung« (Temperierung) dargestellt, ein Begriff, der sich aus dem Prozess des Härtens (Englisch »tempering«) von Metall im Feuer ableitet. Die Karte zeigt den Erzengel Mikael (Michael) von Tiferet mit dem Großen Werk beschäftigt. Der nummerische Wert oder die *Gematria* von »Mikael« beträgt ebenso wie der von *Aben-Gedulah*, was »großer Stein« bedeutet, 101. Mikael gießt Wasser auf den Löwen des Feuers und entzündet den Adler des Wassers mit einer brennenden Fackel. Wenn sich das Werk dem Ende nähert, wird der Löwe zur Blauen Sphinx, die das Rätsel des menschlichen Schicksals versteht, wie es der 10. Schlüssel, »Rad des Schicksals«, zeigt. Der Adler wird zum feurigen Phönix, der sein unsterbliches Leben durch Feuer erneuert. Der Erzengel steht mit einem Fuß auf der Erde und mit dem anderen in einem Teich. Briah ist das

---

[2] Mystic Fire Video, Joseph Campbell and the Power of Myth with Bill Moyers, New York 1989
[3] Aryeh Kaplan: The Sepher Yetzirah, York Beach, ME, 1993

Reich, in dem der Erzengel seinen Platz hat. Dies wird oben durch den goldenen Himmel, das Reich des endlosen Tages, angezeigt. Der Teich steht für die von Wasser erfüllte Welt Jeziras und der menschlichen Psyche, in die der Erzengel einen Zeh gesetzt hat. So wird uns auf bildhafte Weise zu verstehen gegeben, dass das Höhere Selbst im Herzen der Seele gegenwärtig ist, so wie Briah Jezira durchdringt und darin präsent ist. Der »Zeh« des Höheren Selbst ist ein poetisches Bild für die Immanenz innerhalb unserer subtilen Körper.

Im Zentrum der subtilen Körper (Jeziras) liegt der »Sonnentropfen«, wie er in einigen Traditionen genannt wird. Manche nehmen ihn als einen Tropfen geschmolzenen Goldes wahr und andere als »die ständige sich verjüngende Flamme einer Lampe an einem windstillen Ort«. Im tibetischen Yoga heißt er der »unzerstörbare Tropfen« (*Mi gshigs pa'l thig-le*), und wie das »Samenteilchen« in der theosophischen Literatur ist er das, was von Inkarnation zu Inkarnation weiter besteht, der Kern, der die für die Inkarnation notwendigen Vehikel »wachsen lässt«. Er ist das Innere Licht, die Göttliche Immanenz. Er ist der Keim, das potenzielle Samenkorn, aus dem sich der unzerstörbare Sonnenkörper entwickelt, der das Ziel des Großen Werks ist. In der rosenkreuzerischen Überlieferung wird er als *granium in pectoris Jesu*, »ein Samenkorn in der Brust Jesu«, bezeichnet, die esoterische Realität hinter dem Bild des heiligen Herzens in der christlichen Ikonografie. In der zentralen Stille dieses Ortes, der Höhle des Herzens, wird die Stimme des Schweigens (*Shabda-Brahman*, das Lied des Absoluten) vernommen. Und dadurch, dass sich das Bewusstsein dem zuwendet, dem innewohnenden Gott, wird eine wahre mystische Umwandlung erreicht. In der Symbolik des Rosenkreuzes wird dieses Licht der Immanenz als einzelner Tautropfen dargestellt, der auf dem Herzen der Rose ruht und das Licht der Weißen Sonne des höchsten Bewusstseins bricht.

Es ist eine feststehende Tatsache, dass nach dem Tod fortgeschrittener Yogis und Adepten deren verlassene physische Körper mindestens drei Tage lang keine Anzeichen von Zersetzung oder Verfall aufweisen. Der Körper bewahrt seine aufrechte Haltung, und die Haut bleibt geschmeidig. In der Herzgegend ist noch Wärme feststellbar, und erst wenn diese Wärme – gewöhnlich nach drei Tagen – vergeht, setzt die Leichenstarre ein.

Diese göttliche Präsenz im Herzen ist der wahre Gral. Die Suche besteht in der Erkenntnis und Manifestation des Heiligen Grals. Sie ist das, was mit der Vollendung des Großen Werks der Alchimie gemeint ist und auf der Smaragdtafel als das »Werk der Sonne« bezeichnet wird. Die Gematria von *Shemesh*, hebräisch für »Sonne«, sowie von *kos tankhumim*, »der Kelch des Trostes«, ergibt die Summe 640 (was im 23. Psalm als: »Du salbtest mein Haupt mit Öl; mein Kelch quillt über...« Verwendung findet).

In dem von uns angewendeten kabbalistischen Modell scheint der Gral in jeder der Sefirot der Mittleren Säule aus einem anderen Stoff geformt zu sein. Aber, so wie es auf der Smaragdtafel erklärt wird: »Alle Dinge sind aus einem hervorgegangen«, werden alle Stoffe aus der Urmaterie gebildet. In Malkut ist der Gral aus Eisen geformt (nicht aus Blei, wie aus später erläuterten Gründen ersichtlich wird), in Jesod aus Silber und in Tiferet aus Gold. In Daat wird er aus Kristall geschnitten, und in Keter, der Krone, ist er reine Glut, denn »Kelch« und »Inhalt« sind nun nicht mehr zu unterscheiden. Im Kundalini-Yoga besteht die schwierigste Arbeit darin, das Geist-Feuer des Drachen ins Herzzentrum aufsteigen zu lassen. Daher konzentrieren wir uns in den meisten folgenden Übungen auf den goldenen Gral von Tiferet. Tiferet ist die imaginative Intelligenz, oder anders ausgedrückt, das bildererzeugende Vermögen. Imagination oder die Fähigkeit, Bilder zu erzeugen und wahrzunehmen, ist nicht auf die Existenz auf physischer Ebene beschränkt. Sie ist tatsächlich eine Fähigkeit des Höheren Selbst, des innewohnenden Geistes. Imagination ist unser Erbe als Nachkommen dessen, was die Welten ins Leben »träumte«. Zu ihrem höchsten Potenzial entwickelt, wie es auf dem indirekten Weg, in der Alchimie und den Tantras geschieht, ist sie das Instrument, durch das wir zu Mitschöpfern des Ewigen werden.

Der Gral taucht in verschiedenen heiligen Mythen in unterschiedlichen Formen auf. Alle diese Mythen haben gemein, dass das heilige Gefäß, welchen Namen es auch tragen mag, ein Werkzeug ist, durch das Energie aus den Oberen Welten in *Asija*, der Welt der Form und des Handelns, erhalten werden kann. In der keltischen Überlieferung ist der Gral das Gefäß ohne Boden, der der Göttin Ceridwen geweihte Brunnen der Transformationen. Er ist die Mondschale des verloren gegangenen Atlantis. Er ist die Bundeslade, der Thron Schechinas, aufbewahrt in der mosaischen Stiftshütte und dem großen Tempel Salomo. Der Gral war der Kelch voller Wein, den Melchisedek, König und Priester des Höchsten, brachte, Melchisedek, der Abraham in die Kabbala einweihte und der ihn dem *Sefer Jezira* zufolge genau die gleiche alchimistische Praxis lehrte, die in diesem Buch dargeboten wird. Der Gral war der Kelch, aus dem Jesus bei seinem letzten Abendmahl trank (gleichzeitig die erste Eucharistie). Der Überlieferung zufolge wurde dieser Kelch aus dem Smaragd von Luzifers Diadem gemeißelt, das verloren ging, als er der Sünde des Stolzes wegen aus dem Himmel verstoßen wurde.

Die Gralssymbolik ist auch nicht auf die Mystik des Mittleren Ostens und Europas beschränkt. Die folgende *Jataka* (eine Legende über den Tathagata) erzählt den Ursprung von der Schale Buddhas:

Dann kamen die Vier Wächter der Welt aus den vier Ländern und brachten Schalen aus Saphir dar. Doch der Buddha lehnte sie ab. Später boten sie erneut vier Gefäße aus schwarzem Stein (*muggavanna*) an, und aus Mitgefühl für die vier weisen Männer nahm er die Schalen an. Er legte sie ineinander und sprach: ›Mögen sie zu einer werden!‹ Und die Ränder der vier Schalen wurden als Umrisse sichtbar. Aus ihnen war eine einzige entstanden. Der Buddha nahm in der neu geformten Schale Nahrung entgegen, und nachdem er sie zu sich genommen hatte, bedankte er sich.

Dann sagte der Gesegnete zu den Vier Wächtern, die die vier Schalen gebracht hatten:

Erweist dem Buddha im Namen der Schale euren Respekt, und die Schale wird euch ein Gefäß des Wissens sein.
  Bietet ihr die Schale euresgleichen an, so werdet ihr nicht bestehen, weder im Gedächtnis noch im Urteil.
  Aber wer dem Buddha die Schale anbietet, wird nicht vergessen werden, weder im Gedächtnis noch in Weisheit.[4]

---
[4] Nicholas Roerich: From the Heart of Asia: Memoirs from the Himalayas, Rochester, VT, 1990, S. 108

Im tibetischen Vajrayana heißt das Gegenstück zum Gral *Tse-bum*, die heilige Vase, die das Elixier des Lebens enthält und deren Deckel mit Pfauenfedern verziert ist. Sie wird von dem Buddha Amitayus (tibetisch: *Tsepamé*), dem Herrn des ewigen Lebens, getragen. Der Buddha Amitayus ist der tantrische Aspekt des bekannteren Amitabha, des Buddhas des grenzenlosen Lichts. (Dieser Zusammenhang zwischen Leben und Licht ist in der alchimistischen und yogischen Praxis von entscheidender Bedeutung). In vielen Tantras sind diese beiden Buddhas dem Anahata-Chakra, dem Herzzentrum, zugeordnet. In tantrischen Initiationen (*abisheka*) wird eine Nachbildung des Tse-bum verwendet, und der eigentliche Akt der Ermächtigung tritt ein, wenn der Guru-Initiator sie dem Kandidaten auf das Haupt, den tausendblättrigen Scheitel (*Sahasrára-Padma-Chakra*), legt. Das Platzieren des Tsebum auf dem Kopf ist von enormer Bedeutung, weil die Schädelschale, die Gottheiten in ihrem »zornigen« Aspekt halten, in den Vajrayana-Zeremonien ebenfalls das Leben spendende Elixier enthält, das der »Nektar der Götter«, wörtlich der Unsterblichen, ist. Auch die kristallenen Schädel Mittelamerikas und anderswo versinnbildlichen diese bestimmte Lehre.

Im Tempel des menschlichen Körpers beherbergt der Schädel den alchimistischen Stein, das Juwel der Yogis. Wenn der Stein erfolgreich im physischen Körper manifestiert wurde, veranlasst er die »Ambrosia der Glückseligkeit« (ein weiterer Begriff für das Elixier oder den Nektar), den Körper zu füllen und allmählich umzuwandeln. Denn wenn höhere Bewusstseinszustände erreicht und gefestigt werden, kommt es in der Blutstromzusammensetzung des Adepten zu subtilen Veränderungen. Dieses Phänomen taucht lange vor der Vollendung des Großen Werkes auf und zählt im Kundalini-Yoga zu den Zeichen des Könnens, eine »Frucht der Verwirklichung«, die von der Erweckung des Drachen herrührt.

Im Neuen Testament wird Kundalini als *Paraklet*, der Heilige Geist, bezeichnet, der »der Herr, der Lebensspender« ist. Das planetarische Reservoir von Kundalini ist als das »Laboratorium des Heiligen Geistes« und die Initiation als das »Werk des Heiligen Geistes« bekannt. Daher nimmt die Frage Jesu: »Wisst ihr nicht, dass ihr Tempel des Heiligen Geistes seid und die Macht des Höchsten in euch ruht?« eine tiefere Bedeutung an. Der menschliche Körper ist der Tempel und das Herz das Heiligtum des Tempels (wörtlich »heiliger Platz«). Aber das Adyton, das Allerheiligste des Tempels, ist die Zirbeldrüse, das elementare dritte Auge. Dort entsteht der Stein durch das Geist-Feuer von Chokmah, und daher lautete der Lieblingsname, mit dem die alten Alchimisten sich schmückten, »Philosophen«, »die Liebhaber der Weisheit«.

Beim Berg Meru, dem Zentrum der Weltachse sowohl in der hinduistischen wie auch buddhistischen Kosmologie, handelt es sich geografisch gesehen um den Berg Kailash in Tibet. Die Flüsse Ganges und Brahmaputra entspringen am Fuß dieses einsamen Gipfels. Für die Hindus ist der Kailash dem Gott Shiva, Schutzherr des Yoga und Gott der Transformation, geweiht. Für die Buddhisten stellt er (tibetisch: Kang-Rimpoche, »Das Juwel allen Schnees«) den Mittelpunkt des Mandalas der Gottheit Demchog (Sanskrit: *Mahasukha*) dar, der Meditationsgottheit von höchster Glückseligkeit, von unvergleichlichem Glück. Der Kailash ist wie ein Schädel geformt und das Adyton des planetarischen Mikrokosmos.

Die erste Tarotkarte der Großen Arkana, »Der Narr«, zeigt die mit einem Lorbeerkranz geschmückte Gestalt (Lorbeer ist der Sonne heilig), womit auf den Sieg des Geistes über alles hingedeutet wird. Dieser Lorbeerkranz besteht aus 22 Blättern, und jedes Blatt stellt einen der glänzenden Pfade am Baum des Lebens dar, dessen Blätter für die Heilung der Nationen bestimmt sind. Auf der letzten Tarotkarte der Großen Arkana, »Die Welt«, tanzt die das kosmische Bewusstsein oder die höchste Glückseligkeit symbolisierende Zentralfigur innerhalb einer Ellipse, die aus dem gleichen Lorbeerkranz geformt ist. Der erleuchtete Weise ist derjenige, der kosmisches Bewusstsein erlangt hat – ein Narr nach dem Urteil der Welt – und frei von der Illusion der Getrenntheit, befreit von allem Scheinbaren und allen Begrenzungen. Wenn er erkannt hat, dass die Eine Identität sowohl einzigartig als auch unteilbar ist, tanzt der Weise zu *Shi'r-Yehovah*, dem unendlichen Gesang der Einen Wirklichkeit.

Die Übung

Als Allererstes sollten das Kabbalistische Kreuz und die Mudra »Öffnen des Schleiers« vollzogen werden. Dann nehmen Sie die Haltung ein, führen die Entspannung durch und nehmen das Atmungsmuster im Vier-Zwei-Vier-Rhythmus auf. Errichten Sie den Baum des Lebens in der Königinnenskala Briahs und stellen Sie sich vor, dass er Ihren physischen Körper und Ihre Aura durchdringt. Nun gehen Sie zu den Übungen des miteinander verwobenen Lichts über, die in der Fontäne-Atmung gipfeln, die mindestens zehnmal vollständig durchgeführt werden sollten. Verweilen Sie kurze Zeit in den Energien und fahren dann mit der folgenden Übung fort.

Konzentrieren Sie sich auf Ihre goldgelbe Kugel von Tiferet und visualisieren Sie in ihrem Innern die runde Tafel von König Artus, die einen Durchmesser von ungefähr 15 Zentimeter hat. Die Tafel ist indigoblau, ein tiefes Violettblau wie der Nachthimmel. Die Tischoberfläche ist in zwölf Abschnitte wie in einem Horoskop eingeteilt. Die Trennungslinien auf dem indigoblauen Tisch sind silbern. In jedem Abschnitt in der Nähe des Tischrandes glänzt das Symbol eines der zwölf Tierkreiszeichen. Diese Tierkreissymbole sind goldfarben und in ihrer üblichen Reihenfolge von Widder bis Fische gegen den Uhrzeigersinn um den Tisch herum angeordnet (siehe Abb. 1). Genau in der Mitte der runden Tafel, wo die silbernen Linien zusammenlaufen, leuchtet ein Gegenstand, der mit einem hauchdünnen Schleier weißen Stoffes (Seide oder Satin) umhüllt ist. Durch diesen Schleier können Sie einen goldenen Kelch erkennen. Es ist der Heilige Gral.

Wenn Sie sich innerlich bereit fühlen, projizieren Sie den Tisch mit dem Gral in einem Akt klarer – und zugleich sanfter – Entschlossenheit aus Ihrem subjektiven Tiferet-Zentrum hinaus, bis er sich knapp zwei Meter von Ihrem physischen Körper entfernt befindet. Während Ihrer Projektion wächst das vielfältige Bild und dehnt sich aus, bis es Lebensgröße erreicht hat. Wenn sich dieses Bild stabilisiert hat, erscheinen vor jedem Tischabschnitt zwölf geschnitzte Stühle. Das sind die hohen Sitze der runden Tafel. Gehen Sie im Geiste auf den Tisch zu. Sie werden feststellen, dass der in Ihrer nächsten Nähe stehende Sitz Ihrem Sternzeichen, dem Zeichen Ihres Geistes, zugeordnet ist. Neh-

Die Übung 83

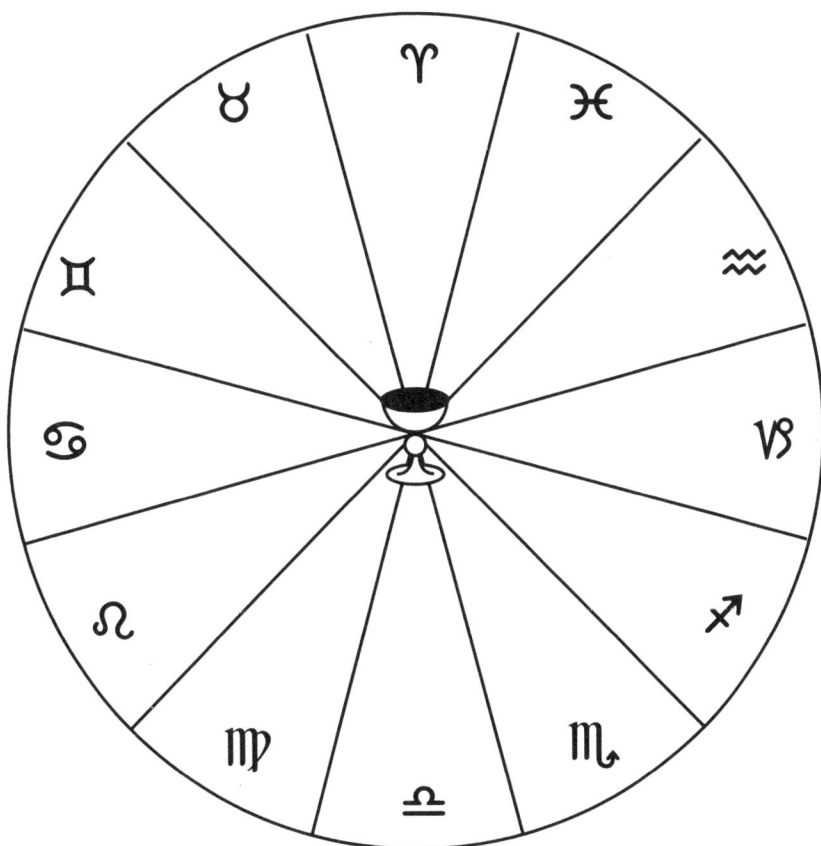

Abb. 1. Der persönliche Sitz des Praktizierenden – der seinem Sternzeichen zugeordnet ist – befindet sich im Westen, über den Gral hinaus dem Osten gegenüberliegend.

men Sie auf dem Stuhl an diesem Abschnitt des Tisches Platz, den Rücken Ihrer physischen Hülle knapp zwei Meter hinter Ihnen zugewandt. Legen Sie Ihre Hände beidseits des goldenen Tierkreissymbols auf den Tisch. Dabei wird das Tierkreiszeichen »aufleuchten«.

Blicken Sie auf den verschleierten Gral, tauchen Sie in seinen goldenen Glanz ein und meditieren Sie angesichts der zuvor vermittelten Lehre über seine Symbolik. Werden Sie sich des Wissens darum bewusst, dass der Gral als ein Symbol Tiferets Gunst und Segen von oben spendet. Die Sefira Tiferet ist das Herz des Lebensbaums; sie empfängt, harmonisiert und lässt die Einflüsse aller Sefirot außer Malkut zukommen. Tiferet werden verschiedene Namen zugeschrieben: Ben (Sohn), Ihr Höheres Selbst als ein Strahl des göttlichen Lichts von Jechida; und Melekh (König), Ihr Geist als der wahre und mächtige Herrscher über alle Manifestationen sowohl in Ihrer eigenen Persönlichkeit wie auch in Ihrer Umgebung. Die Gegenwart des Grals bestätigt, dass Sie wahrlich eins mit allem sind.

Diese Kontemplation über den Gral als das Symbol von Tiferet wird ihn für Ihre zukünftige Arbeit »magnetisieren« oder ermächtigen. Dadurch wird die Form des Symbols mit der Wirklichkeit, die es darstellt, vereint.

Wenn Sie es für angebracht halten, erheben Sie sich von Ihrem Sitz und ziehen sich in Ihren physischen Körper zurück. Dann führen Sie den Tisch mit dem Gral in einem Akt klarer und zugleich sanfter Entschlossenheit auf Ihren Körper zu. Dabei lassen Sie ihn kleiner werden, bis er einen Durchmesser von ungefähr 15 Zentimeter erreicht und schließlich zu einem Lichtpunkt wird. Ziehen Sie ihn in die Subjektivität, innerhalb des Tiferet-Zentrums Ihres Herzens, zurück. Vollziehen Sie die Mudra »Schließen des Schleiers«, um dem Unterbewusstsein zu signalisieren, dass die Ebenen nun voneinander getrennt sind. Mit ein paar weiteren Fontäne-Atmungszyklen lassen Sie die Energien zirkulieren. Dann stehen Sie auf und schlagen noch einmal das Kabbalistische Kreuz, um Ihre Aura zu versiegeln. Stampfen Sie mit den Füßen auf den Boden, um Ihre inkarnierte Persönlichkeit auf die hiesige Ebene zurückzuholen, und strecken Sie sich ausgiebig. Das hilft, die in der Meditation aufgenommenen Einflüsse in Ihrem physischen Körper zu integrieren. Schreiben Sie ganz zum Schluss einen Bericht, bevor die feineren, subtilen Einzelheiten Ihrem Gedächtnis entfallen.

Auswirkungen

Für diese Übung sollten in den meisten Fällen etwa sieben Tage genügen, was jedoch von der Klarheit der Gedankenform abhängt, davon, wie »real« Sie das Bild vom Tisch und Gral gestalten. Sie können einen Teil dieser Übung völlig problemlos verwenden, um das Bild klarer hervorzuheben. Konzentrieren Sie sich, wann immer Sie Zeit haben, auf Ihr Tiferet-Zentrum und stellen Sie sich darin das Bild von der runden Tafel und dem Gral im Kleinformat vor. Ergänzen Sie das Bild in all seinen Einzelheiten – und vergessen Sie nicht, dass Sie mit der Imagination das Bild ohne weiteres auch vergrößern können. Bemühen Sie sich, die Massivität des Tisches und die Struktur seiner Oberfläche wahrzunehmen. Je stärker wir unsere inneren Sinne aktivieren können, die unseren fünf physischen Sinnen gleichzusetzen sind – und in Wirklichkeit deren Ursprung sind –, umso klarer und wirksamer wird unsere Arbeit sein. Das ist die einzige Möglichkeit, um die aktive Beteiligung des Unbewussten zu gewinnen.

Die Kontemplation

Daher schläft das Wissen und die magische Kraft, seitdem das Wissen des Apfels gegessen wurde; und solange dieses Wissen (das vom Fleisch und Blut, vom Groben und Materiellen handelt und dem äußeren Menschen und der Dunkelheit angehört) vorherrscht, wird die edlere magische Kraft brachliegen. ... Daher bestärken wir diesen Punkt, dass der Seele eine gewisse magische Tugend [Energie] innewohnt ... die ihr [der Seele] naturgemäß Eigen ist und ihr gehört, insofern als wir sein Bild und seine Einprägung sind; und in dieser Hinsicht wirkt sie außerdem in einer besonderen Weise ... und das mächtiger als durch jegliche körperliche Unterstützung. ... Diese Macht kann der Mensch durch die Kunst der Kabbala [Qabalah] nach Belieben in sich erregen, und diese werden, wie wir bereits erwähnt haben, Adepten genannt. ...

All die Geister und sozusagen die Essenz aller Dinge liegen in uns verborgen und werden nur durch das Wirken, die Kraft und Fantasie [womit die geschulte Imagination gemeint ist] des Mikrokosmos hervorgebracht.

Aber der Grund, warum Exorzismen, Beschwörungen, Anrufungen, Zauber und dergleichen manchmal ihre gewünschte Wirkung nicht erzielen, liegt im nicht angeregten Geist oder in der nicht angeregten Seele des Exorzisten, der dann die Worte lustlos oder vergeblich wiedergibt.

Darum kann nur der ein glücklicher oder erfolgreicher Magier sein, der weiß, wie er die magischen Fähigkeiten seiner Seele zu wecken oder dies praktisch ohne Wissenschaft zu tun vermag.

Der Magus
Francis Barrett[5]

---

[5] Francis Barrett: The Magus, York Beach, ME, 1977, S. 23–24, 28. Die in Klammern gesetzten Ergänzungen stammen vom Autor.

IV

DIE GEFÄHRTEN DES LICHTS

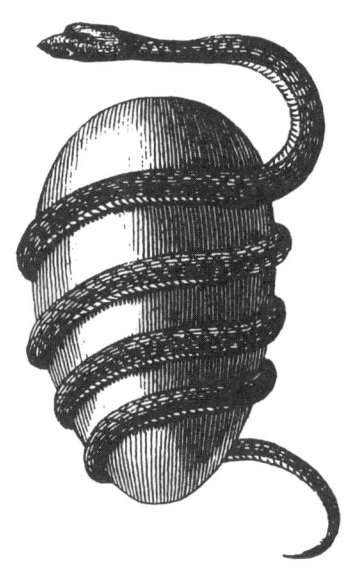

Ich bin den Gläubigen immer nahe, und sogar den Ungläubigen, obwohl sie es nicht wissen. Ich werde niemals aufhören, meine Kinder mit unendlichem Mitgefühl zu beschützen.

Padmasambhava[1]

Die Lehre

In der vorherigen Übung wurde das vereinte Symbol des Grals und der runden Tafel vom Herzzentrum aus dem physischen Körper und der Aura des Praktizierenden hinausprojiziert. Diese Übung, die früher als das »Aufsteigen von der Latenz zur Potenz« bekannt war, ist die Grundtechnik der alchimistischen Arbeit. Mit ihr wird das Subtile vom Groben getrennt. Die verwendeten Bilder werden zuerst in unserem Inneren evoziert oder hervorgerufen, weil wir als Reflektionen oder Hologramme des Universums potenziell alles Existierende enthalten. Das ist mit der Aussage auf der Smaragdtafel: »Das, was oben ist, ist wie das, was unten ist...« gemeint. Das Wort »das« wird in einigen östlichen Traditionen als ein Name für das Absolute verwendet, womit seine Transzendenz über jegliche Vorstellung zum Ausdruck gebracht werden soll. In der westlichen Tradition taucht es in der männlichen Form ebenfalls als Teil des höchsten und heiligsten Namens des Absoluten auf: »Ich bin, der ich bin.«

Die Symbolik ist die in Träumen und Visionen angewendete Sprache des Unterbewusstseins. Wir haben Zugang zum gesamten im kollektiven Unbewussten aufbewahrten Vorrat an Symbolen. In der Kabbala wird er dem Astralreich Jezira auf der Jakobsleiter und der Sefira Jesod auf dem einfachen Baum zugeordnet. Er wird als das »Schatzhaus der Bilder« bezeichnet. Als bewusste Wesen vermögen wir jedes ein-

---

[1] Timothy Freke: The Wisdom of the Tibetan Lamas, Boston 1998, S. 36

zelne dieser Bilder ins Bewusstsein hervorzuholen. Tatsächlich lautet der hebräische Buchstabe der der Meditation zugeordneten Tarotkarte »Der Stern« *Zade*, was »Angelhaken« bedeutet. Dies vermittelt eine gute Vorstellung von dem, was in dieser Art Meditation vor sich geht. Unser Wille zu meditieren ist der am Angelhaken befestigte Köder. Wird er in die Tiefen des Unbewussten – das häufig als Meer, Fluss oder Teich dargestellt wird – hinabgelassen, beißt etwas an! Danach bleibt uns die heikle Aufgabe, unseren Fang an Land zu ziehen.

Es ist gar nicht so schwierig, Zugang zum Symbol zu finden; mit ein wenig Übung gelingt das fast automatisch. Das Problem besteht darin, uns das Symbol zu Eigen, es zu unserem Werkzeug zu machen, das wir im Werk nutzen können. Zu diesem Zweck »brüten« wir über dem Symbol, meditieren über ihm in Anbetracht der Sefirot, um ihm die Bedeutung, die es haben sollte, zu verleihen. Das ist wichtig, weil alle Symbole, die der flüssigen jeziratischen Ebene angehören, assoziierte Schatten haben, Verzerrungen ihrer ursprünglichen spirituellen Impulse. Das helle Schloss Camelot hat sein dunkles Gegenstück in der Zauberzitadelle des Klingsor; das innere Königreich von Logres (das Reich der Sommersterne) steht dem Wüsten Land gegenüber. Unter diesem Aspekt wollen wir uns nun mit dem Symbol des Grals beschäftigen.

Als Behälter für den Stoff des universellen Lebens – die alchimistische Erste Materie – ist der Gral das Objekt der Suche, sowohl zum Guten als auch zum Schlechten. Im Allgemeinen fürchten sich die Menschen vor dem Tod. Also ist ein Schatz (das Thema Gier tritt bereits in Erscheinung), der seinen Besitzer in die Lage versetzt, den Tod zu überwinden, überaus wünschenswert. Es gab Menschen, die sich den Gral als einen physischen Gegenstand vorstellten, und ihr ganzes Leben und ihr gesamtes Vermögen für die Suche nach ihm aufwendeten. (Interessanterweise sagen uns die Weisen, dass die Urmaterie für ein paar Pfennige zu haben ist!)

Andere wiederum, die gehört hatten, dass die Urmaterie im Blut konzentriert sei, beschritten auf ihrer Suche verwerflichere Wege. Zu diesen dummen und oft grausamen Methoden zählen Klassen- und Kastensysteme, Eugenik und Blutopfer. Spätere Überzeugungen von der so genannten Reinheit des Bluts (entweder in einer bestimmten

Familien- oder Rassengruppierung) gipfelten in dem Glauben an überlegene »Herrenrassen«, der zu den Übeln von Tyrannei und Völkermord führte.

Noch nie haben merkwürdige Fortpflanzungsprogramme, absonderliche Diäten oder extreme Askese den unsterblichen Körper eines Weisen hervorgebracht. Niemand wird zum Adepten geboren. Eugenik hilft überhaupt nicht, denn Fleisch und Blut können die Erde nicht erben. Die Urmaterie wird allein vom befreiten Bewusstsein, vom reinen Gewahrsein, das von Glückseligkeit genährt und von Mitgefühl motiviert ist, wahrgenommen.

Wir haben Zugang zu allen Bildern und Symbolen im kollektiven Unbewussten, das lediglich eine andere Bezeichnung für die astrale Ebene ist. Wir haben nicht nur Zugang zu solchen Bildern durch die Erinnerung, sondern wir können auch Bilder erschaffen. Und jedes Mal, wenn wir ein Symbol ins Bewusstsein bringen und ihm durch Denken, Meditation oder Kontemplation geistige Energie verleihen, ermächtigen wir es in gewissem Sinne noch mehr. Aus diesem Grund tragen uralte Symbole eine solche Kraft mit sich. Diese Fähigkeit – eine, von der wir unbewusst ständig Gebrauch machen – ist das Handeln des uns innewohnenden Geistes, der seine kreative Energie in Zeit und Raum fokussiert. Sobald wir anfangen zu erkennen, dass sie eine spirituelle Energie (von Briah, der Welt der Schöpfung) ist, beginnen wir in einem erweiterten Universum zu wandeln.

In seiner alchimistischen Abhandlung *The Salt of Nature Regenerated* schrieb Alipili:

Wer über Wissen um den Mikrokosmos verfügt, wird bald auch Kenntnis vom Makrokosmos haben. Genau das haben die ägyptischen emsigen Naturforscher oft gesagt und laut verkündet ... dass jeder sich selbst erkennen sollte.

Diesen Spruch verstanden ihre begriffsstutzigen Schüler (die Griechen) im moralischen Sinne, und in ihrer Unwissenheit versahen sie ihre Tempel damit. Aber ich warne dich, wer du auch sein magst, du, der den Wunsch hegt, in die tiefsten Tiefen der Natur zu tauchen, wenn du das, was du suchst, nicht in dir selbst findest, so wirst du es niemals außerhalb deiner selbst finden.

Wenn du nichts von der Herrlichkeit deines eigenen Hauses erkennst, warum strebst und suchst du dann nach der Herrlichkeit anderer Dinge? Die universale Weltkugel enthält nicht so viele große Geheimnisse und Herrlichkeiten wie ein kleiner Mensch, der von Gott nach seinem eigenen Bild erschaffen wurde. Und wer sich den Vorrang unter den Schülern der Natur wünscht, wird nirgendwo ein größeres oder besseres Feld finden als das Studium seiner selbst.

Daher folge ich dem Beispiel des Weisen und erkläre aus ganzem Herzen, aus bestimmter von mir bestätigter wahrer Erfahrung heraus und in den Worten der Ägypter mit lauter Stimme: »O Mensch, erkenne dich selbst, in dir ist der Schatz aller Schätze verborgen.«[2]

Die runde Tafel

In einer Version des Artusmythos brachte Guinevere die runde Tafel als Brautgabe in die Ehe mit König Artus. Der esoterischen Tradition zufolge wurde der Tisch, der auf einer Schablone aus einem der Weisheitstempel von Atlantis beruhte, nach Anleitung des Erzmagiers Merlin gebaut. Danach wurde er ursprünglich von den Sternen, von Sirius, der »Träne der Isis«, gebracht. Diese Sternensymbolik wird durch die zwölf Tierkreiszeichen am Tischrand hervorgehoben. Genau die gleiche Symbolik findet sich am Gürtel, den »Der Narr« auf der ersten Tarotkarte der Großen Arkana trägt. Der Tierkreis stellt Zeit und Raum dar, was zugleich die Bedeutung des Gartens Eden ist, in dem Adam und Eva lebten.

Im Mythos erscheint der Gral auf der runden Tafel, wenn sich der König und alle seine Ritter am Hof zum Pfingstfest versammelt haben. Pfingsten oder Pentekost findet 50 Tage nach Ostern (Auferstehung Christi) statt und feiert die Ausgießung des Heiligen Geistes auf die Jünger, als sie in demselben oberen Raum versammelt waren, in

---
[2] Alipili: »The Salt of Nature Regenerated« in: Herbert Silberer: Hidden Symbolism of Alchemy and the Occult Arts, New York 1971, S. 153

dem sie das Letzte Abendmahl mit ihrem Meister eingenommen hatten. Der göttliche Geist senkt sich wie züngelnde Flammen nieder.

Sterne sind die erste Verdichtung des grenzenlosen Lichts, und durch sie wird die Eine Strahlende Energie im ganzen physischen Universum ausgesandt. Unser Stern, die Sonne, empfängt die Energie und leitet sie an die Planeten innerhalb seines Systems weiter. Umgekehrt, aber in geringerem Maße, werden die Energiemuster, die Menschen durch ihre Gedanken, Worte und Taten hervorrufen, von unserer Sonne empfangen und an den Kosmos weitergegeben. Dieser Energieaustausch zwischen Makrokosmos und Mikrokosmos zeigt, dass, auch wenn der Makrokosmos den Mikrokosmos beeinflusst, der Mikrokosmos mit Hingabe und Bewusstsein den Makrokosmos beeinflussen kann.

Jede Energie und alle Formen auf unserem Planeten sind Anpassungen der Sonnenkraft. Unser Tagesstern ist die Synthese aller Kräfte, die einen Menschen bilden. Er ist eine lebendige, bewusste Kraft, uns gleich. Die von der Sonne ausgehende Energie fließt durch unsere Körper und manifestiert sich in unseren Aktivitäten. Dieselbe Energie fließt zur Sonne zurück und erzeugt dabei all die Erscheinungen menschlicher Erfahrung. Folglich besteht ein fortwährender Kreislauf. Wir leben in der Sonne, und die Sonne lebt in uns. Der Geheimname der Menschheit lautet das »Herz der Sonne«.

In der Kabbala stellen die Tierkreiszeichen die zwölf spirituellen Typen von vervollkommneten Menschen dar, symbolisiert durch die zwölf Stämme des spirituellen Israels und durch die zwölf Fundamente der himmlischen Stadt, »Jerusalem hoch oben, Mutter von uns allen«. Die Tierkreiszeichen beziehen sich außerdem auf die zwölf Stufen des Großen Werkes. Diese alchimistischen Stufen und ihre Tarot-Zuordnungen sind:

Widder: Kalzination, der Stamm Gads, Der Kaiser
Stier: Kongelation, der Stamm Simeons, Der Hohepriester
Zwillinge: Fixation, der Stamm Ephraims, Die Liebenden
Krebs: Separation, der Stamm Sebulons, Der Triumphwagen
Löwe: Digestion, der Stamm Judas, Die Kraft
Jungfrau: Destillation, der Stamm Naphthalis, Der Einsiedler

Waage: Sublimation, der Stamm Assers, Die Gerechtigkeit
Skorpion: Putrefaktion, der Stamm Dans, Der Tod
Schütze: Inzineration, der Stamm Benjamins, Die Mäßigkeit
Steinbock: Fermentation, der Stamm Isaschars, Der Teufel
Wassermann: Dissolution, der Stamm Manasses, Der Stern
Fische: Multiplikation, der Stamm Rubens, Der Mond

Diese zwölf Stufen des Großen Werks sind zwar Indikatoren seines Fortschritts, treten aber in gewisser Weise gemeinsam und nicht aufeinander folgend auf. Aus diesem Grund werden sie durch den Tierkreis und nicht als lineares Modell dargestellt.

Die zwölf Sitze um den Tisch beziehen sich ebenfalls auf die Sternenweisheit, aber auf andere Weise. Die Engelchöre, die in der Kabbala Binah zugeordnet werden, sind die *Aralim*, die Throne von *Ruach-Chaim*, dem »Atem der Leben«. Die Gematria von Aralim beträgt 282. Die Quersumme dieser Zahl ergibt zwölf. Binah, die Große Mutter, empfängt die Sternensamen von Chokmah, dem All-Vater (symbolisiert durch den befruchtenden Buchstaben Jod), um alle Formen hervorzubringen. Binah (astrologisch gesehen der Planet Saturn) ist die einschränkende oder begrenzende Kraft. Sie lässt die Formen entstehen, die den »Atem der Leben« empfangen; aber die eigentliche Substanz, mit der die Myriaden von Formen gebildet werden, ist ebenfalls die eine von den Sternengastgebern ausgehende strahlende Energie. Ohne die angemessenen Formen (Apparat) könnte die höhere Schwingungsskala des Lichts nicht empfangen oder ausgedrückt werden. Die Sitze am Tisch bedeuten, dass diejenigen, die auf ihnen Platz nehmen werden, die innewohnende Fähigkeit besitzen, die Weisheit von Chokmah und das Verständnis von Binah zu empfangen und auszudrücken.

Das *Sefer Jezira* erklärt: »Malkut ist auf dem Thron Binahs errichtet.« Dies weist darauf hin, dass die menschliche Gestalt, die durch die begrenzende Kraft der Großen Mutter in Malkut gewachsen ist, über die gleiche Fähigkeit verfügt, den »Honig« der makellosen Weisheit und die »Milch« des ewigen Lebens bewusst zu empfangen. In einem der altgriechischen Initiationsrituale werden die Kandidaten nach ihrer Abstammung gefragt; ihre Antwort lautet: »Ich bin ein Kind von Erde und Himmel allein, aber mein Geschlecht stammt vom Sternenhimmel ab.«[3]

Der mit der runden Tafel verbundene Gral stellt eine esoterische Formel von großer spiritueller Kraft dar. Viele okkulte Schulen und Orden haben ihre Zeremonien und Meditationen um diese vielfältige Glyphe aufgebaut. Sie ist das Ursymbol in Briah, das in der Menschheitsgeschichte zu den bis jetzt ungelösten Aufgaben der Demokratie, der Ratsversammlungen und des Völkerbundes, aus dem die UNO hervorging, geführt hat. Weil diese Aufgaben noch ungelöst sind – insofern als sie derzeit unvollständige und verzerrte Reflektionen des Archetyps sind –, ist diese vielfältige Glyphe vom Gral mit seinem Altar und der runden Tafel individuell und kollektiv noch immer von großer Bedeutung: individuell, weil sie ein machtvoller psychischer Brennpunkt für unsere persönliche Integration sein kann; kollektiv, weil die Menschheit nach wie vor ein unvollendetes Werk ist. Wir befinden uns noch immer im Prozess, zu wirklichen Menschen zu werden.

Die Glyphe der Tafel und des Grals kündigt das menschliche Schicksal, den Höhepunkt der Evolution unserer Spezies an. Wenn die zwölf spirituellen Typen von Menschen – die Gemeinschaft der vervollkommneten Gerechten – an der runden Tafel der Herrlichkeit sitzen, repräsentieren sie kollektiv die Gesamtheit der göttlichen Vorstellung von Menschsein. In der Mitte der Tafel entspringt die lebendige Essenz der Gottheit selbst und fließt über den Rand eines großen goldenen Kelchs, des Heiligen Grals, von dem alle am Tisch Sitzenden trinken und so die bewusste Vereinigung mit dem lebenden Gott erreichen können.

Die Übung

Fangen Sie wie gewöhnlich mit Entspannung an. Danach vollziehen Sie – mit Bewusstheit – das Kabbalistische Kreuz und die Mudra »Öffnen des Schleiers«. Sobald Sie Platz genommen haben, beginnen Sie mit dem rhythmischen Atmungszyklus. Steigen Sie den Baum des

---
[3] Dion Fortune: The Circuit of Force, Loughborough, Leicestershire, UK, 1998, S. 51

Körpers von Asija empor und führen Sie die Übungen des miteinander verwobenen Lichts durch. Konzentrieren Sie sich wie zuvor auf Ihr Tiferet-Zentrum. Stellen Sie sich das subjektive Tiferet-Zentrum – den Herzbereich – als eine Art Projektor (imaginative Intelligenz) vor, der dazu dient, ein geistiges Bild von Latenz zu Potenz zu projizieren. Projizieren Sie dann wie gewohnt in einem sanften, aber bestimmten Willensakt die Tafel mit dem verschleierten Gral darauf im Kleinformat von innen nach außen. Sehen Sie, wie sich der Tisch von einem Lichtpunkt aus schnell ausdehnt, bis er in voller Größe von knapp zwei Metern vor Ihnen steht. Treten Sie nun imaginativ aus Ihrer physischen Hülle und nehmen Sie auf Ihrem Sitz von den insgesamt zwölf Sitzen der Tafelrunde Platz. Legen Sie Ihre Hände auf den Tisch, und zwar zu beiden Seiten des Symbols Ihres Sternzeichens. Während Sie die Tischoberfläche berühren, leuchtet es vor Ihnen auf.

Nun sehen Sie hoch über der runden Tafel eine kleine Sonne, eine Sonnenkugel. Während Sie sie betrachten, fährt ein goldener Lichtstrahl in den in der Mitte des Tisches stehenden Gral nieder. Während dieser das Licht empfängt, tritt ein tiefes Gefühl spiritueller Kraft in die Atmosphäre Ihrer Meditation ein, eine überpersönliche, aber dennoch von Mitgefühl beseelte Kraft. Wenn das geschieht – mit der entsprechenden emotionalen Reaktion –, ist Ihr Tisch »kontaktiert«, das heißt, das subjektive Symbol ist mit der objektiven Wirklichkeit verbunden.

Das verschleierte Gefäß empfängt den niedergehenden Sonnenstrahl, überträgt ihn gleichzeitig in Ihr Herz-Chakra und verbreitet ihn in Ihrem ganzen subtilen Körper.

Konzentrieren Sie sich erneut auf die Sonnenkugel über Ihnen. Während Sie sie betrachten, sendet sie weitere Lichtstrahlen auf die übrigen elf Sitze am Tisch aus. Innerhalb der Strahlen bilden sich Figuren auf den einzelnen Sitzen. Zuerst erscheinen sie wie Formen aus Licht, klar und durchsichtig. Bald jedoch verschmelzen ihre Formen und werden dichter und deutlich. Sie sehen aus wie Menschen in Gewändern, die ihre silbernen Kapuzen über den Kopf gezogen haben, sodass ihre Gesichtszüge nicht zu erkennen sind. Das ist die Gemeinschaft der Tafelrunde; sie sind die Großen Gefährten des Lichts. Während die Gefährten ihre Plätze einnehmen, leuchten die übrigen elf goldenen Tierkreiszeichen auf der Tischoberfläche ebenfalls auf.

Wenn alle zwölf Sitze besetzt sind und die Tierkreissymbole erstrahlen, bedeutet das, dass die Gefährten sich zu Ihnen an den Tisch, den Altar der Gemeinschaft, gesetzt haben und mit Ihnen im Licht des Grals vereinigt sind. Das ist nicht nur irgendeine poetische Metapher. Dieser Prozess ist eine wunderbare telepathische Arbeit. Es gibt viele, die ihren Platz mit Ihnen am Tisch der Einheit teilen. Einige werden noch immer in Menschengestalt sein, während es sich bei anderen um Bewohner der oberen Welten handelt. Sie sind mit Ihnen auf vielfältige Weise verbunden, aber in erster Linie durch das Universalgesetz der Zusammengehörigkeit: alle Wesen sind Manifestationen Gottes. Einige werden durch Bande der Zuneigung mit Ihnen verbunden sein, geschmiedet in anderen Leben und zu anderen Zeiten. Anderen wiederum, Gefährten Ihres Geistes, sind Sie vielleicht noch nie zuvor bewusst begegnet. Sie sind da – getreu ihrem Schwur, dem Göttlichen zu dienen –, um Sie bei Ihrer Entwicklung zu unterstützen. Sie werden sie Ihrerseits dann wiederum in hohem Maße unterstützen. Diese Übung weist einen wechselseitigen Aspekt auf.

Bedanken Sie sich nun bei dem, von dem alle guten Dinge herrühren. Dann erheben Sie sich von Ihrem Sitz und kehren in Ihren physischen Körper zurück. In sanfter, aber zugleich fester Entschlossenheit verkleinern Sie die Tafel wieder, bis sie zu einem Foton – einem Lichtpunkt – geworden ist. Nehmen Sie ihn wieder in Ihr Herzzentrum auf.

Vollziehen Sie die Mudra »Schließen des Schleiers« und das Kabbalistische Kreuz, steigen Sie vom Baum des Körpers herab und beenden Sie die Meditationssitzung, indem Sie aufstehen und mit den Füßen stampfen, um sich in die materielle Wirklichkeit wieder einzufinden. Strecken und dehnen Sie sich, um die Ihnen während der Meditation zugeflossenen Energien in die Zellen Ihres Körpers zu absorbieren. Protokollieren Sie Ihre Meditation, bevor die feineren Einzelheiten aus Ihrem Gedächtnis verschwunden sind.

Die Kontemplation

Es gibt zwei Arten von Tod. Einer, der unvermeidlich und allen gemeinsam ist, und einer, der freiwillig ist und von den wenigen erfahren wird. Es ist der zweite Tod, den der Bote Allahs vorschrieb, als er sagte: »Stirb, bevor du stirbst.« Diejenigen, die diesen freiwilligen Tod sterben, werden wieder zum Leben erweckt. Alle Geschäftigkeit Ihres Lebens kehrt zur Einheit Gottes zurück. Sie sehen Gott durch Gott. Wie der Prophet sprach (Gnade und Frieden seien mit ihm): »Du wirst deinen Herrn erst sehen, wenn du tot bist.« Das ist so, weil durch diesen Tod und diese Auferstehung alles zu nichts wird und nur Eines – Eine Wirklichkeit – existiert. Was einem Gläubigen nach dem physischen Tod auch immer widerfahren wird, deutet sich für Eingeweihte in diesem Leben an. Diese Rückkehr der vielen Formen von Dingen zu Allah und das Ende ihres Werdens ist nur eine Veränderung in der Wahrnehmung, aber nicht in der Realität. Für jemanden, der stirbt und Auferstehung erlangt, sind die vielen durch eine grundlegende Einheit eins; und das Eine ist durch Seine vielen Aspekte und ihre Beziehungen viele.

Abd Al-Kader[4]

---

[4] Timothy Freke: The Wisdom of Sufi Sages, Boston 1989, S. 53

V

DER HEILIGE TREFFPUNKT

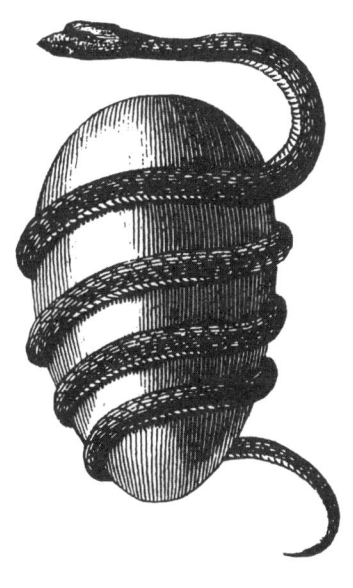

Ich werde eine runde Tafel bauen und um sie herum eine Halle und über der Halle ein Schloss.

König Artus Pendragon
in John Boormans *Excalibur*[1]

Die Lehre

Alle Wesen sind in höherem oder geringerem Maße telepathisch begabt. Die Lösung des Problems besteht darin, sich dessen bewusst zu werden. Tatsächlich liegt bei den meisten Schülern, die in medialer Entfaltung ausgebildet werden, das größte Hindernis darin, ihre vorgefassten Vorstellungen davon, was ihrer Meinung nach Telepathie sein sollte, zu überwinden. Telepathie ist älter als die Sprache und übermittelt Gefühle und Bilder viel leichter als präzise Worte. Dieses Hindernis kann jedoch mit Schulung und Übung behoben werden. Die Wurzel der Telepathie ist die ursprüngliche Einheit von allem, das Gesetz der gegenseitigen Abhängigkeit. Das für die Telepathie maßgebende Chakra wird in der Alchimie das Mondzentrum genannt. In östlichen Schulen ist es als das *Ajna*-Chakra bekannt. Dieses Zentrum – das wie alle anderen Chakras auch seinen Sitz in den inneren Vehikeln hat – hat seine physische Entsprechung in der Hirnanhangdrüse. Wie bereits gesagt, besteht das Problem darin, sich seiner telepathischen Fähigkeit bewusst zu werden. Die meisten von uns sind derart mit ihren eigenen inneren Gesprächen beschäftigt, dass ihr Geist niemals still oder ruhig genug ist, um auf die »geistige Rede« anderer zu achten.

Das Mondzentrum, die Hirnanhangdrüse, liegt direkt unterhalb der Zirbeldrüse (dem Merkurzentrum), die den Stein der Weisen repräsentiert. Der Stein wird manchmal der »Samen der Sonne« genannt

---
[1] John Boorman (Regisseur), Excalibur, 1981, Video

und in der heiligen Kunst oft als brennende Scheibe dargestellt. An den zeremoniellen Kronen gewisser hoher Lamas sieht man oft das Symbol eines auf dem Rücken liegenden und eine strahlende Scheibe tragenden Halbmondes. Dies weist auf die Erkenntnis des tiefsten Wesens der Wirklichkeit seitens der Kronenträger und ihre Fähigkeit hin, in alle Stufen des Tantra einzuführen, die in der Befreiung gipfeln. Die berühmtesten Beispiele dafür sind die Lotuskrone des kostbaren Guru Padmasambhava und *Vajra-Mukhut*, die Schwarze Krone der Karmapa-Inkarnationen.

Telepathie ist sehr oft die erste *siddha* (magische Kraft), die sich spontan offenbart, wenn ein Adept eine Ebene der spirituellen Bewusstheit verwirklicht hat. Alchimistische Texte beziehen sich auf diesen Sachverhalt unter solchen verbalen Schleiern wie beispielsweise die »Projektion des Steins« oder »Multiplikation«, die Bezeichnung der zwölften Stufe des Großen Werks.

Die Einführung und Schulung der Telepathie ist in der Arbeit »Derjenigen, die wissen« unbedingt erforderlich. Auf einer persönlichen Ebene sind esoterische Lehrer, wie erfahren sie auch sein mögen, bis zu einem gewissen Grade immer das Produkt ihrer Umgebung. Ihr Gebrauch von Worten, Anekdoten und Gleichnissen in der Unterweisung spiegelt ihre Kultur, ihren sozialen Hintergrund und ihre Lebenserfahrungen wider. Obwohl einige angehende Schüler in der Lage sein werden, sich mit Leichtigkeit darauf einzustellen, werden andere es als Hindernis empfinden. Das trifft auf Übende in der Welt noch stärker zu. Durch die Anwendung der Telepathie wird dieses Problem gelöst. Wir erteilen vielleicht aus einer reinen Motivation des Mitgefühls heraus einen Rat, aber weil wir keine klare Vorstellung von der Gesamtsituation haben, mag der Ratschlag andere in die Irre führen. Mit Telepathie und anderen Fähigkeiten des gesteigerten Bewusstseins treten solche Probleme nicht auf, weil ja die Wirklichkeit übertragen wird. Und das Unterbewusstsein der Empfänger wird präsentieren, was in Redewendungen und der Sprache, mit denen sie sich zu Hause fühlen, projiziert wird. Aus diesem Grund setzen Lehrer im Osten das ein, was als *Darshan* bezeichnet wird. Dabei sitzen Schüler mit ihren Lehrern schweigend da. Es kommt zu keinem verbalen Austausch, abgesehen von eventuellen Gebeten oder Anrufungen zu Beginn und Segenssprüchen am

Ende, und ansonsten finden Kontakt und Austausch auf einer überbewussten Ebene, »in den Dingen, die ewig sind«, statt.

Auf der planetarischen Ebene ist telepathische Übertragung unbedingt notwendig. Diejenigen, die das Privileg erworben haben, bewusst in der Göttlichen Gegenwart zu sein, sind auch verpflichtet, dieses Bewusstsein durch ihre Fähigkeiten den Aspiranten zu vermitteln. Das Gleiche gilt für diejenigen in der Welt, die danach streben, »das Königreich auf Erden« zu bringen, also Männer und Frauen aller Schichten und Stellungen, die sich selbstlos um die Verbesserung der Menschheit in allen Bereichen bemühen – einzelne Personen, die, obwohl nicht mit esoterischer Arbeit an sich befasst, dennoch das gleiche Ziel anstreben.

Dies ist in der politischen Arena noch ausgeprägter (zeitgenössischen Zynismus beiseite), weil die Politik das Schicksal von Millionen beeinflusst. Zu allen Zeiten gab es Männer und Frauen in der Politik, deren Ideale und Einsichten sie von der Ebene des Politikers auf die des Staatsmannes erhoben haben. Diejenigen, die in der Nähe solcher Menschen gearbeitet haben, sind sich eines positiven Einflusses bewusst geworden, der größer ist als eventuelle Fehler des Betreffenden, die zuweilen zum Vorschein kommen. Wenn diese Menschen ihren Idealen treu bleiben, kann die Hierarchie durch sie arbeiten. Wenn sie sich vom Guten, Schönen und Wahren abwenden, müssen andere gesucht werden. Das ist einer der Gründe, warum in Zeiten nationaler oder planetarischer Krisen einzelne Menschen mit all den Eigenschaften in den Vordergrund rücken, die für die Bewältigung der Krise notwendig sind. Wenn die Krise dann vorüber ist, ersetzen diese Menschen oft ihre »Führung« durch ihr Ego, und sie geraten in Vergessenheit. Die meisten sind sich der Quelle ihrer Inspiration überhaupt nicht bewusst. Es heißt, dass Abraham Lincoln zu denen zählte, die sich ihrer bewusst waren. In jüngster Zeit heißt es, dass dies auch auf den ägyptischen Präsidenten Anwar al-Sadat und Michail Gorbatschow, den Präsidenten der früheren UdSSR, zutrifft. Manchmal ist es für einen Weisen (einen *Mahatma*, »eine große Seele«) notwendig, direkt in die politische Arena einzutreten, um mit Worten und Taten die spirituellen Prinzipien zum Ausdruck zu bringen, die zum dauerhaften Glück der Menschheit führen. Dann erleben wir das Kommen eines Jesus, eines Apollonius, eines Comte de Saint-Germain oder eines Gandhi.

Von Rang zu Rang erstreckt sich die Hierarchie auf allen Existenzebenen. Sie setzt sich aus Menschen (inkarniert und nicht inkarniert), Engeln und Erzengeln, vielen unbekannten Lebensformen und den Großen (von denen einige der menschlichen Evolution entstammen) zusammen, die das Licht des Höchsten von Angesicht zu Angesicht erblicken. Jeder Einzelne seinerseits empfängt von oben und gibt nach unten. Und sie sprechen von Geist zu Geist.

Eines der Ziele dabei, den Stein der Weisen zu erlangen, der im Merkurzentrum (astrologisch gesehen regiert Merkur die Kommunikation) bewahrt wird, liegt darin, einen Rezeptor hervorzubringen, der die in höherem Maße verfeinerten spirituellen Einflüsse zu empfangen vermag, und einen Organismus, der sie übermitteln kann. »Selbstsüchtige Erlösung gibt es nicht.« Sie ist sowohl für alle anderen als auch für uns, die das Werk in Angriff nehmen. Ebenso enden im Mahayana-Buddhismus alle Rituale und Meditationen mit der Widmung: »Alle entstandenen Wohltaten können allen Wesen helfen, Erleuchtung zu erlangen.«

Die weit reisenden Geister des Lichts

Diejenigen, die neben uns auf den Sitzen an der runden Tafel sitzen, tragen in sich »gedankliche Präsenzen«, imaginative Formen, auf die sich unser Bewusstsein beziehen kann. In den Anfangsstadien der Praxis kann der Umgang mit »Herrlichkeiten des Lichts« romantisch sein, aber er kann auch eher verwirren und unseren Brennpunkt verzerren. Diese gedanklichen Präsenzen sind zunächst »Kleider«, die aus unserem unbewussten Kleiderschrank der Bilder projiziert werden. Aber die Essenzen, die kommunizierenden Intelligenzen, die die »Kleider« tragen, sind gleichwohl real.

Verstandesmäßig stellt sich die Frage: »Sind sie tatsächlich objektiv real oder eigentlich Unterpersönlichkeiten aus meinem Unbewussten?« Und wie meistens im Hinblick auf höhere und innere Ebenen lautet die Antwort paradoxerweise: »Sowohl als auch.«

Die Lehre 105

Makrokosmos und Mikrokosmos sind nicht wirklich voneinander getrennt. An diesem Punkt versagt das Modell von einem mikrokosmischen Spiegel, der ein makrokosmisches Bild reflektiert, wie alle Modelle. Makrokosmos und Mikrokosmos scheinen einfach zu interagieren, als ob dies der Fall wäre, was aber nicht das Gleiche ist. Und obwohl Adepten des indirekten Weges von diesem Zustand der Erscheinungen Gebrauch machen, sollten sie ihm nicht verhaftet sein, weil sie sonst wie Fliegen im Netz der Maja kleben bleiben. Der Mikrokosmos ist ein Zentrum des Ausdrucks all der Kräfte des Universums, dessen eigentliche Existenz von den an diesem Punkt zusammentreffenden Kräften verursacht wurde. In Wahrheit rührt alles von oben her; nichts hat seinen Ursprung im Unten. Also ist die »Widerspiegelung« im mikrokosmischen Spiegel weder ein zweidimensionales Bild noch ist das Bild von dem, was es widerspiegelt, getrennt. Das vollständige hermetische Weisheitsaxiom besagt: »Wie Oben so Unten; wie *Innen* so *Außen*.«

Jede Kraft im Universum, jeder Erzengel, jeder Gott, jeder Archon, jeder Dämon ist nicht nur »da draußen« als kosmische Funktion, sondern zugleich auch in uns. Jeder Bewusstseinszustand spiegelt sich in uns wider. Unsere Träume und Albträume sind die Grenzen von Himmel und Hölle. Folglich besitzt jeder einzelne Mensch die angeborene Fähigkeit, ein Buddha oder ein Hitler zu sein.

Diese Gefährten, die mit uns im Licht des Grals sitzen, sind äußere Wesen, die zu Verkörperungen bestimmter universeller Eigenschaften geworden sind, und zugleich Projektionen dieser – wenn auch unterentwickelten – Eigenschaften innerhalb unserer persönlichen Gesamtheit. Wie die runde Tafel selbst werden sie durch diese Übung aus der Subjektivität in die Objektivität hervorgerufen. Aber sowohl der Tisch als auch seine berühmte Runde sind göttlichen Ursprungs. Die Verzerrungen müssen wir als unsere eigenen anerkennen und mit Hilfe derer, die mit uns am Tisch sitzen, ausgleichen, wenn wir zu unserem vollen Potenzial kommen wollen. Die Kommunikation mit dem Unsichtbaren ist voller Probleme, wie die Geschichte angesichts vieler irregeführter Individuen zeigt, die mit verzerrten spirituellen Impulsen ihr Ego verherrlichen. Trotzdem rühren alle unsere Religionen und Philosophien (zumindest diejenigen, die diese Bezeichnung verdienen), in der Tat alles, was die Zivilisation inspiriert, von solchen Offenbarungen her. Das scheint jetzt alles sehr negativ zu klingen. Aber damit soll nicht das Mittel an sich verurteilt werden. Mit Hilfe von Elektrizität kann eine Stadt beleuchtet, aber auch ein Lebewesen hingerichtet werden. Tatsächlich bin ich lediglich bemüht, Praktizierende vor den möglichen Gefahren der Übertragung, Illusion und der daraus resultierenden Hybris zu warnen.

Diese die Tafel und den Gral umfassende Formel ist ein uraltes, bewährtes Kommunikationsmittel. Sie ist gegenüber den bekannteren Methoden der Séance und des Channeling im Vorteil, weil sie eine Ebene entfernt von dem vom Gehirn gesteuerten Bewusstsein auf die subtile Ebene einwirkt und so die dämpfenden Wirkungen der reinen Körperlichkeit umgeht. Wenn die Richtlinien, die solche Mitteilungen regeln, verstanden und befolgt werden, kann dies ein Werkzeug sein, um den Schleier des Himmels zurückzuziehen.

Der unverrückbare Brennpunkt dieser Formel muss beim Heiligen Gral selbst liegen, da wir ihn durch unsere vorhergehenden Meditationen mit der sich automatisch einstellenden Assoziation ausgestattet haben, ein lebendiges Symbol unseres Höheren Selbst und der Sefira Tiferet zu sein. Obwohl Tiferet die Eigenschaften Harmonie, Gleichgewicht und die daraus entstehende Schönheit zugeschrieben werden, ist das wichtigste Merkmal der Sonnenkugel die Wahrheit. In den altägyptischen Mysterien wurde Tiferet durch die goldene Waage von Ma'at (Göttin der Wahrheit) symbolisiert, in der die Seele am Ende einer Inkarnation gewogen wurde. Und in der christlichen heiligen Kunst wird Michael, der Erzengel von Tiferet, ebenfalls oft mit einer goldenen Waage dargestellt, um darin die Seelen am Tag des Jüngsten Gerichts zu wiegen. Der Gral, der den Lichtstrahl von oben empfängt, weist auf profunde Weise darauf hin, dass die empfangenen Mitteilungen durch die Vermittlung unseres unsterblichen Geistes zu Stande kommen und geistige Gebilde sind, die als psychologischer Schutz gegen Täuschung dienen.

Daher werden alle Fragen und Antworten an den Gral inmitten der Tafelrunde gerichtet und von ihm empfangen. Wir sprechen keinen Gefährten an, auch nicht die, die unmittelbar neben uns sitzen. Fokus für alle am Tisch Sitzenden ist die Göttliche Herrlichkeit in der Mitte. Wenn eine Mitteilung in Form von Worten empfangen wird, wird die Stimme tatsächlich vom Gral ausgehen und nicht von einem der am Tisch Sitzenden. Alles andere sollte unberücksichtigt bleiben und ignoriert werden. Es gibt wichtige Richtlinien, an denen wir uns orientieren können, um echte Kommunikation vom Tumult in unserer Psyche zu unterscheiden. Die Stimme schmeichelt nie. Die Stimme unterbricht nie. Die Stimme befiehlt nie. Die Stimme spricht im Sinne spiritueller Prinzipien – ewiger Gesetze –, die durch ihre Anwendung in unserem täglichen Leben getestet und bestätigt werden können. Das grundlegende Kriterium, mit dem alle empfangenen Lehren beurteilt werden (und das bezieht sich gleichermaßen auf äußere Lehren und die Kommunikation auf der inneren Ebene), ist: »Bringt mich diese Lehre Gott näher oder weiter weg?«

Intuition (wörtlich, »innere Lehre«) ist der Weg, auf dem der Ewige seine Selbsterkenntnis dem persönlichen Bewusstsein eines Menschen mitteilt. Dieses Wissen wird durch die dem Astralreich Jezira eingeprägten Bilder von oben übermittelt. Die Intuition hat ihren Ursprung im Überbewussten, hüllt sich jedoch in die symbolischen Bilder des kollektiven Unbewussten. Echte Intuition rät niemals das, was lediglich zweckmäßig ist; sie ist immer klar, kurz und prägnant und ihre Bedeutung unmissverständlich.

Die Kommunikation braucht nicht unbedingt verbal zu erfolgen. Sie kann sich in Form von Bildern äußern oder als starke Eindrücke empfangen werden – die mit dem Gehör-, Gesichts- oder Gefühlssinn wahrgenommen werden, je nach Persönlichkeit des Einzelnen –, aber auch sie werden vom Licht des Grals herrühren. Im Laufe der Zeit wird die Kommunikation auf jedem einzelnen dieser Wege stattfinden.

Die Gestalten und Identitäten der Großen Gefährten werden zuerst von den Kapuzen ihrer silbernen Roben verborgen, um den unerfahrenen Praktizierenden daran zu hindern, in die Falle der Projektion zu geraten. In vielen esoterischen, New-Age- und spiritualistischen Kreisen werden allzu viele gechannelte Lehren einfach auf Grund der berühmten Identität ihrer Quelle als »Evangelium« akzeptiert. Leute sind geschmeichelt, wenn ihnen Plotinus, Merlin oder Gabriel erscheint, um sie persönlich zu unterrichten. Sie fallen auf die Knie und nehmen alles wie eine unfehlbare *ex-cathedra*-Entscheidung für bare Münze. Im Grunde spiegelt dies das gleiche Egospiel wider wie die

Verehrung von Berühmtheiten und Name-dropping in der Highsociety, nur eine Ebene höher. Und natürlich wird das alles in schönem »spirituellem Geschenkpapier« präsentiert, um die Adressaten zu veranlassen, sich als etwas ganz Besonderes und hoch Entwickeltes zu fühlen. Es ist wirklich erstaunlich, wie einzelne Leute, die im gewöhnlichen Leben einen Gauner kilometerweit entfernt als solchen erkennen können (und ihm kein Auto abkaufen würden!), jeglichen Überblick verlieren, wenn es um religiöse und/oder esoterische Angelegenheiten geht. Sie werden ihr Zuhause, ihre Familien, ihre Integrität aufgeben, andere Menschen oder sich selbst beglückt umbringen, wenn nur irgendwelche hoch entwickelten Außerirdischen bereit stehen, um sie auf einen vorbeiziehenden Kometen zu beamen.

Mein Wurzellehrer sagte einmal: »In der Kabbala ist Gott die einzige Autorität, alles andere ist Ratschlag.« Wir entkommen den Folgen unserer Handlungen nicht, weil irgendeine Autorität – ob lebendig, tot oder fiktiv – uns sagt, wir sollen etwas tun. »Ich habe nur Befehle befolgt« wird nicht als mildernder Umstand im Berufungsgericht des Universums anerkannt!

In wahren Schulen der Seele (esoterische Gruppen, die eine seriöse Ausbildung in den Mysterien anbieten) wird den Schülern die Identität ihrer inneren Lehrer – denn hinter der äußeren Gruppe existiert eine innere Gruppe – nicht offenbart, um eben dieses Problem der Projektion zu vermeiden und die Schüler in den Mysterien zu fördern, Unterscheidungsvermögen zu entwickeln, eine Lehre für sich selbst zu beurteilen. Im Tarot kommt aus diesem Grund die Karte der Vernunft (Schlüssel 4, »Der Kaiser«) vor der Karte der Intuition (Schlüssel 5, »Der Hierophant«).

Es trifft zu, dass einige Lehren nicht unmittelbar Sinn ergeben. Diese sollten zu zukünftiger Verwendung beiseite gelegt werden. Vielleicht werden sie später verständlicher. Es ist wichtig, dass wir dem, was empfangen wird, emotional nicht verhaftet werden, denn diese Dinge können einen durchaus in den Bann schlagen. Man sollte höflich und dankbar für das sein, was übermittelt wurde – eventuelle Irrtümer liegen für gewöhnlich auf unserer Seite des Zauns –, und es dann entsprechend der Frage: »Bringt diese Lehre mich Gott näher oder entfernt sie mich von ihm?« beurteilen.

Im Laufe der Zeit werden die Identitäten der Tafelrunde nach und nach erkennbar. Wie bei den meisten Dingen auf innerer Ebene geschieht das gewöhnlich dann, wenn man es überhaupt nicht erwartet! Es tritt nicht ein, wenn man davon besessen ist. Eigentlich spielt es keine Rolle, ob es überhaupt passiert. Vielleicht werden Sie während einer Übung feststellen, dass einer der Gefährten ohne Umhang erscheint. Manchmal wirkt die Identität der Figur sehr überraschend. Sie kann sich auf etwas aus Ihrer weit zurückliegenden Vergangenheit beziehen, auf etwas, das Sie vergessen haben, ein Interesse, das Sie einmal gehegt, ein Ort, den Sie gesehen, oder ein Buch, das Sie gelesen haben. Andere Identitäten scheinen überhaupt keine Bedeutung für Ihre jetzige Inkarnation zu haben, sondern beziehen sich auf andere Erfahrungen der Großen Reise Ihres Geistes. Und dann, wenn Sie glauben, dass alles klar und deutlich sei, wird vielleicht ein Mitglied der Runde durch ein anderes ersetzt. Das geschieht aber nur, wenn Sie sich vorwärts bewegen und sich nicht auf Ihren Lorbeeren ausruhen. Die Großen Gefährten, ob nun verschleiert oder enthüllt, sind da, um Ihnen zu helfen. Sie werden immer auf das Göttliche als das einzige Ziel des Großen Werks hinweisen. Sie sind die Gesichter und Gestalten, durch die das Absolute Sie lehrt, auf eine Weise, die Sie – derzeit – ertragen können. Sie sind Seine Diener allein. Sie sind die Boten, Träger der Weisheit und Führung, die von dem Einen Lehrer ewig ausgesprochen wird. Es gibt in Wahrheit keinen anderen als den Einen Lehrer, der zugleich die Stimme des Schweigens ist: »Wer Ohren hat, der höre!« (Matthäus 11:15, Markus 4:9).

Die Übung: Stufe 1

Beginnen Sie mit den Vorübungen – Entspannung und rhythmischer Atemzyklus. Vernachlässigen Sie sie nicht. Steigen Sie den Baum von Asija empor und vollziehen Sie das Kabbalistische Kreuz und die Mudra »Öffnen des Schleiers«.

Projizieren Sie den Tisch und den Gral aus Ihrem Tiferet-Zentrum – von der subjektiven Latenz zur objektiven Potenz. Nehmen Sie Platz auf Ihrem Sitz. Blicken Sie zur Sonne, die hoch über dem Gral scheint, empor. Sehen Sie, wie einer ihrer machtvollen Strahlen den heiligen Kelch durchdringt. Lassen Sie das goldene Licht ins Herzzentrum Ihres subtilen Körpers eintreten, sodass es Sie mit seiner erhabenen Herrlichkeit erstrahlen lässt. Legen Sie Ihre Hände auf beide Seiten des in die Tischoberfläche eingeschnittenen Tierkreissymbols, das daraufhin in goldenem Licht aufleuchtet. Wenn das geschieht, werden die Großen Gefährten kommen und ihre Plätze an der runden Tafel einnehmen. Vereinigen Sie sich mit ihnen, indem Sie gewahr werden, wie Ihre Auren einander durchdringen. Senden Sie im Geist Ihren Gefährten durch den Gral Grüße. Nehmen Sie eine zuversichtliche, gelassene und aufgeschlossene Haltung ein und achten Sie auf das, was von den anderen am Tisch durch den Gral zu Ihnen kommt.

Werden Sie sich jetzt des Gemaches bewusst, in dem die runde Tafel steht. Es ist ein großer, quadratischer Raum von stattlicher Größe. Der Boden ist mit quadratischen, schneeweißen Marmorfliesen ausgelegt, verputzt mit goldenem Mörtel. Die aus grauem Granit behauenen, hohen Wände ragen zu einer gerippten Decke mit der Sonnenkugel – hoch über dem Gral – an ihrem höchsten Punkt empor. In die Wände eingesetzt sind wunderschöne Buntglasfenster, auf denen Bilder von Königen und Prinzen des Grals dargestellt sind – all die Berühmtheiten, die die ganze Geschichte der Erde hindurch die Wächter der Geheimnisse des Grals waren und noch immer sind. Paradoxerweise dringt durch diese Fenster Sonnenlicht von draußen hinein und wirft seine in allen Regenbogenfarben schillernden Strahlen auf den weiß gefliesten Boden. Dieses Gemach, die Große Halle, wird von diesen durchscheinenden Bildern der spirituellen Könige der Menschheit umgeben.

Unter den Fenstern an der Wand zu Ihrer Rechten hängen farbenprächtige Wandteppiche, in die besondere Tarotkarten eingewirkt sind. Im Uhrzeigersinn sind es »Der Kaiser«, »Der Eremit« und »Tod«. Die Wandteppiche an der Wand zu Ihrer Linken (weiterhin im Uhrzeigersinn) zeigen die Schlüssel »Der Teufel«, »Gerechtigkeit« und »Die Liebenden«.

An der Ihnen gegenüberliegenden Wand hängt statt eines Wandteppichs ein Vorhang aus golddurchwirktem Stoff. Über dem Vorhang, aber unter dem Fenster, hängt ein Ritterschild. Der Schild hat einen weißen Grund und zeigt als Emblem einen aus einem azurblauen Flammennest auffliegenden goldenen Phönix. Das ist die Ostwand der Halle. Ihr persönlicher Sitz befindet sich am westlichen Kreisbogen der runden Tafel.

Wenn Sie sich umwenden, sehen Sie, dass die westliche Wand hinter Ihnen auch nicht mit einem Wandteppich behängt ist. Durch sie führt ein niedriger Durchgang, verhüllt von einem merkwürdig bewegungslosen Dunst, der von Lichtern in allen Regenbogenfarben glitzert. An dieser Wand über dem bogenförmigen Durchgang ist ein weiterer Schild befestigt, der jedoch nicht zu sehen ist, da er mit einem schwarzen Tuch verhängt ist.

Nachdem Sie die Halle betrachtet haben, konzentrieren Sie sich wieder auf den Gral und lassen durch ihn Ihren Gefährten Dank zukommen.

Kehren Sie in Ihre physische Hülle zurück und ziehen Sie den Tisch von der objektiven Potenz in die subjektive Latenz, in Ihr Herzzentrum zurück. Schließen Sie den Schleier wieder, führen Sie ein paar Zyklen der Fontäne-Atmung durch, um die Energien auszurichten, schlagen Sie das Kabbalistische Kreuz mit Kavannah (absichtsvolles Gebet) und steigen Sie vom Baum von Asija herab. Schreiben Sie so schnell wie möglich Ihren Meditationsbericht.

Auswirkungen

Es wird einige Übung erfordern, diese Halle imaginativ zu errichten und bestehen zu lassen. Abbildung 2 kann nützlich dabei sein, sich die verschiedenen Einzelheiten einzuprägen. Sie werden wissen, dass es Ihnen gelungen ist, wenn die Symbole in der Meditation spontan Licht und Strahlen aussenden. Dies zeigt an, dass die Einzelheiten nun »verankert« sind, dass sie von Ihrem persönlichen Unbewussten akzeptiert werden. Zum Beispiel werden Sie vielleicht merken, dass Sie mit Vergnügen betrachten, wie die zwölf silbernen Linien auf der Tischoberfläche im Sonnenlicht glänzen oder die

112 Der heilige Treffpunkt

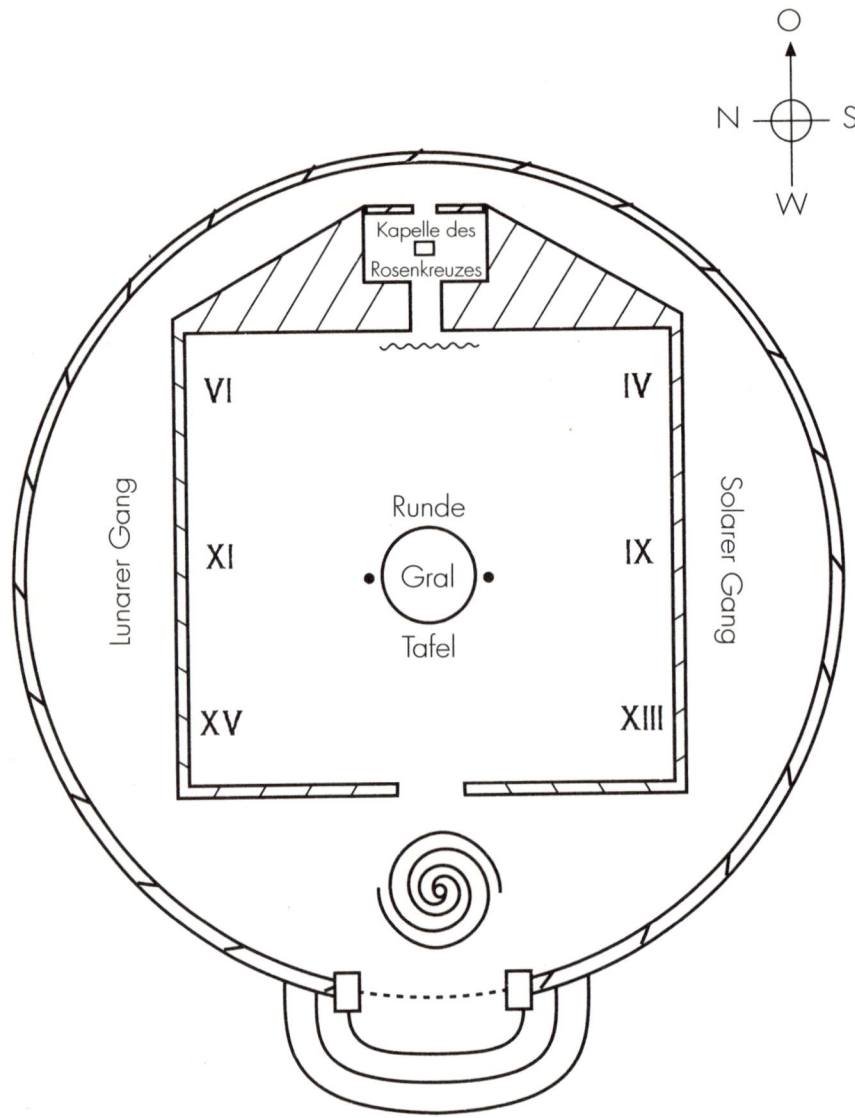

Abb. 2. Die Große Halle. Die römischen Ziffern beziehen sich auf die Wandteppiche mit den Tarotdarstellungen.

regenbogenfarbigen Stellen gebrochenen Lichts auf dem Boden schimmern. Diese Übung sollte mindestens zwanzigmal durchgeführt werden.

Die Übung: Stufe 2

Gehen Sie genauso vor wie auf der ersten Stufe: Sie beginnen mit den Vorübungen, projizieren den Tisch, nehmen Platz, verbinden sich erst mit dem Gral und dann mit dem Tisch, und schließlich erscheinen die Großen Gefährten. Begrüßen Sie sie wie immer durch den Gral.

Nun stehen Sie von Ihrem Sitz auf und gehen um den Tisch herum, bis Sie vor dem goldenen Vorhang an der Ostwand stehen. Ziehen Sie den goldenen Vorhang zurück, hinter dem eine rechteckige Tür sichtbar wird. Sie ist aus Zedernholz und mit einem emaillierten Schild versehen, auf dem ein aufrechtes scharlachrotes Dreieck in einem schwarzen Oval dargestellt ist. Sie öffnen die Tür und sehen einen kleinen, schmalen Korridor vor sich. Gehen Sie den Gang bis zum Ende hinunter und betreten schließlich das Allerheiligste, die Kapelle des Rosenkreuzes (siehe Abb. 2).

Die Kapelle ist wie die Halle aus vierkant behauenen, grauen Steinen gebaut, aber der Boden ist mit einem dicken, tiefvioletten Teppich belegt. In der Mitte der Kapelle steht auf drei Stufen erhöht ein würfelförmiger Altar. In seiner Mitte ragt ein etwa zwei Meter großes, goldenes lateinisches Kreuz mit einer roten, zweiundzwanzigblättrigen Rose empor. Die Rose wird von innen beleuchtet, wie eine »Empfangslampe«. Auf dem goldenen Herzen der mystischen Rose glitzert ein einzelner Tautropfen – ein Tropfen vom Tau der ersten Morgendämmerung. Der Strahl einer unbekannten Lichtquelle bricht sich in dem Tautropfen, sodass sich ein Hof regenbogenfarbigen Lichts um die rubinrote Rose herum bildet und das goldene Kreuz beleuchtet wird.

Auf dem Altar liegt vor dem Rosenkreuz ein großes Schwert in einer juwelenbesetzten Scheide. Das ist Excalibur, aber es hat auch andere Namen – und viele Funktionen. Es ist das Schwert des Lichts und kann nur vom rechtmäßigen Herrscher dieses Ortes geschwungen werden. Hinter dem Altar in der weiter entfernten Wand ist ein Durchgang, der sich zu einem Gang hin öffnet, der nach links und rechts abgeht und die Kapelle und die Große Halle der Tafel umgibt (siehe Abb. 2).

Nähern Sie sich dem Altar, und erweisen Sie dem großen Symbol der universalen Hoffnung Ehrerbietung in der Form, die Sie als Akt der Hingabe für das Große Werk für angebracht halten. Dann schlagen Sie das Kabbalistische Kreuz und beobachten auf dieser Ebene die sich dadurch bildenden Energiemuster.

Kehren Sie in die Große Halle zurück, setzen Sie sich noch einmal an den Tisch und stellen Sie Verbindung zu den Gefährten her. Registrieren Sie alle Bilder oder Gedanken, welcher Art sie auch immer sein mögen.

Wenn sich die Kommunikation dem Ende nähert, bedanken Sie sich für das, was Sie empfangen haben, und nehmen Abschied von den Gefährten. Erheben Sie sich vom Tisch und kehren Sie auf die physische Ebene zurück. Nehmen Sie den Tisch in sich auf und schließen Sie die Sitzung wie üblich mit der Versiegelungsübung ab.

Auswirkungen

Die Kapelle des Rosenkreuzes ist das geheime Herz. Sie ist die »zentrale Stille«, das »tiefe Zentrum«, »der Ort, der das Schweigen liebt«. Sie ist die Wohnstätte der Immanenz – der inneren Göttlichen Gegenwart. Besuchen Sie sie oft, denn sie ist der Ort des wahren heiligen Abendmahls, von dem – im Vergleich – alle anderen nichts als äußere Formen und Zeichen sind.

Die Kontemplation

Eine Anrufung Gottes mit einer gewissen himmlischen Absicht, geschöpft aus den Tiefen eines aufrichtigen Herzens und Gewissens, befreit von Ehrgeiz, Heuchlerei und allen anderen Lastern, die mit ihnen verwandt sind, einschließlich Arroganz, Luxus, Dreistigkeit, Verdrießlichkeit, Unterdrückung der Armen und ähnliche Übel. Sie alle sind aus dem Herzen auszumerzen ...

dass, wenn ein Mensch sich vor dem Thron der Herrlichkeit niederwerfen will, um Gesundheit zu erlangen ... sein Körper in einen heiligen Tempel Gottes umgewandelt und von jeder Unreinheit gereinigt werden kann.

Der Triumphwagen des Antimon
Basilius Valentinus[2]

---

[2] Basilius Valentinus: Der Triumphwagen des Antimon, Leipzig 1604; englische Übersetzung 1660, The British Library Collection

VI

SONNE UND MOND
VERNEIGEN SICH VOR IHM

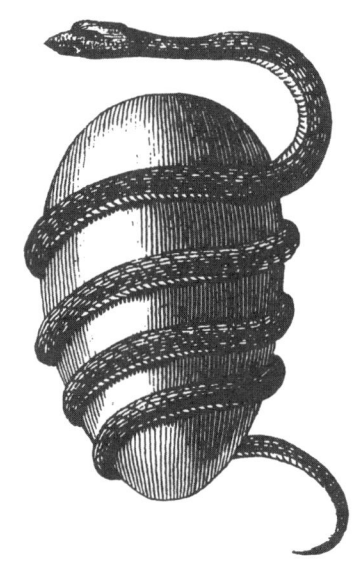

*Wahrlich, ich sage dir, die Welt befindet sich
in diesem nahezu zwei Meter großen Körper.*

Der Buddha[1]

Die Lehre

In der vorherigen Übung tauchen beim Aufbau der Großen Halle der Tafel eine innere Sonne – an der Hallendecke hoch über dem Gral – und eine äußere Sonne auf, deren Licht durch die Buntglasfenster in die Halle hineinstrahlt. Dieses offensichtliche Paradoxon rührt von dem Versuch her, eine tiefe spirituelle Realität wiederzugeben, die der Alchimist Jakob Böhme in seinem Traktat *De Signatura Rerum* zum Ausdruck brachte: »Die äußere Sonne hungert nach der inneren.«[2]

Ein zwischen 1370 und 1380 gemaltes Altarbild in Westfalen zeigt die zwölf Jünger an einem runden Tisch sitzend. In der Mitte des Tisches ruht eine Miniatur-Sonnenkugel, deren Lichtstrahlen in die Münder der Jünger hineinscheinen. Sie werden von der inneren Sonne, nach der die äußere Sonne zutiefst verlangt, genährt – gestärkt.

Schöpfungen der Geschöpfe

Die Erzeugung von Gedankenformen ist eine der Fertigkeiten, die Praktizierende in den Kleinen Mysterien beherrrschen. Diese besteht im Wesentlichen darin, in Jezira geeignete Kanäle zu schaffen, durch die die spirituellen Energien von Briah fließen können. Der gleiche Zweck wird in Asija mittels heiliger Bilder erfüllt: Ikonen, Thankas,

---

[1] Lama Anagarika Govinda: Psycho-Cosmic Symbolism of the Buddhist Stupa, Berkeley, CA, 1976, S. 84
[2] Jakob Böhme: The Signature of All Things, London and Cambridge, 1969

Statuen, heilige Kunst und Architektur. Wenn das physische Bild nicht mit der inneren Wirklichkeit verbunden ist oder Anbeter das Zeichen mit dem Ziel verwechseln, resultiert daraus Götzenverehrung und Verwirrung im Labyrinth der Erscheinungen. Hier können wir sehen, dass das erste Gebot – »Du sollst keine anderen Götter neben mir haben.« – in der esoterischen Arbeit ebenso wie in der materiellen Sphäre von größter Wichtigkeit ist. Unser Leitstern, das leitende Licht, nach dem wir unseren Kurs festlegen, ist das Göttliche.

Die Bilder, die in unseren inneren Zuständen auftreten, können in drei Gruppen eingeteilt werden: mantisch, telesmatisch und phosphorisch. Mantische Bilder tauchen in Formen gekleidet auf, die dem persönlichen unbewussten Inhalt entstammen. Diese Art Bilder sind uns am besten aus der Traumarbeit und Psychoanalyse bekannt. Zum Beispiel wird eine Person, die einem dienstbaren Geist begegnet, während sie im Schlaf sich außerhalb ihres physischen Körpers befindet, ihn unbewusst in eine Form hüllen, die sie mit dieser Energie assoziiert, sodass die Form vielleicht als Mutter, weiser Freund oder sogar als geliebter Hund wahrgenommen wird. Diese Wahrnehmung wird beim Aufwachen ins Gedächtnis zurückgerufen. Genau genommen ereignet sich das Gleiche beim physischen Sehen. Lichtstrahlen erfassen die Netzhaut des Auges in verschiedenen Mustern. Sie rühren von den Oberflächen der Objekte her, von denen das Licht reflektiert wird. Dieser Reiz wird in den hinteren Teil des Gehirns geleitet, wo das Sehzentrum lokalisiert ist, und das Unbewusste identifiziert – ob richtig oder falsch – das Wahrgenommene. Bei Erwachsenen, die in großem Ausmaß Unbewusstes speichern, geht das so schnell vor sich, dass es im Allgemeinen nicht einmal wahrgenommen wird. Bei Babys und kleinen Kindern dagegen wird es leichter bemerkt. Aber auch bei Erwachsenen wird es gelegentlich offensichtlich. Das folgende yogische Gleichnis veranschaulicht diesen Sachverhalt – und vieles mehr –, da es außerdem eine Lehre hinsichtlich des Pfades der Form enthält.

Einmal ging ein Mann in der Dämmerung in einem tropischen Garten spazieren, als er mit dem Fuß einen Gegenstand berührte. Als er auf den Boden sah, erblickte er eine zusammengerollte Schlange, worauf er das Weite suchte. Im Morgenlicht kehrte er in den Garten zurück und erkannte, dass das Objekt seiner Angst ein weggeworfenes Stück

Seil war. Er lachte über seine Panik und ging weiter. Ein Yogi, der im selben Garten spazieren ging, sah den Gegenstand, hob ihn auf und benutzte ihn als Gürtel.

Dieses Gleichnis veranschaulicht unter anderem das Problem, mantische Bilder für die fortgeschrittene Arbeit zu verwenden. Auch wenn sie als Hinweise auf unbewusste Inhalte nützlich sind, um vergangene Erfahrungen zu verarbeiten, und als Zeichen innerer Gesundheit und Heilung gelten, sind sie doch das Erzeugnis persönlicher Erfahrung mit all den bunten Verzerrungen und Vorurteilen, die diese mit sich bringt. Die Bilder an sich sind ungenau. Zwei Menschen träumen von einem Hund. Einer von ihnen wurde als kleines Kind von einem Hund gebissen und empfindet seitdem eine tiefe Abneigung gegen diese Tiere. Der andere hatte eine enge Beziehung zu einem Haushund. In beiden Fällen handelt es sich um ein und dasselbe Bild; aber in jedem Fall bedeutet der Traum etwas völlig anderes. Das trifft auf mantische Bilder ebenfalls zu. Folglich wird in den östlichen und westlichen Traditionen die zweite Gruppe von Bildern für das Werk der Transformation verwendet.

Telesmatische Bilder sind solche, die ganz bewusst durch das Denken geschaffen werden. Sie werden mittels Konzentration und Visualisierung erzeugt, bis ein halbautonomer Zustand erreicht wird. Menschen tun das in ihren Fantasien ständig in dem Versuch, ihre Existenz erträglich zu machen. Unter pathologischen Umständen wird der Einzelne von diesen Bildern besessen. Hier sehen wir die negative Seite der Erzeugung von Gedankenformen, um sich eben in diesen halb autonomen Zustand zu versetzen. Das ist einer der Gründe, warum wir zum Abschluss jeder Übung den Schleier schließen und unsere objektive Funktionsfähigkeit auf der physischen Ebene bekräftigen. Wir befassen uns mit einer gewollten Dissoziation, der sich eine gewollte Integration anschließt – eine natürlich potenziell gefährliche Methode, doch zugleich überaus wirksam.

Telesmatische Bilder sind solche Gedankenformen, die über Jahrtausende hinweg von Generationen von Adepten hervorgebracht wurden. Als solche stellen sie einen sicheren und bewährten Weg durch das Unsichtbare dar. Im Vajrayana sehen wir die Gedankenbildung von Mandalas, Gottheiten, Geistern, Stammbäumen und den Chakras innerhalb des subtilen Körpers. In der Alchimie haben wir es mit der Gedankenbildung des Baums, von Gottheiten, Engeln, Tarotkarten und den »inneren Sternen« innerhalb des subtilen Körpers, zu tun. Diese aus dem kollektiven Unbewussten geschöpften Bilder sind den persönlichen Bildern überlegen. Es handelt sich um unverzerrte Reflektionen, die das anziehende Licht widerspiegeln. Aber dennoch müssen sie mit Sorgfalt und Achtsamkeit verwendet werden. Bei unklugem Einsatz können sie Ausbrüche im Unterbewusstsein verursachen und sogar den bewussten Geist überschwemmen. Aus diesem Grund ist die Alchimie wie auch die Tantras nicht für jedermann geeignet. Das ist der wahre Grund für die Geheimhaltung und das kritische Urteilsvermögen, auf die ihre Lehrer so beharren. Bei kluger Anwendung sind sie die Sprossen der Leiter aus Jakobs Vision in Bethel, die die Engel hinunter- und wieder in den Himmel hinaufstiegen.

Ein phosphorisches Bild ist, wie weiter vorne bereits erwähnt, ein »Zeichen der Errungenschaft«. Es tritt auf, wenn ein sorgfältig entwickeltes und von Energie aus Übung und Kontemplation durchdrungenes telesmatisches Bild mit der spirituellen Wirklichkeit verbunden wird, für die es ein Symbol ist. Das Bild wird buchstäblich aus dem Innern beleuchtet, und seine Helligkeit lässt das innere Auge manchmal zusammenzucken. Es übersteigt unsere normale Fähigkeit, es zu visualisieren und beizubehalten. Es kann nicht erzwungen werden. Wenn dies geschieht, ist es ein Anzeichen dafür, dass das Bild als ein Mittel der Gnade angenommen wurde. Die heilige Kunst trachtet danach, dies durch Glorien beziehungsweise in der tibetischen heiligen Kunst durch Auren um die Gestalten von Gottheiten und erleuchteten Wesen darzustellen. Bei einem phosphorischen Bild stellt sich das Strahlen aus eigenem Antrieb ein. Das bedeutet jedoch nicht, dass das Bild für immer leuchtet; normalerweise genügt ein einmaliges Aufflammen. Man sollte es als einen Hinweis auf seine Fortschritte erwarten.

Die Arbeit am Tisch

Auf die Glyphe der runden Tafel kann auf verschiedene Weise eingewirkt werden, um unterschiedliche Bestrebungen zu verwirklichen. Wir stellen bestimmte Bilder auf den Tisch, auf dem Sternzeichen vor unserem Sitz, die unsere Intentionen signalisieren und den Tisch entsprechend aktivieren. Wenn wir Nahrung und Lebenskraft brauchen, stellen wir einen kleinen silbernen Kelch vor uns; der Tisch dient nun als die Tafel der Erfrischung. Wir sehen, wie sich Gnade in den Gral, das Gefäß des Trostes, hinabsenkt und von dort in den silbernen Kelch vor uns fließt. Wir können dann vom Leben der Welten trinken, das zugleich die Quelle unendlichen Mitgefühls ist.

Wenn wir der Klärung eines Problems oder einer uns bedrängenden Frage bedürfen, können wir eine brennende Lampe auf den Tisch vor uns stellen; der Tisch wird nun als die Tafel des Rates dienen. Konzentrieren Sie sich im Geist behutsam auf die Frage und schicken Sie sie zum Gral, bis sie in seinem Licht absorbiert ist. Erwarten Sie gelassen und zuversichtlich die Antwort, welcher Art die dem Heiligen Gral entspringenden Bilder oder Botschaften auch immer sein mögen. Denken Sie jedoch stets daran, dass Ihnen nur Rat erteilt wird; die Entscheidung liegt allein bei Ihnen.

Wenn nach Gebet und Meditation ersichtlich wird, dass bestimmte Schritte – auf welcher Existenzebene auch immer – unternommen werden müssen, legen Sie ein gezogenes Schwert auf den Tisch, die Spitze dem Gral und das Heft Ihnen zugewandt. Sie sitzen nun an der Tafel des Handelns. Legen daraufhin alle Gefährten ein Schwert auf den Tisch – bis der Gral von zwölf glänzenden Schwertern umgeben ist –, wird damit zum Ausdruck gebracht, dass die vorgeschlagene Maßnahme berechtigt ist und die Energien der Tafel und ihrer Gemeinschaft durch Sie fließen werden.

Es gibt noch andere Aspekte der Tafel – von der Tafel der Feenscharen bis hin zur Sternentafel des Großen Schalom – die sich dem Praktizierenden, während er im Werk vorankommt, erschließen werden.

In gewisser Hinsicht kann man sich den Baum des Lebens – die zehn Früchte und die glänzenden Pfade – als *vertikalen* Querschnitt der Aura vorstellen, während die runde Tafel mit ihrer zwölffachen Unterteilung den *horizontalen* Qerschnitt der Aura darstellt. Der Gral auf dem Tisch – der mit Tiferet am Baum übereinstimmt – leuchtet im Herzen und gleicht Oben und Unten sowie Außen und Innen aus.

Der Caduceus des Hermes

Die göttliche Einheit der Welt von Azilut wird in die schöpferischen Kräfte unterteilt, wenn die Welt Briahs von ihrem Herzen ausgeht. Tiferet von Azilut wird gleichzeitig zu Keter von Briah. Es ist wichtig, auf den Gebrauch des Wortes »unterteilt« zu achten. In den zeremoniellen Darbietungen der Mysterien, in den alchimistischen Texten und im Zeugnis der Weisen wird immer und immer wieder wiederholt, dass es nur Eine Wirklichkeit gibt, Eine, die in Gestalt des Vielfältigen erscheint. Die Schöpfung ist nicht das Ergebnis von Multiplikation, davon, mehr zu bilden, als ursprünglich existierte. Es ist ein Akt der Unterteilung, die konkrete Offenbarung des unerschöpflichen Potenzials des unendlichen Einen.

In Briah erscheinen äußerste Gegensätze zuerst als kosmischer Tag und kosmische Nacht, Ausdehnung und Zusammenziehung, Kraft und Form und eine ganze Reihe gegensätzlicher und zugleich sich ergänzender Aspekte. Sie alle sind notwendig für die dynamische Existenz, für Bewegung, Alternation und Weiterentwicklung. Diese Prinzipien verkörpern und drücken die spirituellen Gesetze von Rhythmus und Polarität aus.

In vielen esoterischen Schulen hat ein oberflächliches Wissen um das Gesetz der Polarität zu einem großen Missverständnis geführt: Konzepte wie zum Beispiel »Arbeitspartner«, »Seelenverwandte«, ein bestimmtes Geschlecht und kein anderes, das gewisse okkulte Werke zu verrichten vermag, und sogar die Existenzebene, auf die man aufsteigen kann, falls man eine bestimmte Art von physischem Körper »trägt« (als wäre er ein Raumanzug). Diese Ansichten können von einigen sehr interessanten Theorien, von den komplizierten bis hin zu den einfältigen, (gewöhnlich recht inbrünstig) unterstützt werden. Doch in der Praxis erweisen sie sich als absurd. Sie verwechseln »Kameradschaft auf dem Weg« mit emotionalen, psychologischen und physischen Bedürfnissen.

Im Grunde handelt es sich bei »Polarität« um Alternation. Daher ist die esoterische Anwendung von Polarität das Wissen um Alternation, um die Gezeiten von Fluss und Rückfluss, um innen und außen. Es gibt nur das »Jetzt«, den gegenwärtigen Augenblick. Im Tageszyklus ist das Jetzt konstant, aber in einer bestimmten Phase herrscht der Tag vor und in einer anderen die Nacht. Wenn Sie in ein Gespräch vertieft sind, spielen Sie vielleicht in einem Augenblick die aktive Rolle (Sprecher) und im nächsten die passive Rolle (Zuhörer), auch wenn das Gespräch (ein Akt geistiger Zwiesprache durch physische Instrumentalität) konstant ist, ungeachtet dessen, welcher Teilnehmer sich in welcher Polarität befindet.

Jeder Mensch ist eine vollständige Widerspiegelung des Universums; es ist kein Außenstehender notwendig, um diese Vollendung zu bewirken. Eine Frau ist nicht eine Hälfte des Baums, der auf einen von außen daherkommenden Mann wartet, der ihn vervollständigt – oder umgekehrt. Ebenso wenig tritt Erleuchtung paarweise auf. Alle zehn Sefirot, alle Welten, alle Prinzipien und Potenziale sind voll und ganz in jedem einzelnen Menschen vorhanden. Das ist es, was bedeutet, ein Mikrokosmos zu sein! Individualität mag bestimmte Aspekte stärker als andere hervorheben, aber das heißt nicht, dass die im Stillen ruhenden Aspekte fehlen. Jeder Mensch ist ein Bild oder Ausdruck des Göttlichen.

Viele Schüler des Okkultismus verwechseln das, was die allgemeine Praxis (auch wenn es nicht immer genau verstanden wird) in den Kleinen Mysterien ist (die schließlich eine spirituelle Lehre für das Große Werk sind), mit *dem Werk selbst*. Doch in vielen anderen Schulungssystemen erleben wir, dass elementare Grundlagen oft in Klassen – Gruppen – gelehrt werden und diese Klassen sich manchmal zu eingehenderer Reflexion und Feed-back in Paare einteilen. Das Gleiche trifft auf die esoterische Arbeit zu.

Im Werk der Transformation sind drei große Kanäle im subtilen Körper von allergrößter Bedeutung. Die *Susumna* entspricht physisch der Wirbelsäule und *Akasha*, der Quintessenz. Entlang dieser zentralen Achse sind die sieben »inneren Sterne«, die »inneren Metalle« oder Chakras aufgereiht. Um den Susumna-Kanal winden sich als gegenläufige Spiralen die Zwillingsströme *Ida* und *Pingala*. In westlichen Illustrationen wird dies als der Caduceus des Hermes oder Merkur dargestellt, der vom Götterboten getragene Stab, um den sich zwei Schlangen winden (siehe Abb. 3). Der griechischen Mythologie zufolge bekam der Gott Hermes (römisch: Merkur) einen Stab von seinem

Götterfreund Apollon geschenkt. Auf einer Reise nach Arkadien stieß Hermes auf zwei Schlangen, die in einem tödlichen Kampf verwickelt waren. Er warf seinen Stab zwischen die Schlangen, worauf sie sich friedlich um diesen wanden. Dieser von Schlangen umgürtete Stab, der Caduceus, wurde so zu einem Symbol des Friedens – der Balance und Ausgewogenheit zweier sich bekämpfenden Energien.

Ida und Pingala sind die mikrokosmischen aktiven beziehungsweise passiven (lunaren und solaren) Strömungen der Einen Kraft, die durch den Mensch auf allen Ebenen fließen. Sie winden sich in einer Spirale um die mittlere Säule, der DNS-Helix ähnlich, deren vormaterielle Urform sie sind. Einem rabbinischen Gleichnis zufolge nahm der Schöpfer – gesegnet sei er –, als er das Universum schuf, eine Spirale aus Flammen (Feuer) und eine Spirale aus Eis (Wasser) und verflocht sie miteinander.

Pingala, der solare Strom, entspricht dem Tag, der Wärme, der Trockenheit; sie ist zentrifugal und elektrisch. Sie ist evolutionär und strebt bewusstes Gewahrsein (da die Evolution am Anfang eine selbstbewusste Aktivität ist), Differenzierung und objektives Wissen an. Ida, der lunare Strom, korrespondiert mit der Nacht, der Kälte, der Feuchtigkeit; sie ist zentripetal und magnetisch. Ida steht mit der Involution und daher mit dem Unterbewusstsein in Zusammenhang, da Verkörperung mit ihrer Hilfe geschieht. Sie ist integrativ, regenerativ, bestrebt, alles vom Intellekt Getrennte wieder zu vereinen.

Diese beiden Ströme sind am Baum des Lebens in den seitlichen Sefirot zu sehen. Wasser, der lunare Strom, drückt sich in den Sphären Binah, Chesed und Hod aus. Das solare Feuer findet sich in Chokmah, Geburah und Netzach. Dieser Übergang verhindert, dass die beiden seitlichen Säulen des Baums zu starr werden. Die feurige Sefira Geburah in der Mitte der Säule der Form (Binah und Hod sind beide wässrig) fügt dem anderenfalls flüssigen Pol Dynamik hinzu, während die unbewegten Wasser von Chesed in der Mitte der Säule der Kraft die Feuer von Chokmah und Netzach zurückhalten. Die Sphären der Mittleren Säule – Keter, Tiferet und Jesod – sind als Symbol für das alles durchdringende Bewusstsein der Luft zugeordnet.

In der esoterischen Physiologie denkt man sich diese beiden Strömungen mit Endpunkten: ein Endpunkt liegt im rechten und linken

Eierstock oder Hoden und der andere in der linken und rechten Nasenöffnung. Wenn man auf den Atem achtet, wird erkennbar, wie sich eine Nasenöffnung beim Atmen ungefähr 20 Minuten lang erweitert und dann im Wechsel die andere. In einer kurzen, nur wenige Minuten anhaltenden Übergangszeit haben beide Nasenlöcher eine optimale Ausdehnung. Wir sollten uns jedoch unbedingt im Klaren darüber sein, dass diese Strömungen, so wie die Chakras selbst, keine Merkmale oder Organe des grobstofflichen Körpers sind. Sie gehören dem ätherischen – oder vitalen pranischen – Körper an, aus dem der sichtbare Körper hervorgegangen ist.

Der solare und der lunare Strom winden sich um die zentrale Achse der Wirbelsäule, wobei sie sich an bestimmten Punkten kreuzen. Diese Verbindungspunkte beziehen sich auf die Position der Sefirot der Mittleren Säule am subjektiven Baum des Lebens: Keter, Tiferet und Jesod. Deshalb sind sie von entscheidender Bedeutung bei der Erweckung des Drachen, der feurigen Kraft der Kundalini. Aus diesem Grund werden die Visualisierungen der Kammern dieser Sphären in unseren Übungen im Detail beschrieben, um dem Adepten die notwendige Genauigkeit und Kontrolle zu vermitteln.

Im Yoga und in der Alchimie werden zwei Ziele verfolgt, und eines hängt vom anderen ab. Beim ersten geht es darum, den solaren und den lunaren Strom, nachdem die erforderlichen vorbereitenden Reinigungen zufrieden stellend abgeschlossen wurden, miteinander zu vereinen. In der Alchimie wird diese Vereinigung durch Bilder von der Vermählung des Sonnenkönigs und der Mondkönigin und später durch die Darstellung des Hermaphroditen, Mercurius, symbolisiert. In der tibetischen heiligen Kunst findet dies seinen Ausdruck in *Yab-Yum*, den Darstellungen der Buddhas und Gottheiten in sexueller Vereinigung mit ihren Gemahlinnen. Wenn positive und negative Ströme in einem Stromkreis zusammengebracht werden, kann eine Glühbirne angezündet werden. Wenn die solaren und lunaren subtilen Energien in einen Zustand ausgeglichener Vereinigung geführt werden, kann der Mensch erleuchtet werden.

Das zweite Ziel besteht darin, die Vitalenergie (Prana) in den Susumna-Kanal zu leiten. Das geschieht im Allgemeinen nur im Schlaf oder wenn der Tod sich nähert, was der Grund dafür ist, warum

Trancearbeit in einigen esoterischen Schulen eine Rolle spielt und die alten Handbücher mit Titeln wie *Ägyptisches Totenbuch* oder *Tibetisches Totenbuch* versehen wurden. Von Tod oder Schlaf abgesehen, ist es nur durch esoterische Praxis möglich, die Vitalenergie in den Susumna-Kanal fließen zu lassen. Wenn das geschieht, ist die Kundalini aktiviert und steigt empor. Dadurch werden dualistische Geisteszustände aufgehoben und wird Verwirklichung erreicht. Das ist die verborgene Bedeutung des Unendlichkeitszeichens – das Symbol des Heiligen Geistes – das als eine horizontale Acht dargestellt wird. In der Gematria ist die Zahl Acht die »Zahl des Herrn« oder die »Zahl Gottes«. Sie ist außerdem die Zahl der Sefira Hod (die vollkommene Intelligenz) und folglich die Zahl Merkurs und der Alchimie. Diese horizontale Acht taucht im Tarot nur zweimal auf. Und diese beiden Schlüssel beziehen sich auf den Kundalini-Aspekt des Großen Werkes. Es sind »Der Magier« und »Stärke«. Diese Karten zeigen eine Figur mit dem Unendlichkeitszeichen (oder »ewiger Rhythmus«, ebenfalls mit Hod assoziiert) über dem Kopf. Die Karte des Magiers spielt eine entscheidende Rolle bei der Erweckung des Drachen, wie der Leser später sehen wird, und »Stärke« ist die Tarot-Darstellung der Kundalini selbst, der die Zahl Acht zugeordnet ist. Die Schleifen der Acht stehen für die Spiralen von Ida und Pingala, die an einem einzigen Punkt zusammentreffen – mit anderen Worten, innerhalb des Susumna-Kanals. Darüber hinaus deutet die Position dieses Symbols (über dem Kopf) an, dass die feurige Kraft zum Scheitel, dem Keter-Zentrum unmittelbar über dem Kopf, aufgestiegen ist.

Einige Traditionen behaupten, der solare und der lunare Strom liegen außerhalb der Wirbelsäule, während andere die Meinung vertreten, sie verliefen in ihr. Aber wie so oft, liegt die Wahrheit irgendwo zwischen diesen beiden Ansichten. In einigen yogischen und theurgischen Systemen verwenden die Praktizierenden Bilder, die denen in anderen Systemen zu widersprechen scheinen. Aber wir sollten uns nicht auf ein metaphysisches System beschränken oder fixieren, das sagt: Genau so ist es; alles andere ist falsch. Die hier vorgestellten Visualisierungen sind keine Behauptungen, die Adepten als objektive Fakten akzeptieren müssen (zum Beispiel, ob die polaren Ströme nun innerhalb oder außerhalb des mittleren Kanals verlaufen), sondern

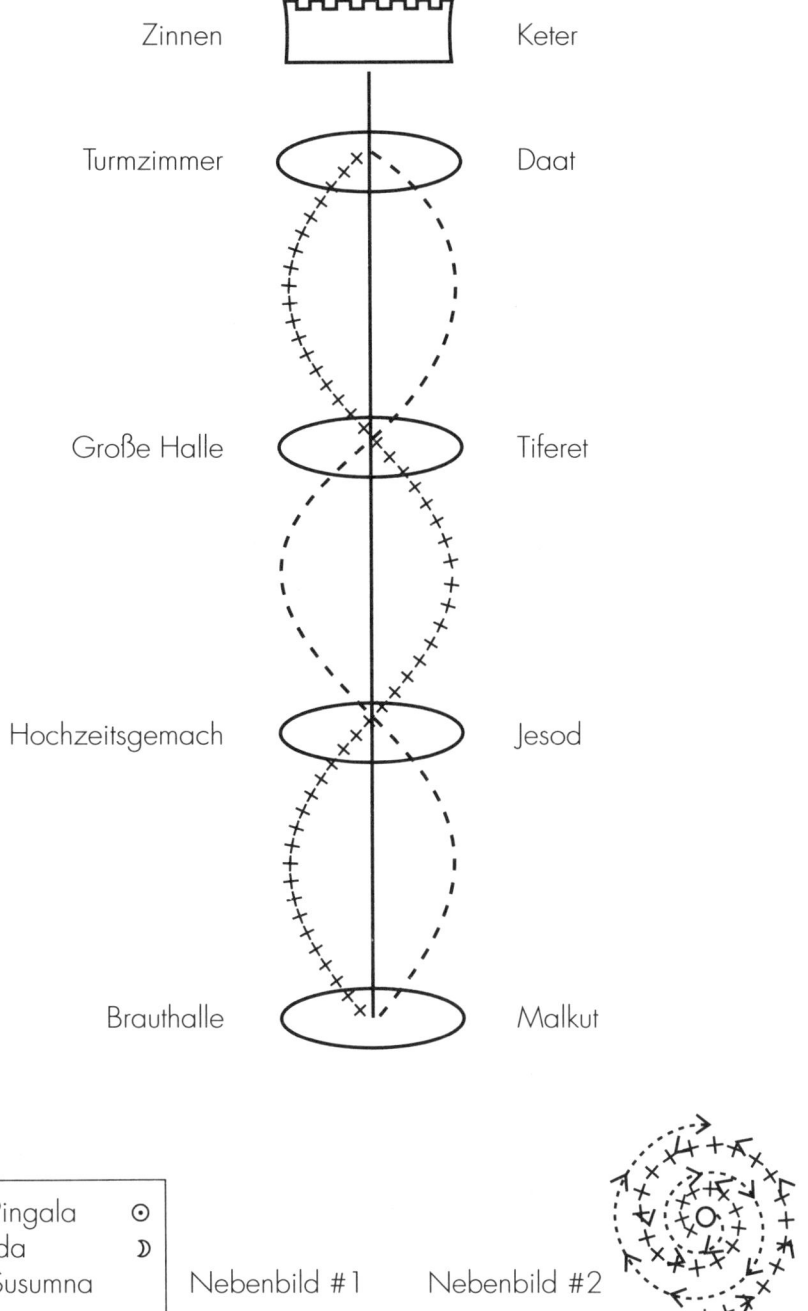

Abb. 3. Der Caduceus des Hermes oder Merkur.

vielmehr Anleitungen für die Arbeit, lebendige mentale Bilder zu erzeugen, sodass die lebenswichtigen Ströme von hier nach dort fließen können und dadurch psychische und physische Beziehungen und Vorbedingungen für den Fluss der Bewusstseinskräfte schaffen.

Die Alchimie und das Vajrayana lehren, dass es notwendig ist, aktive und passive Ströme in den Susumna-Kanal zu lenken. Im tibetischen Yoga wird dies als »die ›Winde‹ in die mittlere Achse bringen« bezeichnet. Der Begriff »Wind« steht hier für verschiedene Aspekte des Geistes oder Bewusstseins. Er hat dieselbe Bedeutung wie die westliche Bezeichnung »Luft«, wenn es als Symbol für das Bewusstsein gebraucht wird. Das Bewusstsein ist unsichtbar, subtil und durchdringend. Merkur wird der Luft zugeordnet; das alchimistische Merkur (Quecksilber) ist ein Symbol für Überbewusstsein und Erleuchtung. Das Keter-Zentrum ist ebenfalls das Merkurzentrum bei den »inneren Sternen«. In unserer Übung wird die Vereinigung der grundlegenden Gegensätze Sonne und Mond durch diverse Techniken erreicht, die wir im weiteren Verlauf anwenden.

Die Ströme Ida und Pingala werden auf tibetischen Thankas (Gedächtnisstützen für Visualisierungen) durch Bilder von Sonne und Mond in den oberen Ecken der heiligen Rolle dargestellt. In der westlichen Esoterik finden wir sie in der Symbolik der Tarot-Schlüssel: die zwei knienden Priester in »Der Hierophant«, Adam und Eva in »Die Liebenden«, die Sphinxe in »Der Triumphwagen« und die menschlichen Gestalten in »Der Teufel«, »Die Sonne« und »Urteil«. Bei allen diesen Karten ist die dritte und zentrale Figur der Versöhner (Der Erzengel, Der Wagenlenker, Die Sonnenscheibe, etc.) und eine bildhafte Darstellung des Überbewusstseins, der Susumna. Und im Schlüssel 21, »Die Welt«, die das kosmische Bewusstsein symbolisiert, hält der Tänzer in der Mitte des Bildes in jeder Hand einen spiralförmigen Stab, die für den solaren und den lunaren Strom stehen.

Die mittlere Achse, Susumna, ist der Kanal für die Quintessenz – die »verborgene Herrlichkeit«, die alles durchdringende Akasha. Aber halten Sie nicht allzu starr an der Vorstellung fest, dass die Susumna auf die subtile Entsprechung der Wirbelsäule beschränkt ist. In der Meditation kann die Susumna manchmal so fein wie ein Haar erscheinen und dann wieder so breit, dass der ganze Körper zu einem Strom der

Die Lehre 131

Kraft, einem Feuer höchster Inspiration wird, das alle Grenzen sprengt und wächst, bis er das gesamte Universum ausfüllt.

Ein chinesisches Sprichwort lautet: »Ein einziges Bild sagt mehr als tausend Worte.« Das folgende Zitat stammt aus Arthur Avalons Buch *The Serpent Power*, in dem er von einer Erfahrung berichtet, die ein europäischer Freund von ihm gemacht hat.

> Er ... sah die »Nerven« Ida und Pingala und das »Zentralfeuer« in einer zitternden Aura rosigen Lichts und blauen oder himmelblauen Lichts und ein weißes Feuer, das ins Gehirn aufstieg und zu beiden Seiten des Kopfes in einem flügelartigen Glanz auflohte. Er beobachtete, wie das Feuer sich von Zentrum zu Zentrum mit solcher Schnelligkeit fortbewegte, dass er von der Vision nur wenig sehen konnte. ... Den Glanz oder die Aura der Ida sah er mondartig – das heißt, in hellstem Himmelblau – und die Pingala rot oder vielmehr in rosiger Opaleszenz. Die Kundalini erschien in der Vision wie ein intensiv goldweißes Feuer... Stellt man sich die Zentren Susumna, Ida und Pingala, durch den Caduceus des Merkur symbolisiert, vor, dann wäre der kleine Ball an der Stabspitze mit dem *Sahasrara* [Kronenzentrum] oder der Zirbeldrüse gleichzusetzen, und die Flügel wären das Auflohen der Auren zu beiden Seiten des Zentrums, wenn das Feuer sie erfasst. Eines Nachts ... spürte er, wie die Schlange sich entrollte und nach oben bewegte, und er befand sich »in einer Fontäne aus Feuer« und fühlte, wie er sagte, »wie die Flammen sich wie Flügel um meinen Kopf herum ausbreiteten, und vernahm ein melodisches Dröhnen wie von Zimbeln, während einige dieser Flammen sich wie Emanationen auszudehnen und wie eine Ansammlung von Flügeln über meinem Kopf zu treffen schienen. ... Ich war wirklich erschrocken, denn die Kraft schien etwas zu sein, das mich verzehren könnte.« Mein Freund schrieb mir, dass er in seiner Erregung vergaß, seinen Geist auf das Erhabene zu richten, und ihm so ein göttliches Abenteuer entging.[3]

---
[3] Arthur Avalon: The Serpent Power, New York 1974, S. 20–21

Die Übung

Beginnen Sie mit den Vorübungen (Fontäne-Atmungszyklus), steigen Sie den Baum von Asija hinauf und vollziehen Sie das Kabbalistische Kreuz und die Mudra »Öffnen des Schleiers«. Projizieren Sie den Tisch von Ihrem Tiferet-Zentrum und nehmen Sie Ihren Platz ein.

Gehen Sie in die Kapelle, bieten Sie sich selbst dem Göttlichen dar und kehren Sie in die Große Halle der Tafel zurück. Nun gehen Sie auf die westliche Wand zu, an der der verdeckte Schild hängt, und passieren den Durchgang (der mit einem Schleier aus Nebel in allen Regenbogenfarben verhängt ist). Hinter dem Durchgang befindet sich eine Plattform. Vor Ihnen ist eine große Buntglasdarstellung des Tarot-Schlüssels 2, »Die Hohepriesterin«, zu sehen. Auf beiden Seiten dieser Darstellung befinden sich zwei gewölbte Ausgänge, von denen jeder zu einer Wendeltreppe führt, die zu Gemächern hinauf- und zu Hallen hinuntergehen. Über dem rechten Ausgang ist ein von einem Halbmond gekrönter Kelch gemeißelt. Der Handlauf der Wendeltreppe besteht aus einem starken, hellblauen Seil, das in Abständen an der Wand befestigt ist. Über dem linken Ausgang ist ein von einer Sonne gekrönter Kelch gemeißelt. Der Handlauf dieser Treppe besteht aus scharlachrotem Seil.

Nehmen Sie den linken Ausgang, über dem das Gefäß mit der Sonne dargestellt ist. Die Wendeltreppe führt in deosiler Richtung (im Uhrzeigersinn) nach oben. Sie können eine warme, trockene Brise spüren, die hinter Ihnen im Treppenaufgang hinaufweht, was aber nicht unangenehm ist. Sie spielt mit Ihrem Haar und den Falten Ihrer Robe. Während Sie die Stufen hinaufsteigen, können Sie weitere Türöffnungen und Treppenabsätze sehen, die jedoch in der jetzigen Übung für Sie nicht von Belang sind.

Sie erreichen das Ende der Stufen und stehen nun wieder auf einem Treppenabsatz, auf dem die beiden (erwähnten) Wendeltreppen enden. Wenden Sie sich nach Osten, wo Sie auf eine Tür aus blassviolettem Kristall stoßen. In diese Tür ist ein auf dem Rücken liegender, weißer Halbmond eingearbeitet, der einen kleineren Halbmond in sich birgt. Wenn Sie den Halbmond berühren, öffnet sich die Tür, und Sie treten in einen großen, runden Raum ein. Das ist das Turmzimmer. Hoch oben in der Decke ist ein rundes Fenster eingesetzt, das den Schild Davids (den sechszackigen Stern der Einheit und Liebe) zeigt, der in seiner Mitte die vier Buchstaben des heiligen Namens trägt: *Jod-He-Waw-He*. In die Wände sind Fenster mit klarem Glas eingefügt, durch die Sie auf Ihr inneres Königreich, Ihre innere Welt blicken können. Der Rahmen des östlichen Fensters weist eine besondere Verzierung auf. Er stellt zwei Schlangen – eine weiße und eine rote – dar, die sich an beiden Seiten aufrichten. Am Schlussstein des Fensterbogens begegnen sie sich von Angesicht zu Angesicht. In dem ovalen Raum zwischen den offenen Mäulern der beiden Schlangen ist das alles sehende Auge von einer goldenen Gloriole umgeben. Rechts von diesem östlichen Fenster hängt ein violettes, in einer Quaste endendes Zugseil von der Decke herab.

In der Mitte des Zimmers steht ein Tisch oder Schreibtisch und auf ihm ein adlerförmiger Buchständer, der ein großes, aufgeschlagenes Buch trägt. Seine Seiten sind leer. Daneben liegt ein Federkiel aus einer weißen Straußenfeder. Vor dem Buchständer ist in die Tischoberfläche eine matte, schwarze Steintafel eingearbeitet. Sie ist rechteckig. In sie ist der Baum des Lebens in feinem Silber eingraviert. Unter dem Baum am Tafelrand ist eine Reihe von vier quadratischen Tasten angebracht. Die Taste ganz rechts erregt Ihre Aufmerksamkeit, weil sie funkelt. Wenn Sie näher hinsehen, erkennen Sie, dass nur diese Taste niedergedrückt ist. Sie ist aus einem lupenreinen Diamanten geschnitten.

Gehen Sie zu den Fenstern und sehen Sie hinaus auf Ihr inneres Königreich. Sie betrachten das Land von Logres, das Land, das unter einem Zauber steht. In diesem Land sind die Kräfte aus dem Gleichgewicht, und es geschehen viele Dinge, die wider das göttliche Gesetz sind. Riesen und Oger, Drachen und Zauberer und Maiden in Not sind alle hier. Das ganze Land ist in Nebel gehüllt, der eine klare Sicht verhindert, wie hell die Sonne auch scheinen mag. Dieses Land verfügt außerdem über verborgene Quellen, heilige Brunnen und Stätten. Viele, die im Königreich leben, sind verkleidet, und diejenigen, mit denen sie zusammenwohnen, wissen nicht, dass die Macht und Autorität, der diese Verborgenen dienen, von der runden Tafel ausgeht. Erinnern Sie sich daran, dass Logres sowohl makrokosmischer als auch mikrokosmischer Natur ist. Es ist die Welt außerhalb von Ihnen und um Sie herum mit all ihren Problemen, Schwierigkeiten und Illusionen und zugleich Teil Ihres eigenen inneren Königreiches. Vergessen Sie nicht, während Sie dieses Land betrachten, dass Sie dort – und nirgendwo anders – von der Gemeinschaft, zu der Sie nun gehören, aufgefordert werden, Ihre Rolle zu spielen und die Schulung, die Sie hier erhalten, in die Praxis umzusetzen.

Gehen Sie die Wendeltreppe mit dem blauen Seil hinunter. Dabei kommt Ihnen eine kühle, feuchte Brise aus dem Treppenhaus entgegen. Sie weht Ihnen sanft ins Gesicht, während Sie die Stufen zum Gang hinuntersteigen und schließlich den von Kelch und Mond gekrönten Eingang links von der Darstellung der Hohepriesterin passieren. Gehen Sie durch die Große Halle der Tafel und kehren Sie in die Kapelle des Rosenkreuzes zurück. Legen Sie vor dem Altar die Gelübde ab, zu denen Sie sich innerlich gedrängt fühlen, aber denken Sie daran, dass es keine leeren Worte sind, sondern bindende Verpflichtungen. Versuchen Sie also nicht mehr, als derzeit in Ihrer Macht liegt. Wer in kleinen Dingen sein Wort hält, kann sich zu gegebener Zeit ruhig an größeren Dingen versuchen.

Gehen Sie nun in die Große Halle und zu Ihrem Sitz an der Tafelrunde zurück. Bedanken Sie sich im Kreis der Gralsgemeinschaft für das, was empfangen wurde. Ziehen Sie nun den Tisch in die Latenz zurück und beenden Sie Ihre Übungssitzung auf die übliche Weise.

Es empfiehlt sich, diese Übung mindestens zwölfmal durchzuführen.

Die Kontemplation

Über den folgenden Text sollten Sie aus der Sicht meditieren, dass sich das hier Geschilderte nicht auf eine konstruierte »Geisteshaltung«, sondern vielmehr auf einen selbst entstehenden »Bewusstseinszustand« bezieht.

> Wenn du dich Gott nicht gleichmachst, kannst du Gott nicht begreifen; denn Gleich wird von Gleich erkannt. Befreie dich von allem, was körperlich ist; und bringe dich dazu, zur gleichen Aus-

dehnung wie jene Größe, die jenseits aller Maße ist, zu gelangen; erhebe dich über alle Zeiten und werde ewig; dann wirst du Gott begreifen. Denke daran, dass für dich nichts unmöglich ist; beachte, dass auch du unsterblich und im Stande bist, in deinen Gedanken alle Dinge zu erfassen, mit jedem Handwerk und jeder Wissenschaft vertraut zu sein; fühle dich an den Lieblingsplätzen eines jeden Lebewesens zu Hause; sei größer als alle Höhen und niedriger als alle Tiefen; vereinige alle gegensätzlichen Eigenschaften in dir: Hitze und Kälte, Trockenheit und Flüssigkeit; denke, dass du überall zugleich bist, zu Land, auf See, im Himmel; denke, dass du noch nicht geboren bist, dass du im Mutterleib bist, dass du jung bist, dass du alt bist, dass du gestorben bist, dass du in der jenseitigen Welt bist; erfasse dies alles gleichzeitig in deinem Denken, alle Zeiten und Orte, alle Substanzen und Eigenschaften und Größen; dann kannst du Gott begreifen. Aber wenn du deine Seele in deinem Körper einsperrst, dich erniedrigst und sagst: »Ich weiß nichts. Ich kann nichts. Ich habe Angst vor Erde und Meer, ich kann nicht in den Himmel steigen; ich weiß nicht, was ich bin, noch was ich sein werde«, was hast du dann mit Gott zu tun? ... Denn es ist der Gipfel des Bösen, Gott nicht zu kennen; aber fähig zu sein, Gott zu kennen und zu wünschen und zu hoffen, Ihn zu kennen, ist die Straße, die direkt zum Guten führt. ....

Corpus Hermeticum: xlii
Hermes Trismegistos[4]

---

[4] John Everard, Übersetzung von Ficinos lateinischem Text, London, British Library Collection 1650

VII

DIE ZITADELLE DER SEELE

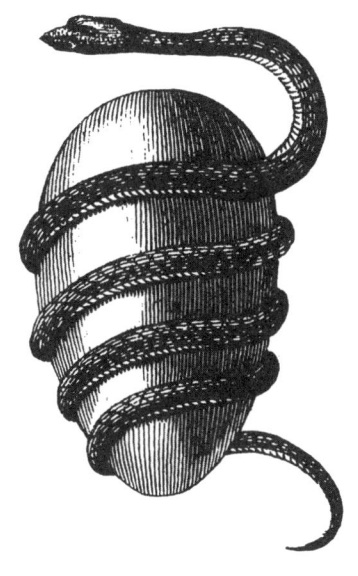

*Gott wird nicht mit materiellen Dingen verehrt,
sondern mit dem eigenen Bewusstsein. Schwenke keine Lichter und keinen
Weihrauch, bringe keine Blumen oder Speisen dar.
Er ist mühelos zu finden, wenn man ihn durch Selbsterkenntnis allein verehrt.
Das unentwegte und ungebrochene Gewahrsein
der innewohnenden Gegenwart, das innere Licht des
Bewusstseins, ist die höchste Meditation und Anbetung.*

Maharamayana[1]

Die Lehre

Sowohl in der Alchimie als auch im Vajrayana stellt man sich den nach außen verlagerten subtilen Körper in Form eines Bauwerkes vor, sodass der Praktizierende die für die Einleitung der physischen Umwandlung erforderlichen feinen Veränderungen an den Chakras vornehmen kann, die durch die Räume oder Kammern in diesem Gebäude symbolisiert werden.

Dieses Vorgehen ist sowohl in der östlichen als auch der westlichen esoterischen Praxis allgemein üblich. Im Vajrayana ist der dem subtilen Körper aufgeprägte visualisierte Bau der *Stupa* (tibetisch: *Chörten*). Ursprünglich war ein Stupa ein arisches Denkmal, das über die Gräber verstorbener Mitglieder des Königshauses errichtet wurde, den Erdhügeln anderer Kulturen gleich. Aller Wahrscheinlichkeit nach symbolisierte er den ersten Baum (den Baum des Lebens), der auf dem Urhügel oder dem Urberg wuchs. Mit der Ankunft des historischen Buddha, Shakyamuni, wurde dem Stupa eine höhere Bedeutung zugewiesen, sodass er nun die Manifestation des erleuchteten Geistes (Bewusstsein) symbolisierte, eine architektonische Darstellung der

---
[1] Timothy Freke: The Wisdom of the Hindu Gurus, Boston 1998, S. 35

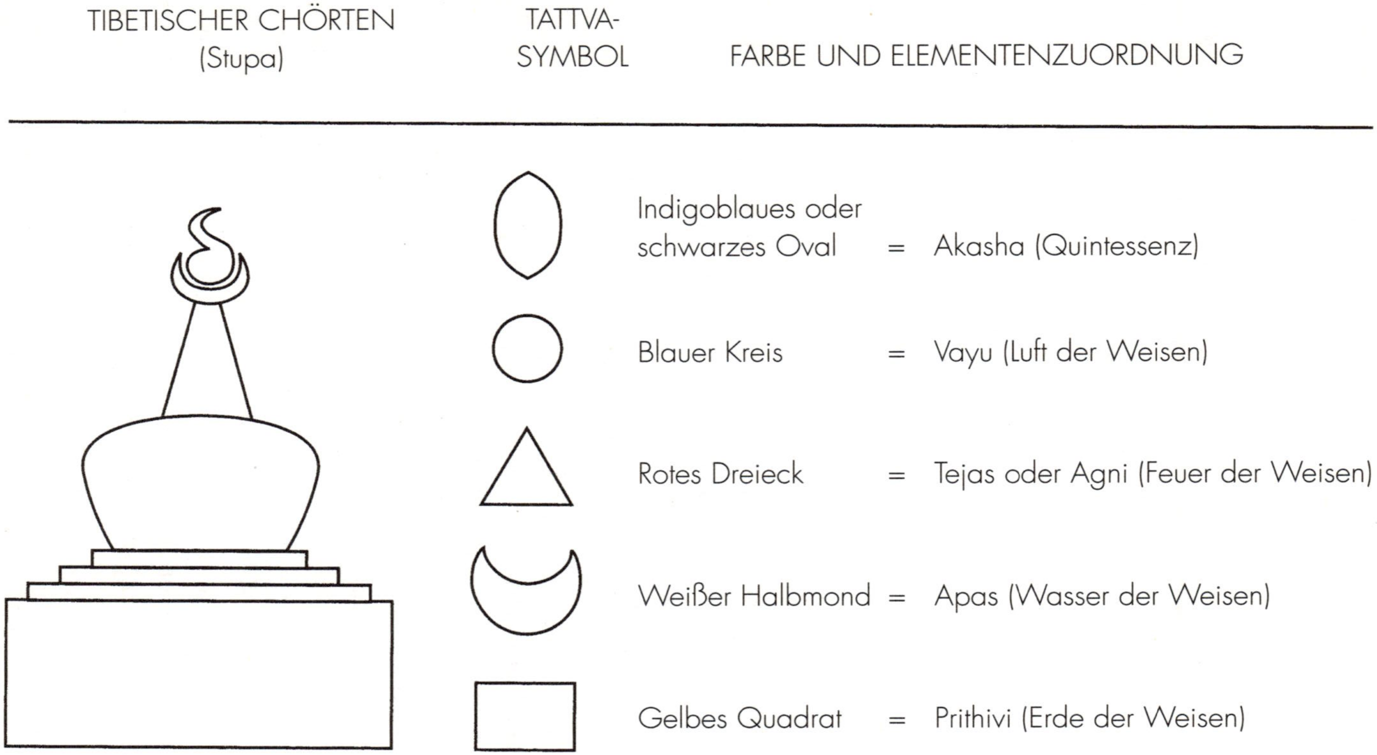

TIBETISCHER CHÖRTEN (Stupa)	TATTVA-SYMBOL	FARBE UND ELEMENTENZUORDNUNG
	⬭	Indigoblaues oder schwarzes Oval = Akasha (Quintessenz)
	○	Blauer Kreis = Vayu (Luft der Weisen)
	△	Rotes Dreieck = Tejas oder Agni (Feuer der Weisen)
	☾	Weißer Halbmond = Apas (Wasser der Weisen)
	□	Gelbes Quadrat = Prithivi (Erde der Weisen)

Abb. 4. Der Aufbau des tibetischen Chörten entsprechend der Tattva-Symbole.

kayas, der Vehikel des Buddha. Einige der größten Stupas befinden sich in Sri Lanka. Der große Stupa von Bodnath in Katmandu, Nepal, ist das Pilgerzentrum für Menschen aus der gesamten Himalaya-Region und dem indischen Subkontinent.

Die tibetische Form, der Chörten, stellt die höchste esoterische Entwicklungsstufe dieser ursprünglichen Denkmäler dar. Abbildung 4 zeigt die fünffache Einteilung des Chörten, die die Elemente der Weisen und die Quintessenz repräsentiert. Das würfelförmige Fundament steht für die Erde (*Prithivi*), die Kuppel für das Wasser (*Apas*), das Dreieck für das Feuer (*Tejas*), die kreisförmige Scheibe für die Luft (*Vayu*) und der brennende Tropfen für die Quintessenz (*Akasha*).

Dies sind die fünf Symbole der Tattvas (»Tattva« ist Hindi und bedeutet »Schwingung«), die fünf Schwingungspermutationen, durch die das physisch wahrgenommene Universum gebildet und erhalten wird. In der Sprache der Alchimie werden sie als die »Luft der Weisen«, das »Feuer der Weisen« und dergleichen bezeichnet. In mittelalterlichen Texten war der Fluss der Tattvas durch den physischen Körper als die »Körpersäfte« bekannt. Die Lehren über die Tattvas sind sinnreich und tiefgründig und verdienen ein eigenes Buch. Im Grunde liegt es in der Natur des Ursprünglichen, sich als Licht zu manifestieren, das wiederum die fünf Frequenzen ausstrahlt, die die Tattvas oder Essenzen der vier Elemente und der Quintessenz sind. Die Tattvas sind dann also eigentlich die Aspekte der Einen Strahlenden Energie – der Lebenskraft –, die, wenn sie auf eine menschliche Bewusstseinseinheit einwirkt, die »Anderssein« wahrnehmenden feinen wie groben Sinne hervorruft. Anders ausgedrückt, die Tattvas verleihen den Bewusstseinsformen ihren Sinnesapparat.

Akasha, das bereits mehrmals erwähnt wurde, ist die Quintessenz, die Erste Materie, von der die anderen ausgehen. Es ist Tonschwingung, das alldurchdringende Element, dessen Eigenschaft reiner Raum (im Buddhismus *Shunyata*, die Leere, in der Kabbala *Ain*, das Nichts oder »Kein-Ding«) ist. Akasha ist das subtile Prinzip des Hörsinns; seine Farbe ist ein tiefes Blauviolett. Auf dem Baum wird es Binah, der Mutter der Form, und *Neschamah*, der reinen und unbefleckten göttlichen Seele, zugeordnet. Von Akasha rührt alles her, und alles kehrt in es zurück.

Von Akasha, so heißt es im *Shiva Sanhita*, ist Vayu, die Luft der Weisen, ausgegangen. Vayu ist von runder Form und wird mit der Farbe Blau assoziiert (auch wenn es in einigen Manifestationen einen grünlichen Ton annimmt). Sein Merkmal ist die im ganzen Universum in Elektronen und Sonnensystemen wirkende reine Bewegung (mathematisch muss das eine wirbelnde Bewegung sein). Es ist das subtile Prinzip des Tastsinns, das die Grundlage aller physischen Sinne darstellt. Am Baum des Lebens wird es Chesed zugeordnet.

Das dritte Tattva ist Tejas, nach dem hinduistischen Feuergott manchmal auch *Agni* genannt. Sein Merkmal ist Ausdehnung oder Ausstrahlung. Folglich korrespondiert es mit dem alchimistischen Feuer der Weisen. Seine Farbe ist rot und seine Form dreieckig oder pyramidisch. Es wird Geburah auf dem Baum zugeordnet und stellt das subtile Prinzip des Gesichtssinns dar.

Apas entspricht dem Wasser der Weisen. Seine Form ist ein auf dem Rücken liegender Halbmond, weil alle seine Manifestationen halblunare Wellen bilden. Seine Farbe ist weiß mit Violett als zusätzlicher Farbe. Seine charakteristische Eigenschaft ist Kontraktion, und es verkörpert das subtile Prinzip des Geschmackssinns. Apas wird Jesod (die Sphäre des Mondes), aber auch Keter auf dem Baum des Lebens zugeordnet. Dies vermittelt uns einen Aspekt, der andernfalls unserer Aufmerksamkeit entgehen könnte. Die mentale Aktivität der Einen Wirklichkeit ist es, die den Baum – die Sefirot und die Pfade – entstehen lässt. Keter ist der Punkt, an dem die wellenartige Bewegung oder Schwingung ihren Anfang nimmt. Wir erkennen also, dass das Universum und alles in ihm das Resultat der Widerspiegelung der Natur des Einen, des »Bewusstseinsstroms«, ist.

Das letzte Tattva, Prithivi, ist die Erde der Weisen. Es korrespondiert mit Tiferet und nicht mit Malkut auf dem Baum. Die Eigenschaft Prithivis ist Kohäsion, seine Farbe ist gelb und seine Form kubisch oder geradlinig. Prithivi verkörpert das subtile Prinzip des Geruchssinns.

Auch wenn die Tattvas im Osten einen größeren Bekanntheitsgrad haben, sind sie doch Teil der ursprünglichen oder planetarischen Tradition. Die Herren des Geistes (die ersten Lehrer der Menschheit) führten die Frühmenschen mit diesen »Ursymbolen« (Kreis, Dreieck

Die Lehre 143

und Quadrat) in das abstrakte Denken ein – ein Denken, das nicht auf Form basierte. Der mystische Alchimist Jakob Böhme aus dem 17. Jahrhundert begegnete, soweit wir wissen, niemals einem Yogi oder einem Orientalen persönlich, und doch lesen wir im fünften Kapitel seines *Mysterium Pansophicum* eine Schilderung seiner unmittelbaren Wahrnehmung der feineren Kräfte der Natur, in welcher er Farben angibt, die denen der Tattvas entsprechen:

> Und ist uns also erkenntlich eine ewige Wesenheit der Natur gleich dem Wasser und Feuer, welche also gleichwie ineinander gemenget stehen, da es dann eine lichtblaue Farbe [Vayu] gibt, gleich dem Blitze des Feuers; da es dann eine Gestalt hat, als ein Rubin [Tejas] mit Kristallen in ein Wesen gemenget, da es als gelb [Prithivi], weiß [Apas], rot, blau in dunkel Wasser [Akasha] gemenget, da es als blau in grün ist [der alchimistische »Pfauenschwanz«, die regenbogenfarbigen Untertöne von Akasha], da jedes doch seinen Glanz hat und scheinet und das Wasser also nur ihrem Feuer wehret, dass kein Verzehren allda ist, sondern also ein ewig Wesen in zweien Mysterien ineinander, und doch der Unterschied zweier Prinzipien als zweierlei Leben.[2]

Die den Tattvas zugeordneten Formen sind nicht willkürlich gewählt. Das Wissen um sie bildet die Grundlage der okkulten »Signaturenlehre«. Ihre Schwingungen bestimmen den Aufbau und die Formen von Kristallen sowie die organischen Strukturen im Pflanzen- und Tierreich. Also sind die Tattvas die konkreten Kräfte, durch die physische Formen in allen Reichen der Natur hervorgebracht werden. Sie sind die Baumeister der Form und können in jeder Form erscheinen. Einige der tattvischen Muster sind mit dem bloßen Auge zu sehen. Streut man Sand auf einen Glasteller und streicht mit dem Geigenbogen über dessen Rand, werden manche von ihnen erkennbar werden. Andere wiederum kann man durch das Mikroskop betrachten. Aber für die Weisen sind solche Instrumente überflüssig.

---
[2] Jakob Böhme: Im Zeichen der Lilie. Aus den Werken des christlichen Mystikers, hrsg. v. Gerhard Wehr, München 1998, S. 254

Die Tattvas beeinflussen sich gegenseitig – so wie es auch bei den groben Elementen der Fall ist –, und diese Permutationen können mit den planetarischen Konjunktionen in der Astrologie verglichen werden. Diese doppelten Einflüsse werden durch kombinierte Symbole dargestellt. Für unsere Zwecke genügt es zu wissen, dass einige dieser Symbolkombinationen die sieben inneren Zentren oder Chakras repräsentieren. Die tattvischen Symbole dienen als wirkungsvolle Stimuli für die Chakras, deren Blockaden (karmische Hindernisse) sie auflösen und die sie aus ihrer Passivität lösen. Wir können also die tattvischen Symbole der inneren Sterne gefahrlos einsetzen, ohne durch Konzentration auf konkrete Körperstellen dem physischen Organismus Schaden zuzufügen. Die Symbole sind in aufsteigender Reihenfolge in Abbildung 5 und in Tabelle 1 dargestellt.

Chakra	**Innerer Planet**	**Tattva-Glyphe**
Muladhara	Saturnzentrum	*Akasha-Akasha*
Swahisthana	Marszentrum	*Tejas-Tejas*
Manipura	Jupiterzentrum	*Vayu-Apas*
Anāhata	Sonnenzentrum	*Akasha-Tejas*
Visuddha	Venuszentrum	*Apas-Tejas*
Ajna	Mondzentrum	*Apas-Apas*
Sahasrara-Padma	Merkurzentrum	*Prithivi-Prithivi*

Tab. 1. Die tattvischen Entsprechungen der inneren Sterne.

Zweien dieser Symbolkombinationen sind wir in unserer Praxis bereits begegnet: dem Symbol Akasha-Tejas, das für das Sonnenzentrum steht, auf dem Schild an der Tür zur Kapelle des Rosenkreuzes, und der mit dem Mond-Chakra korrespondierenden Glyphe Apas-Apas an der Tür zum Turmzimmer. Die anderen werden sichtbar, sobald wir den Turm der Kunst vervollständigt haben.

Die Lehre 145

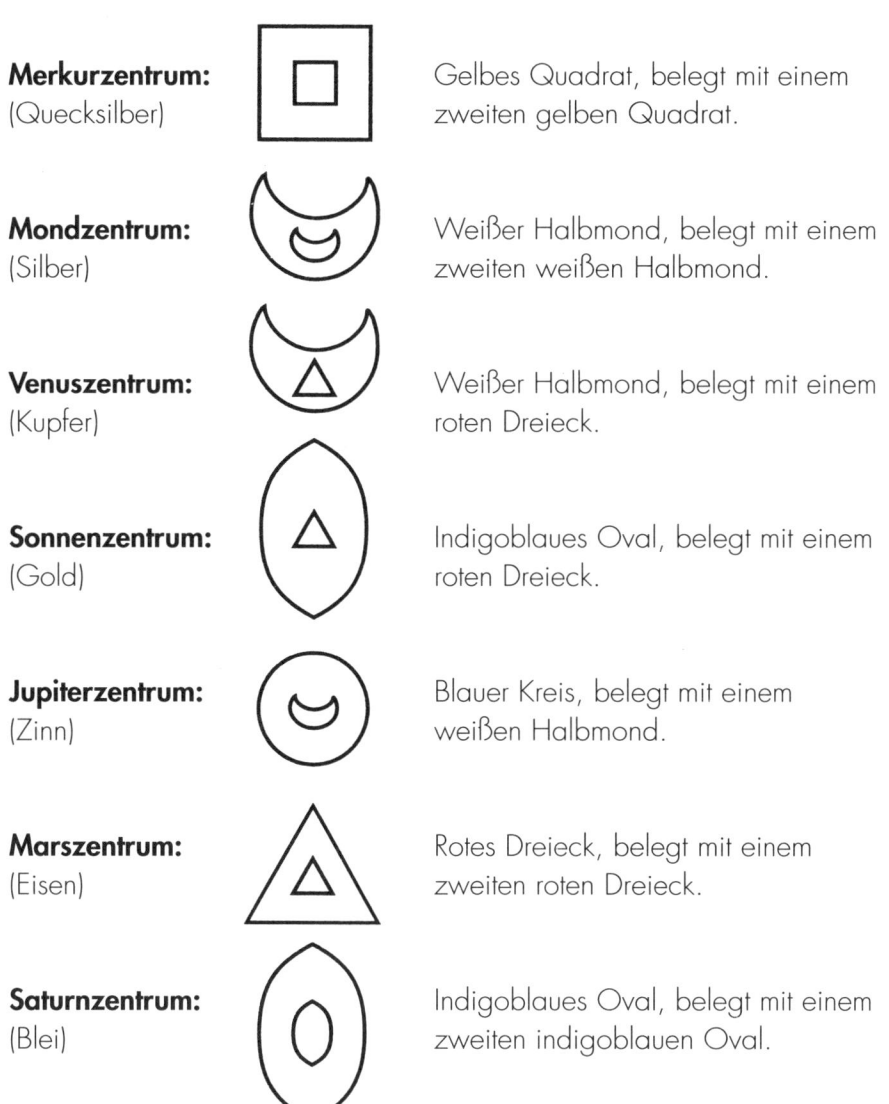

Merkurzentrum: (Quecksilber) — Gelbes Quadrat, belegt mit einem zweiten gelben Quadrat.

Mondzentrum: (Silber) — Weißer Halbmond, belegt mit einem zweiten weißen Halbmond.

Venuszentrum: (Kupfer) — Weißer Halbmond, belegt mit einem roten Dreieck.

Sonnenzentrum: (Gold) — Indigoblaues Oval, belegt mit einem roten Dreieck.

Jupiterzentrum: (Zinn) — Blauer Kreis, belegt mit einem weißen Halbmond.

Marszentrum: (Eisen) — Rotes Dreieck, belegt mit einem zweiten roten Dreieck.

Saturnzentrum: (Blei) — Indigoblaues Oval, belegt mit einem zweiten indigoblauen Oval.

Abb. 5. Die tattvischen Symbole der inneren Sterne.

Die innere Burg

Der subtile Körper birgt in sich mehr Macht als der physische. Der physische Körper ist kein gesondertes, unabhängiges Gebilde. Im Grunde ist er äußerst vergänglich. Er wird mit einer »stehenden Welle« verglichen, insofern als die Zellen, aus denen er sich zusammensetzt, sich fortwährend neu bilden und ausgestoßen werden. Beinahe ein Drittel der Körperzellen wird alle 24 Stunden ersetzt. Darum lag der Körper Jesu nach dessen Kreuzigung drei Tage lang im Grab. Der ätherische oder subtile Körper enthält die Schablone des physischen Vehikels; er durchdringt die physische Substanz und erhält diese in ihrer festgelegten Form aufrecht. In einigen der älteren Texte wird der subtile Körper als der eigentliche physische Körper bezeichnet, weil er beständig ist (das heißt, während einer Inkarnation), wohingegen sich der lediglich physische Körper unentwegt verändert. Der Körper aus physischer Materie verfügt über die ihm eigene Form und die ihm eigenen Funktionen, weil er aus dem subtilen Körper, seinem Samenkorn, hervorgegangen ist. Aber es ist der subtile Körper, der göttliche Kraft – Kundalini –, die Form schaffende und erneuernde Kraft, enthält. Auf dem Baum des Lebens ist der subtile Körper Jesod gleichgesetzt. Im anthropomorphen Bild von Adam Kadmon ist Jesod im Genitalbereich des archetypischen Menschen angesiedelt. Überdies ist Jesod die Sphäre der Aktivität für die verborgene Kraft von Jod-Sod – das »Geheimnis von Jod« – der kabbalistische Begriff für Kundalini-Yoga.

Ein Yogi oder eine Yogini der tibetischen Tradition visualisiert seinen beziehungsweise ihren subtilen Körper als ein Chörten. Bei dieser Visualisierung handelt es sich tatsächlich um eine »Mitschöpfung«, weil das Universum letzten Endes eine geistige Schöpfung ist. Von Stockwerk zu Stockwerk aufsteigend (wobei jedes Stockwerk eine verfeinertere Ebene ist), stellen die Praktizierenden innerhalb jeder Etage ein Mandala mit tantrischen Gottheiten dar – ein Energienetz von den Kräften der Erleuchtung –, um die Chakras zu aktivieren und den Schleier der Erscheinungen zu durchdringen, damit die Realität wahrgenommen werden kann.

Auf ähnliche Weise errichten Praktizierende der Alchimie ihren Turm der Kunst. Während sie von Kammer zu Kammer fortschreiten, werden ihre inneren Kräfte und ihre entsprechenden Bewusstseinszustände nach denen des Makrokosmos ausgerichtet. Schließlich betreten sie die dreimal strahlende Dunkelheit, das Verborgene Licht des Absoluten.

Die Gedankenform einer »inneren Burg« wird von alchimistischen Adepten seit Jahrhunderten angewendet. Wahrscheinlich wurde sie von der Hechaloth-Schule aus der frühen Talmud-Phase der jüdischen Mystik stark beeinflusst. Innerhalb der Hechaloth-Schule existiert eine Tradition, der zufolge sich die sieben Paläste des Heiligen in den sieben Kammern (Chakras) des Mystikers spiegeln. Diese Form der Mystik taucht später im Spanien des 16. Jahrhunderts in christlicher Form erneut auf, als die Karmeliterin Teresa von Ávila (die selbst einer vom Judentum zum Katholizismus konvertierten Familie aus Toledo entstammte, der einstmals kabbalistischen »Hauptstadt« Europas) ihr Buch über kontemplative Praxis, *Castillo Interior* (Die Seelenburg, 1577), schrieb.

Einigen christlich-gnostischen Sekten zufolge war Maria Magdalena die »Shakti« oder spirituelle Gemahlin Jesu (eine Ansicht, die sich zurzeit wieder allgemeiner Beliebtheit erfreut). »Magdala« bedeutet »starker Turm«. Maria Magdalenas Salbung der Füße ihres Herrn mit kostbarem Duftstoff enthält nicht nur eine gewisse kabbalistische Symbolik, sondern zugleich auch etwas Orientalisches. Außerdem schwingt auch in den Grallegenden von Parzival und Kundri etwas von Jesus und Maria aus Magdala mit.

Zahlreiche alchimistische Drucke zeigen den gewöhnlich ins Gebet vertieften Alchimisten in einer Festung oder einem Turm. Oft sind auf den Zinnen des Turms vier Engelfiguren als Wächter postiert. Diese himmlischen Wächter sind normalerweise in esoterischen Zeremonien zu finden, wie zum Beispiel dem »Bannungsritual des kleinen Pentagramms«, bei dem die Erzengel Raphael, Michael, Gabriel und Uriel, die himmlischen Regenten der Elemente, aufgerufen werden, die Kardinalspunkte des geheiligten Raums zu bewachen. Der Tradition zufolge waren diese vier strahlenden Geister die Wächter des Patriarchen Abraham, der von Melchisedek eingeweiht wurde. Seitdem gelten diese vier Erzengel als die Beschützer derer, die sich mittels der Kabbala dem Göttlichen nähern.

Im Alten Testament heißt es in den Sprüchen 18:10: »Der Name Jod-He-Waw-He ist eine feste *Burg*; der Gerechte läuft dorthin und wird beschirmt.« Dieser Name bezieht sich auf den Tetragrammaton (Jod-He-Waw-He) als ein Symbol der vier Winde und inbesondere auf die vier Sefirot an der Mittleren Säule, die die Mittelachse des alchimistischen Turms der Kunst bildet. Der Aufbau des Turms selbst enthält eine wichtige Lehre. Entlang der Mittelachse des Turms liegen übereinander vier Räume: die Halle der Braut in Malkut, die Hochzeitskammer in Jesod, die Große Halle in Tiferet und das Turmzimmer von Daat (siehe Abb. 3). Keter selbst denkt man sich als alles überstrahlende Weiße Sonne, unabhängig vom Turm selbst. Dies bringt zum Ausdruck, dass das Göttliche allen Gebilden des menschlichen Intellekts überlegen ist und über ihnen steht, seien sie nun theologischer, glaubensbezogener oder philosophischer Natur. Das Gleiche trifft auch auf jedes von der menschlichen Imagination entwickelte Bild zu, so poetisch es auch sein mag. Die Unermesslichkeit der Einen Wirklichkeit geht über jede Definition hinaus. Wir können dem Ewigen nur im Gefühl und Verständnis näher kommen. Die Weisheit, die der alchimistischen Symbolik des Turms der Kunst innewohnt, besagt, dass sie nicht danach strebt, ein Bild zu präsentieren, das das Absolute »einfängt«. Was sie durch den Turm zu erreichen versucht, ist eine Darstellung, durch die der Praktizierende in nach und nach höhere Bewusstseinsstufen zum Göttlichen hinaufsteigen und die Herrlichkeit des göttlichen Glanzes in den Turm hinabbringen kann, sodass dieser von oben bestrahlt und zu einer »Zitadelle des Lichts« in den unteren Welten wird.

Dieses ehemals streng behütete Geheimnis der esoterischen Praxis – die Verlagerung nach außen – ist ebenfalls eine der Bedeutungen des rosenkreuzerischen (christlich-kabbalistischen) Gelübdes, »alle praktischen Arbeiten an einem verborgenen Ort und fern vom Blick der äußeren und nicht eingeweihten Welt zu verrichten«. Das bedeutet, dass der alchimistische Prozess nicht nur in den inneren Körpern durchgeführt wird, sondern natürlich auch in jenen objektiven Tempeln der Einsammlung in den oberen Welten.

Der Turm steht auf einem Vorgebirge im inneren Königreich, dem »Hügel der Macht«. Psychologisch gesehen repräsentiert er den höchstentwickelten Persönlichkeitskomplex (*persona*, lateinisch für »Maske«)

im Individuum. Die Persönlichkeit ist es, die sich der bedeutsamen Neuentwicklung, des bedeutsamen inneren Wiederaufbaus widmet, den diese und jede andere spirituelle Disziplin mit sich bringt. Man kann nicht Adept werden und ein und derselbe bleiben.

Als erste Kammer errichteten wir die Große Halle der Tafelrunde mit ihrem Nebenraum, der angrenzenden Kapelle des Rosenkreuzes. Sie versinnbildlicht die mikrokosmische Sefira Tiferet. In ihr wirken das Jupiter- und das Sonnenzentrum. Dieser Raum wird als Erstes entwickelt, weil er für das nachfolgende Werk von entscheidender Bedeutung ist. Das Sonnenzentrum, das Herz, nimmt im Chakrensystem eine Schlüsselstellung ein. Über ihm liegen drei (Venus, Mond und Merkur) und unter ihm drei Zentren (Jupiter, Mars und Saturn). Als die subjektive Tiferet-Sphäre harmonisiert und integriert das Herzzentrum die Einflüsse der sechs anderen inneren Sterne. Bei der Erweckung des Drachen besteht der schwierigste Teil der Prozedur darin, die feurige Kraft der Kundalini vom Saturnzentrum durch das Mars- und Jupiterzentrum hinauf ins Herz zu ziehen. Sobald die Kundalini das Sonnenzentrum (das mit einer Schlange umwundene Herz) bestrahlt, verläuft die Strömung durch die oberen Zentren (die Brennpunkte für höhere Bewusstseinsbereiche sind) relativ reibungslos.

Das Turmzimmer ist die subjektive Sphäre von Daat, der zurückgezogenen Sefira, die unser Observatorium auf unseren äußeren und inneren Sphären und unsere Verbindung zu den oberen Welten ist. Die ganze Symbolik in diesem Raum bezieht sich auf Sehen und Kommunizieren. In seinem höchsten Sinn bedeutet Daat, das mit »Wissen« übersetzt wird, »einander erkennen« im biblischen Sinne der sexuellen Intimität. Es ist eine Metapher sowohl für die Sublimierung der Libido (»Kraft vom Adler leihen«, Kundalini) als auch für die Verzückung über die Vereinigung mit dem Göttlichen in transzendenter Glückseligkeit. An der Mittleren Säule des Lebensbaums verlaufen zwei größere Energieströme. Der eine ist der Keter-Malkut-Strom und der zweite der Jesod-Daat-Strom mit allem, was Aufstieg und Verklärung nach sich zieht. Sowohl das Venus- als auch das Mondzentrum (*Visuddha-* und *Ajna*-Chakra) liegen in diesem Stufenabschnitt.

Wie in Abbildung 3 dargestellt, windet sich die doppelte Wendeltreppe – die Kanäle des lunaren (Ida) und des solaren (Pingala) Stroms

– um eine mittlere Säule. Diese Säule erstreckt sich im ganzen Turm. Sie ist der aus dem Denken entwickelte Kanal für die Susumna, die Wirbelsäule. Die Säule ist aus zwei Gründen hohl: als notwendige Erinnerung an die räumliche Eigenschaft von Akasha und dann, weil die feurige Kraft, sobald sie geweckt wurde, durch sie hindurch aufsteigen wird, um das Königreich mit der Krone zu verbinden, indem »der Schöpfer wieder auf seinen Thron gesetzt wird«.

Von der Mittelsäule und ihren Wendeltreppen gehen drei Etagen ab. Eine haben wir bereits kennen gelernt, als wir uns von Tiferet nach Daat begeben haben. Auf dieser Etage befindet sich zwischen den beiden gewölbten Durchgängen, die zu den Wendeltreppen führen, eine Darstellung des zweiten Schlüssels, »Die Hohepriesterin«. Diese »höchste weibliche Älteste« (wie die wörtliche Übersetzung lautet) ist auch vom Treppenhaus aus zu sehen, wann immer man die Stufen hinauf- oder heruntersteigt, sodass man weiß, welcher Etage man sich nähert oder an welcher man vorbeikommt. Darunter liegen zwei weitere Etagen. Die direkt unterhalb von Daat befindliche Etage ist mit dem 14. Schlüssel, »Mäßigung«, beschildert und gewährt Zugang zu der mit Jesod gleichgesetzten Kammer. Ein Eingang/Ausgang am Fuß der Wendeltreppen ist mit dem 21. Schlüssel, »Die Welt«, gekennzeichnet. Diese drei Tarot-Schlüssel sind natürlich diejenigen, die für die drei Pfade der Mittleren Säule auf dem Baum, die Pfade des Pfeils, bestimmt sind.

Keter-Malkut

Die das innere Malkut repräsentierende Kammer liegt tief im Inneren des Hügels, auf dem der Turm errichtet wurde. Man erreicht sie, indem man die Wendeltreppe mit dem blauen Handlauf, den lunaren Strom, hinuntersteigt. Passiert man dann die Tür links vom Tarot-Schlüssel »Die Welt«, so betritt man eine Halle von riesigen Ausmaßen. Der Boden ist rau unter den Füßen. Bei näherer Prüfung wird ersichtlich, dass es sich um schwarzen Basalt handelt, der vor Äonen von einem nun ruhenden Vulkan ausgespeit wurde. In der Mitte steht ein aus einem einzigen Steinblock grob gearbeiteter, würfelförmiger Altar. Das ist der »Rohe Ashlar«, und es wird der Schläge der Erfahrung auf den Meißel der Disziplin bedürfen, um seine Oberfläche zu glätten, und zudem des Schweißes der Arbeit und der Tränen des Opfers, um ihn zu polieren. Auf diesem Altar befinden sich das Kreuz der Elemente (das gleicharmige griechische Kreuz) und ein Kelch aus dunklem Eisen. An der Decke der Halle aus gewachsenem Stein, unmittelbar über dem Altar, ragt ein Schlussstein heraus, der die Mittlere Säule kennzeichnet. Dieser vorstehende Schlussstein ist in der Form einer Mandelblüte gemeißelt.

An der östlichen Wand befindet sich ein mit Vorhängen versehener Durchgang, der ins Herz des Planeten Erde, ins Laboratorium des Heiligen Geistes führt – das Zentrum der planetarischen Kundalini. Dieser Durchgang kann erst durchschritten werden, wenn die Vereinigung mit dem Höheren Selbst erfolgt und gefestigt ist. Es gibt noch zwei weitere Durchgänge. Der eine auf der rechten Seite ist mit einem Wandteppich verhüllt, auf dem der 20. Schlüssel, »Urteil« (im *Sefer Jesira* als die kollektive Intelligenz bezeichnet), dargestellt ist. Dieser Durchlass führt in die Kammer des heiligen Ibis, dem subjektiven Hod. Der linke Durchgang an der nördlichen Wand ist mit einem Wandteppich bedeckt, der den 18. Schlüssel, »Der Mond« (die körperliche oder inkarnierte Intelligenz), aufzeigt. Er führt in den Gang zum subjektiven Netzach, der Kammer des Grünen Löwen. Hinten, an der westlichen Wand, liegen die zwei zu den Wendeltreppen führenden gewölbten Türen, die »Die Welt« flankieren. In einer Nische unterhalb der Tarot-Darstellung steht eine glasierte Tonschale.

Die »Brauthalle«, wie diese Kammer von Malkut genannt wird, enthält also zwei Gefäße: eines aus glasiertem Ton unter dem 21. Tarot-Schlüssel »Die Welt« und ein zweites aus Eisen auf dem Altar. Der Tonkelch ist der »Gral« von Malkut. Aufgrund gewissenhafter Praxis, die sich in edler Lebensweise offenbart, wird diese Schale sich allmählich mit dem Wein des Verdienstes füllen. Das zweite Gefäß steht auf dem Altar, was bedeutet, dass die Energien einer Ebene auf die einer höheren Ebene emporgehoben wurden. Dieser Kelch ist aus Eisen, dem Metall des Mars. Dies steht in Zusammenhang mit dem inneren Stern des Mars, dem *Svahisthana*-Chakra.

Wir richten unsere Aufmerksamkeit wieder auf das Turmzimmer von Daat und sehen das purpurrote Zugseil rechts vom östlichen Fenster mit dem schlangenverzierten Rahmen. Mit diesem Zugseil lässt sich eine Falltür in der Decke, die mit dem Prithivi-Prithivi-Symbol des Merkurzentrums versehen ist, öffnen und schließen, und von ihr senkt sich eine Leiter herab, auf die wir zur Brustwehr des Turms gelangen können, die mit dem Kronenzentrum, dem *Sahasrara-Padma*, dem tausendblättrigen Lotus, korrespondiert.

Die Brustwehr ist mit Zinnen versehen, und in der Mitte des Daches ist das mit dem Stern und dem Shem, dem heiligen Namen, verzierte Fenster eingesetzt. Direkt darüber ist eine große Kugel von lodernder Weißglut (wie brennendes Magnesium), die Weiße Sonne von Keter.

Auch wenn die Sicht auf das innere Königreich von der Brustwehr klarer ist als vom Turmzimmer aus und von Horizont zu Horizont reicht, kann man dort oben von heftigen astralen Stürmen heimgesucht werden. Diese Stürme sind die Folge sowohl unserer emotionalen Zustände (Emotionen sind überaus reale astrale Kräfte) als auch der objektiven astralen Kräfte, die durch den Mikrokosmos fegen – denn wir sind nicht voneinander getrennt.

Diese beiden Kammern – die Brauthalle von Malkut und die mit Zinnen versehene Brustwehr von Keter – werden hier so ausführlich beschrieben, damit der Praktizierende mit ihren Einzelheiten und ihrer Symbolik vertraut wird, bevor er die folgende Übung angeht.

Die Übung

Nachdem Sie die Vorübungen durchgeführt haben, projizieren Sie die Tafelrunde. Nehmen Sie Ihren Platz ein. Beachten Sie, dass Sie ein mit Kapuze versehenes Gewand in dunklem Blauviolett, der indigoblauen Farbe Akashas, tragen. Die Kapuze ist ein Symbol der Unpersönlichkeit, die erforderliche Geisteshaltung für diese Arbeit. Ihre Füße stecken in silbernen Sandalen, dem magischen Symbol von Jesod, denn Sie beschreiten nun die glänzenden Pfade des Baumes. Bei Ihrer Arbeit im Turm sollten dieses Gewand und diese Sandalen Ihre übliche innere Bekleidung sein.

Begrüßen Sie die Gefährten durch den Gral. Dann erheben Sie sich und begeben sich in die Kapelle des Rosenkreuzes. Verrichten Sie dort Ihre Adoration des *Mysterium Magnum*, der Einen Wirklichkeit. Gehen Sie in die Große Halle zurück und weiter zu dem mit regenbogenfarbigem Nebel verhangenen Durchgang an der westlichen Wand. Da er so niedrig ist, müssen Sie den Kopf neigen, um ihn passieren zu können. Das soll Sie ständig an die Notwendigkeit der Demut erinnern – keine unterwürfige Erniedrigung, sondern eine eingewurzelte Demut, wie das Wort selbst, denn die Wurzel des englischen Wortes »humility« für »Demut« liegt in *humus*, was »Erde« bedeutet. Wahre Demut ist das unerlässliche Gegenmittel gegen das ›Laster‹ von Tiferet, nämlich Hybris, anmaßender spiritueller Stolz.

Mit Blick auf die Darstellung der Hohepriesterin betreten Sie die linke Wendeltreppe. Spüren Sie die warme Brise, die von hinten und unten weht; halten Sie sich nötigenfalls am roten Handlauf fest und steigen Sie die im Uhrzeigersinn verlaufende Wendeltreppe hinauf, bis Sie vor der Kristalltür zum Turmzimmer stehen.

Legen Sie Ihre Hand auf das Türschild mit dem Apas-Apas-Symbol und stoßen Sie die Tür auf. Gehen Sie zum östlichen Fenster mit dem schlangenverzierten Rahmen. Ziehen Sie an dem purpurroten, mit einer Quaste versehenen Seil, worauf sich die Falltür in der Decke öffnet. Eine goldene Leiter wird zum Boden heruntergelassen. Steigen Sie die sieben Sprossen der Leiter zur Brustwehr hinauf. Zuerst blendet Sie das grelle Licht der Weißen Sonne, aber nach kurzer Zeit haben Sie sich daran gewöhnt. Sehen Sie sich Logres an. Im Westen liegen der prächtige Wald und die sanften Hügel, im Norden die weiten Ebenen und in der Ferne das Gebirge, im Osten das große Meer. Und im Süden? Was sehen Sie? Erinnern Sie sich.

Steigen Sie die Leiter hinab. Ziehen Sie am purpurroten Zugseil. Die goldene Leiter gleitet hinauf, und die Falltür schließt sich wieder. Verlassen Sie das Turmzimmer und schließen Sie die Kristalltür hinter sich. Es ist überaus wichtig, dass die Zimmertüren, die Sie geöffnet haben, immer geschlossen werden, um die Energien unvermischt und rein zu halten. Gehen Sie die lunare Wendeltreppe mit dem hellblauen Handseil hinunter und spüren Sie nun die kühle, feuchte Brise in Ihrem Gesicht, die von unten heraufweht. Gehen Sie immer weiter, an der Etage von Tiferet mit der »Hohepriesterin« und an Jesod mit dem Tarot-Schlüssel »Mäßigung« vorbei, bis Sie die Darstellung »Die Welt« erreicht haben, und treten Sie aus dem linken gewölbten Durchgang in die Brauthalle.

Sehen Sie sich, den Rücken dem Tarot-Schlüssel zugewandt, die Halle und die in ihr spielenden titanischen Kräfte an. Dabei ergießt sich ein gewaltiger vielfarbiger Lichtstrom aus dem Altar. Er ist überwiegend weiß, hat aber auch rote, gelbe und blaue Strahlen und stellt die integrierte Kraft aller Elemente dar. Dieses lebendige Licht prallt mit enormer Kraft auf die hervorstehende Mandelblüte, den Sockel der Mittleren Säule. Dann strömt es nach oben durch die Gänge, die die Brauthalle mit den oberen Etagen des Turms verbinden. Mit Hilfe des Lichts dieser lebendigen Strahlen haben wir unseren Weg hierhin gefunden. Auf allen Ebenen des Turms ist es dieses Licht, das die Gänge und Räume erhellt. Es leuchtet sogar durch die festen Mauern der Burg, um einen sie umhüllenden Mantel zu bilden.

Während Sie auf diese Fontäne aus Lichtenergie blicken, fällt Ihnen auf, dass ihr ein bestimmter Rhythmus eigen ist, sie pulsiert wie ein gewaltiges Herz. Bei näherer Betrachtung erkennen Sie, dass aus der gemeißelten Mandelblüte ein gegenläufiger Energiestrom von reinweißer Helligkeit auf den Altar herabfließt und von ihm absorbiert wird. Er erweckt den Eindruck, als käme er aus einer sehr weit entfernten Quelle.

Richten Sie nun Ihre Aufmerksamkeit auf das Kreuz der Elemente auf dem Altar. Wenn die vielfarbige Energie vom Raum durch den Altar und weiter nach oben durch die Mandelblüte aufsteigt, erscheint das Kreuz in glühendem, flüssigem Rot. Wenn im gegenläufigen Strom der weiße Glanz von oben in den Altarstein herabfließt, wird das Kreuz weiß glühend. Aber in den kurzen Perioden zwischen den alternierenden Kraftströmen zeigt sich das Kreuz in edelstem Gold!

Steigen Sie nun die solare Wendeltreppe hinauf, an Jesod (»Mäßigung«) vorbei, bis der Tarot-Schlüssel »Die Hohepriesterin« anzeigt, dass Sie den Gang erreicht haben, der in die Große Halle führt. Betreten Sie den Raum, gehen Sie geradewegs in die Kapelle und sagen Sie Dank. Bevor Sie in die Halle der Tafelrunde zurückkehren, schließen Sie die Kapellentür und ziehen den goldenen Vorhang zu. Nehmen Sie wieder Ihren Platz in dieser gesegneten Gemeinschaft ein. Verweilen Sie eine Zeit lang im harmonisierenden Licht des Heiligen Grals. Dann ziehen Sie den Tisch in die Latenz Ihres Herzzentrums zurück. Führen Sie die abschließenden Übungen durch und schreiben Sie Ihren Bericht.

Auswirkungen

Es ist wichtig, dass Sie die Kapelle zu Beginn und am Ende einer Sitzung aufsuchen, weil dadurch alle Kräfte, mit denen Sie im Verlauf der Übung durch die Vermittlung von Tiferet in Berührung gekommen sind, integriert und ausgeglichen werden. Das trifft auch auf den Gral zu, bevor Sie die Gedankenprojektion in sich aufnehmen.

Es wird einiger Sitzungen bedürfen, bis Sie alle diese Einzelheiten richtig eingeordnet haben, und noch weiterer Übungsstunden, bevor sie halbwegs eine Autonomie erreicht haben. Eines der Anzeichen für Könnerschaft auf dieser Stufe ist das Auftauchen der Wächter.

Abgesehen von der Großen Halle und dem Turmzimmer gehört zu jedem Raum im Turm ein Wächter – ein sehr reales Wesen. Die Gestalt, in der Sie den jeweiligen Wächter wahrnehmen, wird von Ihrer unbewussten Vorstellung abhängen, wie ein solches Wesen beschaffen sein sollte. Die Geistwächter sind jedoch unabhängige Wesen; Sie persönlich entwickeln lediglich die äußere Erscheinungsform dieser Wächter. Einige von ihnen können in der Gestalt von Gottheiten erscheinen. Man sollte sich aber nicht vom Glanz des Ganzen fesseln lassen. Es zeigt nur an, dass das Wesen entweder in der Vergangenheit im Rahmen der Mysterien dieser Gottheit gewirkt hat oder derzeit mit eben dieser erleuchtenden Energie arbeitet, die auch die Gottheit verkörpert. Zur gegebenen Zeit sollten wie Gottheiten »gekleidete« Geistwächter »den Schleier fallen lassen«.

Der Halle der Tafel ist kein eigener Wächter zugewiesen, weil die Gemeinschaft der Tafelrunde sie als kollektive Einheit beschützt. Die Kapelle jedoch hat ihren eigenen Wächter, dem Sie begegnen werden, sobald Sie den goldenen Vorhang zurückgezogen und die Tür mit dem Akasha-Tejas-Schild geöffnet haben. Etikette und Höflichkeit auf der inneren Bewusstseinsebene verlangen, dass Sie den Wächter begrüßen, wenn Sie eine Kammer betreten oder verlassen.

Die Kontemplation

Der nachfolgende Auszug stammt aus der Einführung zu Eliphas Lévis Buch *Transzendentale Magie*, in der er wiederum aus einem Manuskript aus dem 16. Jahrhundert zitiert. Wie viele andere der zur Kontemplation aufgeführten Zitate ist seine Sprache antiquiert. Wie dem auch sei, seine zentrale Lehre stimmt mit den Siddhis, den von Patanjali beschriebenen Fähigkeiten des vervollkommneten Yogi, überein.

Nachstehend werden die Fähigkeiten und Privilegien des Mannes aufgeführt, der in der rechten Hand den Schlüssel Salomos und in der linken den Zweig der blühenden Mandel hält:
Alef – Er erblickt Gott von Angesicht zu Angesicht, ohne zu sterben, und unterhält sich vertraulich mit den sieben Geistern, die die gesamte himmlische Armee befehligen.
Bet – Er ist über jedes Leid und jede Furcht erhaben.
Gimel – Er regiert mit dem gesamten Himmel, und ihm dient die gesamte Hölle.
Dalet – Er beherrscht seine Gesundheit und sein Leben und kann gleichermaßen Gesundheit und Leben anderer beeinflussen.
He – Er kann weder von Unglück überrascht, von Katastrophen überwältigt noch von seinen Feinden besiegt werden.
Waw – Er kennt den Grund für Vergangenheit, Gegenwart und Zukunft.
Sajin – Er verfügt über das Geheimnis der Auferstehung der Toten und den Schlüssel zur Unsterblichkeit.

Es folgen die sieben Hauptprivilegien und jene, die gleich nach ihnen rangieren:
Chet – Den Stein der Weisen zu finden.
Tet – Die Universalmedizin zu besitzen.
Jod – Die Gesetze der ewigen Bewegung zu kennen und die Quadratur des Kreises zu beweisen.
Kaf – Nicht nur alle Metalle in Gold zu verwandeln, sondern auch die Erde selbst und sogar deren Abfall.

Lamed – Die wildesten Tiere zu zähmen und über die Macht zu verfügen, die Worte auszusprechen, die Schlangen lähmen und verzaubern.
Mem – Die Ars Notaria zu haben, die die Universalwissenschaft verleiht.
Nun – Ohne Vorbereitung und Studium über alle Themen gelehrt zu sprechen.

Schließlich folgen die sieben unbedeutendsten Kräfte des Magus:
Samech – Auf einen Blick die tiefen Dinge der männlichen Seelen und die Geheimnisse der weiblichen Herzen zu kennen.
Ajin – Die Natur zu zwingen, ihn nach Belieben zu befreien.
Pe – Alle zukünftigen Ereignisse vorherzusehen, die nicht von einem höheren freien Willen oder von einer unsichtbaren Ursache abhängen.
Zade – Sofort und allen die wirksamsten Tröstungen zu spenden und die nützlichsten Ratschläge zu erteilen.
Kof – Über Missgeschicke zu triumphieren.
Resch – Liebe und Hass zu überwinden.
Schin – Das Geheimnis des Reichtums zu besitzen, immer sein Herr und niemals sein Sklave zu sein. Sogar Armut zu genießen und niemals unterwürfig oder unglücklich zu werden.
Taw – Lasst uns zu diesen drei Siebenergruppen hinzufügen, dass der weise Mann die Elemente beherrscht, Stürme beruhigt, die Kranken mit seiner Berührung heilt und die Toten herbeiruft!

Aber gewisse Dinge verschloss Salomo mit seinem dreifachen Siegel. Es genügt, dass die Eingeweihten es wissen; was andere betrifft, ob sie nun spotten, zweifeln oder glauben, ob sie nun drohen oder sich fürchten, was kümmert es die Wissenschaft oder uns?[3]

---

[3] Eliphas Lévi: Transcendental Magic, York Beach, ME, 1972, S. 10–11 (dt.: Transzendentale Magie)

VIII

DER BLÜHENDE BAUM

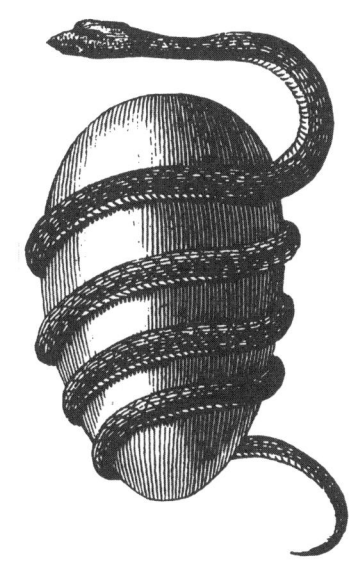

*Als ich in den Himmel aufstieg, sah ich die heiligen Söhne Gottes
Sich in feurigen Flammen bewegend, weiße Kleider tragend,
und ihre Antlitze glänzten wie Schnee.*

Ethiopian Book of Enoch[1]

Die Lehre

Das hebräische Wort für »Mandel« lautet *Luz*. Es ist außerdem ein uralter Name für die Stadt Bethel, in der Jakob mit seinem heiligen Schutzengel kämpfte, was die unvermeidliche Auseinandersetzung zwischen dem niedrigeren und dem Höheren Selbst versinnbildlicht. Nach dieser tief greifenden Initiation erhielt Jakob einen neuen Namen, Israel, der »Er soll als Gott herrschen« bedeutet. Er wurde dann von den oberen Welten mit der Vision bedacht, in der er die große Leiter sah, die die Engel hinauf- und hinunterstiegen, um den Willen des Einen auszuführen. Im jüdischen Volkstum ist Luz »die Stadt, über die der Engel des Todes keine Macht hat«. Die Bürger von Luz sind unsterblich. Es heißt, dass sie, wenn sie des Lebens überdrüssig sind, vor die Stadtmauern gebracht werden müssen, damit sie in die schwarzen Flügel des Todesengels eingehüllt werden können. Weiterhin heißt es, dass man nur durch eine geheime Höhle in die Stadt gelangen kann, die von einem Mandelbaum verdeckt wird. Man muss in ein Loch dieses Mandelbaumstamms schlüpfen, um Einlass in die Höhle und somit in die Stadt zu finden.

Aron, der Bruder Moses', wurde zum ersten Hohepriester gewählt, weil sein Stab aus Mandelbaumholz wie durch ein Wunder zu blühen begann, als er über Nacht in der Stiftshütte gelassen wurde. Bei den Stäben der anderen Kandidaten rührte sich nichts. Aron wurde gesalbt und in die hohepriesterlichen »Roben der Herrlichkeit« gekleidet (die

---

[1] Z'ev ben Shimon Halevi: Kabbalah: The Divine Plan, San Francisco 1996, S. 15

die inneren Vehikel der oberen Welten symbolisieren), und ihm allein vom Volk Israel wurde erlaubt, das Allerheiligste zu betreten (das geöffnete dritte Auge der spirituellen Sicht), um der Göttlichen Gegenwart von Angesicht zu Angesicht gegenüberzustehen. Sein blühender Mandelholzstab wurde zusammen mit den Gebotstafeln in der heiligen Bundeslade aufbewahrt.

Der blühende Stab taucht ebenfalls im arturischen Mythos im Zusammenhang mit Joseph von Arimathäa auf, der den Heiligen Gral nach Albion (England) brachte. Joseph wurde geheißen, dass ihm, wenn er einen Hügel sähe, der dem Berg Tabor in Israel (dem Berg der Prophetin Deborah und der Verklärung Jesu Christi) gliche, ein Zeichen zuteil werde, damit er sich dort niederließe. Als er Glastonbury Tor im Tal von Avalon erreichte, erkannte er dessen Ähnlichkeit mit dem Berg Tabor. In dieser Nacht erblühte sein Stab. Tatsächlich treibt sein physischer Nachkomme, der heilige Dornenstrauch, noch immer alljährlich zu Weihnachten Blüten. Joseph blieb, gründete die erste Kirche auf den zwölf Hufen Land, die die druidische Priesterschaft ihm geschenkt hatte, und weihte den Merlin Britanniens in das Priesteramt Christi ein.

Das Auftauchen biblischer Figuren und Symbole in der arturischen Legende ist nicht lediglich auf mönchische Schreiber zurückzuführen, die versuchten, frühere heidnische Legenden zu »bereinigen«. Wenn diese Gestalten aus dem Nahen Osten im Mythos auftauchen, geben sie die Ankunft der Kabbala im einheimischen bretonischen Sagenkreis zu verstehen – eine Begegnung und gegenseitige Befruchtung zweier Ströme aus der Urtradition der zeitlosen Weisheit. Ganz genauso integrierte der Guru Rimpoché, Padmasambhava, den einheimischen Bon-Schamanismus in die religiöse Praxis und wertete ihn auf, als er das buddhistische Dharma nach Tibet brachte. Joseph von Arimathäa, das Schiff Salomos und die Gralsstadt Sarras repräsentieren allesamt den kabbalistischen Strom, während Figuren wie zum Beispiel Igraine (Artus' Mutter), der Merlin, Morgan le Fay und die Tafelrunde den atlantischen Strom der Mysterien darstellen. Es war diese gegenseitige Befruchtung der keltischen und hyperboreischen Symbolik und der aus dem Nahen Osten, die dem Artusmythos seinen dauerhaften Einfluss verliehen hat und in der Psyche der westlichen Kultur bis auf den heutigen Tag tief eingewurzelt ist.

Im Aramäischen, der mediterranen Handelssprache zur Zeit Jesu, bedeutet *Luz* »Nuss« oder »Knochen«. Dies bezieht sich auf das Steißbein am unteren Ende der Wirbelsäule, wo die Kundalini als zusammengerollte Schlange schläft. Luz ist also ein kabbalistischer Begriff für das *Muladhara*-Chakra. Rabbi Joshua lehrte Kaiser Hadrian (der ein Eingeweihter in den griechisch-ägyptischen Mysterien war), dass die Auferstehung der Toten in der »Mandel« oder »Nuss« ihren Anfang nimmt. Dieser Glaube wurde später auch von christlichen und islamischen Theologen aufgegriffen und zu einem Glaubensartikel für alle Menschen der Bibel erklärt. Aller Wahrscheinlichkeit nach wurde diese Lehre im alten Ägypten empfangen, wo die Auferstehung des Erlösergottes Osiris durch das Emporheben der Djed-Säule angekündigt wurde, ein Symbol des Rückgrats des Gottes und zugleich einer Leiter für den Aufstieg. Luz ist das »Samenkorn« der physischen Erneuerung und wird in der oberen linken Ecke des 13. Tarot-Schlüssels »Tod« als Symbol der Verwandlung dargestellt. Die *Rosa Alba*, die weiße Rose des Überbewusstseins, finden wir nur auf zwei Tarot-Karten: »Tod« (13. Schlüssel) und »Der Narr« (0. Schlüssel), die früher »Der Alchimist« genannt wurde!

Im theurgischen System, das als »Die Heilige Magie Abramelins, des Magiers« bekannt ist, werden Praktizierende angeleitet, einen Stock oder Stab aus Mandelholz anzufertigen. Das Ziel von Abramelins System besteht darin, »Wissen und das Gespräch mit dem heiligen Schutzengel« zu erreichen; mit anderen Worten, in die bewusste Verbindung mit dem Höheren Selbst einzutreten.

Der Stab der Macht

In der Brauthalle von Malkut prallt die aufsteigende planetarische Kundalini auf das mandelförmige Luz auf, durchdringt es und steigt hinauf und weiter durch den restlichen Turm nach oben. Hier verschmilzt das Luz als Decke der Kammer Malkuts mit der Kammer Jesods als deren Boden. Jesod, die Sefira des Genitalbereichs, ist nicht die Quelle der Kundalini, sondern deren persönliches Reservoir innerhalb eines individuellen Organismus.

Sobald der aufsteigende feurige Strom der Kundalini – die Flamme des Drachen – die Zirbeldrüse erreicht hat, lässt er die Körner des Gehirnsandes in ihr schmelzen und stellt den Stein der Weisen her. Es ist das aus dem Stein hinabfließende Elixier – die Universalmedizin –, das den physischen Körper umwandelt. Die Kundalini ist eine integrierende und erleuchtende Kraft. Beim Aufsteigen verleibt sie sich die Kräfte der Chakras – der inneren Metalle – ein und reinigt, vereinigt und sublimiert sie. In der Kammer Malkuts sehen wir die aufsteigende Energie als vielfarbig, durchzogen von den tattvischen Farben der Elemente (aber *vorherrschend* weiß), weil die als »Kundalini« bezeichnete Kraft wie alle Kräfte im Universum eine Aktivität der Einen bewussten Strahlenden Energie ist, die das grenzenlose Licht des Absoluten ist und im Wesentlichen von oben herrührt. Wie die Smaragdtafel uns erinnert: »... da alle Dinge aus Einem und durch die Vermittlung des Einen hervorgegangen sind, so entstehen auch alle Dinge aus diesem Einen durch Anpassung.« Auf der Tafel wird ferner Bezug auf die Kundalini genommen, wenn es heißt: »... es steigt von der Erde zum Himmel empor und dann wieder hinab zur Erde: und belebt erneut die Kraft des Oberen und des Unteren.« Mit dem Hinabsteigen ist der Strom aus reinweißem Glanz gemeint, der einer fernen Quelle entspringt, die Keter, die Omnipotenz, ist. Während das physische Vehikel durch die integrierende und erleuchtende Kraft der aufsteigenden Kundalini immer feiner und feiner wird, leitet das durch die Krone des Lebens hinunterfließende Elixier, *Mezla*, das Werk der Verwandlung ein. Wie es in den Sprüchen 24:3 heißt: »Durch Weisheit [der alchimistische Schwefel, das Feuer Chockmahs] wird ein Haus [der umgestaltete physische Körper] gebaut und durch Verständnis [das alchimistische Salz, Binah, die gestaltende Kraft] erhalten, und durch Wissen [Daat] werden die geheimen Plätze [auch mit »Kammern« übersetzt] mit all den kostbaren und angenehmen Reichtümern [der Schatz der Weisen] gefüllt.« Und warum geschieht das? Der Grund dafür ist der, wie das *Sefer Jezira* lehrt: »Malkut lässt vom Prinz der Angesichter einen Einfluss ausgehen.«[2] Und wer ist der »Prinz der Angesichter«? Metatron, der Erzengel von Keter; Metatron, der verklärte Henoch, der mit Gott wandelte und den Tod nicht erfuhr.

---

[2] Dion Fortune: The Mystical Qabalah, York Beach, ME, 1984, S. 289

Der Stab der Macht, der Caduceus des Hermes, ist also die Wirbelsäule, umwunden von dem solaren und dem lunaren Strom, deren Vorgänger die *Nagas* der hinduistischen und tibetischen Mythologie sind. In Jesod sind der Saturn und der Mars die Chakras; in Daat sind der Mond und Merkur Zentren. Es ist das Marszentrum (dies ist die hermetische Arbeit des Merkurs), die Zirbeldrüse, die zu dem Stein hergestellt wird. Der vollendete Stein wird im Alten Testament als »Zion«, der Berg der göttlichen Gegenwart, bezeichnet. In alchimistischen Texten wird das dritte Auge (die Zirbeldrüse) Berg Abiegnus, der Hügel der Vision und auch der Berg der Verwirklichung, auf dem der Eremit im Tarot-Schlüssel 9 steht, genannt. »Abiegnus« bedeutet »Pinienzapfen« und bezieht sich auf den Pinienzapfen, von dem der Thyrsos, der in den bacchischen Mysterien des Dionysos getragene Stab, gekrönt wurde. Dionysos ist der griechische Gott des Rausches. In den westlichen Mysterien ist der »Rausch« seit langem eine Metapher für Glückseligkeit. Wein und Rausch gelten auch im Sufismus, der mystischen Tradition des Islams, als Bilder für die Glückseligkeit der göttlichen Vereinigung. Die berühmten *Rubaijat* des Omar Chajjam sind tatsächlich mystische Texte. Chajjam selbst war Sufi-Lehrer und Astrologe. Der Wein und der daraus resultierende Rausch ist eine Metapher für das Glückseligkeit gewährende Elixier, von dem Stein herbeigeführt, ein Elixier, das das Mondzentrum überflutet und den Körper erfüllt und dabei den Praktizierenden in den Zustand des Samadhi versinken lässt. Es ist auch kein Zufall, dass Melchisedek Abraham Brot und Wein brachte (1. Mose 14:18), als er ihn in die heilige Kabbala einweihte.

Da der Stein außerdem das dritte Auge öffnet, werden wir gelehrt: »Das Auge ist des Leibes Leuchte. Wenn dein Auge lauter ist, so wird dein ganzer Leib licht sein« (Matthäus 6:22). In der tibetischen heiligen Kunst werden tantrische Gottheiten mit einem geöffneten dritten Auge auf der Stirn dargestellt. Ebenso heißt es: »Das Auge von YHVH ruht auf denjenigen, die ihn ehrfürchtig respektieren.« Und bei Jesaja 52:8 lesen wir: »Deine Wächter rufen mit lauter Stimme und rühmen miteinander; denn alle Augen werden es sehen, wenn der Herr nach Zion zurückkehrt.« Das Auge, das Merkurzentrum, ist das Adytum, das Allerheiligste im Tempel des menschlichen Körpers. In der tibetischen heiligen Kunst wird der Buddha mit einem goldenen, kegelförmigen Juwel dargestellt, der von der Protuberanz seines Kopfes aufragt. Dieser Auswuchs weist auf den voll entwickelten »tausendblättrigen Lotus« (das Merkurzentrum) hin, und das goldene Juwel ist der Stein der Weisen; »Om, das Juwel im Lotus, Hum.« Das Zeichen auf seiner Stirn oder *Tilak* (und auf der anderer Gottheiten und Weisen) weist ebenfalls auf das Vorhandensein des hergestellten Steins in seinem Schädel hin. Die prismatische Beschaffenheit des Steins erzeugt den Strahlenkranz um die Häupter der Erleuchteten herum. Wenn tantrische Götter in ihrem zornigen Aspekt (*dragpo*) dargestellt werden, tragen sie ein geöffnetes Auge auf der Stirn. Die westliche Sprache der Mysterien bringt dieselbe Lehre durch das Symbol des Pentagramms zum Ausdruck, sofern sich dieser Stern auf die Elemente und den menschlichen Körper bezieht. Bei diesem Symbol sind die Elemente der Weisen, Erde, Luft, Feuer und Wasser, den vier unteren Dreiecken des fünfzackigen Sterns zugeordnet und entsprechen den Armen und Beinen. Auch wenn das Symbol für die alchimistische Quintessenz dem Dreieck zugeordnet ist, das dem Kopf entspricht, soll das *nicht* bedeuten, dass die Erste Materie auf irgendeine Weise auf den Kopfbereich beschränkt ist, sondern dass die Quintessenz durch das vergeistigte Sehvermögen wahrgenommen wird. Im Buddhismus wird das erwachte dritte Auge das »Auge der nichtdualistischen Weisheit« genannt, weil der Weise, der mit diesem Auge sieht, *tatsächlich* erkennen kann, dass alle Geschöpfe in der Einen Strahlenden Energie leben und sich aus ihr zusammensetzen und folglich voneinander abhängig sind. Alle Geschöpfe und Dinge scheinen voneinander getrennt zu sein – wie Wellen, die auf flüchtige Weise vom Ozean losgelöst zu sein scheinen –, sind aber eigentlich unauflösbar in der ursprünglichen Natur des Absoluten verwurzelt. Es ist das Wissen um die zu Grunde liegende Einheit allen Seins, das diese direkte Wahrnehmung mit sich bringt, das die Weisen dazu drängt, sich unaufhörlich mit ihren Werken der Nächstenliebe zu beschäftigen. Denn das Goldene Auge verleiht das Herz der Liebe und umgekehrt. Aus diesem Grund haben die Erleuchteten im Verlauf der gesamten Menschheitsgeschichte ein und dieselbe Botschaft als das Allheilmittel gegen alle menschlichen Leiden und als den Weg zu wahrem und dauerhaftem Glück verkündet. Ihre Botschaft lautet: »Liebet einander.« Verbreitet die Botschaft.

Beide Enden des Stabes der Macht sind mit einer Baumfrucht geschmückt: der Mandelnuss und dem Pinienzapfen. Dieser wahre Stab der Adepten des Großen Werkes ist im Inneren. Er wird von Eliphas Lévi in seinem *Sanctum Regnum* beschrieben und in dem Satz Stäbe in dem von Paul Foster Case entworfenen Tarot mit gleichen Kristallen (genauer gesagt, Diamanten) dargestellt, einem hellen und einem dunklen an den Enden des Stabes, genauso wie im einfachen Diagramm des Lebensbaumes das Größere und das Kleinere Angesicht im Aussehen gleich sind und in Tiferet »das Angesicht das Angesicht erblickt«. Noch einmal zitieren wir von der Smaragdtafel des Hermes Trismegistos, des »Vaters« der Königlichen Kunst und der griechisch-ägyptischen Form des Melchisedek: »Das, was oben ist, ist wie das, was unten ist, und das, was unten ist, ist wie das, was oben ist, um die Wunder des Einen Dinges zu wirken.«

Die Hochzeitskammer

Im Turm ist die Etage, auf der die Halle von Jesod liegt, durch den Tarot-Schlüssel 14, »Mäßigung«, gekennzeichnet. Die Bogengänge zu den Wendeltreppen auf dieser Etage sind mit einem Greif (über der solaren Treppe) und einem Einhorn (über der lunaren Treppe) versehen. Sie sind die »Reittiere« von Sonne und Mond und sollen daran erinnern, dass es eigentlich das Höhere Selbst ist – symbolisiert durch den heiligen Schutzengel im Tarot-Schlüssel – das im alchimistischen Werk ein Gleichgewicht zwischen den Kräften zu schaffen sucht. Gegenüber dem Schlüssel »Mäßigung« liegt die Tür zur Halle von Jesod. Die Tür ist aus Zedernholz und trägt ein Schild mit der tattvischen Symbolkombination Akasha-Akasha. Über der Tür hängt ein Schild: ein aufgerichteter roter Löwe in grünem Feld. Dieser Löwe, zusammen mit dem Greif und dem Einhorn, erinnert uns daran, dass Jesod die Sphäre der *Nefesch*, der »Vital-« oder »tierischen« Seele ist, so genannt, weil die Menschheit sie mit dem Tierreich, mit allen Lebensformen teilt.

Wenn Sie durch die Tür treten, finden Sie sich in einer leeren, halbrunden Kammer wieder, die der Vorraum zum Ort der Macht selbst ist. Lassen Sie sich nicht von der Leere täuschen: Es ist nur die räumliche Eigenschaft von Akasha. Der Wächter dieser Kammer – wenn er oder sie in Erscheinung tritt – wird in fortgeschrittenen Stadien des Werkes von entscheidender Bedeutung sein. In die östliche Wand ist eine lebensgroße Darstellung des Tarot-Schlüssels 1, »Der Magier«, eingelassen. Sie ist wie die anderen in der mittleren Säule aus Buntglas und wird von hinten beleuchtet. Die einzige Möglichkeit, die Hochzeitskammer gebührend zu betreten, besteht darin, der Magier zu werden; die Bewusstseinsform anzunehmen, die dieser Tarot-Schlüssel darstellt.

Das *Sefer Jezira* nennt Bet, den dieser Karte zugeordneten hebräischen Buchstaben, »transparente Intelligenz«. Es lehrt außerdem, dass die Schöpfung mittels dieses Buchstabens (*Barasith*, »Am Anfang«) ins Leben gerufen wurde, weil er ebenfalls der erste Buchstabe des hebräischen Wortes *Barukah* ist, das »Segen« bedeutet. Die Magierkarte wird dem 12. Pfad des Baums des Lebens zugeordnet, der Keter, die Quelle, mit Binah, dem Schoß der Schöpfung, verbindet.

Der Magier zu »werden« bedeutet, sich zu öffnen, um zu einem bewussten Kanal für die herabfließende Kraft von Keter zu werden, um das Bewusstsein dafür zu entwickeln, dass alles von oben herrührt. Nichts hat seinen Ursprung auf der Persönlichkeitsebene; nur Reaktion und Antwort liegen bei den wachsamen und unterbewussten Aspekten des Geistes. »Aus eigenem Antrieb tue ich nichts.« Die transparente Bewusstseinsform, repräsentiert durch den Schlüssel »Der Magier«, bedeutet, wenn auch flüchtig, gewahr zu werden, Wer aus seinen Augen schaut, Wer das Leben durch seine Instrumentalität erfährt und für Wen man ein lebender Ausdruck in der Welt ist.

Indem Sie diese Transparenz des Bewusstseins anstreben, werden Sie ins Bild des Magiers hineingezogen, und für einen kurzen Augenblick sind Sie der Magier in der Tarot-Szene. Durch Ihren als Instrument für Ihren uranfänglichen Willen zum Guten in die Höhe gehaltenen Stab fließt der weiße Glanz herab. Er wird durch Ihre konzentrierte Aufmerksamkeit in den Boden des Gartens (Eden) hineingeleitet, wo der Leben spendende Einfluss Rosen und Lilien wachsen und blühen lässt. »Gott versetzte Adam in den Garten Eden, um Rosen wachsen zu lassen.« Um Ihren Kopf ist das weiße Band (die älteste Form der Krone) gewunden, was erkennen lässt, dass Ihr persönlicher Wille mit dem des Göttlichen mit-zentriert ist. Und die horizontale Acht über Ihrem

Der Hirsch der Seele (Psyche) und das Einhorn des Geistes (Höheres Selbst). »Lambsprinck: De Lapide Philosophica, figurae et emblemata, in: Musaeum Hermeticum reformatum et amplificatum, Frankfurt 1678.

Kopf – an Stelle des Keter-Zentrums – verweist darauf, dass die geheime Kraft, die Kundalini, am Werk ist. Es wird von großem Nutzen sein, wenn Sie außerhalb dieser Übung über dieses Thema und andere Aspekte dieses Tarot-Schlüssels meditieren.

Wenn Sie auch nur für einen Augenblick »den Kleidersaum« der transparenten Intelligenz berührt haben, werden Sie in die heilige Hochzeitskammer hineingezogen. Dies ist die Kammer, in der der

Einfluss von Malkut, der *Kallah*, die Braut, ist, mit ihrem ausersehenen Bräutigam, *Malekh*, dem König in Tiferet, vereint sein wird. Das ist der Ort des *Hieros Gamos*, der heiligen Hochzeit des alchimistischen Königs und der alchimistischen Königin, wo Shiva und Shakti sich verbinden. Dies ist der Tempel des Geheimnisses Jods.

Decke, Boden und Wände sind aus reinem Amethyst, sodass der ganze Platz in violettem Licht erstrahlt. Hinten, an der westlichen Wand, leuchtet der Tarot-Schlüssel. Und an der östlichen Wand befindet sich eine Nische, in der eine fast vier Meter hohe Statue steht. Sie ist aus schwarzem Marmor gehauen und stellt eine thronende, verschleierte Göttin dar, deren Haupt von Sonne und Mond gekrönt ist. Das ist die Schwarze Isis, die koinzidente Mutter. Genau in der Mitte der Kammer steht ein etwa ein Meter hohes Steinbecken. Von ihm geht ein derart helles Licht aus, dass es den Anschein hat, als wäre der Stein des Beckens fast durchsichtig. Ein anderes Mal zieht sich Nebel über das Becken und bedeckt den Boden der Hochzeitskammer. Dieser astrale Nebel ist der »Atem des Drachen«. Das Becken ist eine Erweiterung der Mandelblüte, die in die Decke der darunter liegenden Kammer von Malkut geschnitzt ist. Das Becken ist das Luz, das Portal des Weltenschöpfers und Weltenverschlingers im Saturnzentrum, dem Muladhara-Chakra. Jene Weisen, die die erforderlichen Fähigkeiten entwickeln, um sich die in dieser Kammer wohnende feurige Kraft zu Nutze zu machen, werden »Herren des Geheimnisses des Saturn« und »Herren der Schlange und der Mutter« genannt.

Kammer des Innewohnens

Wir gelangen nun zur letzten Kammer der Mittleren Säule im Turm der Hermetischen Kunst. Sie dient als Vorhalle zum Turmzimmer, so wie die leere, halbrunde Kammer die Vorhalle zur Hochzeitskammer ist. Am oberen Ende der solaren und lunaren Wendeltreppe stehen Sie vor der Kristalltür zum Turmzimmer (siehe Abb. 6). Hinter Ihnen liegt eine kupferne und mit einem emaillierten Schild versehene Tür, auf das die Tattva-Kombination *Apas-Tejas*, das Symbol für das Venuszentrum, dargestellt ist. Wenn Sie in diesen Raum eintreten, sehen Sie in der Mitte einen Stuhl mit hoher Lehne und auf der anderen Seite in die westliche Wand ein großes ovales Fenster eingesetzt, das einen Blick auf den Hof des Turms und darüber hinaus auf den Wald und die Hügel von Logres gewährt. Dieser Raum, die Kammer des Innewohnens, entspricht der Medulla oblongata im physischen Körper, der Verbindung zwischen Rückenmark und Gehirn. Dies ist der Zugang zum Unterbewusstsein. Diese Kammer mit dem Turmzimmer bildet die subjektive Sefira Daat und das Venus- und Mondzentrum. Die Kammer des Innewohnens ist das Portal, durch das Praktizierende mit ihrem Bewusstsein den ganzen Turm bewohnen.

Wenn Sie am oberen Ende der Wendeltreppen auf der Etage von Daat vor der Tür zum Turmzimmer stehen, sehen Sie links und rechts von Ihnen noch zwei weitere Türen. Zur Linken, auf der Seite der lunaren Wendeltreppe, ist eine Nische mit einer dreistufigen Treppe, die zu einer silberbeschlagenen Tür führt, auf der das alchimistische Symbol für Schwefel ⚴ in Scharlachrot prangt. Zur Rechten auf der Seite der solaren Wendeltreppe befindet sich eine zweite Nische mit drei Stufen, die zu einer Tür aus Ebenholz führen, die das alchimistische Symbol für Salz ⊖ in Silber trägt. Um das Ganze zu wiederholen: Die Etage von Daat hat vier Türen. Im Osten liegt die mit dem Apas-Apas-Symbol versehene Kristalltür zum Turmzimmer; im Süden führen drei Stufen zu einer Tür aus Ebenholz und mit dem silbernen Zeichen für das alchimistische Salz versehen, die in die Binah zugeordnete Halle geht, die Kammer der Königin der Großen Glückseligkeit; im Westen liegt eine kupferne Tür mit der Apas-Tejas-Glyphe, die in die Kammer des Innewohnens führt; im Norden führen drei Stufen zu einer silbernen Tür mit dem Zeichen für Schwefel, die in die Chokmah zugeordnete Halle, die Kammer der Sternenweisheit, geht.

Von der Etage Daats aus – der Ebene des spirituellen Wissens – können Sie den Turm durch die Kammer des Innewohnens aktivieren (oder ihn in die Latenz zurückführen). Sie können entweder die Kammer der Weisheit oder die Kammer des Verständnisses betreten. Wenn Sie in das Turmzimmer hineingehen, können Sie nach oben zur Brustwehr der Krone des Lichts gelangen. Sie können nun, bildlich dargestellt, die entscheidende Rolle der Zurückgezogenen Sefira Daat verstehen. Sie dient als Kontrollpunkt, um eine Ebene des Baumes mit

172   Der blühende Baum

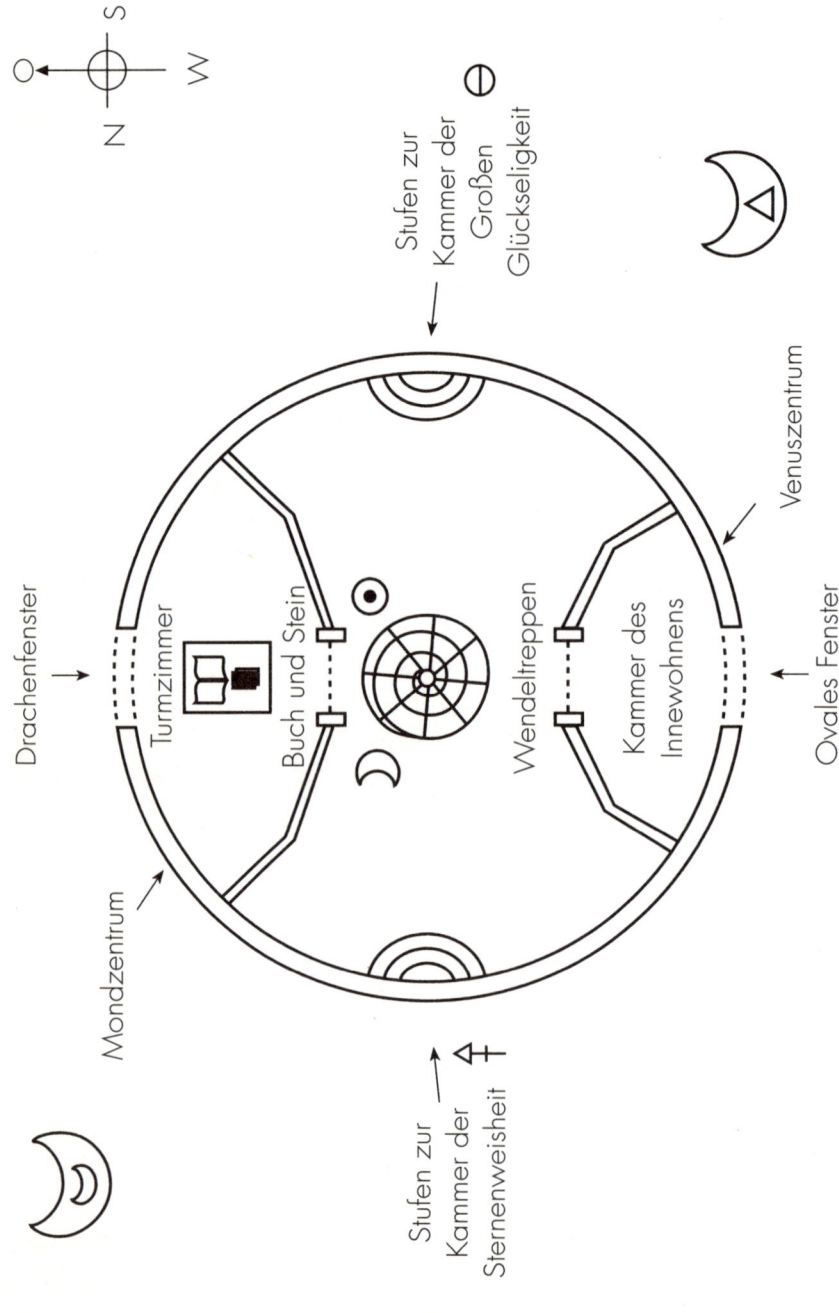

Abb. 6. Das Stockwerk von Daat und die Kammer des Innewohnens.

anderen Dimensionen zu verbinden. In der praktischen Kabbala ist Daat das Instrument, mit dem Sie die vier Welten der Existenz durchdringen. Sie können nun erkennen, warum bis zu diesem Jahrhundert Lehren in Hinblick auf Daat von den Hütern der Mysterien zurückgehalten und nur denjenigen offenbart wurden, die sich als hingebungsvoll und zum zweiten Mal geboren erwiesen haben.

Die Übung

Führen Sie die vorbereitenden Übungen durch. Projizieren Sie die Tafel und nehmen Sie Ihren Platz ein. Sie tragen ein indigoblaues Gewand und die silbernen Sandalen des Mondes. Nachdem Sie die Großen Gefährten begrüßt haben, erheben Sie sich und begeben sich in die Kapelle des Rosenkreuzes. Dort bitten Sie um Schutz des Allheiligen auf Ihrer Reise.

Gehen Sie nun denselben Weg zurück in die Große Halle und weiter zum gewölbten Durchgang in der westlichen Wand, an der der verschleierte Schild hängt. Passieren Sie den regenbogenfarbigen Nebel und bleiben Sie vor der mittleren Säule stehen, in der die beiden Zugänge zu den Wendeltreppen liegen, die den Tarot-Schlüssel 2, »Die Hohepriesterin«, flankieren.

Bei dieser Übung steigen Sie keine der Wendeltreppen empor, sondern gehen um die mittlere Säule herum, bis Sie vor der Tür zum Turm selbst stehen, einer großen Doppeltür aus eisenbeschlagenem Eichenholz. Öffnen Sie die Tür und treten Sie in den Burghof. Er ist von einer mit Zinnen versehenen Mauer umgeben, die links und rechts zwei Türmchen hat (siehe Abb. 7). Auf jedem weht eine Fahne sanft im Wind. Die Fahne auf dem rechten Türmchen ist rot und mit einem weißen Einhorn verziert, die andere zu Ihrer Linken ist weiß und zeigt einen roten Hirsch. Diese Tiere sind die alchimistischen Wächter des Lebensbaumes und versinnbildlichen die »Rote« und die »Weiße« Stufe des Großen Werkes.

Unterhalb der linken Burgmauer befinden sich die Ställe mit den Rössern, die Sie auf Ihren späteren Ritten durch Ihr inneres Reich tra-

174 Der blühende Baum

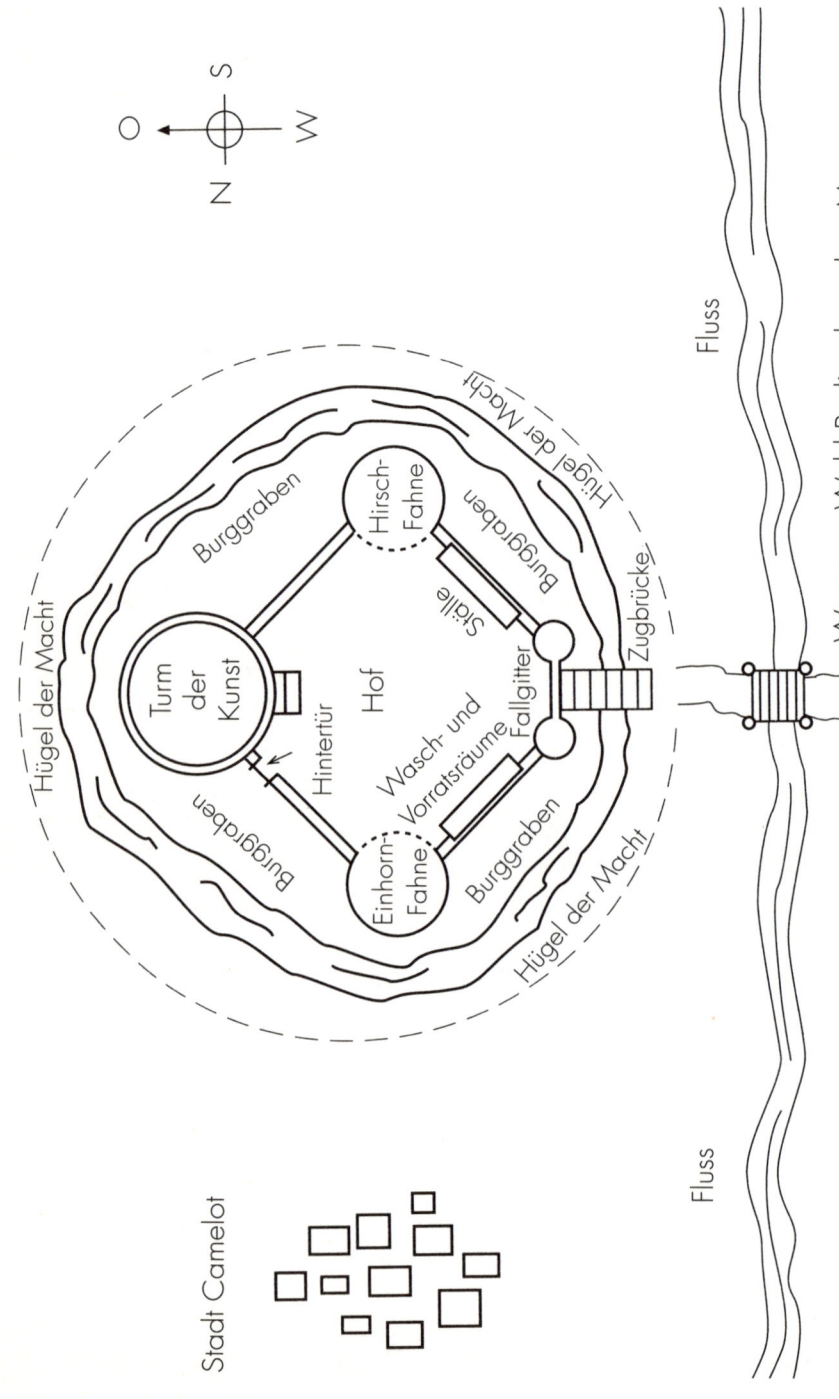

Abb. 7. Die Burg und ihr Hof.

gen werden. Im Hof steht auch ein Block zum Besteigen der Pferde. An der rechten Mauer liegen Vorratsräume und ein Waschraum, in dem Sie sich vom Reisestaub reinigen können. Unmittelbar rechts von Ihnen ist in die Mauer eine kleine Hintertür eingesetzt, die zu einem unterirdischen Gang führt. Der Zugang zur Burg mit dem Fallgitter und der Zugbrücke befinden sich direkt vor Ihnen. Der Burggraben enthält kein stilles oder stehendes, sondern ein frisches, einer tiefen, verborgenen Quelle entspringendes Gewässer, dessen Strömung die Burganlage umgibt. Der Graben markiert die Grenze der *unmittelbaren* oder ätherischen Aura.

Passieren Sie die Burgtore und gehen Sie den grünen Hügel der Macht hinunter. Am Fuße des Hangs überspannt eine Steinbrücke einen kleinen Fluss, der rasch dem fernen Meer zufließt. Überqueren Sie die Brücke und gehen Sie zum Rand des dahinter liegenden großen Waldes. Sobald Sie dort angelangt sind, drehen Sie sich um und blicken nach Osten. Nun sehen Sie zum ersten Mal die ganze Anlage vor sich.

Die Zitadelle erhebt sich von dem smaragdgrünen Hügel, von dem Sie jetzt wissen, dass er die unteren Kammern von Malkut und Jesod mit der verborgenen Macht in sich birgt. Die aufragenden Mauern beschützen alles in ihrem Innern und dienen in Zeiten der Not als Zufluchtsstätte für alle Bewohner von Logres. Zwei Fahnen flattern von dem Schutzwall. Über den Mauern können Sie den oberen Teil des gewaltigen Turms der Kunst sehen. Aus dieser Sicht weist der kreisförmige Schaft des Turms keine Besonderheiten auf, abgesehen von dem nach Westen liegenden ovalen Fenster der Kammer des Innewohnens. Und über der mit Zinnen versehenen Brustwehr des Turms scheint die Weiße Sonne von Keter – niemals untergehend, fortwährend und beständig. Gleichgültig, zu welcher Tages- oder Nachtzeit, oder welches jahreszeitliche Gewand sich vielleicht über Ihr inneres Königreich legt, die Weiße Sonne krönt immer den Turm. Sie ist der wahre Leitstern, mit dessen Hilfe wir uns fortwährend auf dem Pfad der Rückkehr bewegen.

Nehmen Sie sich Zeit. Betrachten Sie die verzauberte Szene vor Ihnen. Sie werden größere Fortschritte machen, wenn Sie sich die Zeit dafür nehmen, dieses Szenarium aufzubauen und in sich zu festigen, als wenn Sie sich auf die nächste Übung stürzen. Statten Sie die Bilder vor Ihnen mit Gefühlen und Sinneseindrücken aus. Bewundern Sie die gewaltige Burg und die Geheimnisse, die sie in sich birgt, von denen bis jetzt nur einige angedeutet wurden. Lassen Sie ein Gefühl der Ehrfurcht Ihr Herz erfüllen, während Sie auf die Weiße Sonne mit ihrer Verheißung einer immer währenden göttlichen Verbindung blicken. Setzen Sie sich am Waldrand ins Gras. Spüren Sie die Brise, genießen Sie den Duft der Pflanzen und Blumen, hören Sie auf das Vogelgezwitscher. Machen Sie Gebrauch von all Ihren inneren Sinnen, sodass die Szenerie »Unabhängigkeit« gewinnt. Sobald Sie das durch Übung erreicht haben, werden die Burg und das dazugehörige Reich zu einem wahren Spiegel Ihrer inneren Befindlichkeit und Ihrer Kräfte. Ein springender Lachs, eine dahinhuschende Libelle, ein Blitz, der flüchtige Anblick eines weißen Hirschs, der durch den Wald läuft, oder Bäume, die Blüten oder Früchte tragen – das sind allesamt wichtige und mögliche weisheitsübermittelnde Botschaften. Wie es geschrieben steht: »Suche zuerst das Königreich des Himmels, und alles andere wird sich fügen«; »Das Königreich des Himmels ist in dir« und wieder: »Wie innen so außen; aber auf andere Weise.«

Stehen Sie auf und gehen Sie denselben Weg zurück über die Brücke, den Hügel der Macht hinauf und über die Zugbrücke, die sich über den Graben spannt. Betreten Sie den Hof. Während Sie auf den Turm – den Bergfried – zugehen, blicken Sie zum ovalen Fenster hinauf. Etwas in ihm zieht Sie an.

Nun stehen Sie wieder vor der Doppeltür aus Eichenholz, die in den Turm hineinführt. Über diesem Eingang ist in den grauen Stein ein durch Ruhmestaten erworbenes Wappenbild eingemeißelt. Der Schild zeigt einen fliegenden Drachen, der sich zu einem flammenden Juwel emporschwingt. Als »Schildhalter« dienen der Hirsch und das Einhorn; die Verzierung über dem Wappen ist eine Krone innerhalb einer »Glorie«. Die Schriftrolle unter dem Schild trägt die Devise: »Morte nunquam Reget« (Der Tod soll keine Macht haben).

Gehen Sie in den Turm hinein, um die mittlere Säule herum, passieren Sie den niedrigen, in Nebel gehüllten Durchgang, und betreten Sie wieder die Halle der Tafelrunde. Begeben Sie sich direkt in die Kapelle und bedanken Sie sich vor dem Altar. Kehren Sie in die Große Halle zurück und setzen Sie sich an den Tisch. Berichten Sie dort im vom Gral ausgehenden harmonisierenden und integrierenden Licht den Großen Gefährten von Ihrer Reise und achten Sie auf jegliche Einblicke, die sie Ihnen vielleicht ihrerseits zukommen lassen.

Bringen Sie Ihr Bewusstsein in Ihre physische Hülle zurück, ziehen Sie den Tisch zurück und beenden Sie die Sitzung auf die übliche Weise. Schreiben Sie Ihre Erlebnisse unverzüglich auf, bevor die feineren Details verblassen.

Auswirkungen

Wiederholen Sie diese Übung so lange, bis die Bilder spontan und mühelos abgerufen werden können.

Die Kontemplation

Und Jesus antwortete:
Suche das Gesetz nicht in deinen Schriften, denn das Gesetz ist Leben, während die Schrift tot ist. Wahrlich, ich sage dir, Moses erhielt seine Gesetze von Gott nicht schriftlich, sondern durch das lebende Wort. Das Gesetz ist das lebende Wort des lebenden Gottes an lebende Propheten für lebende Menschen. In alles, was Leben ist, ist das Gesetz geschrieben. Du findest es im Gras, im Baum, im Fluss, im Berg, in den Vögeln des Himmels, in den Fischen des Meeres; aber suche es in erster Linie in dir. Denn wahrlich, ich sage dir, alle lebenden Dinge sind Gott näher als die Schrift, die ohne Leben ist. So schuf Gott das Leben und alle lebenden Dinge, damit sie die Menschen die Gesetze des wahren Gottes durch das ewig lebende Wort lehren können. Gott schrieb die Gesetze nicht auf die Seiten von Büchern, sondern in dein Herz und in deinen Geist. Sie sind dein Atem, dein Blut, dein Knochen; in deinem Fleisch, deinen Gedärmen, deinen Augen, deinen Ohren und in jedem kleinen Teil deines Körpers. Sie sind

in der Luft, im Wasser, in der Erde, in den Pflanzen, in den Sonnenstrahlen, in den Tiefen und den Höhen gegenwärtig. Sie alle sprechen zu dir, damit du die Sprache und den Willen des Lebenden Gottes verstehen kannst. Aber du schließt deine Augen, sodass du sie nicht sehen kannst, und du verschließt deine Ohren, sodass du sie nicht hören kannst. Wahrlich, ich sage dir, dass die Heilige Schrift das Werk des Menschen ist, aber das Leben und all seine Wirte sind das Werk unseres Gottes.

Das Friedensgebet von Jesus Christus[3]

---

[3] Edmund Szêkely, Übers.: The Gospel of Peace of Jesus Christ, Saffron Walden, Essex, UK, 1982, S. 13

IX

DIE KOINZIDENTE MUTTER

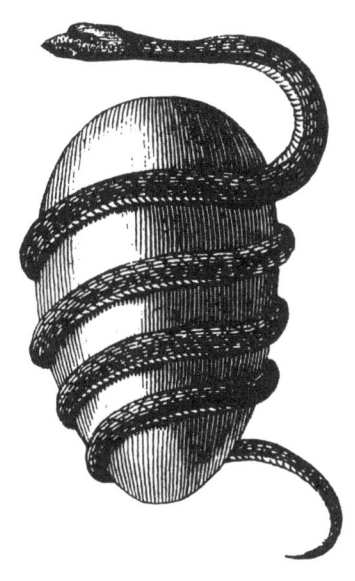

*Die geschauten Bilder geistiger Wesen ... dürfen ihm [dem Yogi]
nicht bedeutungslos erscheinen, auch wenn er sie aus dem eigenen
Bewusstsein schuf. ... Der Yogi ... sollte sie »mit erhobenem Blick,
mit Verehrung und Andacht betrachten und dabei die Devatas
(die geschauten Gottheiten) als wirklich, heilig und göttlich erkennen,
auch wenn sie aus dem Denken geboren sind.
Denn das in uns Denkende ist letztendlich das wahre Sein und
die Gedanken des Yogi sind nur Formen dieses Seins«.*

W. Y. Evans-Wentz[1]

Die Lehre

Die Visualisierungen in den verschiedenen Übungen mögen dem Unwissenden unnötig kompliziert erscheinen. Aber die vielfältigen Einzelheiten sind unerlässlich, um sicherzustellen, dass das normalerweise frei umherschweifende Bewusstsein auf den im Brennpunkt stehenden psychischen Bereich konzentriert bleibt. Die Einzelheiten der Visualisierungen sind eigentlich Sicherheitsnetze. Das Bewusstsein kann buchstäblich mit Gedankengeschwindigkeit zwischen zwei Objekten hin- und herhuschen. Die geistigen Konstrukte, die Gedankenformen, die wir in unseren Übungen entwickeln, sind wie die Zügel eines Wagens, der von kräftigen Pferden gezogen wird. Die Triebkraft wird von den Zügeln kontrolliert, gelenkt und nutzbar gemacht.

Durch diese Gedanken entwickelnde Eigenschaft des Bewusstseins vermögen die Menschen ihre eigene einzigartige Welt zu formulieren und wahrzunehmen. Jede Wahrnehmung des Universums ist letztendlich subjektiv. Auch wenn eine »übereinstimmende Realität« ein entscheidender Faktor ist, gibt es in unseren Reaktionen auf Erfahrungen

---

[1] W. Y. Evans-Wentz: Geheimlehren aus Tibet. Yoga und der Pfad des Mahayana-Buddhismus, München 1997, S. 61

zugleich ein Element der »Massenhysterie« und in unseren Wahrnehmungen eine gewisse »Massenhypnose«. Wir und die Welten, die wir konstruieren, sind der »Stoff für Träume«, wie Shakespeare es ausdrückte. Wir gestalten diesen »Stoff für Träume« mit Hilfe unserer geistigen bilderzeugenden Fähigkeit, unserer Fantasie. Das Ewige strahlt – von jeher – ein Bild Seiner selbst (Schöpfung) aus, das durch Seine konstante Selbstreflektion erhalten wird, den ursprünglichen »Bewusstseinsstrom«, in dem alle Bewusstseinseinheiten eintauchen. In dieser Hinsicht spiegeln wir – als Abkömmlinge des Ewigen – Es wider, indem wir unsere inneren und äußeren Welten in Zeit und Raum miterschaffen.

Während unserer langen Reise – Leben für Leben, Inkarnation für Inkarnation – haben sich die in unseren inneren Zuständen verwurzelten Lebensvorstellungen durchgesetzt. Wir sind an Form gewöhnte und sinnliche Wesen geworden, in den Tanz des äußeren Scheins versunken, ins Schattenspiel vertieft. Abgesehen von seltenen Augenblicken der Klarheit wissen wir nicht, Wessen Musik die scheinbaren Tänzer belebt oder Welches Licht solche herrlichen Schatten wirft. Im Laufe vieler Inkarnationen wird unser verkörpertes Bewusstsein mit äußeren Dingen, Menschen und Seinszuständen verknüpft und an sie gefesselt. Unsere Gedanken, Worte und Taten, die aufgrund dieser Verknüpfungen entstanden sind, verstärken ihren Einfluss und stellen karmische Bande und Verpflichtungen her. Die alten Rabbis verglichen diesen auflistenden und bewahrenden Aspekt des Bewusstseins mit weichem Wachs, auf dem sich Eindrücke leicht einprägen und bestehen bleiben. Das ist natürlich eine Metapher für das tiefe Unterbewusstsein und unseren karmischen Speicher, der Befreiung und Entlastung durch erleuchtete Reaktion statt blinder Reaktion erwartet.

Auf dem Weg zur Befreiung setzen wir genau dieselben Eigenschaften des Bewusstseins ein, die unsere Gefangenschaft herbeigeführt haben – als Instrumente, um die ewige Freiheit zu erreichen. Durch unsere bildlichen Vorstellungen, denen wir dann verhaftet bleiben, sind wir gefangen. Dadurch, dass wir uns Bilder vorstellen und uns für ein erhabenes Bild wie die Burg und ihre Einzelheiten (diese Wegweiser zur Freiheit) zutiefst interessieren oder uns damit verbinden, beschreiten wir den Pfad der Rückkehr. Wir bewegen das Bewusstsein Ebene um Ebene in immer subtilere Zustände, erhaschen von Zeit zu Zeit einen Blick auf den ursprünglichen Zustand, baden dann und wann im Meer des Seins, bis wir das verschleierte Licht, die leuchtende, aus sich selbst entstandene Glorie, erblicken und bewahren. Und uns am Es festhaltend, Es in uns stabilisierend, indem wir unsere Vehikel zu immer empfindlicheren Instrumenten für Seine Aufnahme machen, werden wir allmählich in sein Abbild verwandelt, genährt von Seiner Glückseligkeit, haben an Seiner Weisheit teil, strahlen Sein Mitgefühl aus und verweilen in Seinem ewigen Wesen. Denn das Ziel wird nicht durch Unterdrückung erreicht, sondern durch Sublimierung. Indem wir unser Menschsein ins Göttliche erheben, erfüllt sich unser Ziel.

Der Pfad der Rückkehr – Vajrayana oder Alchimie – bringt beschleunigte Evolution und daher beschleunigte karmische Entlastung mit sich. Darum heißt es, dass eine gewisse »Reife« erforderlich ist, bevor man das Große Werk in Angriff nimmt.

Die Meditation (innere Arbeit) wird im Yoga als »die Samenkörner des Karma rösten« bezeichnet. Bei bestimmten Arten der Speisenzubereitung werden die Samenkörner verschiedener Gewürze in heißem Öl geröstet, um ihr Aroma zu versiegeln. Ein versiegelter Samen kann nicht keimen. Diese Metapher bezieht sich auf die Dynamik unserer inneren und äußeren Welten – scheinbar voneinander getrennt, aber in Wirklichkeit einander überschneidend und sich gegenseitig durchdringend, wie die geometrische Formel für das bei Alchimisten und mittelalterlichen Künstlern beliebte *vesica-piscis*-Symbol (siehe Abb. 8). In seinem wahrsten Sinn bezieht sich das Karma auf Erziehung (der Prozess der Selbsterkenntnis) und auf die Befreiung von der in Mustern gewohnheitsmäßigen Denkens und Verhaltens gefangenen und oft Inkarnationen überspannenden Energie. Der hebräische Buchstabe *Lamed*, der Schlüssel 11, »Gerechtigkeit«, zugeordnet wird, ist die Tarot-Darstellung von Karma. Er bedeutet »Treibstachel«. Der durch den Treibstachel angetriebene Ochse ist, wie Sie sich erinnern werden, *Alef*, »Der Narr«, der menschliche Geist, der in die Inkarnation herabsteigt, um Erfahrungen zu sammeln und die Fähigkeiten zu erwerben, die nur die Verkörperung zukommen lassen kann. Das Karma ist der Treibstachel, der den Ochsen zurück auf den Weg führt, von dem er abgeirrt ist. Wann immer ein Wesen vorsätzlich versucht, den inneren

Zusammenhang aller Dinge zu mindern, und auf eine Weise handelt, die die Einheit des Einen in all seinen Manifestationen vorübergehend behindert, kommt das durch diese Aktionen, durch solche Übergriffe erzeugte Karma als erzieherisches und korrigierendes Agens ins Spiel. Die göttlichen Eigenschaften von Strenge und Gnade hängen vollkommen von der Haltung des Wesens und nicht von willkürlichen Stimmungsumschwüngen des Schöpfers ab. Letzten Endes ist das Gesetz von Karma eine Manifestation des grenzenlosen Mitgefühls des Ewigen. Gäbe es kein unbeugsames Gesetz, gäbe es auch keinen wahren Führer zum rechten Leben und Verhalten, keinen unveränderlichen Polarstern, nach dem wir unsere Kompasse ausrichten und unter Segel gehen können.

Denn hier gelangen wir zu einem der größten Geheimnisse der praktischen Mystik. Dem Karma ist es gleichgültig, in welcher »Welt« die Wiedergutmachung oder »Erziehung« vonstatten geht. Wenn ein Mensch beschließt, sich in seiner inneren Welt mit dem Karma auseinander zu setzen, gut und schön. Denn hier, im Innern, kann er, wenn er will, seinen ererbten Ängsten, Hassgefühlen und Schmerzen, seinen inneren Dämonen ins Auge blicken. Durch Meditationen verschiedenster Art vermag er diese Probleme zu lösen und zu neutralisieren. Ein anderer zieht es vielleicht vor, seine innere Welt zu ignorieren, sich von dem innewohnenden Ringen um Reife und Selbsterkenntnis abzuwenden und stattdessen zu warten, bis sein Karma äußere Umstände und Situationen entstehen lässt, die ihm Gelegenheiten geben, die Waage der göttlichen Gerechtigkeit auszugleichen. Diese Entscheidung ist Teil des freien Willens des Menschen. Praktizierende geben sich also mit der inneren Arbeit ab, indem sie eine »Karte« der den Makrokosmos bildenden Kräfte verwenden, wie zum Beispiel den Baum des Lebens, und streben danach, ihren persönlichen Mikrokosmos wieder in Ordnung zu bringen, sodass er seiner unverzerrten Widerspiegelung entspricht. Die mit einer solchen Neuanpassung einhergehenden schmerzlichen Reaktionen werden mit Hilfe von Meditationen bewältigt, die sie in die vorderste Linie des Bewusstseins bringen. Nach Auflösung des Komplexes wird die dadurch freigesetzte Energie im geeigneten Kanal umverteilt. Bei bereits physisch bestehenden schmerzhaften Bedingungen suchen die Praktizierenden Antworten und Lö-

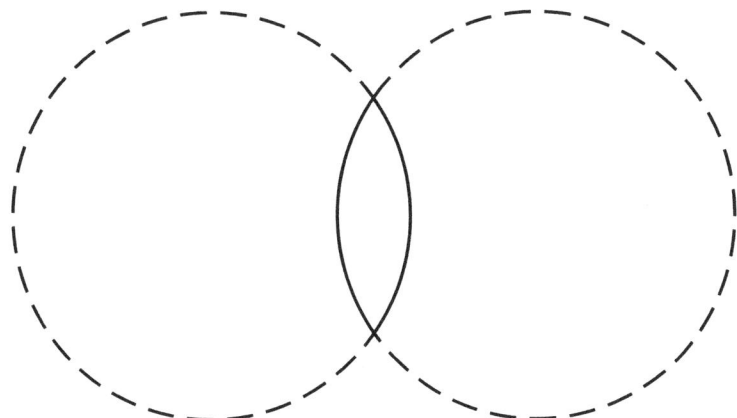

Abb. 8. Das *vesica-piscis*-Symbol, das mit zwei einander durchdringenden Kreisen gebildet wird.

sungen im Inneren auf der Ebene der Kausalität. Indem die Ursache auf eigener Ebene behandelt wird, wissen die Betroffenen, dass die erwähnten Symptome verschwinden, sobald deren Energie erschöpft ist.

Also ist das innere Königreich – mit dem aus unserem Denken erschaffenen Turm als seiner Hauptstadt –, das wir kennen lernen und erfahren, nicht nur ein Schauplatz, an dem das alchimistische Werk des geheimen hermetischen Feuers gefahrlos durchgeführt werden kann; es ist auch der Ort – auf seiner Ebene so real wie jeder andere auch –, an dem wir uns auf die Suche nach Selbsterkenntnis einlassen können. Wir kontrollieren unsere äußeren Umstände und Umgebung, indem wir unser inneres Königreich regieren. Und wenn wir nach Wachstum streben, werden wir unser inneres Königreich so umgestalten, dass es das göttliche Modell genau widerspiegelt. Wie ein alchimistischer Meister lehrte: »Das Königreich des Himmels ist in dir.«

Tummo

Die Sechs Doktrinen des Naropa zählen zu den bedeutendsten Lehren des Vajrayana. Naropa, ein erleuchteter Mahasiddha, war der geistige Vater der Kagyüpa-Linie. Zu seinen Sechs Doktrinen zählt *Tummo*, der »Yoga des inneren Feuers«. Es ist Milarepa zu verdanken, dass diese Form des Yoga Ruhm erlangte, denn er empfing Naropas Lehren von Marpa (»der Übersetzer«) und gab sie wiederum an seinen geistigen Sohn Gampopa weiter. Milarepa verbrachte den größten Teil seines Lebens hoch oben auf dem Berg Kailash und im Himalaya, wo er, lediglich ein einfaches Leinentuch tragend, Yoga ausübte. Seine dürftige Bekleidung war keine Zurschaustellung von Enthaltsamkeit: Milarepa hatte den Tummo gemeistert und vermochte seine Körpertemperatur seiner Umgebung entsprechend anzupassen, oder poetisch ausgedrückt, er war in den warmen Mantel der Götter gehüllt. Seine dürftige Bekleidung war auch kein einmaliger Fall oder eine Ausnahme von der üblichen Praxis. Seit der Zeit von Jetsun-Milarepa haben Hunderte, wenn nicht Tausende von männlichen und weiblichen Praktizierenden Meisterschaft in Tummo erlangt. Beispielsweise waren 1954, während Edmund Hillarys erfolgreicher Besteigung des Mount Everest, die mit Thermohosen, Handschuhen, Socken, Stiefeln, Spikes und Sonnenbrillen ausgestatteten Mitglieder der Expedition ziemlich verblüfft, als sie einem *Repa* (ein Tummo-Adept) begegneten, der oberhalb der Schneegrenze des Everest lebte und nur ein Leinentuch trug. Die einzigen Teilnehmer an Hillarys Expedition, die nicht überrascht waren, waren die Sherpa-Träger, die alles gelassen hinnahmen.

Die Visualisierungsmeditationen, die die Grundlage des Tummo bilden, sind interessant, weil sie deutliche Ähnlichkeiten mit den »Drachenvisualisierungen« in der Alchimie aufweisen. Nachdem sie den physischen Körper als leer, lichtdurchlässig visualisiert haben, stellen sich die Praktizierenden die Göttin Vajra-Yogini vor, die höchste der Dakinis und eine Verkörperung der Kundalini. Ihren Körper denkt man sich rubinrot, und sie tanzt ekstatisch innerhalb von Akasha. Ihre Gestalt stellt man sich erst unendlich groß und dann unendlich klein vor. Die Praktizierenden visualisieren auch ihre Wirbelsäule (Susumna) erst als riesig und dann als winzig und denken dabei, dass die senkrechte, gerade Wirbelsäule den »Stamm« (Mittlere Säule) des Lebensbaumes versinnbildlicht.

Die psychischen Zentren, die Chakras, stellt sich der Tummo-Adept mit verschiedenen Sanskrit-Buchstaben vor, die er in seinem Innern aus verschiedenfarbigem Licht bildet. Später steigt die feurige Kraft unter der Wucht des sich herabsenkenden Einflusses vom Marszentrum empor und wird mit einer Reihe von Atemzügen immer höher die Wirbelsäule hinaufgeschoben, bis sie in das *Sahasrara*-Chakra, den tausendblättrigen Lotus, eintritt. Bei ihrem Emporsteigen bewegt sich die Kraft wie eine kreisende Spindel. Den Praktizierenden wird nun geraten, die »Kuh des Himmels« nach und nach zu melken, womit gemeint ist, dass sie den Nektar zu sich nehmen sollen, der das Mondzentrum füllt. Das Bewusstsein, in eine vom Nektar herrührende innere Glückseligkeit versunken, betrachtet alle äußeren Erscheinungen mit tiefer Freude. Das »niemals endende Geplapper« des ›Affengemüts‹ hört nun auf, während der Geist in das Überbewusstsein eintritt, in das Samadhi, das »der wahre Zustand der beständigen Stille« ist.

Alchimie, Kundalini-Yoga und Tummo sind *im Wesentlichen* ein und dasselbe, und ihre Praxis legt den echten Grundstein für den Weg zur Befreiung. Der Begriff *Kundalini* bedeutet »die Zusammengerollte« und bezieht sich auf den anfänglichen schlafenden Zustand der Schlangenkraft im Saturnzentrum (das Muladhara-Chakra). *Tummo* bedeutet wörtlich die »Zornige Mutter«. »Zornig« verweist auf die Natur des inneren Feuers, das alle Illusionen zerstört und alle Hindernisse auf dem Weg vernichtet, während »Mutter« darauf hinweist, dass diese Kraft der Vorfahr aller Formen und – da sie eine weibliche Bezeichnung hat – eine Kraft ist, die auf der unbewussten Ebene des Geistes wirkt. Und was noch wichtiger ist, da sie im Unterbewusstsein wirkt, kann der Praktizierende durch den Gebrauch der eigenen »Sprache« des Unterbewusstseins ›die Feurige‹ geschickt lenken, nämlich durch das Einsetzen genauer und klar entwickelter geistiger Bilder. Die Kundalini erschöpft jeden Wunsch durch Erfüllung, verleiht Glückseligkeit und führt den Praktizierenden ins kosmische Bewusstsein – die nichtdualistische Weisheit, die die Einheit des Einen – des Allgütigen – ist.

Alexandria: Wo der Osten den Westen berührt

In alchimistischen Texten finden sich zahlreiche Verweise auf »unsere Isis« und »unsere Diana«. Dies bezieht sich auf die Weiße Stufe des Werkes und bedeutet lediglich das Projizieren des ätherischen Vehikels (in der Alchimie in der Form eines Turms und im Vajrayana als ein Chörten) als den Brennpunkt für das Werk auf dieser Stufe. Isis und Diana sind Mondgöttinnen Ägyptens beziehungsweise des alten Roms. Die astroätherische Ebene wird durch die gesamte lunare Symbolik von Jesod auf dem Baum oder von Jezira auf der Jakobsleiter (dem erweiterten Baum) dargestellt. Folglich haben sie wie alle Verweise auf das Metall Silber genau die gleiche Bedeutung in der Alchimie. Im Sprachencode der Mysterien ist die Mondgöttin die Weiße Isis, die Himmelskönigin und der Stern des Meeres. Sie ist die alchimistische »Weiße Königin«, die nach der Vereinigung mit dem »Roten König« den Goldenen und Unsterblichen gebiert. Die Grüne Isis (manchmal der Hathor gleichgesetzt) ist die Personifizierung der Natur, die »Mutter von Tausenden«. Wie der grüne Stein und der grüne Löwe versinnbildlicht sie den natürlichen Zustand, den Ausgangspunkt des Werkes.

Klassische Gelehrte und moderne Paganen sind durch die Art und Weise, wie Alchimisten die Gottheiten der alten Pantheons in ihren Formeln verwenden, oft völlig verwirrt und irregeführt. Es bedarf also einer Klärung, wenn die Symbolik der Königlichen Kunst verstanden, anerkannt und angewendet werden soll.

Die Alchimie, der Yoga des Westens, wurde in Alexandria, der ältesten Hauptstadt des hellenistischen Ägyptens, entwickelt. Alexandria stach unter den alten Hauptstädten hervor, weil sie über die Vorteile eines prächtigen Hafens und eines hoch entwickelten Transportsystems (der Fluss Nil) verfügte und das Handelszentrum für die zwischen dem Fernen Osten und dem Westen reisenden Karawanen war. In der klassischen Welt war Ägypten als der »Brotkorb«, die Quelle von Reichtum, bekannt. Dank der Nilüberschwemmungen gab es jährlich zwei Ernten. Folglich wurde mit dem ägyptischen Getreide der größte Teil des mediterranen Beckens versorgt. Die Römische Republik und später das Römische Reich wurde mit ägyptischem Getreide beliefert. Trotz Shakespeares romantischer Interpretation ging es bei dem Krieg zwischen Kleopatra VII. und Marcus Antonius auf der einen Seite und Oktavian (dem späteren Herrscher Augustus) auf der anderen nicht um »Liebe«, sondern um politische Macht, gekauft und aufrechterhalten durch ägyptischen Reichtum. Eine moderne Analogie wäre die

Schlüsselposition, die die Öl produzierenden arabischen Staaten in der Weltwirtschaft des 20. Jahrhunderts innehaben.

Auf dem Gelände der kleinen altägyptischen Stadt Rhakotis von Alexander dem Großen gegründet, nachdem er Khem aus persischer Besatzung befreit hatte, wurde Alexandria schnell zum Handelszentrum des Mittelmeers und darüber hinaus. Folglich entwickelte sich die Stadt ebenfalls zum Sammelplatz für alle Kulturen und philosophischen Schulen der bekannten Welt. Wegen ihres Reichtums konnte Alexandria großartige Einrichtungen finanzieren. Ihre multikulturelle Bevölkerung schätzte und förderte Bildung, die Aneignung und den Austausch von Ideen in beispiellosem Umfang. Ihre frühen Herrscher, die Pharaonen der ptolemäischen Dynastie, kamen ursprünglich aus Makedonien. Besonders Ptolemäus I. Soter und Ptolemäus II. Philadelphos taten sich als Förderer der Philosophie, der Wissenschaft, der Architektur und der Künste hervor. Das Museion (wörtlich »Tempel der Musen«, von dem das moderne Wort »Museum« stammt) enthielt die Große Bibliothek und war die erste »Universität« im modernen Sinne. Die geniale Architektonik des Leuchtturms von Pharos wurde die ganze Geschichte hindurch als das letzte der sieben Wunder der Alten Welt bejubelt. Es war die Vision der frühen ptolemäischen Pharaonen, die Alexandria zur »Königin unter den Städten« erhob. Und ihre Vision war, den »Traum« Alexanders des Großen zu erfüllen, dass die Stadt ein Ort sein sollte, an dem Menschen aus allen Ländern der Welt in gegenseitigem Respekt miteinander leben konnten. Und überraschenderweise gelang es ihnen sogar sehr oft!

Alexandria war kein Utopia oder Shangri-La. Aber die Stadt verkörperte die höchste Blütezeit der Kultur, Philosophie, Medizin, Kunst und Literatur in der klassischen Welt. Die Liste der Lehrer in Alexandria ist beeindruckend: Euklid, Plotin, Porphyrios, Iamblichos, Hipparchos, Ammonius Saccas, Basildes und Hypatia, um nur einige wenige zu nennen. Der Neuplatonismus wurde in Alexandria begründet, und seine Lehre von der Emanation übte einen starken Einfluss auf die Lehrsammlung aus, die uns nun als die Kabbala bekannt ist. Eine Geschichte handelt davon, dass die Heilige Schrift der Juden (die Septuginta) auf Geheiß des Ptolemäus II. ins Griechische übertragen wurde. Dazu ließ er angeblich 70 palästinensische Übersetzer kommen;

den Rabbis wurden getrennte Räume zugeteilt, und sie durften nicht miteinander reden. Trotzdem glichen sich ihre Übersetzungen aufs Haar – was bewies, dass die Heilige Schrift von Gott inspiriert wurde. Griechische Philosophie, indische Vedanta, jüdische Mystik, römischer Legalismus und ägyptische Metaphysik befruchteten sich gegenseitig und verschmolzen miteinander. So war Alexandria schlicht und einfach der Urquell der westlichen Zivilisation. Jahrhunderte später gaben islamische Akademien Europa Alexandrias alte Schätze (die man verloren glaubte) wieder, und durch sie wurde die Renaissance ausgelöst, die den Westen aus seinem mittelalterlichen Sumpf herausholte.

In einer solchen Umgebung überrascht es kaum, dass Alexandria ein himmlisches Mandat erhielt und der spirituelle Angelpunkt der irdischen Welt wurde. Zu verschiedenen Zeiten in der Geschichte sind verschiedene Städte oder Länder zum spirituellen Einflusszentrum für die gesamte zeitgenössische Welt geworden. Chinesische Mystiker nennen das die »Verlegung der Hauptstadt«, um zu erklären, wie der Drehpunkt des Geistes von Epoche zu Epoche seinen Standort verlagert. Die große Schule der Seele in Alexandria, manchmal auch die »Tausendjährige Schule« genannt, bestand von ungefähr 305 v.u.Z. bis 642 u.Z. An dieser Schule wirkten weltweit die damals größten Weisen, Mystiker und Magier aller spirituellen Traditionen. Ihre Arbeit, wie es auf alle wahren Schulen zutrifft, zielte darauf hin, die permanente Evolution der Menschheit zu fördern.

Wenn die großen heidnischen Philosophen der klassischen und besonders der hellenistischen Zeit von den Göttern sprachen, verwendeten sie keine abergläubischen Begriffe wie das einfache Volk, sondern sprachen von ihnen als »groß geschriebene Menschen«. Die Philosophen, die den umherziehenden Hof Alexanders des Großen während seiner Eroberungen besuchten, kamen mit Kulturen aus der ganzen bekannten Welt in Berührung; sie gelangten – wie Alexander selbst – zu dem Schluss, dass die *Kräfte*, die die Götter symbolisierten, eine universale menschliche Erfahrung seien; es waren lediglich die *Formen* und *Namen* der Götter, die sich von Kultur zu Kultur unterschieden. Die alchimistischen Weisen vertraten ebenfalls diese auf die hellenistischen Philosophen zurückzuführende Ansicht. Die Gottheiten der Mysterienkulte wurden nicht als Heilige verstanden wie vergleichbare Figuren von Juden, Christen und Moslems. Für die Weisen ähnelten die Gottheiten mathematischen Formeln, die im Universum und im Leben seiner Geschöpfe wirkende, erkennbare Energien darstellen. Diese Energie zu anthropomorphisieren (ihnen menschliche Gestalt zu verleihen) war solide Psychologie. Man kann sich auf ein Ding beziehen und sich mit ihm, das ja zur eigenen Spezies zu gehören scheint, identifizieren. Dion Fortune brachte in ihrer Artikelreihe *The Circuit of Force* den stichhaltigen Grund für die Anrufung von Göttern prägnant zum Ausdruck. Sie sagt von den Göttern:

> Ein mythisches göttliches Wesen ist eine Projektion des Subjektiven und eine Symbolisierung des Objektiven. In ihm begegnen und vereinigen sich Subjektives und Objektives. Sie sind die Projektion unserer Wünsche und die Verkörperung der Faktoren im kosmischen Leben, in dem unsere Wünsche die subjektive Erfahrung sind.[2]

Ein »Gott« ist eine Maske, die mittels menschlicher Vorstellungen auf eine im Universum wirkende Kraft gelegt wird – aber die Kraft, die sie verhüllt, ist tatsächlich innen und außen real. Obwohl also die »Form« eines jeden Gottes ihren Ursprung in der menschlichen Brust hat (und Schöpfung der Geschöpfe ist), rühren die Energien, die die Götter versinnbildlichen, vom Makrokosmos her. Die Anrufung von Gottheiten ist eine überaus wirksame Methode, um das Unten mit dem Oben zu verbinden. Und die Weisheit dieser Methode wird durch die Erleuchtung bestätigt, die die Adepten der Alchimie und die Yogis des Vajrayana erlangt haben.

Aber es gibt noch einen anderen praktischen mystischen Grund für die Anthropomorphisierung. Sie impliziert die Lehre, dass die universalen Energien im menschlichen Wesen vorhanden sind. In den Mysterien wird gelehrt, dass die Götter sowohl außen als objektive Energien als auch innen als Archetypen und latente Potenzen existieren.

---
[2] Dion Fortune: The Circuit of Force, Loughborough, Leicestershire, UK, 1998, S. 207

Iamblichos zufolge liegt der Grund für die Anrufung der Götter durch Theurgie darin, unsere eigene Vergöttlichung, unsere Apotheose, zu unterstützen und zu »beschleunigen«. Das ist genau dieselbe Schlussfolgerung, die die buddhistische und tantrische Praxis begründet, bei der eine Wachstumsbeschleunigung zu wirkungsvollerem Dienst führt.

Klassische Eingeweihte betrachteten die Götter und Göttinnen nicht als Supermänner und Superfrauen. Mit Ausnahme vergöttlichter Menschen waren Göttinnen im Allgemeinen niemals physische Menschenfrauen und werden es auch niemals sein. Das trifft auf Götter gleichermaßen zu. Götter und Göttinnen waren vielmehr Klassifikationen von Energien, lediglich Etikettierungen. Die Gottheiten der alten Pantheons, wie sie in die Mysterien eingeflochten wurden, waren individualisierte Masken, *personae*, der absoluten Einheit. Sie befähigten die Praktizierenden, sich auf näher bezeichnete Energien zu konzentrieren, in der gleichen Weise, wie es die sefirotischen Klassifizierungen des Baums vermögen. Aus diesem Grund werden die einzelnen Gottheiten der alten Pantheons den verschiedenen Sefirot zugeordnet. Sie geben uns ein Gesicht und eine Gestalt, auf die wir uns auf den frühen Etappen unserer Reise auf dem Weg beziehen können. Später, wenn die Erleuchtung dämmert, werden sie überflüssig. Deshalb waren nach der Erleuchtung des Buddha die Götter des hinduistischen Pantheons die ersten, die ihn um Einführung in das Dharma baten.

Wie im Tarot, wo die männlichen Figuren Selbst-Bewusstsein und weibliche Bilder das Unbewusste symbolisieren, ist »Gott« in den Mysterien eine Bezeichnung für aktive, stimulierende Energien (Yang im Taoismus) und »Göttin« ein Begriff für passive, Form entwickelnde Energien (Yin im Taoismus). Der Baum des Lebens repräsentiert diese Dualität mit seinen komplementären seitlichen Säulen der Kraft und der Form, Energie und Struktur. In der Alchimie wie auch im Yoga arbeitet man mit dieser Dualität energetisch, und sie wird durch den solaren und lunaren Strom der Einen Strahlenden Energie aufgehoben.

Die moderne pagane Bewegung muss das wirklich noch begreifen lernen. Die meisten – und wir sprechen aus Erfahrung – betrachten die Götter noch immer lediglich als eine religiöse Alternative zum Monotheismus. Sie beten die Götter genauso an, wie es die *Laien* der Alten Welt taten, und nicht wie Eingeweihte in die Mysterien.

Nehmen wir den Gott Pan als Beispiel. Ursprünglich war er ein alter agrarischer Gott der Herden, der mit den späteren intellektuellen Göttern des Olymp oft im Streit lag. Wenn die Eingeweihten in die Mysterien »Pan« als Bezeichnung benutzten, wiesen sie nicht auf diesen Gott der wilden Tiere hin. Auch Dion Fortune oder Aleister Crowley beschwören nicht den Gott der Herden herbei, als sie ihre Anrufungen an Pan verfassten. Das griechische Wort *Pan* bedeutet »alles«. Die klassischen Eingeweihten und ihre Nachfolger verwendeten den Begriff »Pan« als Synonym für die Gesamtheit der Schöpfung. Die Menschheit verfügt über dieselben Impulse, Antriebe und Instinkte wie die Tiere (daher Pans Ziegenhufe und -beine). In der Kabbala wird dies *Nefesch* genannt. Aber die Menschheit hat auch ihre eigenen spezifischen Eigenschaften, die durch den menschlichen Kopf und Rumpf des Gottes herausgestellt werden. Seine Hörner sind wie die von Moses Symbole der Göttlichkeit, und die Hirten- oder Panflöte, die er spielt, steht für die Oktave, die im pythagoreischen Denken die Grundlage der Schöpfung ist.

Die Schwarze Isis

In der Hochzeitskammer des geheimen Tempels von Jod findet sich ein Standbild der Schwarzen Isis. Sie ist die Verschleierte oder Verborgene, die »Koinzidente Mutter« der alchimistischen Kabbala.

Wir befassen uns hier mit der Isis aus der Sicht der Alchimie, wie sie von den eingeweihten Adepten der hellenistischen Welt verstanden wurde, und nicht vom Standpunkt der Ägyptologie aus. Unter dem Einfluss der griechisch-ägyptischen Schule hatte Isis sich die Funktionen und Attribute aller anderen Göttinnen des altägyptischen Pantheons einverleibt. Als sich ihr Kult später, zur Zeit des Römischen Reiches, weiter verbreitete, nahm sie auch die Attribute aller anderen Göttinen im Reich in sich auf. Der Name des Flusses Thames (Themse) in London zum Beispiel bedeutet die »breite Isis«, und flussaufwärts bei Oxford wird eben dieser Fluss einfach »Isis« genannt. Eine der schönsten Anrufungen, die uns aus dieser Zeit überliefert wurden, stammt von Lucius Apuleius, einem römischen Priester der Isis. Sie erscheint in seinem Buch *Der goldene Esel* und bezeichnet Isis als die einzige Göttin.

In der Alchimie ist Isis die »Weltseele«, das universale unbewusste Reservoir. Sie repräsentiert außerdem die tiefste Schicht des persönlichen Unbewussten im Einzelnen, die sämtliche unbewussten Erinnerungen und karmischen Spuren aus allen vorhergehenden Inkarnationen umfasst. Wie bereits erwähnt, ist das Unterbewusstsein das magische Agens. Wenn sich die Alchimisten also auf »unsere Isis« beziehen, meinen sie diesen tiefsten Aspekt des Geistes, der wie Isis im altägyptischen Mythos die verstreuten Teile des zerstückelten Osiris (Selbst-Bewusstsein) sucht und findet und sie zusammenfügt und miteinander verbindet – die Isis, die mit ihrer Magie (der feurigen Kraft) Osiris von den Toten, vom dreidimensionalen Bewusstsein, auferstehen lässt, damit er der Horus-König (Pharao) wird, der Falke aus Gold, Symbol des überbewussten Zustandes der Erleuchtung. Durch das vom Selbst-Bewusstsein angemessen angeleitete Unbewusste wird das Große Werk vollendet. Diese rettende, heilende »Erlöserin« wird in den Mysterien die Weiße Isis genannt. Der Vorteil, einen einzigen Namen – Isis – zu verwenden, der diese verschiedenen Aktivitäten darstellt, besteht darin, dass er als ständige Erinnerung daran dient, dass letzten Endes alle Kräfte von dem Einen herrühren und in dem Einen sind.

Die Schwarze Isis ist der Aspekt des Universums, der die frei verteilte Energie (Chokmah) begrenzt, sie anzieht und in Einheiten zusammenzieht. Sie ist passiv insofern, als sie die Energie nicht verursacht, sondern sie sammelt und in Form hält. Kabbalistisch ist dies Binah und astrologisch der Planet Saturn. Die Schwarze Isis ist verschleiert, weil die Energie in der Form versteckt ist. Doch bis zur Erfindung verschiedener wissenschaftlicher Instrumente wussten die meisten Menschen nicht, dass alles Energie ist. Daher ist die Schwarze Isis *Ama*, die dunkle, unfruchtbare Mutter von Binah. Hier haben wir es mit einem tiefgründigen kabbalistischen Gedankengang zu tun. Biologisch gesehen kann man keine unfruchtbare Mutter haben. Vom Standpunkt des ewigen Geistes aus sind die »Kinder« von Ama, der Schwarzen Isis, begrenzt und kurzlebig, weil sich alle Formen verändern. Isis in ihrem schwarzen Aspekt verschleiert das Licht des Geistes.

Es heißt von ihr: »Niemand kann meinen Schleier lüften und leben.« (Ursprünglich wurde diese Aussage der alten Göttin Neith, der Weberin, zugeordnet). Mit anderen Worten, niemand, in dem der Sinn für Dualität fortbesteht, kann ihren Schleier lüften und wieder so leben, wie er zuvor gelebt hat. Denn durch den Schleier der Isis zu sehen bedeutet, durch *Maja* und natürliche Erscheinungen zu sehen und die Erste Materie, *Shunyata*, die Leere, zu erkennen. Die Schwarze Isis ist also die Verkörperung von Binah und daher von Akasha, der »Mutter« der Elemente der Weisen. Aber sie ist mehr als das.

Binah ist eigentlich keine gesonderte Kraft, die das Feuer von Chokmah ergreift und in Struktur hält. Die Sefirot sind eigentlich nicht voneinander getrennt, sondern die zehnfachen Aspekte der Einen Einheit. Woraus Binah – die Schwarze Isis – eine Form erschafft, ist das Feuer von Chokmah selbst, das ursprünglich durch die hohe Krone Keters aus Ain kam. Kraft und Form stellen eine illusorische, aber notwendige Dualität dar – notwendig für die manifeste Existenz. Dieses Wechselspiel, dieses Werben zwischen dem Allvater von Chokmah und der Großen Mutter von Binah setzt sich in allen vier Welten fort. Jede einzelne Lebensform kann nur in der Existenz, in der Verkörperung, fortbestehen, während sie genügend Energie erhält oder bewahrt, um ihre Struktur zu ergänzen.

Die Schwarze Isis ähnelt der tibetischen Meditationsgöttin Vajra-Yogini, der Diamant-Sau. Die Schwarze Isis entspricht der Shakti, der Welten formenden Mutter aller Dinge, in der hinduistischen Kosmologie. Und so ist sie die Kundalini, die Essenz der Kraft, in der Form eingeschlossen, die, wenn sie freigesetzt wird, uns von der Sklaverei der Energiemuster, dem Trugbild der Form, befreit. Die Schwärze der Isis ist der »Schleier« für ihre wesensmäßig feurige Natur. Schwarz und dunkle Farben werden Saturn und Binah in den unteren drei Welten zugeordnet. Aber in Azilut, der Welt der göttlichen Vollkommenheit, gibt sich Binah in feurigem Scharlachrot zu erkennen. Sie ist das göttliche Strahlen, verborgen in allen Dingen, »getarnt mit allen Tarnungen«. Denn die Schwarze Isis ist die verborgene Schechina, die mitbewohnende Herrlichkeit, die tagsüber im gewöhnlichen Bewusstsein als die Wolkensäule erscheint. Aber in der Nacht, in der Meditation und in erhöhten Bewusstseinszuständen zeigt sie sich als die Feuersäule, die in der

Susumna-Wirbelsäule aufsteigt, um mit ihrem Herrn wieder vereinigt zu sein. Wie die Schechina trauert die Schwarze Isis um ihren abwesenden Gemahl (der Absolute) und um ihre in Zeit und Raum verbannten Kinder. Darum betet der Weise die Schwarze Isis an, denn sie ist die Verkörperung – oder der verschleierte Aspekt – der Ersten Materie.

Damit wir nicht in die Falle geraten und uns diese Kräfte als im Grunde voneinander getrennt vorstellen, wenden wir uns wieder dem *Coelum Terrae* zu, in dem Thomas Vaughan von der Ersten Materie spricht (aber man beachte sein Wortspiel mit »nothing« [deutsch: nichts], womit er eigentlich »No-thing« [deutsch: kein Ding] meint, das Ain der Kabbala, wie er später erläutert):

> Dieses erste Etwas war eine bestimmte Art von Wolke oder Dunkelheit. … Was war dieses Nichts, aus dem das erste wolkige Chaos … geschaffen wurde? Vielleicht denkst du, dass es lediglich ein Nichts ist. Tatsächlich ist es *nihil quo ad nos* – nichts, was wir vollkommen wissen …

> Aber, mit Verlaub, es ist das Wahre Ding, von dem wir nichts bestätigen können. Es ist diese Transzendente Essenz, deren Theologie negativ ist. … Das ist dieses Nichts von Cornelius Agrippa, und in diesem Nichts, als er der menschlichen Dinge überdrüssig war – ich meine der menschlichen Wissenschaften –, ruhte er sich endlich aus. »Nichts zu wissen ist das glücklichste Leben.« Fürwahr, denn um dieses Nichts zu wissen, bedeutet ewiges Leben. Lerne also, dieses magische Axiom zu verstehen: »Das Sichtbare wurde vom Unsichtbaren gebildet«, denn alles Sichtbare kam aus dem unsichtbaren Gott hervor, denn Er ist die Quelle, aus der alle Dinge fließen, und die Schöpfung war eine gewisse gewaltige Geburt oder Entbindung. Dieses feine jungfräuliche Wasser oder Chaos war die zweite Natur von Gott selbst …

> Das erste Extrem war diese Wolke oder Dunkelheit, worüber wir weiter oben gesprochen haben. Einige nennen sie die ferne Materie und das unsichtbare Chaos, was aber überaus inexakt ist, denn es ist nicht unsichtbar. Dies ist das jüdische *En Sof* nach

außen hin, und es ist das Gleiche mit dieser orphischen Nacht: »O Nacht, du schwarze Amme der goldenen Sterne.« Aus dieser Dunkelheit sind alle Dinge, die in dieser Welt sind, hervorgegangen, wie aus ihrer Quelle oder ihrem Mutterboden.[3]

Vorbereitungen

Bevor wir zur eigentlichen Übung übergehen, müssen wir auf dieser Stufe die Vorübungen vertiefen. Es ist wichtig, dass Sie von jetzt an Ihre Übungen an einem Ort durchführen, an dem Sie absolut ungestört sind. Eine plötzliche Unterbrechung während der nun erfolgenden »gewollten Dissoziation« könnte zu einem unangenehmen Schock führen.

Nachdem Sie Ihren Meditationsraum oder Ihr Laboratorium, wie die alten Alchimisten ihn nannten, betreten haben, besteigen Sie den Baum von Asija und schlagen das Kabbalistische Kreuz. Nun rufen Sie die vier Erzengel der Gegenwart an: nach Osten Raphael, nach Süden Michael, nach Westen Gabriel und nach Norden Uriel. Stellen Sie sich vor, dass sie wirklich den gesamten Bereich Ihrer Aura bewachen (Raphael steht Ihnen gegenüber, Gabriel hinter Ihnen und so weiter). Dieser Bereich erstreckt sich etwa im Umkreis von 1 Meter 20 um Ihren physischen Körper herum. Die Erzengel befinden sich auf gleicher Höhe wie Ihr Malkut-Zentrum und sind ungefähr drei Meter groß. Raphael trägt eine Kugel aus Saphir; Michael schwingt eine rote, sich verjüngende Flamme; Gabriel trägt einen Halbmond und Uriel einen Würfel aus alchimistischem Gold. Sie können verbale Anrufungen verwenden, falls das hilfreich ist, und/oder das »Bannungsritual des kleinen Pentagramms« durchführen. Denken Sie jedoch daran, dass mit diesem Bannungsritual die verschiedenen Verdunkelungen in Ihrer Sphäre der Sinneswahrnehmung (Aura) gereinigt werden sollen. Wenn Sie diese Zeremonie in Ihrem persönlichen Laboratorium oder Tempel kontinuierlich durchführen, aber sich dabei auf den Raum und

---
[3] A. E. Waite, Hrsg., The Works of Thomas Vaughan, London 1919, S. 213–214, 216

nicht auf sich selbst konzentrieren, wird sich keine dauerhafte spirituelle Atmosphäre entwickeln.

Das Kabbalistische Kreuz gemeinsam mit der Anrufung der vier Erzengel versiegelt mit Heiligkeit die sechs Richtungen: oben, unten, Osten, Westen, Süden und Norden. Dies ist eine mikrokosmische Reflektion des im *Sefer Jezira* erwähnten großen Raumwürfels und eine Form des »Quadrierens des Kreises«. Die siebte Richtung ist in Ihnen, die Immanenz, die im *Sefer Jezira* der »Palast der Heiligkeit in der Mitte« genannt wird.

Als Nächstes führen Sie die Mudra »Öffnen des Schleiers« aus. Nun setzen Sie sich und widmen sich den Übungen des miteinander verwobenen Lichts und der Fontäne-Atmung. Wenn Sie sich zentriert fühlen, sprechen Sie das folgende Mantra:

> Unter dem Schatten deiner Flügel, O Du, die Eine Wirklichkeit, ruhe ich sicher und geschützt. Jetzt sinke ich tief in die stillen Wasser des Ursprünglichen ein; möge innen und außen Frieden herrschen. Und mich daraus erhebend, lass mich den Gralsaltar aus dem zurückgezogenen Tempel von Ruta Leben geben, ihn aus der Latenz in das lebendige, potente Bild der Tafelrunde des Königs aktivieren.

Während Sie diese Worte mit Bedacht sprechen, sehen Sie, wie der Lichtpunkt in Ihrem Tiferet-Zentrum zum Eidolon der Tafelrunde wird, und wenn Sie ans Ende des Mantras gelangen, projizieren Sie ihn vor sich. Dabei nimmt er Lebensgröße an. Während er schnell aus Ihrer physischen Hülle hervorkommt, sehen Sie den Tisch in der Großen Halle der Burg, im Innern des Turms auf dem Hügel der Macht. Kurzum, mit dem Tisch als Angelpunkt projizieren Sie die ganze Burg vor sich, so als würden Sie im genügend großen Abstand vor ihr schweben, damit Ihnen eine Gesamtansicht zuteil wird. Bauen Sie das Bild weiter auf. Sehen Sie die Burg auf dem grünen Hügel, die Weiße Sonne hoch oben scheinend, die starken Burgmauern mit ihren flatternden Fahnen, umgeben vom glitzernden Graben.

Projizieren Sie nun Ihr Bewusstsein in den Turm, indem Sie durch das ovale Fenster der Kammer des Innewohnens »hineinfliegen«. Projizieren Sie sich geradewegs auf den Stuhl mit der hohen Lehne in der Mitte des Raums. Dieses »Fliegen« findet nicht in irgendeinem Körper oder irgendeiner Form statt. Es ist Ihr Bewusstsein selbst, manchmal der »Stern des Bewusstseins« genannt, das projiziert wird. Es kommt nur der Gesichtssinn zum Tragen. Sie »sehen« einfach das Bild, während Sie sich auf es zubewegen. Erst wenn Sie auf dem Stuhl in der Kammer des Innewohnens sitzen, stellen Sie sich vor, dass Sie sich in einem Körper befinden. Das bedeutet, dass Ihr aus dem Geist erschaffener Körper, der im Turm der Kunst sitzt, genau dieselbe Haltung einnimmt wie die physische Hülle, die Sie vorübergehend verlassen haben. Dadurch wird die Identifikation mit dem »inneren Ort« leichter erreicht und wirkungsvoller.

Die Übung

Nachdem Sie die gerade beschriebene Vorübung durchgeführt haben, erheben Sie sich vom Stuhl in der Kammer des Innewohnens. Auf der rechten Seite der kupferbeschlagenen Tür Ihnen gegenüber steht ein Kleiderständer, an dem ein mit Kapuze versehenes indigoblaues Gewand hängt. Darunter steht ein Paar silberne Sandalen. Stehen Sie auf, ziehen Sie das Gewand an, schlüpfen Sie in die silbernen Sandalen und ziehen Sie sich die Kapuze über den Kopf. Öffnen Sie die Tür, gehen Sie durch sie hindurch und schließen Sie sie hinter sich. Die Tür trägt das emaillierte Apas-Tejas-Schild.

Steigen Sie die lunare Wendeltreppe zum Tiferet-Absatz hinunter, die am Schlüssel »Die Hohepriesterin« zu erkennen ist, und betreten Sie durch den niedrigen Eingang mit seinem regenbogenfarbigen Nebel die Große Halle. Nehmen Sie Ihren Platz an der runden Tafel ein und begrüßen Sie die Großen Gefährten durch den Gral.

Nutzen Sie die übrige Zeit dieser Sitzung und so viele weitere Sitzungen wie nötig, um sich mit der Burg voll und ganz vertraut zu machen. Wandern Sie umher und setzen Sie dabei die inneren Entsprechungen Ihrer physischen Sinne ein, um sie zu objektivieren. Betrachten Sie die Sehenswürdigkeiten; berühren Sie die Oberflächen;

riechen Sie die Düfte – den Weihrauch, der die Kapelle immer zu durchdringen scheint; hören Sie das zischende Geräusch, das die in der Brauthalle von Malkut wirkenden mächtigen Kräfte erzeugen; spüren Sie den Wind auf der Brustwehr und die Energie der scheinenden Weißen Sonne. Benutzen Sie immer die richtige Wendeltreppe, um den Turm hinauf- und hinunterzusteigen.

Ergründen Sie in anderen Sitzungen den Hof und das umliegende Land. Überqueren Sie die Brücke und begeben Sie sich an den Waldrand. Machen Sie sich mit all dem vertraut – es ist Ihr inneres Königreich; lernen Sie es kennen. Halten Sie die Einzelheiten in Ihrem Tagebuch fest. Und vergessen Sie nicht, die Burg auf irgendeine Weise zu manifestieren. Zeichnen oder malen Sie sie; fertigen Sie ein Modell aus Knetmasse oder Ton an; Sie können eine Computergrafik erstellen (die Sie jedoch ausdrucken müssen, damit sie »geerdet« ist). Solange Sie keine Manifestation in irgendeiner Form hervorbringen, werden gewisse Elemente des Unterbewusstseins nicht an Ihr Bild glauben. In diesem Fall sind alle Bemühungen zwecklos.

Kehren Sie am Ende jeder Sitzung in die Kammer des Innewohnens auf dem Stockwerk von Daat zurück. Schließen Sie die Kupfertür hinter sich. Ziehen Sie das indigoblaue Gewand und die silbernen Sandalen aus und hängen Sie das Gewand an den Kleiderständer. Setzen Sie sich auf den Stuhl in der Mitte des Zimmers. Projizieren Sie Ihr Bewusstsein durch das Fenster hindurch und zurück in Ihren physischen Körper durch die Stirn. Sehen Sie das Eidolon der gesamten Burganlage vor sich, dann »ziehen« Sie den Tisch zurück auf Ihr Herzzentrum zu. Der auf Sie zukommende Turm wird immer kleiner, tritt dann in Ihren physischen Körper ein und verschmilzt mit ihm, die runde Tafel trifft mit Ihrem Herzzentrum zusammen. Erheben Sie sich, »schließen Sie den Schleier« und schlagen Sie das Kabbalistische Kreuz. Danken Sie den Erzengeln und fordern Sie sie auf, »in ihr eigenes Reich zurückzukehren«. Steigen Sie vom Baum von Asija herunter und stampfen Sie mit den Füßen auf, um Ihre Rückkehr in die Physikalität zu bestätigen. Tragen Sie Ihre Beobachtungen in Ihr Tagebuch ein.

Die Kontemplation

In der Vergangenheit waren wir geistgeschaffene, spirituelle Wesen, genährt von Freude. Selbstleuchtend und in unvergänglicher Schönheit schwebten wir durch die Lüfte. So verweilten wir sehr lange. Nach endlosen Zeiten stieg die wohlschmeckende Erde aus den Wassern. Sie hatte Farbe, Duft und Geschmack. Wir fingen an, sie zu Klumpen zu formen und zu essen. Aber während wir das taten, verschwand unsere Leuchtkraft. Und als sie verschwunden war, erschienen Sonne und Mond, Sterne und Sternbilder, Tag und Nacht, Wochen und Monate, Jahreszeiten und Jahre. Wir erfreuten uns an der wohlschmeckenden Erde, genossen sie, wurden von ihr genährt; und so lebten wir lange Zeit. ... Als aber üble, zügellose Gewohnheiten unter uns aufkamen, verschwand die wohlschmeckende Erde, und als sie ihren Wohlgeschmack verloren hatte, erschienen Gewächse auf dem Boden, die mit Duft, Farbe und Geschmack ausgestattet waren. Auf Grund der üblen Gewohnheiten und weiterer Verrohung ... verschwanden auch diese nahrhaften Gewächse, und andere aus sich selbst entstehende Pflanzen verringerten sich in solchem Maße, dass schließlich nichts Essbares von selbst wuchs und Nahrung durch harte Arbeit produziert werden musste. So wurde die Erde in Felder aufgeteilt, und Grenzen wurden errichtet, wodurch die Idee von »Ich« und »Mein«, »Eigenes« und »Fremdes« und mit ihr Besitztum, Neid, Gier und Verhaftung an materielle Dinge entstanden.

Agganna-Sutta[4]

---

[4] Lama Anagarika Govinda: Foundations of Tibetan Mysticism, York Beach, ME, 1969, S. 76

X

DER PFAUENSCHWANZ

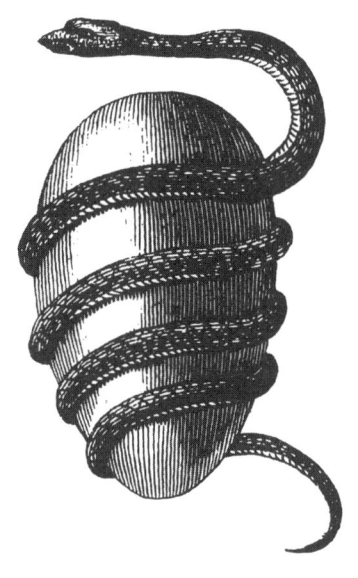

*Stell dir die Seele als eine Burg aus einem einzigen Diamanten vor ...
mit vielen Räumen. Stellen wir uns vor, dass diese Burg ... viele Gemächer
enthält, einige oben, andere unten, einige an jeder Seite, und in der Mitte ...
befindet sich der wichtigste, wo die geheimsten Dinge
zwischen Gott und der Seele ausgetauscht werden.
Wenn diese Burg die Seele ist, steht es eindeutig außer Frage,
dass sie zu betreten ist, denn wir selbst sind die Burg ...
Du musst verstehen, dass es viele Wege gibt, um an einem Ort zu »sein«.*

Hl. Teresa von Ávila[1]

Die Lehre

Bei der Arbeit mit Bildern stehen uns zwei Methoden zur Verfügung: die Visualisierung mit Hilfe der schöpferischen Vorstellungskraft, und die Evokation, wobei wir spontane Bilder aus den Tiefen des Bewusstseins an unserem geistigen Bildschirm erscheinen lassen.

Durch Evokation hervorgerufene Bilder sind hypnagogische Bilder, die man aus dem Unterbewusstsein aufsteigen lässt. Komplexe in der Psyche treten mit solchen Bildern »voll und ganz bekleidet« auf. Bei vielen der alten magischen Praktiken, die den »Kreis der Sicherheit« und das »Dreieck der Kunst« anwenden, handelt es sich überwiegend um eine Form der Psychoanalyse. In der *Heiligen Kunst von Abramelin, dem Magier,* gehen Praktizierende, nachdem sie eine stabile Kommunikation zwischen dem niedrigeren Selbst und dem heiligen Schutzengel hergestellt haben, dazu über, die Dämonen anzurufen und zu beherrschen. Es heißt von den Adepten, dass sie »mit dem gesamten Himmel regieren und die gesamte Hölle ihnen dient«.

---

[1] St. Theresa of Avila: The Interior Castle, London 1974, S. 172

Dieser Aspekt des Werkes ist als die »Befreiung der Persönlichkeit« bekannt, wodurch die nicht überwundenen Aspekte in den Tiefen unseres Unbewussten zu sichtbarer Erscheinung heraufbeschworen, in das vereinigende Licht des Bewusstseins gebracht und somit von ihrem Zustand des Getrenntseins zurück in die integrierte Persönlichkeit aufgenommen werden. In der Jungschen Psychologie wird das als »Reifung« bezeichnet. Auch wenn die alte Sprachweise diese Komplexe Dämonen nennt, wäre es töricht von uns, davon auszugehen, dass sie an sich böse sind. Nur weil etwas im Schatten ist, heißt das nicht, dass es schlecht ist. Die meisten der inneren Dämonen, denen wir begegnen, drücken unsere Ängste vor Leiden, Tod, Veränderung oder Ablehnung aus, und ihre Formen spiegeln diese Ängste wider. Letztere sind grundsätzlich Teil unseres Erbes von der Nefesch, der Vitalseele von Jesod, die wir mit allen physischen Geschöpfen gemeinsam haben. Sie sind eine Folge der Verkörperung, unseres Herden- und Selbsterhaltungstriebs. Im Grunde sind sie überhaupt nicht negativ, aber wir sollten auch nicht zulassen, dass sie unser Bewusstsein beherrschen oder unsere Handlungen beeinflussen.

Eine andere innere Manifestation ist der »Führer«, den die Forscher des Mittelalters ebenfalls als Dämon (da er den Mystiker von der etablierten Orthodoxie weglockte) und die Griechen als *daímon* bezeichneten, was »Bote« bedeutet. C. G. Jung hatte, wie es aus seiner Autobiografie *Erinnerungen, Träume, Gedanken* und seinen Zeichnungen hervorgeht, seinen »daímon«, den griechisch-ägyptischen Lehrer Philemon. Jung, der zu der Zeit die umfangreichste alchimistische Bibliothek in Europa besaß, schrieb auch nach den Richtlinien der Inneren Ebene *VII Sermones ad Mortuos; Die sieben Belehrungen der Toten*, die den viel sagenden Untertitel »Geschrieben von Basilides in Alexandria, der Stadt, wo der Osten den Westen berührt« tragen. Wir werden auf diesen inneren Führer später ausführlicher eingehen.

Die Zitadelle

Der kabbalistische Baum des Lebens bildet das Fundament; er ist das Rückgrat, von dem alles andere abhängt. Ich verwende den Begriff »Rückgrat«, weil wir uns auch mit dem subjektiven Baum in jedem von uns beschäftigen. Die Mittlere Säule dieses subjektiven Baums ist nach der Wirbelsäule des menschlichen Körpers und der Lage der inneren Sterne oder Chakras im ätherischen Körper ausgerichtet. Der Drache (Kundalini) wird geweckt und durch die ihm angemessenen Kanäle gelenkt. Jeder Praktizierende, der diese Methoden anwendet, hat nichts zu befürchten, wenn man von der Angst selbst absieht. Aber Leser, die beschließen, die Parameter des vorliegenden Buches zu verlassen und ohne Wissen zu experimentieren, haben es sich selbst zuzuschreiben, wenn sie in Schwierigkeiten geraten.

Der Schlüssel zu der ganzen Methode liegt in der Anwendung der projizierten Burg. Dadurch wird sichergestellt, dass die Konzentration der geistigen Energien auf den ätherischen Körper gerichtet bleibt, der durch die damit verbundene Visualisierung aufgebaut wurde. Wenn es am Ende der Meditationsübung in den physischen Körper zurückgeführt wird, arbeitet dieses projizierte ätherische Vehikel weiterhin auf eine völlig sichere und selbst gesteuerte Weise weiter.

Die mentale Burg ist das, was im Osten ein *Yantra* oder »Formsymbol« genannt wird. Wenn ein Yantra von einem – gewöhnlich kreisförmigen oder quadratischen – Rahmen umgeben wird, spricht man von einem *Mandala*. Unsere Burg ist also ein von der visualisierenden und schöpferischen Imagination entwickeltes Formsymbol. Weil ihre Gestaltung auf der Grundlage der zeitlosen Weisheit stattfindet, können wir sie als eine lebensfähige Form bezeichnen, im Stande, ein Gefäß der Kraft und Energie zu sein, das sie mit mentalem Licht und spiritueller Güte aufladen kann.

Das Eidolon der Burg empfängt Kraft. Es quillt außerdem über von den Präsenzen und Intelligenzen, einschließlich der Meister und inneren Lehrer. Vergessen Sie jedoch nicht, dass, so wie in Shakespeares *Der Sturm* all die wunderschönen Anblicke und Szenen der bezauberten Insel Projektionen des Magiers Prospero und der ihm dienenden Geister waren, auch diese Burg durch Ihre schöpferische Tätigkeit hervorgerufen wird und eine ähnliche Projektion Ihrer selbst und der Ihnen zu Diensten stehenden Elementargeister ist, die die Zellen Ihres physischen Körpers bewohnen.

Die Externalisierung Ihrer inneren Zustände durch das Medium der Burg stellt eine überaus mächtige Magie dar, und damit die besten Resultate erzielt werden, muss dies korrekt geschehen. Es werden nicht nur Ihre geistigen Fähigkeiten herangezogen, sondern der ganze Komplex spiritueller, mentaler, emotionaler und ätherischer Energien muss zum Einsatz kommen. In gewissem Sinn ist die Projektion des inneren, subtilen Vehikels in der Form eines Gebäudes, einer Gottheit oder eines »Körpers« der fehlende Schlüssel zur Alchimie, ohne den all die alchimistischen Texte bedeutungslos sind. Aber selbst wenn Sie den Schlüssel haben und wissen, wozu er dient, sind Sie noch immer weit davon entfernt, mit ihm angemessen umzugehen. Diese Projektion weist verschiedene Grade der Intensität auf. Im vorliegenden Buch vermittle ich Wissen und erprobte Übungen, die Sie zur höchsten Geschicklichkeit führen können. Die Projektion, die natürlich die »Trennung des Subtilen vom Groben« ist, wird manchmal als der »zweite« oder »größere« Tod bezeichnet. In ihrem Buch *A Suggestive Enquiry into the Hermetic Mystery* bemerkt Mary A. Atwood:

> Es gibt eine zweifache Art des Todes; die eine, bei der der Körper von der Seele befreit wird, ist zugegebenermaßen allgemein bekannt; aber die andere, bei der die Seele vom Körper befreit wird, ist den Philosophen [Alchimisten] eigentümlich; die eine folgt auch nicht ganz der anderen. Was die Natur bindet, löst die Natur auch wieder auf; was die Seele bindet, kann die Seele ebenso auflösen; zwar bindet die Natur den Körper an die Seele, aber die Seele bindet sich an den Körper. Folglich befreit die Natur den Körper von der Seele, aber die Seele vermag sich ebenfalls vom Körper zu befreien. Das heißt, wenn sie weiß, wie dies vonstatten geht, und die richtige Disposition erworben hat, kann sie ihr begriffliches Vehikel, selbst die elterliche Bindung, auflösen und unter der Wirkung eines anderen Gesetzes bewusst ins Leben zurückkehren (die Grundprinzipien bleiben vorhanden und müssen sich auch nicht ändern). Das war der Weg zum »kostbaren Tod«, von dem die Hebräer und Gelehrten sprachen, dies ist das »glückliche Tor der Schwärze«, das die alten Adepten zelebrierten, der »Kopf von Hermes' Krähe«, der zum Beginn des Werkes gehört.[2]

---

[2] Mary A. Atwood: A Suggestive Enquiry into the Hermetic Mystery, Geneva, IL, 1976

Der Nachdruck, der in alchimistischen Schriften auf die Wichtigkeit der Externalisierung gelegt wurde, führte dazu, dass viele Kommentatoren zur Hermetischen Kunst einer falschen Spur folgten, weil sie glaubten, mit dem Wort »extern« wäre etwas *außerhalb* vom Alchimisten gemeint, das für die Vollendung des Großen Werkes notwendig sei. Nichts könnte der Wahrheit ferner liegen. Wie es in dem Vajrayana-Text, dem *Dialog über das Höchste Nektar-Elixier*[3], heißt: »Um das höchste Elixier zu erhalten ... den absoluten Höhepunkt des tantrischen Weges. .... Begib dich zu den Wurzeln der Inneren Strahlung des Geistes.«

Diese Zitadelle Ihres Selbst ist viel älter als deren derzeitige Inanspruchnahme durch Sie, denn aufgrund ihres archetypischen Charakters geht sie Ihrer derzeitigen Inkarnation voraus. Unter den Ebenen, die wir neu erschaffen haben, liegen noch mehr ursprüngliche Räume. Einige dieser Räume, tief unter der Oberfläche, bewahren Gefangene aus Ihrer weit zurückliegenden Vergangenheit. Andere enthalten Gefangene aus jüngeren Zeiten. Tief darunter liegt die chthonische Brauthalle. Und darüber in der Hochzeitskammer befindet sich diese feurige Kraft, die, wenn entfesselt, das ganze Gebäude zerstören könnte, wie es im Schlüssel 16, »Der Turm«, bildlich dargestellt wird.

Sie haben nun die Zitadelle mit den feineren ätherischen, astralen und mentalen Substanzen aus Ihrer Aura errichtet, und daher steht sie in enger psychischer Verbindung mit Ihnen. Da jede Kammer im Turm der Kunst einem der subjektiven sefirotischen Zentren entspricht, haben Sie auf diese Weise ein ferngesteuertes Instrument konstruiert. Der Turm ist ein Werkzeug, mit dem Sie Energie auf die Chakras richten und lenken können, ohne sich auf die physischen Zentren selbst konzentrieren zu müssen. Durch die Arbeit in der angemessenen Kammer in der Burg können Sie eine Wirkung auf die inneren Ebenen erzielen. Von dort aus dringen Sie auf natürliche Weise in das physische Wachbewusstsein ein. Dieses ätherische Bauwerk verhindert also Schäden am physischen Körper, erlaubt aber zugleich den spirituellen Kräften der ätherischen Zentren, sich ganz natürlich zu entfalten. Die meis-

---
[3] Aus einem unveröffentlichten tibetischen Manuskript

ten inkarnierten Menschen heutzutage verfügen über eine ganz gute innere Entwicklung und können, sofern die ätherischen Verbindungen hergestellt sind, ein erhebliches Maß an astralem und höherem Bewusstsein ins Wachbewusstsein hineinbringen.

Der Golem

Die alten Kabbalisten bezeichneten eine aus dem Denken erschaffene Form, die speziell als Vehikel für das Bewusstsein entwickelt wurde, als *Golem*. Eine solche Mentalkonstruktion ist nicht das Gleiche wie die üblicheren magischen Gedankenformen, die von künstlichen oder elementaren Intelligenzen beseelt sind. Bei einem Golem haben wir es ausschließlich mit dem externalisierten subtilen Vehikel des Praktizierenden zu tun, das am Ende einer Sitzung wieder in den Zustand unbewusster Latenz versetzt wird.

Die bekannteste Geschichte von einem Golem ist die des »Golems von Prag«. Zu einer Zeit schwerer Pogrome schuf Rabbi Löw zum Schutz der jüdischen Gemeinde einen Golem. Er formte die Gestalt eines großen Mannes aus Ton und Lehm und erfüllte sie mit Hilfe geheimen kabbalistischen Wissens (dem *Sefer Jezira* entnommen) mit Leben. Als er *Emeth*, das hebräische Wort für »Wahrheit«, auf die Stirn der Statue schrieb, wurde sie lebendig und tat, was ihr vom Rabbi befohlen wurde. Aber wie in den meisten Geschichten dieser Art geriet das Geschöpf schließlich außer Kontrolle, und Rabbi Löw musste es zerstören. Dazu löschte er den ersten Buchstaben von *Emeth* – den Buchstaben *Alef* – aus und verwandelte das Wort also in *Meth*, was »Tod« bedeutet. Der Golem löste sich augenblicklich auf und zerfiel zu Staub. Der lokalen Folklore zufolge soll der Staub des Golems noch immer auf dem Dachboden der Altneusynagoge in Prag liegen.

Wie bei allen sich hartnäckig haltenden Legenden gibt es keinen Rauch ohne Flamme. Der Golem ist eine aus astro-ätherischer Substanz errichtete künstliche Form (ein Produkt der Kunst), die dann durch das Bewusstsein des Praktizierenden belebt wird. Das ist in Wirklichkeit mit dem Buchstaben *Alef* in der Legende gemeint. Dieser Buchstabe wird dem Schlüssel »Der Narr« oder »Der Alchimist« zugeordnet, wie er einst genannt wurde. Der esoterische Begriff dieses Tarot-Schlüssels lautet »Der Geist des Äthers« oder »Die Quintessenz«. *Alef* symbolisiert außerdem die Zahl Eins, die die Einheit mit Gott bedeutet. Aus diesem Grund erklären alle wahren alchimistischen Texte eindeutig, dass die Grundvoraussetzung für jegliche alchimistische Arbeit das Gebet, die Würdigung, das Emporheben des Bewusstseins in die Gegenwart des Göttlichen ist. Und das ist der Zweck der wiederholten vorbereitenden Übungen, den Baum des Körpers hinaufzusteigen und die göttlichen Namen anzurufen – um das Bewusstsein an dem »Ort, an dem sich die drei unteren Welten berühren«, zu zentrieren. Erst wenn das Bewusstsein des Praktizierenden (Geist, die Quintessenz) in den Golem projiziert wird und ihm innewohnt, wird die Form zu *Emeth*, in Wirklichkeit lebendig. Und wenn der Stern des Bewusstseins zurückgezogen wird, so wird der Golem untätig, »tot«, einem Auto gleich, in dem kein Mensch sitzt, um den Motor zu starten und loszufahren.

Dies ähnelt einer Technik in den westlichen Mysterien, die herkömmlicherweise als »Lichtkörper« bekannt ist. Diese Bezeichnung kann irreführend sein. Hier bezieht sich »Licht« auf das Astrallicht und nicht auf das Geistlicht, denn wenn ein solcher künstlicher Körper gesehen wird – und er kann wahrgenommen werden –, dann als leuchtende Erscheinung mit silbrigen Strahlen, als »Licht, das keinen Schatten wirft«. Obwohl die Ebenen der Formulierung, des Innewohnens und der Wiederaufnahme für den Golem und den Lichtkörper fast die gleichen sind, dienen sie doch sehr unterschiedlichen Zwecken. Ein Lichtkörper wird für Reisen externalisiert, um das Bewusstsein an einen bestimmten physischen oder übernatürlichen Ort zu transportieren. Der Golem – der Turm der Kunst – wird externalisiert, um Anpassungen innerhalb des subtilen Körpers vorzunehmen, sodass die verschiedenen Zentren (durch die Kundalini) gereinigt und aktiviert werden und der physische Körper auf diese Weise transmutiert und transformiert wird. Im Vajrayana bildet die Formel des Lichtkörpers die zweite der Sechs Lehren des Naropa, *Die Lehre vom trugvollen Körper*. »Trugvoll« bedeutet hier geistgeschaffen (wie im Grunde alle Hüllen des Bewusstseins) und hat dieselbe Konnotation wie der alchimistische Begriff »künstlich«, was ein »Produkt der Kunst« bedeutet. Ein Praktizierender, der sich Erfahrung und Geschick im Umgang mit der Golem-Formel angeeignet hat, kann die Technik des Lichtkörpers sehr leicht beherrschen. Für den umgekehrten Fall gilt das jedoch nicht; ein Autofahrer ist nicht zwangsläufig ein fähiger Mechaniker. Es ist der Lichtkörper, der von Paracelsus und anderen mittelalterlichen Alchimisten als der *Homunkulus* bezeichnet wird; damit bezogen sie sich nicht auf einen kleinen Mann aus Fleisch und Blut, sondern auf einen aus dem Denken erschaffenen, aus subtiler Substanz geformten Körper.

Nun, da dieser Unterschied hervorgehoben wurde, kann der Turm paradoxerweise dazu verwendet werden, das Bewusstsein zu einem äußerst spezifischen Zweck zu transportieren. Zuerst einmal sollte klargestellt werden, dass das Bewusstsein selbst eigentlich kein Vehikel benötigt, um irgendwo zu sein. Das Bewusstsein ist allgegenwärtig. Aber es bedarf eines Vehikels, um wirkungsvoll auf jeder gegebenen Ebene zu funktionieren. In weit fortgeschrittener Praxis wird der Turm innerhalb der ätherischen Entsprechung zur Erde verschoben, zuerst zum Nordpol, wo unser Planet den größten Teil der eingehenden kosmischen Strahlungen von den Sternen empfängt, und von dort aus zu anderen Orten, sogar zu dem großen, diamantgekrönten Turm an der Hauptwohnstätte der unsterblichen Weisen, diesem hehren Heiligtum, das, wie sein Name erklärt, der »Ort ist, an dem der Wille Gottes bekannt« ist. Auf diesem hohen Niveau erfolgt die Praxis nur unter unmittelbarer Führung.

Die Erschaffung und die Anwendung eines Golems ist so alt wie die Kabbala selbst. Der früheste Bericht stammt von dem Patriarchen Abraham. Nach Abrahams Einweihung in die Kabbala blieb der Priester-König Melchisedek noch bei ihm und unterwies ihn in dem ganzen Schaffensprozess eines Golems. Rabbi Aryeh Kaplan schreibt in seiner Übersetzung des und seines Kommentars zum *Sepher Yetzirah*[4]: »Da Abraham als größter Mystiker und Astrologe seiner Zeit galt, ist es natürlich, anzunehmen, dass er mit allen Mysterien des alten Ägyptens und Mesopotamiens vertraut war. Abraham wurde in Mesopotamien geboren und lebte auch in Ägypten.«

---

[4] Aryeh Kaplan: The Sepher Yetzirah, York Beach, ME, 1993, Einführung

Die ganze esoterische Geschichte hindurch gab es viele – sowohl brillante als auch unbeholfene – Berichte von Praktizierenden, die sich mit der Schaffung des Golems befassten. Rabbi Aryeh Kaplan bietet im zweiten Kapitel seines Kommentars zum *Sepher Yetzirah* die folgende Mutmaßung, die andeutet, wie nahe er daran war zu verstehen, auf welche Weise der Golem in der praktischen Kabbala, also der Alchimie, Anwendung findet:

> Es liegen außerdem Anhaltspunkte dafür vor, dass die Erschaffung eines Golems in erster Linie keine physische Prozedur war, sondern vielmehr eine hoch entwickelte meditative Technik. Durch das Rezitieren der entsprechenden Buchstabenreihen zusammen mit den Buchstaben des Tetragrammaton vermochte der Eingeweihte Glied um Glied ein überaus reales mentales Bild von einem Menschen zu entwickeln. Dieses konnte möglicherweise als ein Astralkörper verwendet werden, mit dessen Hilfe man zu den geistigen Bereichen emporsteigen konnte. Die Bildung eines solchen spirituellen Körpers führte jedoch auch zu einem gewaltigen spirituellen Potenzial.[5]

Der Rabbi vermutet also, dass es sich bei dem Golem um einen Lichtkörper handelt. Von Bedeutung ist sein Hinweis auf »die Buchstabenreihen zusammen mit den Buchstaben des Tetragrammaton«. In den alten Texten wird immer wieder darauf hingewiesen, dass Praktizierende das Wissen um die Anordnung der Buchstaben des hebräischen Alphabets (Umstellung) besitzen müssen, um den Golem erschaffen zu können. Dies ist einer der wichtigsten »Schleier«, mit denen die Weisen die praktische Arbeit auf dieser Stufe der alchimistischen Kunst verhüllt haben. Und wie bei allen spirituellen Schlüsseln kommt die Einfachheit selbst zum Tragen. Denn Einfachheit hat sich als wirkungsvollste Tarnung überhaupt erwiesen. Der intellektuelle, rationale und vernünftige Geist des Erwachsenen ist zu kompliziert, zu stolz, um das Einfache auch nur in Erwägung zu ziehen. Nur das Unterbe-

---
[5] Aryeh Kaplan: The Sepher Yetzirah, York Beach, ME, 1993, S. 127

wusstsein eines Menschen, der »wie ein kleines Kind geworden« ist, erkennt es. Daher bezeichnen Alchimisten ihre Kunst als »Frauenarbeit (Unterbewusstes) und Kinderspiel«.

Bei der Anordnung der Buchstaben handelt es sich übrigens um die 22 glänzenden Pfade des Lebensbaumes. Wie in anderen heiligen Schriften gelten im Hebräischen die Buchstaben als »lebendig«, weil sie Bewusstseinszustände repräsentieren. Einer okkulten Maxime zufolge erscheinen Kräfte in den oberen Welten als Persönlichkeiten. Folglich sind die ihnen zugeordneten hebräischen Buchstaben und die Tarot-Schlüssel nicht nur heilige Bilder, sondern auch wirkliche Wesen, Personifizierungen aus dem Ozean des Bewusstseins für die »Intelligenz des Willens«, die »ewige und triumphierende Intelligenz« und dergleichen. Das ist der Grund, warum jeder Schlüssel – abgesehen von den üblichen Namen, wie zum Beispiel »Der Magier«, »Mäßigung« und so weiter – mit einer geheimen oder esoterischen Bezeichnung versehen ist, die in fortgeschrittenen Übungen verwendet wird. Eine solche geheime Bezeichnung ist der Titel des Geist-Herrn des Pfades, dem der Tarot-Schlüssel und der hebräische Buchstabe zugeordnet wird. Diese Titel werden in Anhang I aufgeführt.

Wenn in den Vorübungen, die der eigentlichen Praxis vorausgehen, die Praktizierenden den Lebensbaum in ihrer Aura aufbauen, werden die Pfade als deren Konsequenz bezeichnet, da sie subjektive Reaktionen auf die objektive Kraft der Sefirot sind. Durch die Übung der Fontäne-Atmung werden dann die Einflüsse aller Pfade und der Sefirot miteinander vereinigt. Dies geschieht, weil nur Eine Kraft existiert, die durch all die Pfade fließt und sich in einem zehnfachen Aspekt als die Sefirot manifestiert, der Erguss des Heiligsten, der Mezla, Gnade, ist, durch die die Welten genährt und erhalten werden. Denn Gnade ist keine abstrakte, poetische Metapher, sondern eine konkrete ätherische, astrale und spirituelle Substanz. In der Alchimie nennt man sie »das Wasser, das brennt« und »das Feuer, das fließt«. Sie ist die Erste Materie.

Wenn Praktizierende also die Fontäne-Atmung durchführen, wird nicht nur die Gesamtsumme der Energien des Lebensbaumes ins Spiel gebracht und als Eine Kraft wieder vereinigt, sondern es wird durch das Kronen-Chakra, Keter, ein erhöhtes Maß an Energie in die persönliche Aura der Praktizierenden, die alchimistischen »Glasgefäße«, hineingebracht. Diese Energie ist naturgemäß ätherisch, astral und auch spirituell, weil die Sefira Keter von Asija gleichzeitig Tiferet von Jezira und Malkut von Briah ist (siehe Abb. 9). Und das ist mit »den Buchstabenreihen zusammen mit den Buchstaben des Tetragrammaton« gemeint. Die Buchstaben sind die Pfade, und die Erwähnung des Tetragrammaton bezieht sich auf den Einfluss der vier Welten, der durch die Fontäne-Atmung geltend gemacht wird. Der Leser wird nun verstehen, warum die Bedeutung der Vorübungen als wirkungsvolle Grundlage für jegliche nachfolgende Übung so hervorgehoben wurde. Denn wenn der Golem nach außen projiziert – externalisiert – wird, muss er Substanz enthalten, die den ätherischen, astralen und spirituellen Ebenen entnommen ist. Und solange Praktizierende diese Übungen nicht beherrschen, werden die Ergebnisse dürftig sein.

Das Gewand der Herrlichkeit

In diesem und dem vorherigen Kapitel habe ich die Sechs Doktrinen des Naropa erwähnt. Dem lag die Absicht zu Grunde, zu zeigen, dass diese »Wissenschaft der Weisen« das geistige Erbe aller Menschen, Teil der uranfänglichen planetarischen Tradition ist und nicht ausschließlich der östlichen oder westlichen esoterischen Tradition gehört. Es wurde außerdem deutlich gemacht, wie von fortgeschrittenen Praktizierenden ein Golem oder ein Lichtkörper angewendet wurde und wird, um die Erde zu überqueren – oder präziser ausgedrückt, um in der die Erde umgebenden ätherischen Zone zu reisen. Aber bei den bedeutenderen Adepten hat dies andere Auswirkungen. Bei ihnen erlangt der physische Körper, wenn sie alle ihre Vehikel zu einer Einheit zusammengefügt haben, die Eigenschaften des Astralkörpers und kann beliebig teleportiert werden, nicht nur an andere physische Orte, sondern auch auf andere Existenzebenen und wieder zurück. Und es wird uns ferner zu verstehen gegeben, dass diese Fähigkeit sich sogar manifestiert, bevor das endgültige Ziel – der *corpus incorruptibilis* – erreicht wird.

So bestätigen einige von Dion Fortunes Schülern, dass sie sich physisch ins Feenreich (die Asija-Jezira-Schnittstelle, das »Niedrigere

Eden«) begab und wieder zurückkehrte. Im Jahre 1980 manifestierte Sikkhim, der 16. Gyalwa Karmapa, während einer zeremoniellen Übertragung in seinem Kloster in Rumtek den »Regenbogenkörper«. Seine Transfiguration wurde von vielen Menschen bezeugt und mit der Kamera festgehalten. Eine gründliche professionelle Untersuchung des Negativs und eines ungeheuer großen Abzugs ergab, dass sich für dieses Phänomen keine gewöhnliche Erklärung, wie etwa Doppelbelichtung, fand.

Ursprünglich gab es außer den Sechs Doktrinen des Naropa noch eine siebte, die einigen tibetischen Überlieferungen zufolge verloren ging – obwohl sie meiner persönlichen Überzeugung nach wahrscheinlich zurückgezogen wurde. Der vollständige Titel dieser siebten Doktrin lautet »Die Transzendentale Lehre des Naropa über das Große Fahrzeug, um den Sublimen Weg zu betreten, der Führer zu Umwandlung und Übertragung«. Genau diese »Umwandlung und Übertragung« ist die esoterische Bedeutung hinter dem Titel des Hermes Trismegistos, des Dreimal Großen, denn er bezieht sich auf jemanden, der beliebig alle drei unteren Welten durchstreifen kann. Auch in der jüdischen Überlieferung vermag Elias (der Elias-Artisian der Alchimisten) überall, in jeder Verkleidung und zu jeder Zeit zu erscheinen, weshalb ihm ein Stuhl am Tisch in den Häusern anlässlich des Passahfestes bereitgestellt wird. Dieselbe Fähigkeit, nach Belieben die Welt zu durchstreifen, wird dem Guru Rimpoché, Melchisedek, Jesus, den Bodhisattvas und vielen anderen nachgesagt. Von den 48 Großen Siddhas des Mahayana-Buddhismus (zu denen Naropa und Arya-Nagarjuna zählen) sollen – abgesehen von den wenigen, die inkarniert geblieben sind, um andere zu unterweisen – die meisten von ihnen nach Lebensspannen zwischen fünf- und siebenhundert Jahren *körperlich* in das Paradies der Dakinis aufgenommen worden sein. Tatsächlich hat ein Großteil der Mahasiddhas auch viele seiner Schüler mitgenommen.

Die Gnostiker bezeichneten den Sonnen- oder Regenbogenkörper als das »Gewand der Herrlichkeit« – »Gewand« bedeutet ein Kleid oder eine Hülle für den Geist. *The Hymn of the Robe of Glory* (deutsch: Die Hymne an das Gewand der Herrlichkeit) des Dichters Bardesanes handelt vom Abstieg der Seele in die Materie und ihrem erneuten end-

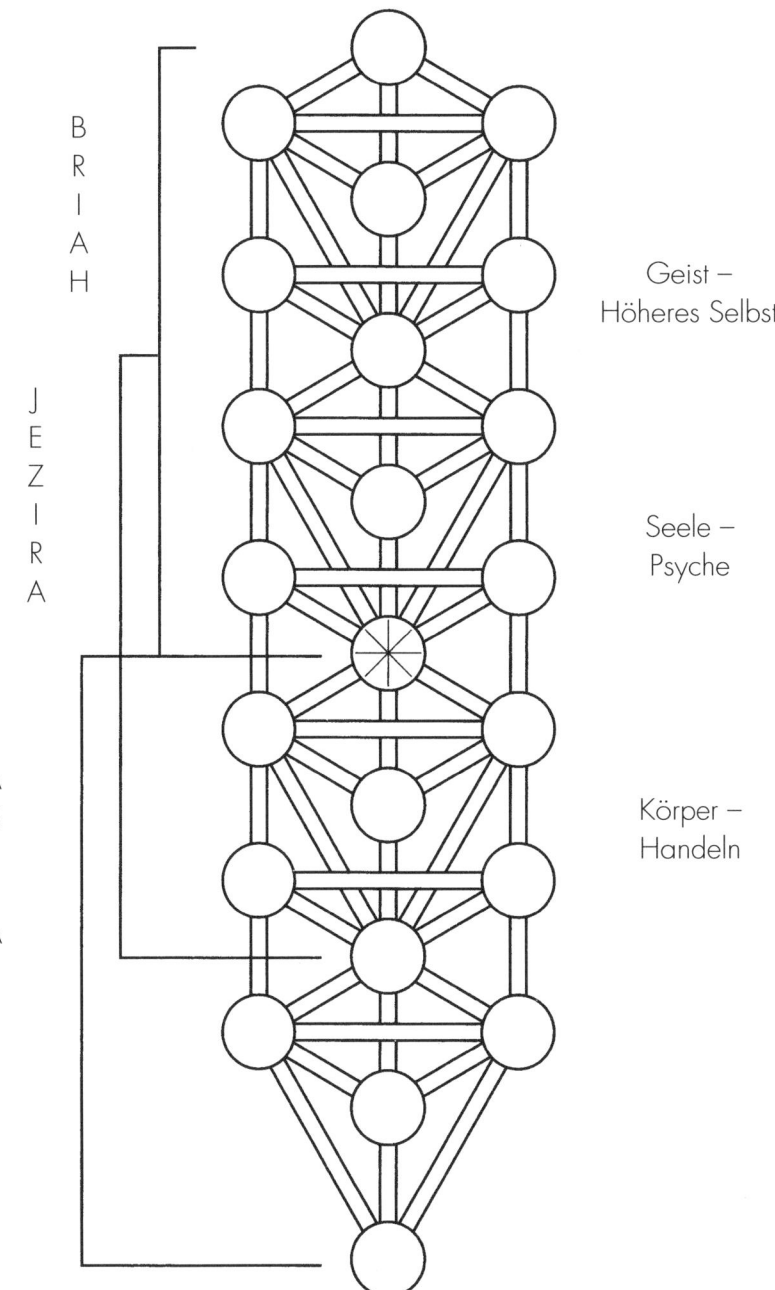

Abb. 9. Der Ort, an dem sich die drei unteren Welten berühren – Keter von Asija, Tiferet von Jezira und Malkut von Briah.

gültigen Aufstieg. Die am Ende des Gedichts erwähnte »Perle« ist die »Perle von Hohem Preis«, der Stein der Weisen:

Ich sah es (ein von seinen Eltern geschicktes glänzendes Gewand),
wie es sich selbst vollendete.
Ich vernahm die Laute seiner Töne,
Und ich bemerkte auch bei mir,
Dass meine Gestalt entsprechend seiner Mühen wuchs.
Es breitete sich in meine Richtung aus,
Eilig, damit ich es überziehen konnte.
Und ich streckte mich aus und nahm es entgegen,
Mit der Schönheit seiner Farben schmückte ich mich.
Und meine Toga aus leuchtenden Farben
Warf ich in ihrer ganzen Breite um mich.
Ich kleidete mich damit und stieg empor
Zur Erhabenheit meines Vaters, der es mir gesandt hatte.
Und ich war bei ihm in seinem Königreich.
Und er versprach mir auch, dass ich zum Tor
Des Königs aller Könige mit ihm eilen würde,
Und mein Geschenk und meine Perle in Händen,
Sollte ich mit ihm vor unserem König erscheinen.[6]

Die Erste Materie

In alchimistischen Texten sind viele Hinweise darauf enthalten, dass das Große Werk erst vollendet werden kann, wenn die Erste Materie erfasst oder verstanden wurde. Sie lehren, dass, sobald sie erfasst wird, der Pfau seine schillernden Schwanzfedern zum Rad spreizt und das Ende des Großen Werkes in Sicht ist. Wir müssen hier also zwei Aspekte erläutern: erstens, wie wird die *Prima Materia* erfasst, und zweitens, woraus besteht sie?

Die Erste Materie zu »erfassen« bedeutet, sie wirklich zu sehen. Wir haben es hier nicht mit einer subtilen Verschleierung der Sprache zu

---
[6] G. R. S. Mead: Echoes from the Gnosis, Bd. 10, Wheaton, IL, 1908, S. 35–37

tun, sondern die Quintessenz soll buchstäblich gesehen werden. Damit ist auch keine Form von astraler oder geistiger Sicht gemeint, auch wenn sie auf den frühen Stufen innerlich wahrgenommen werden kann. Man kann von Praktizierenden erst sagen, dass sie die Erste Materie erfasst haben, wenn sie sie in den Bereich ihrer physischen Wahrnehmung, ihres Gesichtssinns, gerückt haben. Die meisten Menschen sehen sie nicht – daher die geheimnisvollen Scherze der Alchimisten über die Erste Materie, die überall gegenwärtig ist und trotzdem von den vielen nicht gesehen wird – weil bei ihnen das dazu erforderliche Wahrnehmungsorgan nicht entwickelt ist. Dieses Organ ist die physische Manifestation des Merkur- oder Kronenzentrums, der Zirbeldrüse. Wenn das Feuer des Drachen, der Kundalini, auf die Zirbeldrüse einwirkt, beginnt es sie zu verändern, indem die einzelnen Gehirnkörner nach und nach zu einem kleinen, kegelförmigen Kristall von goldgelber Farbe verschmolzen werden. Die allmähliche Verschmelzung des Gehirnsandes bildet die »Herstellung« des Steins, bewirkt durch das häufige »Kochen«, die häufige Ausübung des Kundalini-Yoga und das häufige Wecken des Drachen. Wegen seiner goldgelben Farbe wird der Stein oft der »Samen der Sonne« genannt. Seine konische Form erklärt, warum viele alchimistische Texte ihn als den »Berg der Verwirklichung« bezeichnen, auf dem »Der Eremit« im 9. Tarot-Schlüssel steht. In der kabbalistischen Symbolsprache ist der Stein das, was mit dem Begriff »Zion« gemeint ist ... »wenn der Herr nach Zion zurückkehrt«. Wie ein Radio, bei dem der Quarzkristall sonst unsichtbare Energiebereiche zu empfangen und auszustrahlen vermag, empfängt und strahlt auch der Stein des Weisen – der das dritte Auge des Yoga ist – die Eine Strahlende Energie aus, die die Schöpfung aufrechterhält. Die Weisen und Adepten sehen also tatsächlich die Erste Materie, die die Wurzel aller Formen und Substanzen ist. Sie sehen durch den Schleier der Erscheinungen und erblicken die dreimal strahlende Dunkelheit des Nichts.

Zuerst wird die Erste Materie in tiefen Meditationszuständen wahrgenommen, die im Vajrayana Zustände des »tiefen Verweilens« genannt werden. Dieser fortgeschrittene meditative Zustand wird in tibetischen Texten als die »Schwärze der bevorstehenden Verwirklichung« bezeichnet, was die strikte Anweisung in den alchimistischen Texten bestätigt, der zufolge erst die »Schwärze« der Ersten Materie erreicht werden muss, bevor man sich der Verwirklichung überhaupt annähern kann. Erreicht man diese Stufe, versagt das subjektive Bewusstsein. In den tibetischen Handbüchern wird dies als »in Verzückung geraten« beschrieben; ein zeitgenössischer Begriff wäre »in Ohnmacht fallen«. Aber keiner dieser Begriffe ist ganz korrekt, weil wir es mit einem Bewusstseinszustand zu tun haben, der über das vom Gehirn kontrollierte Bewusstsein hinausgeht, und genau das ist der Punkt! Weil das gewöhnliche Selbst-Bewusstsein in der kosmischen Umarmung des Absoluten einverleibt wurde, hört es auf zu funktionieren, und eine neue Ordnung des Gewahrseins entfaltet sich. »Dann werde ich kennen, wie ich bekannt bin.«

Aus diesem Grund lehren sowohl der Buddhismus als auch die westlichen Großen Mysterien, dass es kein wahrhaft dauerhaftes oder unabhängiges »Sein« gibt. Denn wenn man die Erste Materie erblickt und in sie versunken ist, bedeutet das, in der Leere von Shunyata zu verweilen und zu erfahren, dass alles eine große Geste (Mahamudra) ist, kurzlebige Seifenblasen auf der Oberfläche des Bewusstseinsstroms. Aus diesem Grund wurde weiter oben erklärt, dass Magie praktische Mystik ist. Auf dem Baum des Lebens bedeutet dieser Übergang von den Ebenen der Form zu jenen der nicht manifestierten Wirklichkeiten, dass der Abgrund, der die überirdischen Sefirot von den anderen sieben trennt, überquert werden muss. Die okkulte Literatur und Lehrer der Kleinen Mysterien jagen ihrem Publikum oft mit den Schrecken des Abgrundes, der Leere, Angst ein. Sie sprechen von dem »Verlöschen« der »Nicht-Existenz«. Und es trifft zu, dass der Abgrund jene ängstigt, die nach wie vor der Individualität verhaftet sind. Aus diesem Grund liegt die wahre Aufgabe der Mysterien darin, den Geist auf den Sprung in die göttlichen Tiefen vorzubereiten.

Die Schwärze ist jedoch das Zeichen für die bevorstehende Verwirklichung, nicht das Ziel selbst. Der Pfau ist nur das Reittier für den Buddha des unendlichen Lichts und eine Verzierung an dem Gefäß in den Händen von Amitayus, dem Buddha des ewigen Lebens. Die strahlende Schwärze weicht dem klaren Licht - »ein Licht, das niemals auf sterbliche Augen scheint«, der Glanz des Absoluten, der Einen Wirklichkeit. Die Kerze der Getrenntheit ist ausgeblasen, weil die Sonne aufgegangen ist und die Kerze ihren Zweck erfüllt hat. Indem man das kleine, trügerische Selbst bewusst verliert, gewinnt man ewiges Sein.

Aber wie steht es um die Natur der Ersten Materie selbst? C. G. Jung schreibt, dass die Grundlage des Werkes, die *Prima Materia*, eines der berühmtesten Geheimnisse der Alchimie sei. Dies ist kaum überraschend, denn, so schreibt er, sie stelle den unbekannten Stoff dar, der die Projektion des autonomen seelischen Inhalts trage.[7] Sie ist, wie weiter oben erwähnt wurde, allgegenwärtig und die Wurzelsubstanz aller Formen. In östlichen Texten ist sie als *Akasha* bekannt, in den alchimistischen Texten des Abendlandes trägt sie viele Namen. Der Taoismus, die alchimistische Praxis Chinas, gründet auf der intuitiven Erkenntnis, dass das Universum einen ungeborenen Ursprung (*Prima Materia*) haben muss. Diese Erkenntnis kommt im *Tao Te King*, XXV, zum Ausdruck:

Da war etwas unbestimmt und zugleich in sich vollkommen vorhanden,
Vor Himmel und Erde geboren.
Still und grenzenlos,
Steht es unverändert allein da,
und durchdringt doch alles unfehlbar,
Man kann es als die Mutter der Welt betrachten.[8]

Diese Erste Materie ist das Medium, das die universell verbreitete Strahlende Energie enthält. Die Kabbala setzt sie der Sefira Binah – Beten, der »Schoß« – gleich, die den strahlenden Jod von Chokmah trägt. Jod wird als einzelne Flamme dargestellt, und auf dieser Form beruhen alle anderen Buchstaben des hebräischen Alphabets. Da die Erste Materie dunkel ist, wird sie mit Binah verglichen (auf der Königinnenskala ist Schwarz die Farbe für die dritte Sefira); da sie voller winziger Lichtpunkte ist, wird sie mit dem Schillern eines Rabenflügels oder eines Pfauenschwanzes assoziiert. Diese Lichtpunkte sind der *Dharma-*

---
[7] C. G. Jung: Psychology and Alchemy, Bd. 12, Princeton 1953, 1968 (dt.: Psychologie und Alchimie)
[8] Lao Tzu: Tao Teh Ching, Boston 1961, S. 37 (dt.: Tao Te King)

dhatu in der Metaphysik des Mahayana-Buddhismus und der *Chitta* oder *Prana* im Hinduismus. In der Kabbala werden sie *Chaiah* genannt, die universale Lebenskraft, die Chokmah, der Sphäre der Sterne, zugeordnet wird. Was gesehen wird, ist Energie, die sich in die Manifestation hinein- und hinausbewegt. Von Ain, dem Nichts, bewegt sich Strahlende Energie durch die Krone der Kronen – Keter von Azilut – als die Strahlung von Azilut und somit in die relative Existenz. Von Azilut bewegt sie sich in die drei unteren Welten und bildet deren Substanz und die Lebensformen in ihnen allen. Von jeder Welt und jeder Lebensform wird Energie fortwährend freigesetzt. Sie bewegt sich von einer höheren Welt zu der, die unter ihr liegt, denn jede Welt unterstützt die unter ihr befindlichen Welten. Sobald die Energie die Physikalität von Asija erreicht hat und die dortigen Lebensformen nährt, fließt sie durch das Malkut der Malkuts (die subatomare Ebene) wieder zurück ins Nichts. Die alles durchdringende Eigenschaft dieser Strahlenden Energie ist eine Bedeutung des grenzenlosen Lichts, Ain-Sof-Aur. Sie ist die Erhalterin allen Lebens, gewonnen aus den grünen Körpern der Pflanzen, den roten Körpern der Tiere und den weißen (durchsichtigen) Körpern von Wasser und Luft. Die ätherischen Vehikel versorgen sich mit ihr im Schlaf. Die strahlenden Lichtpunkte sind das »trinkbare Gold« der Alchimie, denn sie bilden eigentlich die Substanz eines jeden »Gefäßes«, eines jeden Körpers, und durch alchimistische Praxis können sie vermehrt werden und so den Körper in ein feineres Instrument für das Bewusstsein verwandeln und vergeistigen. Der Adept erhöht bewusst die Menge des im Tempel des Körpers enthaltenen trinkbaren Goldes, indem er meditiert und täglich übt, bewusst atmet und in Wahrnehmung des Umwandlungsprozesses, der in den Windungen des schwarzen Drachen, den Gedärmen, stattfindet, isst und trinkt. Dies ist die »Fixierung des Flüchtigen«, wodurch frei verteilte Energie aufgenommen und in den physischen Körper eingebunden wird.

Diese strahlenden Lichtpunkte, die die Erste Materie sind, werden im Tarot durch unzählige vom Himmel fallende Buchstaben Jod dargestellt. Jod ist der brennende Lichtpunkt, dem Dharmadhatu (Samen der Wirklichkeit) gleich, der die tibetischen Chörten krönt. Folglich wird das trinkbare Gold manchmal auch die »Jod-Kraft« genannt. Dieser Regen von Jods taucht in drei Karten der Großen Arkana auf, Schlüssel 16, 18 und 19, »Der Turm«, »Der Mond« und »Die Sonne«.

Unsere Sonne (das makrokosmische Keter unseres Sonnensystems) ist wie alle anderen Sterne auch eine Verdichtung der Strahlenden Energie und eines ihrer Strahlungszentren. Der Mond unseres Planeten ist ein Spiegel für einen gewissen Bereich des solaren Prana. Wir und alle anderen Naturreiche beziehen unsere Vitalität entweder direkt oder indirekt von der Sonne und dem Mond.

Die dritte Karte, die den »Tau des Himmels« zeigt, wie die Kabbala die herabsteigende Lebenskraft nennt, hat einen ganz besonderen Bezug zu den Übungen, mit denen wir uns hier beschäftigen. Es ist der Schlüssel 16, »Der Turm«. Wie die beiden anderen Karten zeigt sie die vom Himmel regnenden Jods, aber die Buchstaben fallen auf jede Seite des Turms, aber nicht in das Gebäude selbst hinein. Dieser Tarot-Schlüssel zeigt die Folgen auf, die durch verwegene Experimente hervorgerufen werden, nicht nur mit der Kundalini, sondern mit allen machtvollen spirituellen Techniken. Aus der Sicht der esoterischen Psychologie ist der auf dieser Karte dargestellte geborstene Turm die gewöhnliche, ungeschulte Persönlichkeit – auf willkürliche Weise aufgebaut, ein Produkt der Erziehung, der Umgebung, der Bildung und Erfahrung, sowohl gut als auch schlecht –, die zerstört wird, wenn die spannungsgeladene feurige Kraft sie durchströmt. Diese Kraft wird auf der Karte durch einen Blitz dargestellt, aber er schlägt nicht nur aus den Gewitterwolken kommend ein, sondern er ist zugleich Elektrizität, die von der Erde nach oben entladen wird. Die Kundalini steigt von unten empor (wie es auf der Smaragdtafel heißt) und verursacht wechselseitigen Erguss. Wie alle Pfade auf dem Lebensbaum ist also auch die Kundalini ein Zweiwegekanal. Wenn Menschen jedoch ihre Seelen in die Hand nehmen und ihre Persönlichkeiten auf dem Entwurf des Geistes gründend wieder aufbauen, was der wichtigste Aspekt unserer Arbeit mit dem Turm der Kunst ist, werden solche befreiten oder gewandelten Persönlichkeiten zu guten Führern zum »Feuer vom Himmel«, die vielen Licht geben. Dieses Potenzial wird durch den Namen ausgedrückt, der dem Schlüssel 16 in einigen älteren französischen Kartendecks gegeben wurde, »La Maison de Dieu«, das Haus Gottes.

Geringere Adepten entwickeln Gedankenformen von dem, was auf der jeziratischen Ebene – dem »Magischen Agens«, wie die Astralebene genannt wird – erforderlich ist. Diese Formen nehmen dann Vitalität an und manifestieren sich durch normale Kanäle, selbst wenn sie möglicherweise dem Betrachter noch immer als magisch erscheinen. Bedeutendere Adepten arbeiten direkt in der Ersten Materie, dem »großen Magischen Agens«, die der Schoß ist, in dem alle Möglichkeiten gleichzeitig existieren. Dort gestalten sie die Energiemuster dessen, was nötig ist, und ihre Ergebnisse erscheinen dem Betrachter als übernatürlich.

Geistige Fähigkeiten – *siddhi* oder »magische« Kräfte – die sich als Folge der alchimistischen Praxis entfalten, bestehen von Inkarnation zu Inkarnation fort, auch wenn sie im Allgemeinen in der Pubertät zeitweilig außer Kraft treten. Dies wurde von zahlreichen *Tulkus*, tibetischen inkarnierten Lamas, zur Genüge demonstriert. Wenn die Erste Materie erfasst wurde, aber das Werk am Ende einer Inkarnation noch unvollendet bleibt, wird der Praktizierende in einem geistig bereits voll ausgerüsteten Körper wiederkehren und in der Lage sein, die Quintessenz wahrzunehmen. Im Universum geht nichts verloren. Alles verweilt ewig im Geist des Einen.

Die Übung

Führen Sie die vorbereitenden Übungen durch, verlagern Sie die gesamte Burg nach außen und projizieren Sie Ihr Bewusstsein durch das Fenster der Kammer des Innewohnens in sie hinein. Nehmen Sie auf dem Stuhl in der Mitte dieser Kammer Platz und stellen Sie Ihre Präsenz in dem Turm her, indem Sie sich im Geiste das lateinische Wort »Adsum«[9] sagen. Das Wort hallt auf allen Ebenen des Turms wider. Erheben Sie sich und ziehen Sie das indigoblaue Gewand von Akasha an; schlüpfen Sie in die silbernen Sandalen des Mondes. Verlassen Sie die

---

[9] »Ich bin anwesend.«

Kammer und steigen Sie die lunare Wendeltreppe hinunter in die Große Halle. Sobald Sie durch die westliche Tür in diesen Raum eingetreten sind, begrüßen Sie die Großen Gefährten durch den Gral und gehen dann weiter in die Kapelle des Rosenkreuzes.

Weihen Sie vor dem Altar sich und Ihr Streben nach dem Ewigen mit Worten, die Ihrem Herzen entspringen, und bitten Sie, dass der göttliche Schutz Ihnen erhalten bleibt. Verlassen Sie die Kapelle durch den Bogengang in der östlichen Wand hinter dem Altar. Halten Sie sich links, sodass Sie sich weiterhin im Ida-Korridor aufhalten, dessen kühle Energie-Brise hinter Ihnen weht. Damit bewegen Sie sich in einem der verborgenen Passagen, die die Große Halle der Tafel umgeben. Sie gelangen nun wieder zum Treppenflur in der mittleren Säule. Gehen Sie um die Säule herum und treten Sie durch die Turmtür hinaus in den Hof.

Unmittelbar rechts von Ihnen befindet sich eine in die Burgmauer eingesetzte kleine Hintertür, die geschlossen ist. Wenn Sie diese Tür öffnen, sehen Sie eine in einen düsteren unterirdischen Gang hinabführende Treppe, der von brennenden Fackeln in eisernen Wandhaltern erhellt wird. Diese Passage zu durchqueren bedeutet, sich durch das Unterbewusstsein in die Stadt Camelot zu begeben.

Gehen Sie die Stufen hinunter und den Gang entlang – er verläuft direkt unter dem Burggraben und dem Hügel, auf dem die Burg steht. Am Ende der Passage stoßen Sie auf eine weitere Treppe, die an einer Holztür endet. Wenn Sie diese Tür durchschritten haben, finden Sie sich im Hinterraum eines der Kramläden der Stadt wieder. Die Tür ist in eine Wandgarderobe eingesetzt. Der Händler begrüßt Sie; er steht im Dienste derer, die mit Ihnen an der Tafel sitzen. Er versichert Ihnen, dass Sie diesen Weg im Bedarfsfall jederzeit gefahrlos benutzen können. Danken Sie ihm, verlassen Sie sein Geschäft und begeben sich in die Stadt Camelot.

Ihr mit Kapuze versehenes indigoblaues Gewand stellt sicher, dass niemand Notiz von Ihnen nimmt, während Ihnen selbst nichts entgeht. Es »scheint« sich um eine mittelalterliche Stadt zu handeln, voller seltsamer Gebäude, dunkler Gassen und nur mit armseligen sanitären Einrichtungen versehen. Diese Stadt ist Ihre unmittelbare Aura, die Wesenszüge, unerkannte Komplexe und karmische Hindernisse aus Ihrer langen Vergangenheit widerspiegelt. Hier besteht Ihre Aufgabe darin, die Bilder, die Ihnen als Individuen und Situationen erscheinen, zu beachten, zu studieren und verstehen zu lernen, was sie repräsentieren. Aber zunächst geht es darum, alles zu erkunden. Wandern Sie in der Stadt umher, betrachten Sie ihre Sehenswürdigkeiten und nehmen Sie ihre Geräusche wahr – es gibt Gutes hier wie auch Schlechtes. Greifen Sie in diesem Stadium nicht ein. Sie können Änderungen vornehmen, wenn Sie der gesetzmäßige Souverän dieses Landes sind. Manche Dinge empfinden Sie vielleicht als unangenehm oder bedrückend; das ist zu erwarten. Aber Sie werden an unerwarteten Orten auch verborgene »Juwelen« finden.

Wenn Sie die Stadt ein wenig erkundet haben, kehren Sie in den Kramladen zurück, verabschieden sich vom Händler, gehen durch die Garderobentür und die Treppe hinunter, den Gang entlang und in den Hof, nachdem Sie die Hintertür hinter sich geschlossen haben. Bevor Sie den Turm betreten, sollten Sie sich unbedingt vom Reisestaub reinigen. Es ist in keiner Weise ratsam, nicht überwundene unterbewusste Kräfte in den Golem des Turms zu bringen. Auf derselben Hofseite, an der sich die Hintertür befindet, liegen die verschiedenen Nebengebäude. In einem finden Sie ein tiefes Bad, das von einer fließenden Quelle gespeist wird. Ziehen Sie Gewand und Sandalen aus und tauchen Sie in das reinigende Wasser ein. Wenn Sie wieder an die Oberfläche kommen, werden Sie feststellen, dass auch das Gewand und die Sandalen gereinigt wurden. Ziehen Sie sich wieder an und betreten Sie den Turm. Gehen Sie um die mittlere Säule herum und wenden Sie sich nach rechts in die verborgene Pingala-Passage, die die Große Halle umgibt. Die warme, trockene Brise, die diesen Gang erfüllt, weht Ihnen ins Gesicht. Wenn Sie diesen Korridor durchquert haben, gelangen Sie durch die östliche Tür in die Kapelle. Treten Sie vor den Altar und bringen Sie in einem Akt der Hingabe an die Göttliche Umwandlung dem Rosenkreuz alles dar, was Sie erlebt haben. Kehren Sie nun in die Große Halle zurück.

Setzen Sie sich eine Zeit lang zu den Gefährten. Sie können in diesem Augenblick oder auch später in einer anderen Sitzung ihre Ratschläge bezüglich dessen, was Sie gesehen haben, einholen. Vielleicht ist Ihnen nicht sofort klar, was die verschiedenen Bilder, denen Sie begegnet sind, symbolisieren. Die Gefährten können Ihnen dabei helfen, und was noch wichtiger ist, sie können Sie darauf hinweisen, über welche Aspekte des Lebensbaumes Sie nachdenken sollten, um diese, nämlich Ihre eigenen Aspekte, integrieren zu können. Denn die Burg enthält Kammern für alle zehn Sefirot, von denen Sie Gebrauch machen können, um Ihre Persönlichkeit zu harmonisieren und zu integrieren. Die Burg ist eine Widerspiegelung des Universums. Sie sollten auch nicht vergessen, dass es sich bei den Formen, auf die Sie in der Stadt gestoßen sind, um getarnte Kräfte handelt, die, auch wenn sie derzeit vielleicht nur unklar zum Ausdruck kommen, dennoch ein Teil von Ihnen sind. Sie können sich geeignetere Kanäle für deren Manifestation schaffen. Nichts wird durch ihre Ablehnung erreicht; sie müssen als eigen anerkannt werden, weil nur dann etwas unternommen werden kann, um eine Veränderung zu bewirken. Um unsere äußere Umgebung zu beeinflussen, müssen wir zuerst hier in der inneren Welt Veränderungen vornehmen.

Wenn Sie den Gefährten gedankt haben, stehen Sie vom Tisch auf und kehren in die Kammer des Innewohnens zurück. Ziehen Sie die Sandalen und das Gewand aus und projizieren Sie Ihr Bewusstsein wieder in seine physische Hülle. Ziehen Sie die Burg durch die Tafelrunde in die Latenz zurück. Führen Sie die abschließenden Übungen durch und schreiben Sie Ihre Beobachtungen auf.

Auswirkungen

Einiges aus der vorhergehenden Übung wird tiefe emotionale Reaktionen auslösen. Das ist die Reinigung der Metalle, das in Schlüssel 14 dargestellte Mäßigen. Je konsequenter dies verfolgt wird, umso intensiver tritt die Reinigung ein, und umso höhere Anerkennung findet der Prozess. Vielleicht bemerken Sie schließlich sogar, dass Sie eine andere Einstellung gefunden haben und das Ganze als ein Abenteuer der Selbstentdeckung betrachten. Es kann sogar amüsant sein, die Posen und Tricks zu beobachten, derer sich das niedere Selbst bedient, um der Integration auszuweichen.

Es gibt keine Empfehlung, wie oft diese Übung wiederholt werden soll, denn sie ist eine Schulung fürs Leben. Es gibt bestimmte Zeiten und Phasen für diese Art der Reinigung, und wir alle versuchen von Zeit zu Zeit, sie zu vermeiden. Das Universum informiert uns darüber, wann es »wieder an der Zeit ist«. Stellen Sie sich diese Übung als eine der Aufgaben des Herakles vor, als eine Reinigung unserer persönlichen Augiasställe. Eigentlich ist das ganze Werk ohne diesen Prozess fruchtlos. Es ist der Abfall aus unserer persönlichen psychologischen Mülltonne (Wut, Verletzungen, Haltungen, Mittelmäßigkeit und Ängste), der das innere Feuer schürt; je mehr Brennstoff wir liefern, umso heller lodert das Feuer. Denn nur eine vervollkommnete Persönlichkeit kann transzendiert werden.

Die Kontemplation

Das Große Werk ist vor allen Dingen die Schöpfung des Menschen durch ihn selbst, das heißt, der volle und ganze Sieg über seine Fähigkeiten und seine Zukunft; es ist insbesonders die vollkommene Entfesselung seines Willens, die ... völlige Herrschaft über das universale Magische Agens sicherstellt. Dieses Agens, von den alten Philosophen unter dem Namen der Ersten Materie verschleiert, bestimmt die Formen der abwandelbaren Substanz, und mit ihm können wir wirklich zur metallischen Transmutation und Universalmedizin gelangen. Das ist keine Hypothese; es ist eine bereits bewiesene wissenschaftliche Tatsache und lässt sich exakt nachweisen.

Discite Crux
Eliphas Lévi[10]

---

[10] Eliphas Lévi: Transcendental Magic, London 1968; York Beach, ME, 1972, S. 113 (dt.: Transzendentale Magie)

XI

DER VERBORGENE UNSTERBLICHE

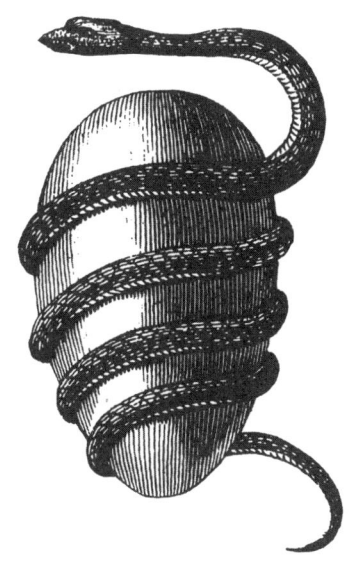

Der Mensch, so wie er nun ist, ist nicht mehr das All.
Aber wenn er kein gesondertes Individuum mehr ist,
erhebt er sich wieder und durchdringt das Universum.

Plotin[1]

Die Lehre

Der Turm ist ein Bild des Lebensbaums, dargestellt in der Form eines Gebäudes. Dies befähigt den Praktizierenden, die verschiedenen miteinander verwobenen Einflüsse, die einen Menschen bilden, zu studieren und zu erfahren. In der jetzigen Übung arbeiten wir mit der Burg auf der Ebene von Azilut, der kabbalistischen Welt der Göttlichen Einheit und der Emanation. Das scheint zunächst eine merkwürdige Aussage zu sein, aber es gibt einen guten Grund für sie.

In der mystischen Tradition Merkhabah – dem »Werk des Triumphwagens« - heißt es, dass der Aufstieg in den Himmel gleichzeitig den Abstieg in sich selbst bedeutet. In der praktischen Mystik entspricht »oben« »innen«. Daher werden in einigen Diagrammen die zehn Sefirot als konzentrische Kreise mit Malkut als dem äußersten und dem die Immanenz in allem symbolisierenden Keter in der Mitte dargestellt. Das kommt auch in dem kabbalistischen Diagramm des Raumwürfels zum Ausdruck, in dem Alef, »Der Narr«, der Aspekt des Bewusstseins ist, der äußerste Tiefe und transzendente Höhe überspannt – und somit vereint. In der Theurgie (heilige Magie) beginnt grundsätzlich jegliche spirituelle Übung oder zeremonielle Arbeit damit, dass man nach der Quelle strebt, um durch Anrufung unsere Einheit mit dem Unteilbaren zu bestätigen.

---

[1] Timothy Freke und Peter Gandy: The Wisdom of the Pagan Philosophers, Boston 1998, S. 37

In diesem Werk dient uns Azilut als Ausgangspunkt, und während wir uns den Golem durch die vier Welten – angedeutet durch die Buchstaben des Tetragrammaton – hinunterarbeiten, gelangen wir zu direkter Erfahrung und gewinnen Wissen über unseren Geist, unsere Seele und unsere Physikalität, jene Vehikel, die die mikrokosmischen Manifestationen der vier Welten sind. In diesem Buch beziehen sich alle vorgestellten Übungen auf die Azilut zugeordnete Ebene. Praktizierende werden dann in der Lage sein, den Anleitungen für das Wirken in den drei unteren Welten zu folgen. Die Arbeit in den Reichen von Jezira und Asija jedoch unternimmt man am besten unter der unmittelbaren Aufsicht eines im Werk Erfahrenen, obwohl Praktizierende keine Sorge zu haben brauchen, führerlos gelassen zu werden. Wenn Sie auf dieser Stufe des Werkes erfolgreich sind, werden »die Überwachenden« sicherstellen, dass ein geeigneter Lehrer erscheint – es heißt: »... und Gott wird dir einen Meister schicken.« Das ist ein weiterer Grund, warum man die Aufzeichnungen über alle Übungen aufbewahren sollte: Auf diese Weise kann ein kompetenter Lehrer ersehen, was erreicht worden ist und welche Bereiche noch mehr Konzentration erfordern.

Der Gesalbte

In der Kabbala ist der Ort des Messias der, an dem sich die drei oberen Welten berühren. Es ist die Sefira Keter von Jezira (vollkommene psychologische Integration), Tiferet von Briah (spirituelle Reifung) und Malkut von Briah (die Göttliche Gegenwart), die die Schechina, die mitbewohnende Herrlichkeit, ist. *Messias* ist hebräisch für »der Gesalbte«; das griechische Wort dafür lautet *Christos*, »jemand, auf dem alle Herrlichkeit ruht«. Die Rolle des Messias ist eine Funktion im Universum und in der Evolution und keine Persönlichkeit. Die Rolle wird zu verschiedenen Zeiten von unterschiedlichen Erleuchteten eingenommen, genauso wie das Amt des Oberhauptes einer Freimaurerloge im Laufe der Zeit von verschiedenen Brüdern besetzt wird. Alle Weisen, die diese Rolle ausgefüllt haben, liefern eine wirksame Möglichkeit, mit dieser spirituellen Ebene in Verbindung zu treten, da sie letzten Endes nur lebende Symbole der Wirklichkeit selbst sind. Diese Wirklichkeit ist die Erlangung des Bewusstseinszustandes, der als »Ich und mein Vater sind eins« zum Ausdruck kommt. Alchimistische Drucke und Geschichten beschäftigen sich liebend gern mit der Geschichte von Sohn und Vater, die voneinander getrennt sind und dann zu einem Wesen wieder vereint werden. Der hebräische Name für den Stein der Weisen lautet *Aben*, ein Wort, das die Wörter *Ab*, »Vater« (Chokmah), und *Ben*, »Sohn« (Tiferet), miteinander verbindet. *Ab* und *Ben* sind außerdem die »verborgenen« Namen von Azilut und Asija. Dies gibt zu verstehen, dass das vom Absoluten gewollte Große Werk die Manifestation eines physischen Körpers ist, der die göttliche Herrlichkeit zu manifestieren vermag, eines Sonnenkörpers, der das alchimistische Gold ist, und des Regenbogenkörpers, der ein Prisma für das klare Licht darstellt.

Auseinandersetzungen und Streitigkeiten über die verschiedenen Inhaber dieses Messiasamtes – die sektiererische Intoleranz, die die Menschen seit so langer Zeit peinigt – hat in der Königlichen Kunst keinen Platz. Sie weisen auf eine spirituelle Unreife hin, die eine fehlende Eignung für das Werk der Einigung verrät.

Im Hinduismus werden Menschen, die eine solche spirituelle Unreife – die mangelnde Bereitschaft, die Götter anderer außer den eigenen zu ehren – an den Tag legen, *Pashu* (von der Wurzel *pash*, was »gefesselt« bedeutet) genannt. Solche Menschen haben keine Ahnung von der größeren Wirklichkeit, der allumfassenden Einheit des Absoluten. Sie neigen zu Kulturfeindlichkeit und treiben eigentlich eine Art Götzendienst dem gegenüber, das letzten Endes lediglich »Form« und »Name« ist. Sie sind leicht auszumachen, da sie gern verächtlich über andere religiöse Glaubensvorstellungen und Bräuche als ihre eigenen reden. Über den Pashus stehen die *Viras* (»Helden«), Menschen, die anerkennen, dass spirituelle Verwirklichung, wie immer sie erreicht wird, das Ergebnis von innerer Identifizierung, der Vereinigung von »mir« und »dir« ist. Diese mystische Wahrheit liegt allen Symbolen zu Grunde und ist das Ziel einer jeden wahren esoterischen Zeremonie.

Christlichen Alchimisten gilt Jesus – als der Christus – als einer der bedeutendsten Alchimisten, der das Große Werk bereits vollendet hat. Dies zeigt sich in den Berichten der Evangelisten über seine Heilwunder, seine Beherrschung der Naturkräfte, seine Verklärung auf dem Berg Tabor, seine Auferstehung und Himmelfahrt. Seine von der Orthodoxie strikt abgelehnten esoterischen Lehren sind in den Evangelien aufgezeichnet und für jeden in die »Sprache« der Mysterien Eingeweihten klar verständlich.

Jesus wird als die Verkörperung des *corpus glorificatum*, des glorreichen Sonnenkörpers, betrachtet. An seiner Gedenkfeier, der Eucharistie (identisch mit denen für Melchisedek, Osiris und Amitayus), gibt er von den roten und weißen Substanzen, alchimistisch umgewandelt (Transubstantiation), in Kanäle für sein Universalbewusstsein. Die theurgische Zeremonie der Messe ist nach Ansicht Jungs der große alchimistische Ritus im Westen. Darin nährt Christus andere durch sich selbst, bis sie stark genug sind, um den Weg allein zu gehen. Wenn sie dann »ihm gleich geworden sind«, treten sie in die Herrlichkeit des Vaters ein.

Nicht christliche Alchimisten leugnen keineswegs die Errungenschaften Jesu. Seine alchimistischen Leistungen zählen zu den bekanntesten in der Welt. Traurigerweise werden sie jedoch als eine »große Ausnahme« verstanden und nicht als das, was sie eigentlich sind, nämlich ein »großes Beispiel«, ein Aufruf zu den Höhen.

Der Regent

Auf den inneren Ebenen nehmen Prinzipien Persönlichkeit an. Auf diese Weise kann Kontakt zu einem Lebewesen, in dem eine spirituelle Kraft »personifiziert« und dadurch in unsere menschliche Reichweite gebracht wird, geknüpft werden. Wenn wir an der runden Tafel sitzen, wird eine telepathische Verbindung zu den Gefährten hergestellt, die uns befähigt, uns auf Wesen vieler Evolutionsstufen zu beziehen und mit ihnen in eine wirkliche, lebendige Verbindung zu treten. Einige gehören zu unserer Spezies Mensch, andere wiederum sind Angehörige anderer Evolutionen. Von diesen haben einige in weit zurückliegenden Zeiten diese Identifikation mit dem Einen erreicht, das Ziel der menschlichen Reise. Andere sind nur ein wenig von unseren üblichen Ebenen entfernt.

An der runden Tafel ist der Ihnen direkt gegenübersitzende Gefährte der Regent der Burg. Ein »Regent« ist jemand, der Autorität und die Herrschaft über ein Königreich ausübt, bis der rechtmäßige Souverän mündig geworden ist. Im inneren Königreich verkörpert er das Prinzip der spirituellen Erleuchtung, die in den Praktizierenden *in potenzial* vorhanden ist. Der Regent dient als vorübergehende jeziratische Sefira Keter, die psychologische Krone. Im Sanskrit, der heiligen Sprache des Hinduismus und Mahayana-Buddhismus, wird dieses »Erleuchtungsprinzip« *Sattva* genannt; in der Alchimie heißt es Merkur, das universale Lösungsmittel, das den Stein vervollkommnet.

Merkur ist das alchimistische Symbol für Bewusstsein, weil das Metall Merkur, Quecksilber, bei der Spiegelherstellung zum Überziehen von Glas verwendet wird. In der östlichen wie auch westlichen Tradition bedient man sich oft des Spiegels als Metapher für die inhärent reine und transparente Natur des Geistes, das reine Gewahrsein, das Licht des uranfänglichen Bewusstseins. Im »Spiegel« des menschlichen Bewusstseins erblickt Gott Gott.

Der Regent herrscht über das innere Königreich, bis Praktizierende ein gewisses Maß an Entfaltung erreicht haben, sodass sie auf allen Ebenen die Verantwortung für sich übernehmen können. Folglich ist der Regent von großer Bedeutung. An der runden Tafel sitzt er auf dem Sitz des Sonnenzeichens, direkt Ihnen gegenüber, weil astrologisch gesehen das Tierkreiszeichen, das Ihrem eigenen Sternzeichen direkt gegenübersteht, die in dieser Inkarnation zu lernenden und aufzunehmenden Lektionen repräsentiert. Über Ihr inneres Königreich zu herrschen und die Lektionen Ihres Sternenmusters, Ihres Horoskops, zu lernen, sind zwei Möglichkeiten, um ein und dasselbe zu sagen, denn beide bergen in sich die Geheimnisse des einzigartigen Ausdrucks, dass Sie von dem Einen sind, »Ich bin«. Der Vorteil, das innere Königreich als einen Weg zur Selbsterkenntnis zu verwenden, liegt darin, dass die eingesetzten Bilder und Szenen das Unterbewusste, in dem die Kraft der Erneuerung und Umgestaltung enthalten ist, direkt und wirkungsvoll ansprechen.

Der Regent erscheint ausnahmslos in männlicher Aufmachung, weiß gewandet und mit einem silbernen Reif auf dem Haupt, der mit dem astrologischen Symbol für Merkur ☿ versehen ist.

Der Einsiedler

Von den vielen Bewohnern des inneren Reiches von Logres nimmt der weise Einsiedler, der im verzauberten Wald von Brolicade lebt, eine wichtige Stellung ein. Psychologisch gesehen ist er natürlich der Jungsche Archetyp des Weisen. In der esoterischen Psychologie der Mysterien ist er jedoch mehr. Diese einsame Gestalt personifiziert die Weisheit von Chokmah, die durch das Mitgefühl von Chesed zum Ausdruck kommt und das »göttliche Kind« in Tiferet prägt. Der Tarot-Schlüssel 9, »Der Eremit«, wird dem 20. Pfad auf dem Baum zugeordnet, der Chesed und Tiferet miteinander verbindet. Aber dieser Schlüssel symbolisiert auch das innere Keter, das SELBST des Selbstes. Auf Hebräisch *Jechida* genannt, was »einzigartig und unteilbar« bedeutet, ist dies der göttliche Funke. Der Einsiedler fungiert in Logres als der Maggid, der innere Lehrer der kabbalistischen Tradition, und ist der Abgesandte und Botschafter der oberen Welten. Sein Name ist »Menes«; er ist der Bewohner auf dem Gipfel und Hüter der Jungfrauenmilch, derjenige, der in die Barmherzigkeit und die Kraft des Lichts eintritt.

Der Ausdruck »göttlicher Funke« kann wie jeder metaphysische Begriff, der allzu wörtlich genommen wird, irreführend sein. Das Wort »Funke« vermittelt die Vorstellung von einem glühenden Teilchen, das sich von einem Feuer entfernt hat. Einige nehmen das wörtlich und verstehen die Menschen als »Funken«, die ihren Ursprung in dem Licht haben, aber von der Quelle weggeflogen sind. Diese Ansicht widerspricht dem Zeugnis der Weisen und den Lehren der Mysterien. Der Begriff »göttlicher Funke« bezieht sich auf die Immanenz Gottes in jedem Herzen. Aber der Unendliche ist kein Kuchen, der in einzelne Stücke geschnitten werden kann. Wo der Unteilbare an einem einzelnen Punkt (oder Funken) ist, da weilt der Allheilige in der Fülle (Pleroma) der Weisheit und Liebe und in der Fülle der göttlichen Kraft. Denn in Ihnen ist jetzt DAS, das die Errungenschaften selbst des größten Meisters übertrifft. Und genau das wird in Gestalt des Einsiedlers Menes dargestellt: der Alte der Zeit im Innersten einer jeden menschlichen Seele.

Die Übung

Nachdem Sie die vorbereitenden Übungen – Entspannung, rhythmisches Atmen, Besteigen des Baums von Asija, das miteinander verwobene Licht und die Fontäne-Atmung, das Mantra und die Externalisierung des Burggolems – abgeschlossen haben, projizieren Sie Ihr Bewusstsein in die Burg und verweilen in ihr. Setzen Sie sich auf den Stuhl in der Mitte der Kammer des Innewohnens und bestätigen Sie Ihre Anwesenheit in diesem Vehikel mit dem Wort »Adsum«. Nachdem Sie sich bekleidet haben, steigen Sie die lunare Wendeltreppe hinunter und gehen in die Große Halle. Nehmen Sie an der Tafel Platz und begrüßen Sie die Gefährten durch den Gral. Wenn das goldene Bild des heiligen Kelches vor Ihnen aufleuchtet, erkennen Sie Ihnen gegenüber auf der anderen Seite die Gesichtszüge des Regenten des Königreiches. In dem Wissen, was er repräsentiert, grüßen Sie ihn, und durch den Gral vernehmen Sie seine Stimme:

> Erbe des Königreichs, du weißt, dass dieses Land von Logres einem unheilvollen Einfluss erlegen ist. Viele Dinge müssen wieder in Ordnung gebracht und viele böse Wesen zurückgehalten und gehindert werden, noch mehr Schaden anzurichten. Aber wisse auch, dass hier ebenfalls viele leben, die wahre Diener des Lichts sind. Und heilige Stätten – Teiche, Brunnen und Quellen, Haine, Inseln und Hügel der Macht – sind hier zu finden, an denen man sich zur Heilung des Landes mit dem Geist in Verbindung setzen kann. Ich rate dir, jetzt die Burg zu verlassen und dieses Land, das dein Erbe ist, zu durchreisen. Das ist unerlässlich, denn wie willst du sonst die Probleme der Bewohner, über die du herrschen sollst, verstehen?

Sie bedanken sich bei Ihrem Regenten, erheben sich von der Tafel und begeben sich in die Kapelle des Rosenkreuzes. Auf den Altarstufen liegen die einfachen Gewänder eines Wanderers, robuste Sandalen und ein stabiler Weißdornstab. Legen Sie das indigoblaue Gewand und die silbernen Sandalen ab und ziehen Sie diese Kleidung an. Den Blick auf das Rosenkreuz gerichtet, stellen Sie sich unter den Schutz des Ewigen. Dann gehen Sie mit dem Stab in der Hand durch die Große Halle, um die mittlere Säule mit den zwei Wendeltreppen herum und treten durch die Turmtür in den Hof.

Passieren Sie das Fallgitter, gehen Sie über die Zugbrücke, über den Graben und den Hügel, auf dem die Burg steht, hinunter; überqueren Sie die Brücke, die den tiefen und schnell fließenden Fluss überspannt. Vor Ihnen liegt der große Wald von Brolicade. Ihr Weg schlängelt sich viele Meilen durch ihn hindurch. Registrieren Sie alles, was Sie unterwegs zu sehen bekommen. In Logres ist nichts ohne Bedeutung.

Schließlich sehen Sie Wasser durch die Bäume vor Ihnen schimmern, und kurz darauf stehen Sie am Ufer eines großen Sees, der wie ein glänzender Kristall in das smaragdene Herz des Waldes eingesetzt ist. In der Mitte des Sees liegt eine kleine Insel. Während Sie sich fragen, wie Sie zu ihr gelangen können, ertönt eine sanfte Stimme:

> An dem Baum dort drüben hängt eine bronzene Glocke. Läute sie, und die Barke wird von der mystischen Insel kommen und dir eine sichere Überfahrt gewähren.

Sie wenden sich dem Sprecher zu und erblicken eine Elfe des Lichts. Sie ist von unsterblicher Schönheit, mit violetten Augen und silbernem Haar, das über ihre Knie herabfällt. Eine Krone aus purpurroten Rosen und goldenem Weizen schmückt ihr Haupt; sie trägt ein grünes, mit Samenperlen verziertes Brokatkleid und einen Schleppenumhang aus Weidenblättern. Mit der Höflichkeit, an die sich alle Wanderer in den inneren Welten halten *müssen*, sprechen Sie sie an: »Ich grüße dich im Namen des Einen.« Bei der Erwähnung des Ewigen verneigt sie ihr blumengeschmücktes Haupt und lächelt. Nachdem das Protokoll – und Schutzmaßnahmen – befolgt sind, stellt sich die ätherische Fee mit Titel und Rang vor.

> Ich bin die Herrin des Grünen Waldes und halte als Königin in dem hohlen Hügel, dem Elf-Hame des Abendsterns, Hof. Und du bist – oh, ich weiß, die Bäume flüsterten es – derjenige, »der kommen soll«, der angekündigte Herrscher, der das Land heilen und es zum Herzen allen Glanzes wieder herstellen wird.

Aber du bist nicht gekommen, um hier bei mir zu verweilen, denn wir werden uns in der Kammer des roten Löwen wieder sehen. Ich bin hier, um dir von ihm auf der Insel dort zu erzählen, der dich als dein Mentor auf die Herrschaft vorbereiten wird. Aber wisse, seine Unterrichtsmethoden unterscheiden sich von denen, die in deiner äußeren Welt üblich sind.

Gehe immer mit einer Frage im Geist zu ihm. Jede Reise muss einen Zweck haben. Wenn du vor ihm stehst, bewahre behutsam deine Frage im Geist, dann versuche, ihn, den Bewohner auf dem Berg, Menes, der Einsiedler, der Magus der Macht, in Geist und Seele zu erreichen. Dehne deine Aura aus, um ihn zu umfassen, und er wird dich in der seinen umfassen. Dann, wenn du dein mentales Bild auf diese Weise präsentiert hast, wirst du feststellen, dass es an ein anderes Muster angepasst und verändert wird, da Menes' Geist es »durchdringt«, bis in deinem Geist das Wissen um das aufsteigt, was du vollbringen musst, um diese Lehre in die Tat umzusetzen. Es ist eine hochtelepathische Verbindung, von Geist zu Geist, deren Wirkungen sich in allen Problemen niederschlagen werden, welche du auch dem Einsiedler, der Personifizierung des göttlichen Willens, vorgebracht haben mögest.

Die Gestalt von Menes ist eine gedankliche Präsenz. Hier in den inneren Welten werden Prinzipien personifiziert, sodass auf dieser Ebene eine Person von Macht und Weisheit, der innere Lehrer, dich unterrichten wird. Aber vergiss nicht, nach deiner Rückkehr in den irdischen Körper alles, was du in dieser hochtelepathischen Verbindung empfangen hast, so schnell wie möglich schriftlich festzuhalten, denn die Einzelheiten und damit verbundene Atmosphäre schwinden schnell, und es ist das Leid der Menschen, dass sie vergessen.

Sie danken der Elfenkönigin und gehen zu der Glocke, die am niedrigsten Zweig einer großen Eiche hängt. Kaum haben Sie am Seil gezogen, ertönt die Glocke. Von der Insel im See kommt ein Schiff, und als es sich dem Ufer nähert, erkennen Sie, dass es sich um eine niedere Barke mit einem Drachen am Bug handelt. Kurz darauf hat sie das

Ufer erreicht, und Sie steigen ein und setzen sich auf die purpurroten Kissen.

Während die Barke über das spiegelgleiche Wasser zurückgleitet, drehen Sie sich um, um der Herrin der Wälder zum Abschied zu winken. Sie steht noch am Seeufer. Nun breitet sie die Arme aus, verwandelt sich in die Gestalt eines weißen Falken, fliegt in den Himmel empor, kreist einmal und verschwindet dann im Blätterdach des Waldes. Während die Barke über den See fährt, meditieren Sie über die Frage, die Sie dem Einsiedler stellen möchten. Von den Worten der Elfenkönigin wissen Sie, dass sich die Frage auf das Werk und spirituellen Fortschritt beziehen muss, denn dies ist ein bedeutender Kontakt, der nur in transpersonalen Fragen in Anspruch genommen wird. Sie werden aus Ihrer Meditation aufgerüttelt, als die Barke sanft ans Ufer stößt. Sie steigen aus ins grüne Gras. Die Insel ist ein Apfelgarten, die Bäume stehen in Blüte und tragen zugleich Früchte. Die goldenen Äpfel und rosaweißen Blüten leuchten im Sonnenlicht. Der schwere Duft der warmen Erde und das Summen der Blütenstaub sammelnden Bienen machen die Insel zu einer Oase der Freude. Beglückt wandeln Sie zwischen den Apfelbäumen, bis Sie zu einer Hütte in der Mitte der Insel gelangen. Sie ist rund und hat ein strohgedecktes, kegelförmiges Dach. Ihre weißen Wände sind mit Spiralmustern verziert, Ammoniten schmücken den Türrahmen, über dem die Haut eines schwarzweißen Bullen hängt.

Durch die Tür tritt die Gestalt eines Mannes mit langem, weißem Bart. Er trägt eine graue Robe mit Kapuze, heißt Sie lächelnd willkommen und winkt Sie herbei. Wenn Sie auf ihn zugehen, können Sie seine Gesichtszüge deutlich erkennen. Es ist das bemerkenswerteste Gesicht, das Sie je gesehen haben – ein Antlitz, vor dem Zivilisationen aufgestiegen und untergegangen sind; seine durchdringenden Augen, die an Strahlen eine Sonne übertreffen, sind trotz alledem vom warmen Licht des Mitgefühls beseelt. Sie entsinnen sich des Protokolls und begrüßen ihn: »Im Namen des Einen grüße ich dich.« Er verneigt sein ehrwürdiges Haupt und erwidert mit melodischer Stimme: »Von denen, die das Licht des Höchsten von Angesicht zu Angesicht sehen, grüße ich dich. Sei willkommen, mein Kind, und trete in Frieden ein.«

Sie folgen dem Einsiedler in die runde Hütte. In der Mitte des Bodens brennt in einer Grube ein rauchloses Feuer. An den Wänden hängen blaue Teppiche; auf einem ist der mit Goldfaden bestickte Baum des Lebens zu sehen. Vor diesem Teppich stehen zwei bequeme Stühle und ein kleiner Tisch, beladen mit einem Kelchglas voll Rotwein und einem Teller, auf dem mit Honig bestrichene Weizenbrote angerichtet sind. Menes bedeutet Ihnen, auf einem Stuhl Platz zu nehmen, was Sie aber erst nach ihm tun. Vor ihm sitzend, sehen Sie still zu, wie Menes das Brot und das Kelchglas segnet. Dann bricht er das Brot und teilt es mit Ihnen. Er bietet Ihnen das Kelchglas an, Sie trinken und geben es ihm zurück; nun trinkt er. Ein Gefühl des tiefen Friedens durchdringt die Atmosphäre, und Sie haben das Gefühl, als ob sie diesen Ort und den ehrwürdigen Alten irgendwo in Ihrer weit zurückliegenden Vergangenheit schon immer gekannt hätten. Während Sie ihm gegenübersitzen, dehnen Sie nun Ihre Aura aus, um den Einsiedler zu umfassen, und Sie spüren, dass Menes das Gleiche tut. Die beiden Sphären der Sinneswahrnehmung legen sich nicht nur übereinander, sonden durchdringen sich auch gegenseitig. Sobald Sie sich auf diese Ebene der energetischen Arbeit eingestimmt haben, bringen Sie im Geiste Ihre Frage vor und sehen in stiller Erwartung dem entgegen, was Ihnen gegeben wird. Das ist die wahre Bedeutung von »Kabbala« – der Empfang –, von einem Wissenden, von einem der Älteren Brüder zu empfangen.

Wenn die Zwiesprache beendet ist und sich die beiden Identitäten wieder voneinander gelöst haben, erhebt sich Menes zum Zeichen, dass die Zeit des Aufbruchs gekommen ist. Sie knien nieder und bitten ihn um seinen Segen, und für einen Augenblick außerhalb jeglicher Zeit erleben Sie einen Vorgeschmack überirdischer Glückseligkeit. Der Einsiedler begleitet Sie zum Ausgang der Hütte, zieht die gegerbte Tierhaut zurück, und gemeinsam treten Sie ins warme Sonnenlicht hinaus. »Diese Insel«, sagt er, »ist eine Epiphanie des heiligen Obstgartens, des Reiches von Azilut; es ist eine Zufluchtsstätte zur Stärkung deiner Seele. Und die stillen Wasser dieses Sees haben enorme Heilwirkungen. Gebrauche beides weise, mein Kind, und leb wohl. Ich werde dich in der Burg besuchen.« Er kehrt in die Hütte zurück, und Sie machen sich auf den Rückweg durch den heiligen Hain zu der wartenden Barke.

Das Boot trägt Sie schnell über den heilsamen See, und das stille Wasser glänzt silbern in der späten Nachmittagssonne. Am Ufer werden Sie von einem Knappen aus der Burg empfangen, der ein Pony und ein mit einer prächtigen Schabracke geschmücktes Pferd bei sich hat. »Unser Herr, der Regent, hieß mich, Euch dieses Reittier zu bringen«, erklärt er Ihnen. Sie besteigen das Pferd, und mit dem auf seinem Pony folgenden Knappen reiten Sie durch den Wald von Brolicade. Zu Pferd ist die Reise bald zu Ende, und während der Sonnenuntergang naht, reiten Sie in den Hof der Burg von Camelot zurück. Mit Hilfe des Blocks nahe der Ställe steigen Sie vom Pferd ab und betreten den Turm. Sie gehen durch die Große Halle in die Kapelle des Rosenkreuzes, wo der Regent auf Sie wartet. Sie bedanken sich bei ihm für das Pferd, und er hilft Ihnen aus den Reisekleidern. Sie greifen nach dem indigoblauen Gewand, doch der Regent überreicht Ihnen ein weißes Leinengewand und spricht:

> Dies ist das innere Gewand der Herrlichkeit, das unter dem indigoblauen äußeren Gewand der Verborgenheit getragen wird. Es wird dich von nun an an deine essenzielle Natur erinnern, die unsterbliches Licht ist.

Zutiefst bewegt ziehen Sie das weiße Gewand an, während Sie seine Feinheit bewundern, und danach die silbernen Sandalen des Mondes. Der Regent zieht Ihnen dann das mit Kapuze versehene indigoblaue Gewand über den Kopf. Sie nehmen den Weißdornstab, legen ihn ehrfürchtig auf die oberste Altarstufe und bedanken sich bei dem *Mysterium Magnum*, das Sie auf dem Weg geführt hat.

Verlassen Sie die Kapelle des Rosenkreuzes und gehen Sie durch die Halle der runden Tafel. Bevor Sie die solare Wendeltreppe hinaufsteigen und die Kammer des Innewohnens aufsuchen, erweisen Sie dem Gral die Reverenz. In der Kammer des Innewohnens ziehen Sie die Sandalen und das indigoblaue Gewand aus, behalten jedoch die weiße Leinenrobe an. Von jetzt an werden Sie automatisch mit diesem weißen Gewand bekleidet sein, wann immer Sie Ihre subtilen Körper nach außen verlagern. Kehren Sie in die Physikalität zurück, nehmen Sie den Golem in die subjektive Latenz auf und führen Sie die abschließenden Übungen durch. Schreiben Sie sofort die Eindrücke von Ihrer Begegnung mit Menes auf.

Auswirkungen

Wiederholen Sie diese Übung so lange, bis Sie mit den Einzelheiten vertraut sind und zu der Bewusstseinsveränderung gelangen, die die mentale Verbindung mit dem Einsiedler hervorruft. Sobald sich Ihnen die Einzelheiten eingeprägt haben, begeben Sie sich auf diese Reise, wann immer Sie das Bedürfnis hegen.

Die Kontemplation

Mit dem Pentagramm werden auch die exakten Maße des großen und einzigartigen Athanor gemessen, der für die Herstellung des Steins der Weisen und die Vollendung des Großen Werkes unerlässlich ist. Der ideale Destillierkolben, in dem die Quintessenz entwickelt werden kann, stimmt mit dieser Figur überein, und die Quintessenz selbst wird durch das Zeichen des Pentagramms verkörpert.

Transzendentale Magie
Eliphas Lévi[2]

---

[2] Eliphas Lévi: Transcendental Magic, London 1968, York, ME, 1972, S. 70 (dt.: Transzendentale Magie)

XII

ZUR ERINNERUNG AN ARTUS, DEN KÖNIG

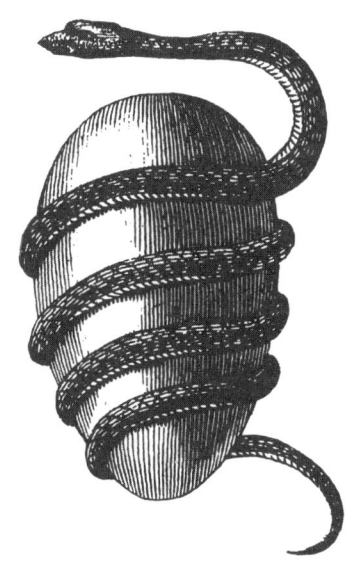

In diesem Stein liegt verborgen, was immer Gott und die Ewigkeit und ebenso
Himmel, Sterne und Elemente in sich tragen und bewirken können.
Es gab von Ewigkeit an niemals Besseres oder
Kostbareres als ihn, und er wird dargereicht von Gott
und dem Menschen geschenkt;
Jeder, der ihn begehrt, kann ihn haben, er ist von einfacher Form
Und verfügt in seinem Innern über die Macht alles Göttlichen.

Jakob Böhme[1]

Die Lehre

Mit den Artuslegenden vertraute Leser werden sich vielleicht fragen, warum sich in keiner der vorliegenden Übungen die berühmte Szene abspielt, in der König Artus das Schwert aus dem Stein zieht. Der Grund dafür ist der, dass Sie, sobald Sie mit den Übungen beginnen, praktisch das »Schwert des spirituellen Willens« aus dem »Stein der materiellen Trägheit« gezogen haben. Darüber hinaus wird jedes Mal, wenn Sie sich mit der Absicht tragen, das Werk durchzuführen, schon dadurch das königliche Schwert aus dem Stein befreit sein, und Sie bekunden wieder einmal Ihr unveräußerliches Recht, über Ihr inneres Königreich zu regieren.

Solve et Coagula, die Devise der Alchimie, findet sich in unzähligen Texten. »Lösen und Binden« lautet die wörtliche Übersetzung, aber »verfestigen« ist eine präzisere Übersetzung für *coagula*. Psychologische Kommentatoren der KUNST haben *solve* auf das Freisetzen psychischer Energie bezogen, die in emotionalen Komplexen im Unterbewusstsein festgehalten wird. Das ist so weit richtig, aber die Kinder des Hermes (die Alchimisten) meinten damit noch etwas anderes; sie hat-

---

[1] Jakob Böhme: Threefold Life of Man, Leipzig 1620; englische Übersetzung: London, 1650, 1009; Text aus dem Internet (dt.: Dreifaches Leben)

ten eine bestimmte geheime Technik im Sinn – eine, die Praktizierende, die diesem Buch folgen, beherrschen, nämlich die Trennung des subtilen Körpers (*solve*) vom groben Körper und seine Wiedervereinigung mit dem als Wirt dienenden physischen Körper (*coagula*). Die Externalisierung und Wiedervereinigung des Golems, der inneren Zitadelle der Seele.

Dem liegt die Absicht zu Grunde, Praktizierende der Alchimie zu befähigen, das Werk in seinen Weißen wie auch Roten Phasen gefahrlos zu vollziehen. Der Hauptaspekt des Werkes ist das »Kochen« oder »Destillieren«, womit das Wecken des Drachen, der Kundalini, gemeint ist. Eliphas Lévi definierte das Große Werk als »vor allen Dingen die Schöpfung des Menschen durch ihn selbst«.[2] Das bedeutet, dass die feurige Kraft der Kundalini die schöpferische Kraft sein muss, und genauso verhält es sich. Im Yoga ist die Kundalini die *Shakti* (Braut, Partnerin oder Gemahlin) des Brahma, des Schöpfergottes im hinduistischen Pantheon. In der Kabbala ist die Kundalini *Schechina* (die Braut des Adonai), die niedrigere Natur, das Medium, durch das die höhere Kraft, die Transzendenz, wirkt. Die Kundalini ist also die in der menschlichen Form verborgene Kraft des Schöpfers. Ihr wiederholtes Erwecken (»Kochen«) hat die Transfiguration und Vergeistigung des physischen Körpers zur Folge. Einige alchimistische Texte verwenden auf der *Gematria* basierende »Geheimcodes«, um anzudeuten, wie oft dieser Prozess des Destillierens (Kochen oder Erhitzen; alle drei Bezeichnungen werden in alchimistischen Werken synonym gebraucht) durchgeführt werden sollte. Als gebräuchlicher Geheimcode dient beispielsweise die Zahl 27. Die Summe von 2 und 7 ergibt 9. Der Tarot-Schlüssel 9, »Kraft« (das Geheimnis aller spirituellen Werke), ist die bildhafte Darstellung der Kundalini in ihrem Zustand des Aufwachens – der rote Löwe. Das Kochen wird so lange wiederholt, bis die Zeichen der Verwirklichung – die Ernte der Früchte – erlangt sind. Die Zeitspanne variiert von Praktizierendem zu Praktizierendem, weil die Stufe der jeweiligen spirituellen Entfaltung bei Beginn des Werkes unterschiedlich ist, so wie auch die karmischen Verdunkelungen, die der Läuterung bedürfen.

---

[2] Eliphas Lévi: Transcendental Magic, London 1968, York Beach, ME, 1972, S. 113 (dt.: Transzendentale Magie)

Mit Recht wird gesagt: »Die Vase der Kunst ist die Seele (Jezira), das Feuer der Kunst ist der Geist (Briah), und der Ofen der Kunst ist der Körper (Asija).« In seinem Buch *An Alchemical Treatise on the Great Art* wiederholt Antoine-Joseph Pernety, Benediktinermönch und Bibliothekar Friedrichs des Großen von Preußen, die ausdrückliche Anweisung früherer Alchimisten, wenn er darauf hinweist, dass »die Vase der Kunst aus Glas und von ovaler Form sein muss«.[3] Mit »Glas« ist hier das durchsichtige Erscheinungsbild der Aura und ihre schillernden Farben gemeint. »Oval« bezieht sich auf die Form des aurischen Eies. Die »Vase« ist der subtile Körper und nichts anderes. Das »Feuer« der Kunst ist die strahlende Energie von Azilut (Mezla), vermittelt durch das Höhere Selbst (Briah, die spirituelle Welt) des wahren Alchimisten. Dies wird – obwohl verschleiert – im Schlüssel 14, »Mäßigung«, angedeutet, wo der Engel eine brennende Fackel in der einen und ein Gefäß mit Wasser in der anderen Hand hält. Die Verbergung liegt in der bildhaften Trennung der feurigen und flüssigen Eigenschaften des einen spirituellen Einflusses. Vereint lassen die Fackel und das Gefäß das »Wasser, das brennt« und das »Feuer, das fließt« – die reinste Erste Materie – erkennen.

Der alchimistische Ofen, das heißt, der physische menschliche Körper, wird als *Athanor* bezeichnet. Wie viele alchimistische Begriffe ist auch dieser chaldäischen Ursprungs und über das Hebräische, *eth ha nour*, was die »Essenz des Feuers« bedeutet, zu uns gelangt. Der Begriff *Athanor* ist also eine Analogie dafür, wie der physische Körper die Strahlende Energie extrahiert. Einem Ofen gleich verbrennt der Körper Brennstoff (Nahrung), wobei er die Lebenskraft durch Verdauung gewinnt und die innewohnende Energie freisetzt. In der Alchimie werden die Körperausscheidungen die »Asche« genannt. Paracelsus versprach einmal einer Gruppe von Intellektuellen, ihr die Erste Materie zu zeigen, und öffnete eine Schachtel, die zu ihrem Ekel Kot enthielt. Er hatte der Gruppe das gezeigt, was vom Brennstoff des Athanor übrig bleibt, wenn die Quintessenz gewonnen worden ist. Der »schwarze giftige Drachen«, auf den in einigen alchimistischen Texten verwiesen wird, sind

---

[3] Antoine-Joseph Pernety: An Alchemical Treatise on the Great Art, York Beach, ME, 1995, S. 159

die Säure und Gallenflüssigkeit erzeugende Eingeweide. Der Verbrennungsvorgang im Ofen des physischen Körpers wird durch das Wirken des alchimistischen »Blasebalgs« (die Lungen) gefördert, der das Feuer zu größerer Hitze »schürt«. Die Vorstellung vom Blasebalg umfasst zwei Gedankenstränge.

Beim ersten handelt es sich um den normalen Atmungsvorgang, bei dem Prana, die Strahlende Energie, aus der sonnengeladenen Atmosphäre, gewonnen und in den Blutstrom geleitet wird. Der zweite bezieht sich auf den bewussten Einsatz der Atmung, wie er von Adepten der Alchimie und des Yoga praktiziert wird, wobei die zur bewussten Wahrnehmung gebrachte Atmung tatsächlich die feurige Kraft stimuliert und sie von »grün« zu »rot« verstärken und aufsteigen lässt. Wie in der östlichen Disziplin des *Pranayama* wird der physische Körper durch den vergeistigenden Stimulus des Prana in seiner zugänglichsten Form, dem Atmungsprozess, zu Bewusstsein gebracht.

Ich möchte nochmals darauf hinweisen, dass ich mich hier auf den physischen menschlichen Körper beziehe, weil er der einzige Organismus auf diesem Planeten ist, der die Menge an Energie, die er empfängt, beliebig erhöhen kann. Aus genau diesem Grund erklären buddhistische Schriften, dass der menschliche Körper eine notwendige Voraussetzung für die Erleuchtung sei und zudem eine »kostbare Gelegenheit ist, die nicht vergeudet werden darf«. Darüber hinaus erfahren wir, dass selbst die Adepten der inneren Ebene (nicht inkarnierte Menschen), die zwar eine Stufe fortgeschrittener spiritueller Entfaltung, aber noch nicht den goldenen Sonnenkörper, also das Ziel des Großen Werkes, erreicht haben, aufs Neue inkarnieren müssen, um dieses unsterbliche Vehikel zu erlangen.

Der Unrat

Das einzige alchimistische Buch auf Hebräisch wird das *Reinigende Feuer* genannt. Bei jedem Erhitzungsprozess werden Unreinheiten an die Oberfläche gebracht, die dann abgeschöpft werden müssen. Der »Unrat« oder »Abschaum« der Alchimie sind die karmischen Verdunkelungen und falschen geistigen Vorstellungen, die wir uns alle angeeignet haben, während wir in der Illusion der Getrenntheit gefangen waren. Der »Abschöpfungs«prozess ist innere Reflexion, die auf Berichtigung hinausläuft – eine Änderung des Bewusstseins, damit wir auf das Leben wirklich eingehen, statt einfach von der animalischen Ebene aus darauf zu reagieren. Schon Meditation erhöht die Menge an Unrat, der assimiliert werden soll, aber durch den Kundalini-Yoga (sowohl in den Tantras des Vajrayana als auch in der hermetischen Kunst der Alchimie) wird mehr von ihm aufgewühlt als durch jede andere bekannte Technik. Genau das ist mit »beschleunigter Evolution« gemeint. Und das ist auch unter »Mäßigung« (Schlüssel 14) zu verstehen – die Reinigung der inneren Metalle im Feuer des Geistes.

Wenn also der feurigen Energie gestattet wird, sich frei durch unsere Persönlichkeit zu bewegen, sollten wir zuerst unbedingt die Kanäle überprüfen, durch die diese Kraft fließen wird, und sicherstellen, dass keine Blockaden oder Umleitungen existieren. Die Kraft könnte sonst nämlich fehlgeleitet werden, was schreckliche Konsequenzen nach sich zöge. Denn die Kundalini vermittelt dem Weisen Erleuchtung, aber jenen, die ihre vereinende Heiligkeit entweihen, Knechtschaft.

Das ist der Zweck der im elften Kapitel beschriebenen Übung, nämlich jederzeit so viel Unrat wie möglich aus der Psyche zu entfernen. Der wichtigste Teil dieses Vorgangs ist aber nicht das Erkennen des Unrats (so unerlässlich dies auch sein mag, bleiben doch viele Menschen auf diese Stufe des Erkennens fixiert), sondern seine Transformation, seine Befreiung (in der Kabbala *Tikkun* genannt), durch die Wiedereinsetzung der unterdrückten Energie in die gesamte Dynamik der Psyche. Und zu diesem Zweck verwenden wir in der Kabbala den Lebensbaum in Jezira als Landkarte der Psyche. Die Entdeckung des wesentlichen Impulses, dessen Manifestation (in Gedanken oder Taten) eine Verzerrung darstellt, befähigt uns, die Energie zurück zu der angemessenen Sefira am Baum umzuleiten und dann einen geeigneteren Kanal zu schaffen, der uns gute Dienste leistet. Bei diesem Akt des Erkennens erweist sich der Rat der Großen Gefährten an der Gralstafel oft als außerordentlich hilfreich und wertvoll. In sehr schwierigen Fällen (vorausgesetzt, der Praktizierende vermag eine transpersonale mental-emotionale Haltung zu wahren) kann man sich mit einer Frage an Menes auf der heiligen Insel wenden.

Das Hauptproblem stellt die »Natur des Verlangens« dar. Um Klarheit zu schaffen, sollte zuerst einmal gemeinsam mit den Weisen dargelegt werden, dass Verlangen an sich kein spirituelles Hindernis ist. Verlangen tritt in Keter als der göttliche Impuls auf, sich zu manifestieren. Keter ist Wille oder Bewusstsein in Aktion (auf Hebräisch haben »Wille« und »Freude« dieselbe Bedeutung). Das Bewusstsein selbst ist unbeschreibbar, undefinierbar und verborgen in *Ain*, dem Absoluten. Etwas zu verlangen bedeutet jedoch, dass das Licht des Bewusstseins auf einen konzentrierten Leitstrahl reiner Absicht gerichtet sein muss. Dies ist eine Bedeutung der Bezeichnung für Keter, *Nequidah*, der Urpunkt, mit dem der Strahl des Urwillens gemeint ist, von dem alles andere Wollen ausgeht.

Auf dem Lebensbaum ist Malkut, die zehnte Sefira, das Ergebnis dieses göttlichen Verlangens, daher die Keter-Malkut-Beziehung. Ohne Malkut sind die anderen neun Sefirot bedeutungs- und in gewisser Weise machtlos. Denn obwohl Malkut die zarte, vergängliche Blüte des Lebensbaums ist, so ist sie doch die volle Manifestation dessen, was vom Urwillen zum Guten, in Keter, geplant wird. Um die Analogie eines physischen Baumes heranzuziehen: Wie stark Wurzel, Stamm und Zweige eines Baumes auch sein mögen, wenn er nicht blüht, bleibt er unfruchtbar und wird keine Früchte oder Samen hervorbringen oder seine Art vermehren. Er bleibt im Grunde unschöpferisch.

Das Verlangen ist hier nicht das spirituelle Hindernis, sondern vielmehr das »Verhaftetsein«. Und die beiden sind keineswegs ein und dasselbe. Verhaftetsein bindet und fesselt, während es in der Natur des Verlangens liegt, nach immer neuen und vollkommeneren Ausdrucksformen zu streben. In gewissem Sinn ist die mystische Suche an sich das Resultat einer der kurzlebigen Manifestationen in der Schöpfung müde gewordenen Seele, was sich in einem profunden Gefühl der Unzufriedenheit mit Phänomenen äußert – eine »göttliche Unzufriedenheit«, wie es zuweilen bezeichnet wird –, und eine Suche nach Dem, was allein Bestand hat, was letzten Endes befriedigt, die Eine Wirklichkeit. Diese Unzufriedenheit ist im Allgemeinen das Ergebnis vieler vorhergehender Inkarnationen, in denen Fertigkeiten auf physischer Ebene erreicht wurden. Sie steigt in einer Seele auf, die den »Kelch der irdischen Freuden« bis zum letzten Tropfen geleert hat, jedoch unbefriedigt bleibt. Der Ausspruch »Es bedarf eines großen Sünders, um einen großen Heiligen entstehen zu lassen« rührt von der Vorstellung her, dass, um irgendetwas zu erreichen – einschließlich spirituellen Fortschritts –, es eines starken Wunsches bedarf. Das Verlangen nach »Dingen, die ewig währen«, ist letztendlich der größte Schutzwall der Mysterien. Seelen, die in der Vergangenheit vom Wein der Lobhudelei, des Triumphes und der Herrschaft »gekostet« und sie als das erfahren haben, was sie sind, nämlich »Schwindel«, werden sich nicht verleiten lassen, wenn andere diese Talmis anbieten, in der Hoffnung, damit die im Besitz der Weisen befindlichen spirituellen Schätze zu erkaufen. Das Große Werk in einem Leben zu vollenden, erfordert also eine gewisse »Reife« der Seele; »grüne Äpfel« am Baum des Lebens sind noch zu jung und unerfahren, um es durchzuführen.

Die Alchimie lehrt diese Sublimierung des Verlangens unter Zuhilfenahme der Metapher von Geldmünzen. Die Münze ist eine »Tarnung« für das Pentakel, das magische Hilfsmittel, das die Erde der Weisen und die Welt von Asija symbolisiert. Das Pentakel erscheint auf dem Tisch des Magiers in Schlüssel 1 und ist die letzte Spielfarbe der Kleinen Arkana. Es ist das Symbol der Manifestation, einer Kraft, die »in die Erde« gebracht wird, wie es in der Zeremonialarbeit genannt wird. In einigen der alten Texte wird das Pentakel als der »Schekel Salomos« bezeichnet, der zusammen mit dem »Stab Arons«, dem »Schwert Davids« und dem »Manna enthaltenden Kelch des Moses« die vier Elementarwerkzeuge bildet. Der Autor der *Turba Philosophorum* schreibt:

> Ich werde dir ein grundlegendes Axiom an die Hand geben: Du erreichst nichts, sofern du nicht das oben erwähnte Kupfer in Weiß verwandelst und sichtbare Münzen herstellst und sie danach wieder in rote Farbe verwandelst, bis daraus eine Tinktur entsteht. Verbrenne also das Kupfer, löse es auf, entziehe ihm die Schwärze durch Kochen, Färben und Waschen, bis dasselbe weiß wird. Dann beherrsche es.[4]

---
[4] A. E. Waite, Übers.: Turba Philosophorum, York Beach, ME, 1970, S. 28–29

Das Metall Kupfer, die Rose und die Farbe Grün sind erfahrungsgemäß dem Planeten Venus zugeordnet, der das weltliche Chakra (die makrokosmische Manifestation) von Netzach ist. Innerhalb der Persönlichkeit ist Netzach der Sitz der Verlangen-Natur. Die Farbe Grün symbolisiert in der Alchimie immer die Manifestation einer Kraft, wie sie in der Natur noch unvollständig erscheint, denn die Weisen vertreten die Ansicht, dass die Schöpfung noch in Gang ist, das heißt, ein noch unvollendetes Werk. Die Kupfermünzen, die in der *Turba* erwähnt werden, sind also die Manifestationen (Münzen) unserer Wünsche (Kupfer).

Jedes Verlangen, welcher seine physische Manifestation auch immer ist, hat seinen Ursprung auf der göttlichen Ebene. Daher steht geschrieben: »Ich bin der Herr, ..., der ich das Licht mache und schaffe die Finsternis« (Jesaja 45:6-7). Dies ist eine schwierige Lehre und erfordert viel Kontemplation. Liebe, Zuneigung und pflegende Intimität sind Manifestationen der Göttlichen Einheit. Die Neigung, sich ineinander zu verlieren, ist eine Manifestation des gleichen Verlangens, das in seinem höchsten Ausdruck das Verlangen der Seele nach Rückkehr zu ihrer Quelle ist. Denn letzten Endes ist das, was man sucht, das, was einen suchen lässt. Manifestationen wie blinde Wollust und selbstsüchtige Befriedigung entspringen jedoch gleichermaßen demselben göttlichen Impuls für Einheit. Alle Sefirot, mit Ausnahme von Keter und Chokmah, haben ihre Schattenseite – das »Laster der Sefira«, wie sie herkömmlicherweise genannt wird.

> Binah – Habsucht und Reserviertheit
> Chesed – Bigotterie, Scheinheiligkeit, Prasserei und Tyrannei
> Geburah – Grausamkeit, Sadismus und mutwillige Zerstörung
> Tiferet – Hybris, spiritueller Stolz
> Netzach – Wollust und Seichtheit
> Hod – Falschheit und Unehrlichkeit
> Jesod – die unberechtigte Aneignung der rechtmäßigen Rolle von Tiferet durch das Ego
> Malkut – Trägheit, Unwissenheit und Selbstgefälligkeit

Die Manifestationen, die von Menschen errichteten Kanäle des Denkens und Handelns, sind also oft böse, auch wenn der verursachende

Impuls und die verursachende Energie göttlichen Ursprungs sind. Dies ist eine Konsequenz des freien Willens des Menschen. Aus diesem Grund vertritt die Kabbala die schwierige und leicht missverstandene und missbrauchte Lehre, dass im Kern eines jeden Bösen ein göttlicher Funken verborgen liegt. Wie könnte es auch anders sein, da ja nur Eine Wirklichkeit, eine Lebenskraft existiert!

Weil dies eine schwierige Lehre ist – »starker Tobak« im Gegensatz zu »Babymilch« – und eine Falle, die Leser in die Sackgasse eines selbstgerechten und moralischen Urteils führen kann, soll hier weiterhin klar gemacht werden, dass es keine böse Tat gibt – wie man sie in den TV-Nachrichten sieht oder in der Zeitung liest –, die nicht irgendeiner von uns in einer Inkarnation, in unserem Kreislauf der Leben, begangen hat. Jedes menschliche Wesen hat das angeborene Potenzial, entweder ein Hitler oder ein Buddha zu werden. Überdies wird selbst die Seele, die einst als Adolf Hitler im 20. Jahrhundert inkarnierte, eines Tages ein verwirklichter Buddha werden, denn die letztendliche Vollkommenheit ist gewährleistet. Die Allmacht *kann nicht* versagen, und Gott wird alles in allem sein.

Diese schwierige Lehre sollte nicht als Lizenz verstanden werden, Böses zu erfahren oder zu tolerieren, wie einige moderne Zauberer es befürwortet haben. Die Berufung des Eingeweihten besteht darin, dem Bösen in all seinen Manifestationen, innen und außen, zu widerstehen. Bei dieser Lehre geht es darum, Mitgefühl für alle menschlichen Bedingungen in uns zu fördern, wodurch wir lernen, »die Sünde zu hassen, aber den Sünder zu lieben«.

Im Westen müssen sich die Menschen noch immer von puritanischen Einflüssen in ihrer Geschichte erholen, sodass wir in unserem Verständnis, dass der Orgasmus ein flüchtiger Vorgeschmack auf göttliche Glückseligkeit ist, sehr genau sein müssen. Die ekstatische Empfindung, die beim Orgasmus erlebt wird, unterscheidet sich überhaupt nicht von der immer währenden Glückseligkeit, derer sich die Weisen erfreuen. Obwohl der Weise der Welt als Narr erscheint, tauscht er oder sie die Freuden der Welt tatsächlich nicht gegen etwas Geringeres ein, sondern gegen mehr – gegen jene bleibenden Wirklichkeiten, mit denen verglichen die irdischen Manifestationen nur kurzlebige Kopien sind.

Um auf das Zitat aus der *Turba Philosophorum* zurückzukommen: »das oben erwähnte Kupfer in Weiß zu verwandeln« bedeutet, den Göttlichen Impuls hinter der Manifestation zu erkennen – die Farbe Weiß ist ein Hinweis auf Keter, den Urwillen. Indem man einen individualisierten Wunsch auf seinen göttlichen Impuls zurückführt, kann jegliche unangemessene Manifestation ungeschehen gemacht werden. Wie die *Turba* es ausdrückt: »Verbrenne also das Kupfer, löse es auf, entziehe ihm die Schwärze ... bis dasselbe weiß wird.«[5] Aber das ist nur die Hälfte der Arbeit, denn der Wunsch wird sich immer irgendwie, irgendwo manifestieren. Unerfüllte Wünsche sind der eigentliche Grund für viele psychologische Neurosen und physische Erkrankungen. Daher ist es notwendig, einen angemessenen Kanal für die Energie, eine »sichtbare Münze«, zu schaffen, der auf dem Makrokosmos (in der Kabbala durch den Lebensbaum dargestellt) beruht und mit der »roten Farbe« gefärbt ist, wie es in dem Zitat aus der *Turba* heißt. Die Farbe Rot wird in der Königinnenskala (der Farbskala des Geistes) Geburah zugeordnet, und Geburah ist der Sitz des Willens und der *makrokosmischen* Kundalini. Einen angemessenen Ausdruckskanal zu schaffen, der den göttlichen Wunsch unverzerrt widerspiegelt, bedeutet, »es zu beherrschen«. Aus diesem Grund trägt der Magier in Schlüssel 1 ein rotes Übergewand, das er nach Belieben ablegen oder anziehen kann. Wegen seiner offenkundigen Empfänglichkeit für das grenzenlose Licht züchtet der Magier Rosen (köstlich duftende Wünsche) im Garten Eden, in Zeit und Raum. Oder wie eine kabbalistische Meditation es ausdrückt: »Gott versetzte Adam in den Garten Eden, um Rosen zu züchten.«

Der Abschluss dieses Befreiungsprozesses wird in der Glyphe des Rosenkreuzes dargelegt, wo die Rose der Venus (Netzach) in der Mitte des goldenen Kreuzes der Sublimierung (Tiferet) rubinrot (Geburah) erblüht, und in der Blume glitzert der »Tautropfen«, der der destillierte weiße Glanz von Keter, Mezla, ist. Bei einem Menschen, der zu einem lebenden Ausdruck dieser Glyphe geworden ist, ist die persönliche Verlangen-Natur mit dem Wunsch des Göttlichen vereinigt.

---
[5] A. E. Waite, Übers.: Turba Philosophorum, S. 29

Die Weisen geben uns zu verstehen, dass diese Befreiung vom Verhaftetsein uns nicht daran hindert, weiterhin die Freuden der Sinne zu genießen. Sind wir uns der Essenz bewusst, so können wir noch immer die Erscheinungsform genießen, aber wir erkennen sie als das, was sie ist. Es ist so, als spräche man fließend zwei Sprachen. Und nach dieser Errungenschaft kommt die des voll erleuchteten Weisen – eines »Goldenen Rosenkreuzers« –, bei dem jedes Gefühl persönlichen Ursprungs in der vollkommenen Erkenntnis und daraus folgenden Verwirklichung, dass alles Geist ist, erloschen ist. Bei dieser Entdeckung, bei dieser Erleuchtung wird das SELBST des Selbst entdeckt, denn:

Dann wird dir die Vision deines Herrn gewährt,
Bei seinem Anblick wirst du den Glänzenden
Schauen,
Der dein wahres Selbst ist. ...
Und all deine Wohnungen werden
Vom Weißen Glanz gesegnet sein,
Der von der Krone herabstrahlt.

Samekh-Meditation[6]

Die Übung

Nach den vorbereitenden Übungen externalisieren Sie das Eidolon der Burg und projizieren Ihr Bewusstsein in die Kammer des Innewohnens. Zum ersten Mal, seitdem Sie sich dort manifestieren, tragen Sie das weiße Gewand. Ziehen Sie die indigoblaue Kutte und die silbernen Sandalen an. Dann steigen Sie die lunare Wendeltreppe hinunter, durchqueren die Große Halle und begeben sich in die Kapelle des Rosenkreuzes. Während Sie sich zur Anbetung vorbereiten, fällt Ihnen auf, dass das Schwert der Macht nicht mehr auf dem Altar liegt. Nach der Darbietung Ihres Selbst kehren Sie in die Große Halle zurück und nehmen Ihren Platz an der Tafelrunde ein.

---
[6] Paul Foster Case: The Book of Tokens, Los Angeles 1989, S. 140–141

Begrüßen Sie im Geiste die Großen Gefährten und nehmen Sie deren Reaktion als lebende Kraft wahr, die vom Gral zu Ihnen zurückleuchtet. Plötzlich wird der Schleier über dem Gral von einem Windstoß emporgeweht und von der inneren Sonne hoch oben völlig verbrannt, sodass der heilige Kelch in seiner bloßen Herrlichkeit enthüllt wird.

So als ob dies ein Zeichen dafür wäre, dass ein Hindernis in Ihrem Innern beseitigt worden wäre, wirken die telepathischen Geisteswellen der Gefährten mit verstärkter Kraft und Dynamik auf Sie ein. Als Reaktion auf diese neue Ebene vereinten Bewusstseins erweitert sich Ihre Aura und dehnt sich aus, um die aurischen Felder der beiden Gefährten neben Ihnen zu umfassen und zu durchdringen. Sie wiederum werden von deren Auren umfasst und durchdrungen. Dann schließen die drei die sechs ein, die wiederum die zwölf in sich schließen, bis alle am Tisch Sitzenden zu einer energetischen Einheit verbunden sind.

Sie fühlen, wie Ihr Bewusstsein, gehalten vom vereinten Gruppengeist an der Tafel, auf unvorstellbare Ebenen aufsteigt. Sie spüren den Windhauch mächtiger Flügelschläge und sehen flüchtig aus blendendem Licht bestehende Wesen, die einander über unermessliche Entfernungen hinweg zusingen. Rings um die aufsteigende Bewusstseinssphäre herum, die die Gemeinschaft der Tafelrunde ist, erscheinen die Sterne des Himmels, Galaxie von Galaxie, reihenweise in kosmischer Pracht angeordnet. Strahlende Linien tauchen auf und verbinden die Sterne miteinander, bis die tiefe Dunkelheit des interstellaren Raums von einem schimmernden Lichtnetz durchzogen ist. Die Strahlung wird immer stärker, bis alles in einen blendenden Glanz überirdischen Lichts eingehüllt ist und Sie in einen Ozean der Herrlichkeit und bedingungslosen Liebe gehoben werden, wo Sie zutiefst erkannt sind.

Wie ein die Tonleiter emporsteigender Klang steigert sich die Strahlung, geht sogar über die für den Geist sichtbare Frequenz hinaus, bis alles absolute Finsternis ist, die jedoch zugleich vom Schillern eines Rabengefieders durchdrungen scheint. Hier, in der dreifach strahlenden Dunkelheit von Ain sind Sie allein mit dem Alleinsein, dem All-Einen.

Nach einer Ewigkeit, die zugleich eine Mikrosekunde ist, öffnen Sie einfach die Augen und finden sich gemeinsam mit den Gefährten an der runden Tafel in der Großen Halle wieder. Aber in der Mitte des Tisches glänzt das Schwert der Macht, Excalibur. Seine Spitze schwebt über dem Gral, und der Rubin an seinem Knauf fängt das Licht der Sonne oben ein. Während Sie hinsehen, läuft eine wie goldenes Öl aussehende Flüssigkeit vom Rubin die Klinge hinab und tropft langsam in das heilige Gefäß, so als ob das Licht der inneren Sonne vom Edelstein am Knauf in eine »Flüssigkeit« umgewandelt worden wäre, um von dort hinabfließen und vom Gral aufgenommen werden zu können.

Allmählich sinkt das Schwert des Geistes auf eine Weise, die auf der äußeren Ebene unmöglich ist, ganz in den Gral hinab. Für einen kurzen Augenblick glänzen Knauf und Heft über dem Kelch, ein strahlendes Symbol des Gekreuzigten – dann versinken auch sie im Gralsgefäß und verschwinden.

Sie sehen sich verwundert um und stellen fest, dass die Gefährten ihre Plätze verlassen und sich östlich des Tisches in zwei Reihen aufgestellt haben, die Gesichter einander zugewandt. Auf diese Weise bilden sie einen Weg zu dem goldenen Vorhang, hinter dem sich die Tür zur Kapelle befindet. Der Regent winkt Sie zu sich. Sie sind dazu bereit und spüren mit Schauer die Reaktion Ihres niederen Selbst, die Ihnen so oft anzeigt, dass ein höherer Energiebereich zu wirken beginnt, dass etwas Großes in Gang ist. Sie stehen also auf und gehen im Uhrzeigersinn um den Tisch herum in Richtung Osten. Während Sie zwischen den beiden Reihen der Gefährten auf den wartenden Regenten zugehen, wird Ihnen hier und da ein freundliches Lächeln der Ermunterung zuteil.

Der Regent zieht den goldenen Vorhang zurück, legt seine Hand auf das Akasha-Tejas-Symbol an der Tür und stößt sie auf. Während er Ihnen den kurzen Gang entlang vorangeht, merken Sie, dass sich die Gefährten angeschlossen haben und Ihnen folgen. So begibt sich die ganze Gemeinschaft der Tafelrunde in die Kapelle des Rosenkreuzes.

Während Sie dem Regenten folgen, erkennen Sie, dass es im Innern der Kapelle heller ist als bei Ihren früheren Besuchen. Sobald Sie im Heiligtum sind, tritt der Regent zur Seite, und Sie sehen oben auf den Altarstufen eine Gestalt stehen, die Sie mit Ehrfurcht erfüllt.

Es ist Menes, der Einsiedler, aber verändert, verklärt, nicht mehr wieder zu erkennen. Verschwunden sind das schäbige Gewand und sein freundlicher Gesichtsausdruck. Sein Gesicht ist von spiritueller Erhabenheit durchdrungen. Hier steht Menes, »enthüllt« und offenbart als himmlischer Hierophant, ein Hohepriester des Großen Mysteriums, das die Menschen »Gott« nennen.

Er trägt die Priestergewänder der Herrlichkeit: das reine Weiß der Göttlichkeit, den blauen Überwurf des Geistes, das Violett und Scharlachrot von Form und Tat. Auf seiner Brust glänzt der *Koshen*, der Brustharnisch mit zwölf Juwelen, das heißt, dass in ihm die zwölf spirituellen Typen, die zwölf Sitze integriert und verwirklicht sind; die Erde hat ihn nichts mehr zu lehren. Er ist gekrönt mit einer weißen Mitra, auf der Buchstaben aus Feuer leuchtend verkünden: »Heilig mit dem Herrn.«

Menes steht mit den Händen auf dem Griff Excaliburs da, dessen Spitze vor seinen Füßen auf der obersten Altarstufe ruht. Dies ist Menes, der Oros, der Bewohner auf dem Gipfel des Berges der Verwirklichung, ein Herr des Lichts.

Die Kapelle hat sich ausgedehnt, sodass alle Großen Gefährten Platz haben und Sie und den Altar umgeben. Über und hinter ihnen schweben sechs herrliche Engel, drei auf jeder Seite, von denen jeder einen hohen, goldenen Kerzenständer mit brennendem Wachsstock trägt. Und über allem erhebt sich glänzend wie die unverrückbare Achse des Universums das Rosenkreuz. Im alchimistischen Gold des Kreuzes spiegeln sich die Flammen der Kerzen und der strahlende Glanz der Engel, die sie tragen, wider. Die Rose aus Rubin ist von einer regenbogenfarbenen Sphäre umgeben, und der Tautropfen inmitten der Blume ist von einer Weißglut wie der Kern eines Sterns. In diese Szene innerer Schönheit und Kraft sind Sie getreten, um nun genau in der Mitte zu stehen. Schweigen senkt sich über alles.

Der Regent nimmt Sie am Unterarm und führt Sie die Altarstufen hinauf. Sanft legt er eine Hand auf Ihre Schulter, um anzudeuten, dass Sie hinknien sollen. Sie leisten dem Folge. Ihre Augen sind auf gleicher Höhe mit Menes' Knien; Sie können die glänzende und mit geheimnisvollen Zeichen versehene Klinge von Excalibur und dahinter die winzigen Glocken am Saum der blauen Tunika sehen. Mit einer Stimme, die voller Kraft durch alle Existenzebenen widerhallt, verkündet Menes:

»Unter der Herrschaft derer, die das Licht des Höchsten von Angesicht zu Angesicht sehen...«

Er hebt Excalibur hoch und verkündet weiterhin:

»Und kraft dieses Zeichens heiliger Oberhoheit nehme ich dich in die edle Gemeinschaft der Gralssucher auf und segne dich mit dem Siegel des Feuers.«

Er berührt Sie dreimal mit der flachen Seite der Klinge und intoniert dabei die zeremoniellen Worte des Ritterschlags:

Auf dem Kopf: »*In Nomine Dei*«,
Auf der rechten Schulter: »*In potentia Sancti Michaeli Archangeli*«,
Und auf der linken Schulter: »*Et in memoria Arthuri Regis*.[7] *Amen, Selah, Amen*.«

Auf diese Weise »aufgenommen«, schließen Sie die Augen und neigen den Kopf.

Wenn Sie wieder aufblicken, ist die Kapelle leer. Etwas benommen erheben Sie sich und danken dem Ewigen. Sie sehen Excalibur, das wieder in seiner juwelenbesetzten Scheide an seinem gewohnten Platz auf dem Altar steckt. Sie drehen sich um und steigen die Altarstufen hinunter. Am Eingang zum Gang in die Große Halle erwartet Sie der Regent; an seiner Seite steht eine Gestalt. Seine »Erscheinung« ist die eines der legendären Ritters oder einer der Damen der Tafelrunde. Durch eine unausgesprochene Mitteilung des Regenten keimt in Ihnen die Erkenntnis, dass dieses Wesen der Geistwächter der Kapelle in Ihrer Burg ist. Sie grüßen ihn mit den Worten: »In Gottes Namen, sei willkommen an diesem Ort, und möge der Segen des Göttlichen für diesen Dienst über dich kommen.« Während sich im Laufe der Zeit eine Beziehung zwischen Ihnen entwickelt, wird dieser spezielle Wächter zu einem besonderen Kamerad und Führer werden.

---
[7] »Im Namen Gottes, in der Macht des heiligen Michael, des Erzengels, und zur Erinnerung an Artus, den König. Amen Selah, Amen.«

Sie kehren in die Große Halle zurück; die Gefährten haben ihre Plätze bereits wieder eingenommen. Ihre Gesichter drücken reine Freude über Ihre Akzeptanz von oben aus. Sie sind glücklich über Ihre Errungenschaft, und Sie teilen durch den verschleierten Gral Ihre Freude mit ihnen, bevor Sie sich von ihnen verabschieden.

Über die solare Wendeltreppe kehren Sie in die Kammer des Innewohnens zurück, wo Sie das indigoblaue Gewand ablegen. Wenn Sie es an den Ständer hängen, fällt Ihnen auf, dass auf seiner Brust (über dem Herzen, wenn es getragen wird) ein kleines goldenes lateinisches Kreuz mit einem Rubin in seiner Mitte aufgetaucht ist.

»Eine Rosenknospe«, ertönt eine Stimme von irgendwoher, und in der Luft liegt eine göttliche Heiterkeit.

Verwundert kehren Sie nach Asija zurück, nehmen das Eidolon in sich auf und führen die abschließenden Übungen durch, um dann Ihre subjektiven Reaktionen in Ihrem Tagebuch festzuhalten.

Auswirkungen

Sobald Ihnen die Identität des Geistwächters Ihrer Kapelle (welcher Ritter oder welche Dame aus dem Artusmythos) bekannt ist, empfiehlt es sich, dass Sie einen kleinen Schild anfertigen und ihn mit dem Wappen des Wächters bemalen. Um das herauszufinden, bedarf es nur ein wenig Nachforschung Ihrerseits. Legen Sie den Schild an Ihren heiligen Platz als Bindeglied und Brennpunkt für den Wächter, denn er kann als eine Brücke zwischen den Welten dienen.

Die Kontemplation

Von der Stirn jedes Herrn der Sonne ging ein schmaler Strahl hellen Lichtes aus, und da, wo sich diese Strahlen in der Mitte des Kreises begegneten, entstand eine Vision, so großartig, dass keiner von ihnen [den Kandidaten] sie jemals vergessen und auch nicht schildern könnte. Es war, als ob sie in einem wunderbaren Augenblick die Schönheit und Harmonie der gesamten Existenz geschaut hätten, dargestellt in einer Art lebendigem, pulsierendem Baum von Sphären, der zugleich nach oben und unten wuchs, verbunden mit Reichen, so hoch oben, dass niemand ihre Geheimnisse durchdrungen hatte. Und sein Stamm trug Zweige, schimmernd vor Leben, die hinunterreichten, bis sie die Erde streiften. ... während er gleichzeitig in der Erde verwurzelt war und durch alle grünen und wachsenden Sphären zu den hohen Reichen der Glänzenden Geister und noch weiter hinaufragte. Durch Stamm, Zweig, Blatt und Wurzel hindurch floss ein unaufhörlicher Strom. Kein Teil blieb ohne Veränderung, Bewegung und Bedeutung – von den gigantischen Sternen in ihrem erhabenen und vorgeschriebenen Lauf bis zum winzigsten Bestandteil der kleinsten und primitivsten Zelle. Alles hatte seinen Platz und seinen Zweck. Alles trug zum Ganzen bei und war unentbehrlich für es.

Sie fühlten sich schwach vor Ehrfurcht. Dies gehörte ihnen. All dies gehörte ihnen! Sie als menschliche Wesen hatten als Einzige im Erdenreich die Gabe des Bewusstseins, um den Einblick in eine solche Wirklichkeit zu bekommen. Sie konnten nicht länger irgendetwas, das sie unternahmen, rechtfertigen, ohne diese Vision mit einzubeziehen.

Sie neigten ihre Köpfe; dabei spürten sie den Finger des Hohepriesters auf ihrer Stirn, und sie wussten, dass die Vision unauslöschlich eingeprägt worden war.

Der silberne Strudel
Moyra Caldecott[8]

---
[8] Moyra Caldecott: The Silver Vortex, London 1987, S. 142–143

XIII

DEN DRACHEN WECKEN

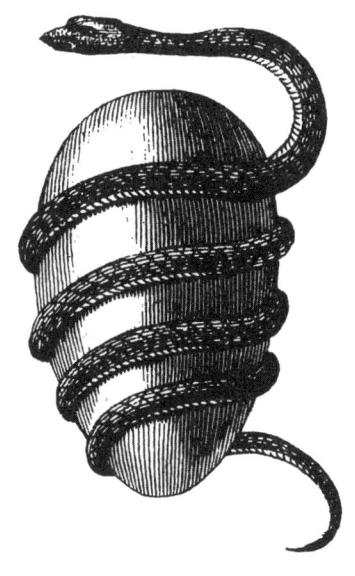

Auf dass er erscheine denen,
die da sitzen in Finsternis und Schatten des Todes ...

Lukas 1:79

Die Lehre

Wie schon erwähnt, wird im *Sefer Jezira* die Kundalini als das »Geheimnis aller spirituellen Werke« bezeichnet. Man beachte, dass es darin heißt: »*aller* spirituellen Werke«, weil auch bei einer Seele, die sich dem Göttlichen auf dem langen Weg (im Gegensatz zu dem der »beschleunigten Evolution«) nähert, trotzdem die allmähliche Vergeistigung des physischen Körpers durch die Kundalini erfolgen wird. Es kann nicht anders sein, weil die Kundalini alle Körper in allen Welten entwickelt, wachsen lässt und erhält. Das Wort »Werke« in dem Zitat hat ebenfalls die Bedeutung von »Lohn«, »Bezahlung für gute Arbeit«. Denn es ist die Freude (auf Hebräisch bedeuten »Freude« und »Wille« ein und dasselbe) des Allerheiligsten, seine selbstverwirklichten Lebensäußerungen (entwickelter Menschen) vom Rad des Todes und der Wiedergeburt zu befreien, indem er ihnen unsterbliche Körper verleiht, die das Kosmische Bewusstsein ohne Schwankung zu erhalten vermögen. Deshalb wird Gott allein »der allmächtige Meister der Kunst«, *Deus Omnipotens Magister Artis*, genannt. Der physische Alchimist vollendet in Wirklichkeit nicht das Große Werk. Es ist die Göttliche Immanenz im Alchimisten, die das Werk »im Handumdrehen« vervollkommnet.

Das Sanskritwort »Kundalini« bedeutet wörtlich »die Aufgerollte«. Dies bezieht sich sowohl auf das Reservoir der am unteren Ende der Wirbelsäule aufgerollten feurigen Kraft als auch auf die spiralförmige Bewegung der einen Strahlenden Energie. Die Kabbala lehrt, dass das ursprüngliche Kundalini-Zentrum in Malkut (dem Laboratorium des Heiligen Geistes) liegt und das Jesod-Zentrum ein Speicher für diese Energie ist. Die Kundalini wird auch die Schlangenkraft genannt, denn als die Alten das Häuten der Schlange beobachteten, wurde dies als Symbol für Reinkarnation, Erneuerung und Unsterblichkeit verstanden. Der tibetische Begriff für Kundalini lautet *Tigle*, und in theosophischen Schriften wird sie *Fohat* genannt, ein Begriff, der der chinesischen Alchimie, also dem Taoismus, entlehnt wurde.

Diese feurige Kraft ist überaus real. Sie ist kosmische Elektrizität, und jede unkluge Blockierung der Kanäle, durch die sie in das Bewusstsein eintreten kann, ist mit großen Gefahren verbunden. Bevor man sich auf diese Erweckungsstufe einlässt, sollte unbedingt die Selbstreinigung erfolgen. Daher sind die in den vorherigen Kapiteln vorgestellten Übungen so wichtig. Ich übernehme keine Verantwortung für Leser, die diese Kraft zu wecken versuchen, ohne sich an die vorgegebenen Übungsrichtlinien zu halten, geschweige denn für diejenigen, die von hier und dort etwas aufnehmen und damit herumspielen. In einigen hinduistischen Texten wird der Kundalini-Yoga als »den Schwanz des Tigers umklammern« beschrieben! Dieses Buch lehrt, wie man den Tiger »dressiert«, aber wenn jemand beschließt, in den Käfig einer untrainierten Großkatze zu springen, nun ja ... Zwei Romane von H. Rider-Haggard (der dem hermetischen Orden der goldenen Dämmerung angehörte) bieten eine gründliche Studie über die Wirkungen der Kundalini auf die Persönlichkeit. Im ersten Roman, *She*, werden die Wirkungen der feurigen Kraft auf eine nicht regenerierte Persönlichkeit aufgezeigt. Seine Fortsetzung, *Ayesha: The Return of She*, erzählt von der verzögerten Erlösung und den großen Schmerzen, die die Sühne mit sich bringt. Jeder, der sich mit praktischer psychologischer Arbeit befasst, wird auf Beispiele dafür stoßen, was geschehen kann, wenn es zu einer solchen »Invasion aus dem Unbewussten« kommt. Die zornigen und grausamen Aspekte der tantrischen Gottheiten im Pantheon des tibetischen Buddhismus sind von hochenergetischen Flammen umgeben. Sie sind von der feurigen Kraft, die Sterblichkeit vernichtet, durchdrungen und eingeschlossen.

Die Kundalini ist kosmische Elektrizität, das universelle Lebensprinzip, die bewusste Energie, die wie alle Dinge Form annimmt und alles von innen schafft. Die Beherrschung auf mentale Weise dieser Energie in ihren halb tierischen Formen ist das Hauptgeheimnis des Großen Werks. Diese »kosmische Elektrizität« wird in der Kabbala *Chaiah* genannt und Chokmah zugeordnet. Sie ist die strahlende Jod-Kraft, die im Medium der Ersten Materie, dem »Schoss« Binahs, enthalten ist.

In *The Kabbala Unveiled*, einem italienischen Text aus der Renaissance, wird *Chaiah* als »die höchste Form von Azilut« bezeichnet und ist »... daher die immaterielle, unbegrenzte, undefinierbare Idee in der Seele des Großen Absoluten Unfassbaren Gottes«[1] Chokmah ist die »Sphäre der Sterne«, und Sterne und Sonnen sind die ersten physischen Manifestationen des grenzenlosen Lichts, das sich durch die Krone von Keter ergießt. (Die Lakota bezeichnen die Sterne als den »Atem von Wakan-Tanka«, dem Großen Mysterium.) Diese Manifestation ist das Resultat einer Verdichtung, der Konzentration einer sonst frei fließenden Energie. In gewissem Sinne ist Chokmah – der Allvater – der Ausgangspunkt, von dem die Manifestation des Mysteriums unseres Selbst ihren Anfang nimmt. In einer hellenistischen Einweihungszeremonie erklärt der Kandidat: »Ich bin ein Kind der Erde, aber meine Rasse entstammt dem Sternenhimmel.«[2] Denn jeder Punkt in einer Sphäre ist nicht bloß Teil dieser Sphäre, sondern die Sphäre selbst manifestiert sich an einem Punkt. Einem »Punkt« ist ein Sinn für Individualität eigen.

Also sind sowohl die feurige Kraft (Binah) als auch die Lebenskraft (Chokmah) keine voneinander getrennten Dinge, sondern zwei sich ergänzende Manifestationen des Einen (Keter). Aufgrund des verzerrenden Schleiers der Illusion – der Glaube an Getrenntheit – nehmen wir sie als getrennte Dinge wahr. Bestehen Sie jedoch immer darauf, dass der Urzustand aller Aspekte des Lebens und aller Manifestationen des Bewusstseins in Wirklichkeit eine unteilbare Einheit ist. Jede Philosophie, jede Schule oder jeder Lehrer, der Schüler von dieser uranfänglichen Einheit wegführt, vernichtet die Natur des Absoluten und führt diese Schüler noch stärker in die Sklaverei der Illusion der Ge-

---

[1] S. L. MacGregor, Mathers, Übers.: The Kabbalah Unveiled, York Beach, ME, 1983, S. 34
[2] Dion Fortune: The Circuit of Force, Loughborough, Leicestershire, UK, 1998, S. 51

trenntheit, sodass sie auf subtile Weise, jedoch noch tiefer in den Schleiern von Maja – in den »Vajra-Höllen«, wie es in den tibetischen Tantras heißt – verfangen werden.

Die geflügelte Schlange

Wenn die Weisen ihr Wissen um das große Magische Agens (die Quintessenz) zu einem Bild verdichten wollen, bedienen sie sich des Symbols der Schlange. Die Quintessenz – die Erste Materie – ist die Herrlichkeit, »verschleiert von allem, was verbirgt«, wie es im *Sohar* heißt, die feurige Kraft der Kundalini, verborgen in jeder Form. Das Hauptreservoir dieser Energie im subtilen Körper befindet sich am unteren Ende des Susumna-Kanals, analog den Geschlechtsorganen. Am Lebensbaum wird diese Region der Sefira Jesod zugeordnet – der Grundlage allen Lebens. Astrologisch gesehen fällt sie unter die Herrschaft des Tierkreiszeichens Skorpion. Der Skorpion wird vom Mars regiert, der planetarischen Manifestation von Geburah, die, wie bereits erwähnt wurde, der Brennpunkt für die makrokosmische Kundalini ist. Außerdem ist der Erzengel von Jesod Gabriel, der »Mächtige Gottes«, dessen Name dieselbe Wurzel wie das Substantiv »Geburah« hat. Demnach ist Jesod – das innere Metall Blei und das Muladhara-Chakra – der Speicher für die individuelle Kundalini-Reserve. Im Golem des Turms der Kunst finden wir ihn im *Luz* innerhalb der Hochzeitskammer.

Da die Kundalini-Kraft neue Körper hervorbringt und verbrauchte vernichtet, wird sie die »Lebenspenderin und Todesbringerin« genannt, und deshalb wird sie dem Skorpion des Todes zugeordnet. Aber weil es genau dieselbe Kraft ist, die mit Hilfe der Alchimie und des Yoga sublimiert oder hinaufgebracht wird, weist sie verschiedene bildhafte und alphabetische Symbole auf, die ihre Stufen des Aufstiegs darstellen.

Die feurige Kraft stellt man sich als den »Skorpion des Todes« vor, der erst zur »Schlange der Weisheit« und dann zum »Adler des Strebens« wird. Dieser verwandelt sich in den »Phönix der Wiedergeburt«, und der ganze Prozess gipfelt im »Drachen (der geflügelten Schlange)

Das Werk: Unten links (Hod) werden die Wasser des Intellekts gewaschen. Unten rechts (Netzach) werden die Wünsche gekocht und abgeschöpft. In der Mitte steht der Engel des Höheren Selbst (Tiferet), der den embryonalen Sonnenkörper hält. Auf dem Gipfel ist der Alchimist »mit Gott« (*cum Deo*) im Überbewusstsein. Theophilus Schweighart, *Speculum sophicum Rhodostauroticum*, 1604.

der Unsterblichkeit«. In der Alchimie nennt man das Aufrichten der Kundalini »Kraft vom Adler leihen«. Aus diesem Grund ist der Siegeskranz des Narren mit einer scharlachroten (feurigen) Flügelfeder des Adlers geschmückt. Überdies lehrt Jesaja: »Aber die auf den Herrn harren, kriegen neue Kraft, dass sie auffahren mit Flügeln wie Adler« (Jesaja 40:31).

Die heilende (reintegrierende) und verklärende Kraft der Kundalini zeigt sich im vierten Buch Mose (Mose 4:21), wo Mose die eherne Schlange (hebräisch: *nahasch*), aufrichtet, die die Kinder Israel vor dem Tod durch Schlangenbisse bewahrt. Bis zur Regierungszeit König Hiskijas wurde das ursprüngliche Bildnis von der am Tau-Kreuz aufgerichteten ehernen Schlange (*Tau* ist das hebräische Buchstabensymbol für das Muladhara-Chakra) im Allerheiligsten der mosaischen Stiftshütte und des Tempels von Salomo aufbewahrt und verehrt.

In der *Gematria* entspricht die Zahl 358 sowohl der Schlange der Versuchung im Garten Eden als auch dem Messias, dem Gesalbten. Dies lässt erkennen, dass die Schlange der »Versucher« ist. Die Kundalini ist die Quelle der Illusion anscheinender Getrenntheit und somit der »Vater der Lügen«. Wenn sie jedoch überwunden (umgewandelt) ist, wird die Kundalini zum Instrument unserer »Erlösung« (wörtlich: »eine sichere Heimfahrt«). Was uns fallen lässt, ist zugleich das, womit wir wieder aufsteigen können.

Die Schlange, die sich in den eigenen Schwanz beißt, ist das große alchimistische Symbol für die Vollendung des Großen Werks. Damit wird zum Ausdruck gebracht, dass Ursprung und Ziel eins sind, dass Anfang und Ende – Alef und Taw, Alpha und Omega (Azoth) – in die Ewigkeit eingeschlossen sind. Daher trägt der Magier im Tarot-Schlüssel 1 sie als seinen Gürtel unter dem roten Obergewand des Verlangens. Die sich in den eigenen Schwanz beißende Schlange bedeutet, dass die Schlangenkraft sich durch sich selbst ernährt; sie erhält sich selbst. Wissenschaftlich gesehen trifft das zu; die Gesamtsumme der universalen bewussten Energie bleibt immer gleich. Sie manifestiert sich in verschiedenen Ausdrucksformen, und diese ernähren sich voneinander. Daher repräsentiert die Schlange auf dem Caduceus des Hermes das Gesetz der unendlichen Verwandlung und Umwandlung. Das *Sefer Je-*

zira ordnet den Geschmackssinn und die biologische Funktion der Verdauung Tet zu, dem hebräischen Buchstaben für »Stärke«, das Tarot-Bild der Kundalini. Verdauung bedeutet eigentlich »Speisung«, was sich auf die Gewinnung von Prana aus dem Brennstoff bezieht, der in den Athanor gelegt wird. Das ist auch der Grund dafür, dass der hebräische Buchstabe für den Planeten Mars (makrokosmische Energie) *Pe* lautet, was »Mund« bedeutet, weil der Brennstoff über den Mund in den Ofen gelegt wird, um dort das Feuer zu unterhalten.

Die alphabetischen Chiffren für die feurige Kraft in ihren Erweckungsstufen sind die drei hebräischen Buchstaben Tet, Lamed und Samech. Sie sind den Tarot-Schlüsseln »Stärke«, »Gerechtigkeit« beziehungsweise »Mäßigung« zugeordnet. Die Form dieser Buchstaben symbolisiert diese Stufen. Tet ט zeigt die schlafende Schlange; die drei Linien des Buchstabens stehen für die drei Windungen der schlafenden, aber träumenden feurigen Kraft. Lamed ל , der Buchstabe für »Gerechtigkeit«, wurzelt in der Redewendung »Gleichgewicht ist die Grundlage für das Große Werk«. Dieser Spruch enthält zwei Bedeutungen: zum einen muss während des gesamten Prozesses eine Auseinandersetzung mit karmischen Verdunkelungen stattfinden, und zum anderen muss die Erweckung mittels einer ausgewogenen Methode vollzogen und auf ausgewogene Weise ohne Exzess integriert werden. Die Form des Buchstabens Lamed stellt die sich aufrichtende, an der Wirbelsäule aufsteigende Schlange dar. Samech ס , der Buchstabe für »Mäßigung«, das Höhere Selbst, zeigt die Schlange, wie sie den eigenen Schwanz verschlingt, wodurch die Stufe der Vollendung des Werks zum Ausdruck gebracht wird, wenn das dreimal gefeinte alchimistische Gold dem Ofen entnommen wird.

Die Bibel bezieht sich auf die Kundalini unter dem »Schleier« des Urdrachen Leviathan, ein Mythos, der wahrscheinlich der sumerischen und babylonischen Legende von Tiamat entnommen wurde. Dem *Midrasch* zufolge wurde Leviathan am fünften Schöpfungstag erschaffen – fünf, die Quintessenz. Es geht die Sage, dass Leviathan besonders aus dem Maul starke Hitze ausströmen lässt, die Wasser zum Kochen bringt. Seine Augen besitzen große Leuchtkraft. Der Name »Leviathan« entstammt der hebräischen Wurzel »sich winden« oder »drehen« und ist eine weitere Bezeichnung für die spiralförmige Bewegung des

Einen Dings. Weiterhin geht aus dem *Midrasch* hervor, dass Leviathan der erste [oder »höchste«] der Wege Gottes ist. Es heißt, dass am Ende der Zeit, bei der Ankunft des Messias, Leviathan zur Strecke gebracht und getötet wird. Erzengel Gabriel wird diese Jagd anführen, was sich auf das Jesod-Zentrum bezieht. Aus der schimmernden Haut des Drachen Leviathan wird Gott Zelte (Wohnstätten, Behausungen), Gürtel (der erste Tarot-Schlüssel) und Schmuck für die Gerechten schaffen. Die restliche Haut wird über die Mauern des himmlischen Jerusalems gehängt, um die Stadt zu beleuchten. Das *Sefer Jezira* setzt Leviathan mit dem himmlischen Drachen, dem Sternbild Drache, gleich. Wie in den chinesischen Legenden ist dies der Himmelsdrache, der hinauffliegt, um mit seinem Rachen die strahlende Perle der Weisheit zu ergreifen. Makrokosmisch ist diese Perle die Himmelsachse, der Nordpolarstern; mikrokosmisch ist die Perle – die Perle von großem Wert – der Stein der Weisen.

In westlichen Legenden werden die negativen Aspekte des Drachen – des »Todesbringers« – hervorgehoben. Doch selbst in den Geschichten vom heiligen Georg oder heiligen Michael, die den Drachen mit einem Speer töten, ist die Lehre von der Kraft der gezähmten (getöteten) Schlangenkraft verborgen, die durch den Wirbelkanal, symbolisiert durch den Speer, emporsteigt.

Altägyptischen Glaubensvorstellungen zufolge musste eine Seele in den inneren Welten, bevor sie ins Königreich der Götter eintreten konnte, vom ältesten aller Geschöpfe verschlungen werden, einer großen geflügelten Schlange mit vier Beinen (ein Drache), die die feurige Rote Krone Unterägyptens trug.

Aber im Orient, wo die zeitlose Weisheit nicht in dem Maße wie in Europa und Amerika verfolgt wurde, bestehen die Legenden weiter, die die Heiligkeit der Schlangenkraft betonen. Aus dem Blut des Drachen wird Bernstein (Harz, in Bezugnahme auf den Einen Baum) gewonnen; sein Speichel ist violett und wurde von den frühen Kaisern Chinas als Tinte verwendet, mit der sie auf goldene Tafeln schrieben. Im Taoismus und Vajrayana wird auf Weise verwiesen, die zu Drachen werden. Das Boot, mit dem die Acht Unsterblichen des Taoismus fahren, hat, um ihre Vervollkommnung zu symbolisieren, als Bug einen Drachenkopf mit der feurigen Perle im Rachen.

Auf diese absolute Verwirklichung wird auch im Artusmythos hingewiesen. Denn Artus, der einstige und zukünftige König – der unsterbliche Gekrönte, der »zwischen dem Sonnenschein und dem Regen, in der königlichen Zeit der sieben Wunder« regierte –, wurde mit dem Titel »der Pendragon«, der höchste Drache, bedacht!

Die Übung

Nach den Vorübungen und der Mantra-Anrufung projizieren Sie den Golem der Burg in die Objektivität und versetzen Ihr Bewusstsein durch die Kammer des Innewohnens in sie. Wenn Sie sich angekleidet haben, gehen Sie in die Große Halle hinunter. Nehmen Sie an der runden Tafel Platz, begrüßen Sie die Gefährten, und begeben Sie sich dann in die Kapelle. Dort weihen Sie Ihre Arbeit der größeren Herrlichkeit Gottes. Eingedenk dessen, dass der Geist des Höchsten Ihnen innewohnt, verlassen Sie die Kapelle.

Gehen Sie durch die Halle der Tafel und durch den westlichen Bogengang, sodass Sie schließlich auf der Etage von Tiferet vor dem Bild des Tarot-Schlüssels 2 stehen. Steigen Sie die lunare Wendeltreppe zu Malkut, der Halle der Braut, hinunter. Begrüßen Sie dort den Geist-Wächter. Erbieten Sie sich dann am Altar an, den Willen des Ewigen auf Erden zu erfüllen. Lassen Sie sich Zeit, um die in dieser höhlenartigen Halle wirkende gewaltige Kraft wahrzunehmen. Dann kehren Sie zu den Türen der Wendeltreppen zurück, die an den Schlüssel 21, »Die Welt«, angrenzen.

Projizieren Sie ein Ebenbild von sich – das jedoch ein weißes Gewand trägt statt eines indigoblauen – und postieren Sie es vor der Tür zur lunaren Wendeltreppe. Lassen Sie nun Ihren »Doppelgänger« die lunare Treppe hinaufsteigen, während Sie die solare Wendeltreppe benutzen. Gehen Sie gleichzeitig die Wendeltreppen zur Etage von Jesod hinauf. Wenn Sie oben an der solaren Wendeltreppe angelangt sind, sehen Sie, wie Ihr »Doppelgänger« auf der Ida-Treppe auftaucht. Während Sie vor der Darstellung des Schlüssels 14, »Mäßigung«, stehen, *nehmen Sie Ihre Replik in sich auf;* ziehen Sie sie in sich hinein, wo sie mit Ihnen verschmilzt, sodass Sie eins werden. Dies darf niemals ausgelassen werden; es ist für die Übung von entscheidender Bedeutung.

Gehen Sie auf die Tür zur Hochzeitskammer zu, werfen Sie einen Blick auf das Schild mit dem roten Löwen über der Tür. Legen Sie Ihre Hand auf das Akasha-Akasha-Türschild, öffnen Sie die Tür, und treten Sie ins Vorzimmer ein. Begrüßen Sie den Geistwächter und nähern Sie sich der Darstellung des Magiers. Identifizieren Sie sich mit der Intelligenz der Transparenz – Selbst-Bewusstsein als Prisma und Brennpunkt für die göttliche Wahrnehmung – und werden Sie so zu dem Magus der Kraft, befähigt, die geheime Hochzeitskammer von Jod zu betreten.

Jetzt bleiben Sie in der violett beleuchteten Kammer vor dem Becken stehen. Anscheinend unaufgefordert tauchen zwei der Großen Gefährten der Tafel auf. Sie treten auf Sie zu und stellen sich zu beiden Seiten neben Sie. Sie legen jeweils eine Hand auf Ihre Schultern. Dann schließen die Gefährten Sie behutsam in ihre Auren ein und stellen so eine geistige Verbindung aus drei Bewusstseinszentren her: Das Dreieck der Königlichen Kunst ist gebildet. Nun blicken Sie hinüber zu der großen Statue der Schwarzen Isis. An sie gerichtet, sprechen Sie die Bitte aus: »Tochter des Herrn von Allem, Koinzidente Mutter, lass den Feurigen erwachen; lass die geheime Kraft sich entrollen; lass den feuerhellen Drachen aufsteigen!«

Ein heller Strahl von enormer Kraft schießt aus dem Becken hervor, und der amethystfarbene Raum erstrahlt im Glanz klaren Kristalls. Nur durch Ihre Konzentration auf die Statue der Schwarzen Isis werden Sie nicht geblendet. Denn dies ist die rohe Kraft der Schöpfung und somit die Kraft der Zerstörung. Der Strahl schießt zur Decke empor wie eine Säule aus Feuer – ein weißer Glanz, einem gefrorenen Blitz gleich, in dem jedoch scharlachrote, himmelblaue und goldene Lichter glitzern.

Mit äußerster Genauigkeit und Geschicklichkeit halten die Gefährten die glühende Kraft im Zaum, bis Sie Ihren Gleichmut zurückgewinnen. Dann, als dreifach miteinander verschmolzener Geist, lenken Sie die feurige Kraft in die gedanklich entwickelten Kanäle, die Sie im Verlauf Ihrer Übungen aufgebaut haben, und beobachten im Geiste

Die Übung 277

ihren Aufstieg. Sie bewegt sich durch die Decke der Kammer von Jesod in die Große Halle darüber, durchdringt genau die Mitte der runden Tafel und den Heiligen Gral und steigt direkt in die innere Sonne hinauf, die an der Decke scheint. Dann setzt die Kraft ihren Weg durch den Boden des Turmzimmers fort und weiter aufwärts durch das in die Decke eingesetzte Fenster des Tetragrammaton, wo sie von den Zinnen in die glühende Weiße Sonne hoch oben aufsteigt. Genau in dem Augenblick, in dem die Kraft in der Keter-Krone mündet, erfolgt ein Donnerschlag, der die Burg in ihren Grundfesten erschüttert. Wenn der Widerhall nachgelassen hat, geben Ihre Gefährten zu verstehen, dass es an der Zeit ist, sich zurückzuziehen.

Lösen Sie sich von dem durch den »Magier« symbolisierten Bewusstseinszustand und begeben Sie sich wieder in den Vorraum. Sagen Sie dem Wächter Lebewohl, schließen Sie die Tür, und gehen Sie durch den mit dem Greif gekennzeichneten Durchgang zur solaren Wendeltreppe. Die mittlere Säule, um die sich die Wendeltreppen winden, ist jetzt hell, beleuchtet wie eine riesige vertikale Neonröhre, die ein schwaches Summen von sich gibt. Dieses Phänomen wird nun ständig vorhanden sein. Gehen Sie auf die Etage von Tiferet hinauf, die an den Schlüssel 2 zu erkennen ist, und durchqueren Sie den kreisförmigen Nebengang der Sonne, um durch den Hintereingang in die Kapelle des Rosenkreuzes einzutreten. Dort, vor dem Altar, danken Sie der Einen Kraft, der Allmacht.

Gehen Sie nun durch die Kapelle, schließen Sie die Tür und ziehen Sie den Vorhang hinter sich, um wieder Ihren Platz an der Tafelrunde einzunehmen. Nach der dynamischen Atmosphäre in der Hochzeitskammer empfinden Sie die ruhige und harmonische Energie in diesem Raum intensiver als gewöhnlich. Der Lichtstrahl, der die innere Sonne und den Gral miteinander verbindet, ist heller als zuvor, aber dennoch ruhig, gezügelt, ja friedlich.

Bedanken Sie sich bei den Großen Gefährten, besonders bei den beiden, die Ihnen in der Kammer unten hilfreich waren, und stehen Sie vom Tisch auf. Verlassen Sie die Halle und begeben Sie sich eine Etage höher. Während Sie um die nun helle Mittelsäule herum hinaufsteigen, fällt Ihnen auf, dass der Mörtel zwischen den Steinblöcken des Turms zu einer Art festen, kristallinen Substanz verschmolzen ist, die auch irgendwie die Steine durchdringt. In der Kammer des Innewohnens legen Sie Ihr Gewand ab, bringen Ihr Bewusstsein wieder in Ihr physisches Vehikel und ziehen die Burg und alles, was in ihr enthalten ist, in die Latenz zurück.

Nach den abschließenden Übungen schreiben Sie einen Bericht über Ihr alchimistisches Experiment.

Auswirkungen

Nach der vorangehenden Übung sollten Sie immer die folgende durchführen. Es ist eine ruhige Übung, bei der Sie mit der Gemeinschaft einfach am Tisch sitzen und sich im harmonisierenden Licht, das vom Gral ausgeht, baden. Indem Sie abwechselnd eine Sitzung, in der Sie den Drachen wecken, mit einer anderen durchführen, in der Sie in Tiferet »ruhen«, werden Sie die Wirkungen der freigesetzten Energie ausgleichen und integrieren. Gehen Sie nicht davon aus, dass die beiden Gefährten, die Ihnen in der Hochzeitskammer geholfen haben, immer dieselben sein werden. Es kann so sein, muss aber nicht. Diese Meditation sollte ungefähr dreißigmal wiederholt werden, bevor Sie zu der im nächsten Kapitel vorgestellten Übung übergehen. Der ideale Zeitpunkt für diese Übung ist kurz vor dem Sonnenaufgang oder bei Einbruch der Dunkelheit, denn dann wird die Erde von dem Akasha Tattva überflutet.

Wenn Sie am Ende einer Übungssitzung, in der Sie die feurige Kraft geweckt haben, die Burg in sich aufgenommen haben, vermeiden Sie es, die Szenen im Laufe des Tages in Ihrer Vorstellung erneut abzuspielen. Dieser anfangs bestehenden Neigung müssen Sie beharrlich widerstehen. Wenn Sie sie verspüren, wenden Sie durch einen kurzen, klaren Willensakt Ihre Aufmerksamkeit etwas anderem zu. Falls das nicht funktioniert, wenden Sie sich irgendwelchen Aktivitäten zu, denen Sie Ihre ganze Aufmerksamkeit widmen. Die Erweckung muss zu ihrer Durchführung voll und ganz dem Unterbewusstsein »übergeben« werden. Das Selbst-Bewusstsein hat seine Rolle mit der Durchführung der Übung erfüllt. Die Realisierung kann nicht erfolgen, wenn das

Selbst-Bewusstsein vermittels müßiger Fantasien fortgesetzt den gepflanzten Samen ausgräbt, um zu sehen, ob er schon gekeimt hat.

Schließlich muss der alchimistische Prozess der Erweckung des Drachen nach unten durch die drei unteren Welten von Briah, Jezira und Asija hindurchgeführt werden. Denn jede Welt wird die feurige Kraft gemäß ihrer eigenen Natur und ohne jegliche unnatürliche »Forcierung« wecken. Forcierung ist für Amateure in der Kunst üblicherweise die Ursache für Probleme. Die feurige Kraft brennt heller, wenn sie die den vier Welten jeweils zugeordneten Hüllen durchdringt, und dabei können sich gewisse physische und psychische Symptome einstellen. Sie sind niemals bei allen Praktizierenden völlig gleich, aber einige davon treten häufig auf. Vor der Erweckung kann der physische Körper möglicherweise anfangen zu zittern, es kann zu einer übermäßigen Speichelproduktion kommen, der Anus zieht sich zusammen, die Augäpfel rollen nach oben. Vielleicht vernimmt man innere Geräusche, den Klang einer Glocke, das Rauschen eines Wasserfalls oder das Summen von Bienen; diese Erscheinungen weisen auf eine Steigerung der Grundschwingungen und die Entfaltung von Hellhörigkeit hin. Vielleicht haben Sie das Gefühl, »Zeuge« im eigenen Körper zu sein oder zu schweben, riesengroß, winzig klein oder »kopflos« zu sein. Sie können Lichtpunkte sehen, ein Flimmern wie von der Hitze, geometrische Figuren oder sogar mit geschlossenen Augen physische Objekte. Nicht alle Praktizierenden werden den Großteil oder überhaupt eines dieser Symptome erfahren. Die feurige Kraft – naturgemäß erleuchtend und integrierend – erzeugt alle Erfahrungen, die für den spirituellen Fortschritt eines Praktizierenden notwendig sind, entsprechend der Gewohnheitsmuster, des Karma und der Verdienste des Einzelnen.

Sobald die Fähigkeit zur Visualisierung von der feurigen Kraft hervorgerufen ist, wird die gesamte Lehre von der mentalen Schöpfung und der Energetisierung der Gedankenformen klar. Praktizierende werden feststellen, dass ihre Gedanken machtvoll werden – zum Guten oder zum Schlechten. Diese wahrhaft magische Fähigkeit wird, sobald sie entwickelt ist, angewandt werden müssen; es gibt da keinen neutralen Kurs. Selbst wenn das innere Bewusstsein und die feurige Kraft normalerweise ruhen – wie das im stressbeladenen Treiben des westlichen Lebens unerlässlich ist – wird man trotzdem entdecken, dass die sensibilisierte Imagination ein wesentlich konzentrierteres und effektiveres Instrument darstellt. Denn dies ergibt sich ganz natürlich aus der Entwicklung einer jeden Fähigkeit oder Fertigkeit; sie kann nicht isoliert entwickelt werden. Aus diesem Grund wird alles dem Einen dargebracht, denn in der Erfüllung Seines Willens allein liegt vollkommener Frieden.

Die Kontemplation

Ein wilder Drache lebt im Wald,
Überaus bösartig ist er, auch fehlt es ihm an nichts:
Wenn er die Strahlen der Sonne und ihr helles Feuer erblickt,
Verstreut er sein Gift nach allen Seiten
Und fliegt so wild nach oben,
Dass kein Lebewesen vor ihm bestehen kann,
Selbst der Basilisk ist ihm nicht gewachsen.
Er, der ihn auf kluge Weise töten könnte,
Ist vor allen Gefahren geflohen.
Doch alles Gift und alle Farben vervielfachen sich
In der Stunde seines Todes.
Sein Gift wird zur Großen Medizin.
Er nimmt es schnell zu sich,
Denn er verschlingt seinen giftigen Schwanz.
Und dies vollbringt sein eigener Leib,
Aus dem herrlicher Balsam fließt,
Mit all seinen wundersamen Tugenden.
Darüber tun alle Weisen lauthals ihre Freude kund.

The Book of Lambsprinck[3]

---

[3] A. E. Waite, Hrsg.: The Hermetic Museum, York Beach, ME, 1991, S. 286

XIV

DER CLAVICULUM

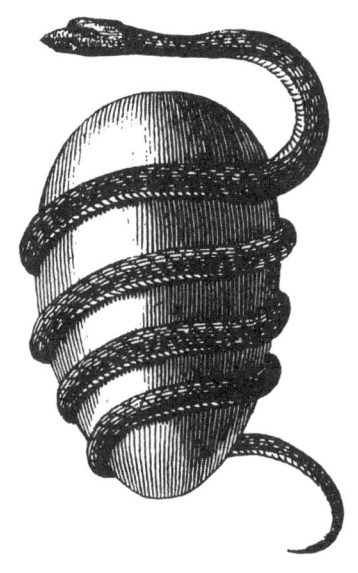

Der Weg zur Unsterblichkeit ist beschwerlich, und nur wenige finden ihn. Die übrigen erwarten den Großen Tag, wenn die Räder des Universums zum Stillstand gebracht und die unsterblichen Funken aus den Hüllen der Substanz entrissen werden. Wehe diesen Wartenden, denn sie müssen ahnungslos und unwissend zum Saatbeet der Sterne zurückkehren und auf einen neuen Anfang warten.

Hermes Trismegistos[1]

Die Lehre

Beim Golem der Burganlage und dem sie umgebenden Königreich handelt es sich um eine auf den inneren Existenzebenen entwickelte und begründete Gedankenform. Diese inneren Ebenen sind die spirituelle und die mentale Ebene oder Briah sowie die astrale und ätherische Ebene, also Jezira, und, was am wichtigsten ist, die Welt von Asija an ihrer Nahtstelle mit Jezira. Jedes Mal, wenn der Golem externalisiert wird, nimmt er an Stärke zu. Und wird er projiziert, ist er wie alle Gedankenformen den Bewohnern der inneren Ebenen und inkarnierten Sehern, physischen Menschen mit hellseherischer Begabung, sichtbar.

Durch die Resorption der Burg am Ende einer jeden Übungssitzung wird die Gedankenform aus der objektiven Sicht zurückgezogen und tritt wieder in den Zustand der subjektiven Latenz ein. Das bedeutet aber nicht, dass der Golem verloren gegangen oder vernichtet ist, sondern er hat sich vielmehr zurückgezogen, so wie wir Menschen beim Schlafen und Träumen.

Innerhalb des Anahata-Chakra, an der Stelle im ätherischen Herzzentrum, wo das Licht der Immanenz als ein winziger leuchtender Punkt unaufhörlich brennt, ruht mit all den ihr innewohnenden We-

---

[1] Hermes Trismegistos: »The Divine Pymander«, in: Jeremy Catto: Alchemy: the Art of Knowing, London 1994, S. 57

sen und Kräften die Burg in Latenz, bis sie bei der nächsten Übung erneut zur objektiven Existenz in den subtilen Reichen hervorgebracht wird.

Mit dem Bild der Burg und der Stadt Camelot – dieser flüchtigen Andeutung von Herrlichkeit – haben wir uns auf die einzelnen Bewusstseinsebenen im inkarnierten Menschen konzentriert und diese Symbole zugleich mit dem Mandala des Lebensbaumes verknüpft. Der Golem ist eine Art Fernsteuerungsmechanismus, der auf die ätherischen und physischen Zentren in unseren physischen Körpern ohne die Gefahren einwirkt, die bei der unmittelbaren gedanklichen Konzentration auf diese Zentren entstehen. Die Konzentration auf irgendeinen Teil des physischen Körpers verursacht eine stärkere Durchblutung dieses Bereichs. Eine solche Konzentration, übermäßig verlängert, kann zur Störung der Millionen komplexer Prozesse führen, die für die Gesunderhaltung des Körpers unerlässlich sind. Diese Prozesse unterstehen normalerweise der Lenkung des Unterbewusstseins. Durch das Zurückziehen des Golems in die Latenz wird im Grunde das Unbewusste »angewiesen«, die nötigen Änderungen vorzunehmen, um den »neuen Körper« des alchimistischen Adepten zu entwickeln. Folglich laufen diese Vorgänge auf natürliche Weise unterhalb der Bewusstseinsschwelle ab. Das Unbewusste – die subjektive »Isis« der Kunst – wird nicht auf mentale Gewalt (erzwungene Konzentration) reagieren, sondern nur dann positiv ansprechen, wenn es von makrokosmischen Symbolen, den »Blumen« der göttlichen Natur, umworben wird. Darum sollte dem Leser voll und ganz klar sein, dass die Technik der Zurückziehung des Golems in die Latenz einer der wichtigsten Angelpunkte in der Alchimie ist. Es ist das *coagula*, die Herstellung der »Münze«, die sich durch häufiges Üben vervielfältigen wird, um zu dem vom Drachen behüteten goldenen Schatz zu werden.

Mit Hilfe der in diesem Handbuch vorgestellten alchimistischen Übungen – bei denen es sich um Meditationen mit weit reichenden Folgen handelt –, wird der projizierte Golem auf gewisse Energiemuster »programmiert«, eingestellt. Wenn er später in das physische Vehikel zurückzogen wird, setzt er seine Arbeit gefahrlos und still in den inneren Sternen, den Chakras, fort. Dies geht durch die verkörpernden Aspekte des Bewusstseins auf der unbewussten Ebene vonstatten. Dort beginnt das Feuer des Drachen, im Osten als die Kundalini bekannt, mit dem heiligen Werk der Transformation und Transfiguration.

Da wir unvollendete Wesen sind, uns also noch in der Entwicklung befinden, ist es ganz natürlich, dass die integrierende Energie des Drachenfeuers, wenn sie aufzusteigen beginnt, auf psycho-ätherische Hindernisse stoßen kann. Es können leichte physische Symptome durch die Praxis auftreten (daher sprechen Alchimisten von ihrem »Leiden«). Sofern diese Symptome nicht beängstigend stark und anhaltend werden, besteht kein Grund zur Sorge. Sie werden verschwinden, sobald sich das physische Vehikel immer mehr an die intensiveren Frequenzen der feurigen Kraft gewöhnt hat. Bei sorgfältiger Beachtung der Anweisungen vermögen Praktizierende sich mit etwas Geduld und gesundem Menschenverstand aus jeglichen Schwierigkeiten zu befreien. Bei allen Aspekten der Entwicklung – physisch, emotional, mental oder spirituell – kommt es zu kritischen Punkten, an denen sich irgendeine Störung des vorherigen Zustandes einstellt. Diese Punkte sind »wachsende Schmerzen« und werden den Praktizierenden nicht in Mitleidenschaft ziehen, sofern der Geist nicht mit allen möglichen abergläubischen Vorstellungen, negativen Gedanken oder Gefühlen bezüglich des Ganzen erfüllt ist. Falls Symptome wie starkes physisches Zittern, Hautausschlag, ein brennendes Gefühl, chronischer Durchfall oder chronische Verstopfung anhaltend auftreten, ist das ein Zeichen dafür, dass das subtile Feuer nicht in die Mittlere Säule eingedrungen ist, sondern stattdessen die physische Körperwärme anregt. Um dem entgegenzuwirken, setzen Sie die Erweckungsübung aus und verbringen Sie mehr Zeit damit, die Wendeltreppen hinauf- und hinunterzugehen und die Etagen des Turms neu festzulegen, um auf diese Weise die mittlere Säule effektiver zu gestalten. Sofern die erwähnten Symptome nicht beängstigend stark und anhaltend werden, besteht kein Grund zur Sorge. Sie werden verschwinden, sobald sich das physische Vehikel mehr an die intensiveren Frequenzen des Drachenfeuers gewöhnt hat.

In sehr extremen Fällen – wenn die Symptome anhaltend auftreten, sogar während der vorbereitenden Übung des Springbrunnen-Atmens

– gehen Sie in die Hochzeitskammer und ersetzen das Bild »Der Magier« mit dem Tarot-Schlüssel 7, »Der Triumphwagen«. Das Tierkreiszeichen Krebs wird durch den »Triumphwagen« symbolisiert, und in diesem Zeichen kommt die Mars-Kraft am schwächsten zum Ausdruck. Dadurch, dass Sie nicht mit dem Magier, sondern mit dem Triumphwagen arbeiten, wird die feurige Kraft auf ein akzeptables Maß gedämpft. In der Zeit, in der Sie Schlüssel 7 verwenden, kann der physische Körper Anpassungen vornehmen, die ihm ermöglichen, die Kundalini in ihrem ursprünglichen Zustand zu kanalisieren, und dann kann der Praktizierende wieder auf Schlüssel 1, »Der Magier«, in der Hochzeitskammer zurückgreifen.

Die Saphire

Tempel der inneren Ebene in den oberen Welten können in ihrem Inneren viel größer sein als in ihrem Äußeren, da sie nicht von den Gesetzen eingeschränkt werden, die für die Materie in der dreidimensionalen Welt maßgebend sind. Zudem können sie mehr Räume enthalten als ein in der physischen Materie errichtetes Gebäude. Die einzigen Einschränkungen, die sie zu haben scheinen, sind lediglich solche, die ihnen der Geist des menschlichen Besuchers auferlegt. Das Gleiche kann – wenn wir es so haben wollen – auf gedanklich konstruierte Gebäude von Praktizierenden der Kunst zutreffen. Und da der Burggolem eine wahre Widerspiegelung des Makrokosmos werden soll – damit der individualisierte Mikrokosmos nach seinem Abbild umgestaltet werden kann –, wird unser Eidolon oder unsere Gedankenform zusätzliche Räume enthalten, die wir bis dahin noch nicht betreten haben.

Damit sind natürlich die sefirotischen Kammern an den seitlichen Säulen der Kraft und der Form am Baum gemeint, nämlich Chokmah, Binah, Chesed, Geburah, Netzach und Hod. Auf die Eingänge zu den Räumen von Chokmah und Binah – die Kammer der Sternenweisheit beziehungsweise die Kammer der großen Glückseligkeit – wurde bereits hingewiesen; sie sind über kleine Treppen auf der Etage von Daat zu erreichen, wo auch das Turmzimmer und die Kammer des Innewohnens liegen. Beide Türen tragen ein alchimistisches Symbol –

Chokmah das Zeichen für Schwefel 🜍 und Binah das für Salz 🜔 –, weil die überirdische Triade die Wurzel oder höchste Quelle (in Sanskrit *Gunas* genannt) der Ausdrucksformen des Bewusstseins ist, die in unterschiedlichem Maße in allem inkarnierten Leben vorhanden sind. Binah, der unbewusste Aspekt des reinen Geistes, ist die Wurzel von Salz, das fesselnd oder kristallisierend, bindend und Form schaffend ist und in Sanskrit *Tamas* genannt wird. Chokmah, der selbst-bewusste Aspekt des reinen Geistes, ist die Wurzel von Schwefel (*Rajas* in Sanskrit). Es ist feurig und leidenschaftlich, denn es handelt sich um ausgestreute Jod-Kraft, die zugleich das »trinkbare Gold« der Kunst ist. Keter, der überbewusste oder erleuchtete Aspekt des reinen Geistes, ist die Wurzel von Merkur (ohne den das Große Werk nicht begonnen oder vollendet werden kann) und entspricht dem Guna *Sattva*. Der alchimistische Merkur und der Sattva im Yoga werden beide als leuchtend oder lichtdurchlässig, lebendig und reflektierend beschrieben. Das Metall Merkur (Quecksilber) ist liquide und fließend (womit das Ergießen von oben nach unten angedeutet wird), und die Oberfläche eines jeden Tröpfchens dieses Metalls ist ein Spiegel, der seine Umgebung widerspiegelt, so wie der im Herzen der Rose ruhende Tautropfen den weißen Glanz widerspiegelt.

Alle sefirotischen Kammern in der Burg sind gleichfalls subjektive Tempel für den Einfluss der jeweiligen Sphäre. Auch wenn sie sich alle in der Einrichtung gleichen, weisen sie doch gewisse Unterschiede auf, die sich »offenbaren« und für den Praktizierenden sichtbar werden, während er Erfahrungen sammelt und eine daraus resultierende Entfaltung erfolgt.

In allen diesen Räumen sind die Böden mit in entsprechenden Farben angeordneten Kacheln gefliest. In der Mitte jeden Raums steht auf einem Altar eine brennende Lampe, welche die durch die jeweilige Sefira zum Ausdruck gebrachte göttliche Gegenwart symbolisiert. Im östlichen Teil steht ein Ritualthron mit hoher Lehne; der Inhaber ist der »Kammerherr« der Halle, der dem Souverän der Burg Treue hält (oder auf dieser Stufe dem Regenten gegenüber verantwortlich ist). Der Kammerherr der Halle kann einer der Großen Gefährten sein oder eine völlig neue Bezugsperson. Jedem Raum ist außerdem ein Geistwächter zugeordnet, der die Schwelle bewacht. An den Wänden hängen Wandteppiche mit den Darstellungen der relevanten Tarot-Schlüssel, die die Pfade zu den anderen Sefirot öffnen.

Um einen bestimmten Pfad einzuschlagen, gehen Sie über die Kammer des Innewohnens und die Große Halle von Tiferet in die Ausgangshalle. Bringen Sie dort dem Göttlichen (symbolisiert durch die Altarlampe) Verehrung entgegen, indem Sie die entsprechende Bezeichnung innerhalb dieser Sefira aussprechen. Dann stellen Sie sich vor den Wandteppich mit dem Tarot-Schlüssel für den Pfad, richten den Blick auf ihn und intonieren den für Pfad und Schlüssel geltenden hebräischen Buchstaben. Der Wandteppich verwandelt sich in eine leuchtende, dreidimensionale Darstellung des Tarot-Schlüssels. Wenn Sie durch den Schlüssel hindurchtreten, finden Sie sich in einem rotierenden Tunnel pulsierenden Lichts wieder. Die Farbe dieses Tunnels entspricht der des Pfades auf dem Lebensbaum. (Beispielsweise Dalet, smaragdgrün; Kof, rotviolett. Die Farbzuordnungen sind in Anhang I für diejenigen aufgeführt, die mit ihnen nicht vertraut sind.)[2]

Während Sie sich auf dem Pfad bewegen, wird das indigoblaue Gewand die Farbe des Tunnels annehmen. Sobald Sie heraustreten, ist es wieder indigoblau. Akasha enthält alle Farbnuancen, die manifeste Lichtfrequenzen annehmen können. Einige Schulen haben die Farbzuordnungen der Pfade unnötig verkompliziert, indem sie auf jeden Pfad vier Farben bezogen haben, eine Farbe für jede der vier Welten. Das hat sich als völlig willkürlich und ohne jeglichen praktischen Nutzen erwiesen. Die Farbskala für die Pfade gilt in allen vier Welten. Was sich ändert, das ist die Lichtintensität der Pfade – von klaren (keine trüben) Farbtönen in Asija, die immer strahlender werden, bis hin zu einem farbigen Weißglühen in der Welt von Azilut, das einem gefrorenen Feuerwerk ähnelt.

Am Ende des Tunnels treten Sie aus einem Wandteppich mit dem gleichen Tarot-Bild in die Halle der Sefira am anderen Ende des Verbindungspfades. Wenn der Pfad nicht für die Rückkehr verwendet

---

[2] Der dem Buchstaben Jod und dem Schlüssel »Der Eremit« zugeordnete Farbton, gewöhnlich als Gelbgrün angegeben, ist als Einziger eine »Tarnung«. In der Praxis erscheint diese Energie als ein lebhaftes Grün (wie die von Dalet), aber durch und durch mit goldenen Stäubchen überzogen – das »trinkbare Gold« von Jod.

Die Lehre 289

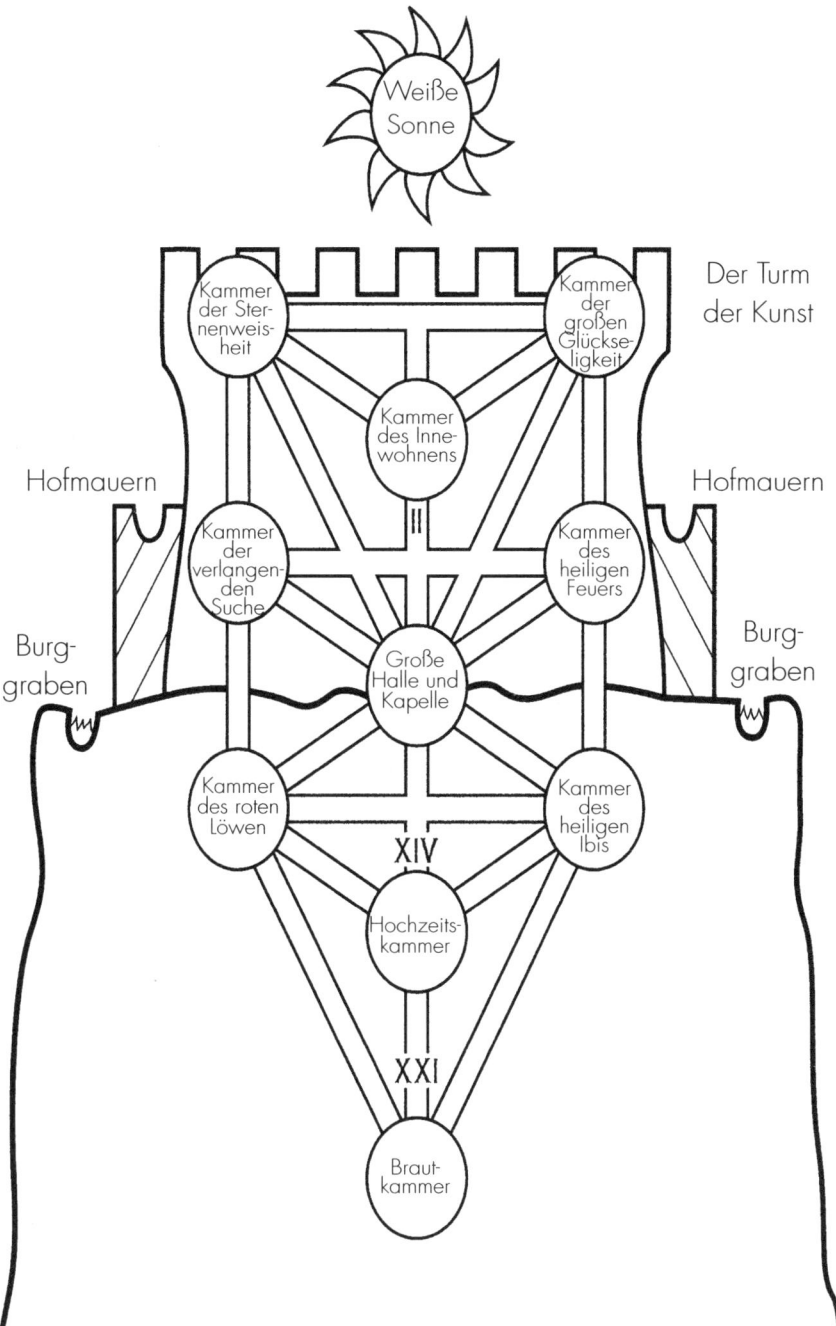

Abb. 10. Die sefirotischen Kammern und der Hügel der Macht.

wird, aus welchem Grund auch immer, sollte er durch das wiederholte Intonieren des hebräischen Buchstabens versiegelt werden. Wenn Sie Ihre Aufmerksamkeit auf den Tarot-Schlüssel richten und zugleich den dazugehörigen hebräischen Buchstaben aussprechen, können Sie den Pfad öffnen und wieder schließen. Die Kammern der Sefirot der Mittleren Säule am Baum – Malkut, Jesod, Tiferet, Daat und Keter – werden über die Wendeltreppen von Ida und Pingala erreicht, die sich um die mittlere Säule im Turm winden. Die Tarot-Schlüssel 21, 14 und 2 verweisen auf die Lage dieser Sefirot auf der Säule.

Nach der Beschreibung der sefirotischen Kammern (siehe Abb. 10) werden wir uns ausführlich den Pfaden und den Möglichkeiten, sie zu begehen, widmen, denn sie sind die Wege, auf denen Sie in das Unsichtbare reisen werden.

In der Halle der Sternenweisheit – Chokmah – steht ein Altar aus dreimal gefeintem Gold. Zwei große Säulen – die eine aus Silber, die andere aus Obsidian – stützen das dunkle Kuppeldach, das mit Diamanten im Muster der Sternbilder belegt ist. Der Boden ist mit abwechselnd roten und silbernen Kacheln gefliest. Der Thron im Osten ist aus Saphir. Die Wandteppiche, die diese Halle schmücken, zeigen die Tarot-Schlüssel 0, 3, 4 und 5.

Der Altar in der Halle der großen Glückseligkeit ist aus Gagat. Die Wände und der Boden sind in tiefdunklem Indigoblau gehalten, und in dem Kuppeldach aus facettiertem Kristall bricht sich der weiße Glanz der Weißen Sonne über den Zinnen. Drei Säulen stehen hier, zwei schwarze und eine aus scharlachrotem Marmor. Der östliche Thron ist aus reinstem Alabaster. Auf den Wandteppichen in dieser Halle sind die Tarot-Schlüssel 1, 3, 6 und 7 dargestellt.

Unterhalb der Kammer der Sternenweisheit liegt die Halle oder Kammer der verlangenden Suche (Chesed). Sie enthält einen Altar aus Amethyst und vier Säulen, zwei aus Lapislazuli und zwei aus Kristall. Die Wände sind aus durchscheinendem Saphir, die kuppelförmige Decke ist weiß. Der östliche Thron ist aus grauem Granit; der Boden ist mit weißen und blauen Kacheln gefliest; die Wandteppiche zeigen die Tarot-Schlüssel 5, 8, 9 und 10.

Unterhalb der Kammer der großen Glückseligkeit – Binah – befindet sich die Halle des heiligen Feuers (Geburah). Der Altar ist aus

Rubin, und von den fünf Säulen sind zwei aus Gagat, zwei aus Karneol und eine aus Smaragd. Die Wände aus purpurrotem Marmor sind von einer schwarzen Kuppel gekrönt. Der Thron ist aus Obsidian und der Boden mit abwechselnd schwarzen und scharlachroten Kacheln belegt. Die Wandteppiche zeigen die Tarot-Schlüssel 7, 8, 11 und 12.

Unterhalb der Kammer der verlangenden Suche liegt die Halle des roten Löwen, die Netzach entspricht. Der Altar ist aus Smaragd, die Wände sind aus Jade, und der Boden ist mit Kacheln aus Malachit und Kupfer gefliest. Hier stehen sieben Säulen, drei aus grünem Marmor, drei aus Bernstein und eine scharlarchrote, die die jadene Kuppel stützen. Diese Kuppel ist mit geschnitzten Blättern verziert, sodass sie dem Blätterdach eines Waldes ähnelt. Der Thron im Osten ist aus Koralle. Die Wandteppiche zeigen die Tarot-Schlüssel 10, 13, 16, 17 und 18. Der Kammerherr dieser Halle steht gewöhnlich mit den Edlen, dem Elfenvolk unter den hohlen Hügeln, in Verbindung – vielleicht sogar mit der Elfenkönigin aus dem verzauberten Wald von Brolicade.

Schließlich liegt unterhalb der Halle des heiligen Feuers die Halle des heiligen Ibis, die subjektive Sefira Hod. Der Altar ist aus makellosem Kristall. Die Wände aus Bernstein schließen mit einer kuppelförmigen Decke aus Saphir ab. Der Boden ist mit abwechselnd elfenbeinernen und goldenen Kacheln belegt. Acht Säulen säumen den Raum, vier aus dunkelblauem und vier aus milchigem Marmor, und der Thron ist aus Jaspis. Bei den Darstellungen auf den Wandteppichen handelt es sich um die Tarot-Schlüssel 12, 15, 16, 19 und 20.

Man beachte, dass Abbildung 10 die sefirotischen Kammern nicht in der üblichen Position auf dem Lebensbaum, sondern umgekehrt zeigt. Das liegt daran, dass der Golem des Turms aus dem physischen Körper projiziert wird, an dem Binah, Geburah und Hod auf der rechten Seite und Chokmah, Chesed und Netzach auf der linken liegen. Das wird verständlicher, wenn Sie sich vergegenwärtigen, dass das Turmzimmer dem Gesicht entspricht, die Kammer des Innewohnens dem Nacken und die Wendeltreppen der Wirbelsäule. Sobald aber der Praktizierende den Osten erreicht hat und als rechtmäßiger Souverän des inneren Königreiches inthronisiert ist, werden sich die Sefirot in ihrer üblichen Anordnung zeigen, denn die »Umwandlung« wird stattgefunden haben.

Die Blätter des Baums

Im letzten Buch der Bibel, der Offenbarung des Johannes, steht geschrieben: »... und die Blätter des Baumes dienen zur Heilung der Völker.« Diese »Blätter« sind die glänzenden Pfade des Lebensbaums, insgesamt 32 an der Zahl. Im Ritus der schottischen Freimaurer ist der Grad des Prinzen des Königlichen Geheimnisses der 32. Grad dieses Ritus. Die ersten zehn Pfade sind die heiligen Sefirot selbst. Die übrigen 22 sind jene Pfade, die die Sefirot verbinden und denen die 22 Buchstaben des hebräischen Alphabets (die Flammenschrift) und die 22 Tarot-Schlüssel der Großen Arkana zugeordnet sind. Die Sefirot sind von Natur aus objektiv – auch wenn unsere vielfältigen und wechselvollen Reaktionen dies nicht sind –, während die Pfade an sich eindeutig subjektiv sind. »Pfadarbeit«, wie das Wandern entlang dieser Pfade genannt wird, ist eine Reise der Selbstentdeckung, Diagnose und tiefen inneren Selbstheilung. Kein Praktizierender erlebt eine »reibungslose Reise« auf all den Pfaden. »Denkertypen« werden auf den Pfaden an der Säule der frei fließenden Kraft mit Problemen konfrontiert; »Macher« haben Schwierigkeiten mit der Säule der strukturierten Form am Baum; und »Gefühlsmenschen« neigen anfangs dazu, auf diese beiden extremen Pole unbeholfen zu reagieren. Jeder Pfad ist eine Zweiwegeleitung (der althebräische Begriff bedeutet eigentlich »Kanal«) für die Energien beider Sefirot, die er miteinander verbindet. Die Tarot-Karten der Großen Arkana werden die »Schlüssel« genannt, weil sie die Pfade öffnen; sie sind bildhafte Darstellungen des idealen Bewusstseins dieses speziellen Pfades. Aber sie sind noch viel mehr als das. Jeder Schlüssel ist der Geist-Herr des ihm zugeordneten Pfades.

Zunächst werden die Pfade auf der subjektiven, mikrokosmischen Ebene begangen. Hier erforschen Sie Ihre eigene innere Dynamik. Aber es wird die Zeit kommen, in der die Pfade in ihre objektiven, makrokosmischen Entsprechungen hinausführen. Dann befinden Sie sich auf voller Projektionsstufe mit den eigentlichen inneren Existenzebenen. Wir müssen diese beiden Arten der Pfadarbeit erforschen, um unnötige Klippen und Fallen zu umgehen, denn die Reise in jeder Welt – wie physische Stadtbewohner wissen – kann gefährlich sein, wenn gewisse Regeln missachtet werden.

In den oberen Welten

Zuerst wandern Sie entlang der subjektiven Pfade in Ihrer Aura unter Verwendung der Burg oder einer herkömmlicheren Darstellung des Lebensbaums. Dann gehen Sie hinaus auf objektive oder makrokosmische Pfade der inneren Welten. Im Laufe der Zeit, in der Sie Erfahrungen sammeln und mit den subjektiven astralen Wegen vertraut werden, werden Sie hin und wieder aus dem subjektiven Innern zu den Erkenntnissen und Funktionen in den objektiven inneren Reichen entweichen. Diese unmittelbare Wahrnehmung der astralen Realitäten ist anfangs sehr beunruhigend; sie lässt Praktizierende oft in panischer Angst zurück zu den vertrauten Symbolen fliehen. Aber wie bei allen Symbolsystemen, sollten Sie daran denken, dass wir »wie in einen dunklen Spiegel« sehen und uns an Wegweiser halten statt an die konkrete Erfahrung in den Zielorten, auf die die Schilder hinweisen.

Sobald die unmittelbare Wahrnehmung der wahren astralen Ebenen erreicht und der Einfluss des Sinnesmechanismus eingedämmt ist, können Sie anfangen, die Ebenen direkt zu erforschen, denn Sie sind jetzt der Herr der Bilder (ein Ba'al ha-Da'ath) und werden nicht mehr von ihnen beherrscht.

Bisher sind wir so verfahren, als wären Sie auf den Pfaden allein – abgesehen von der symbolischen Flora und Fauna, die als Indikatoren für die Kräfte und Wesen um Sie herum dienen. Es ist nun an der Zeit, von der klar umrissenen Führung zu sprechen, die Ihnen, auch wenn Sie sich dessen vorher nicht bewusst waren, ständig von unsichtbaren Wächtern zuteil wird. Seit Ihren ersten zaghaften Versuchen stehen Sie fortwährend unter der eingehenden und wohlwollenden Beobachtung und Führung eines mit Ihnen sehr eng verbundenen Wesens, das derselben Gruppe oder demselben Orden der inneren Ebene angehört. Dieser Wächter ist in einigen Traditionen als Ihr »Supervisor« bekannt. Eine solche Art der Überwachung bildet oft die erste Verpflichtung von jemandem, der vor verhältnismäßig kurzer Zeit ein freies und anerkanntes Mitglied der inneren Gruppe geworden ist. Wenn nötig, kann der Wächter unverzüglich den Einfluss des Ordens in Anspruch nehmen. Wächter können außerdem bei Bedarf im Namen der geistigen Gesamtheit aller Mitglieder auf den inneren Ebenen sprechen. Vermittels Einsatz ihrer telepathischen Fähigkeiten können diese Mitglieder gemeinsam einen konzentrierten Strahl aussenden, der vom Wächter empfangen wird. Sie sprechen also durch den Wächter als eine Einheit, eine »Stimme« für den Gruppengeist des gesamten Ordens. Wenn eine innere Einheit zum vermittelnden Kanal wird, durch den eine gesamte Gruppe kommuniziert, sind die Ergebnisse überaus interessant und bemerkenswert. (In der Engelsentwicklung ist eine ähnliche Manifestation bekannt, wenn ein Mitglied einer Engelsschar mit der vereinigten Autorität des gesamten Chors spricht – zum Beispiel spricht ein Engel von Jesod als Gesamtheit der Cherubimschar und als direkter Botschafter oder Gesandter des Erzengels Gabriel.) Aber normalerweise übermittelt der Wächter nur den Kraftstrom der Gruppe, der Ihnen dann zur Verfügung steht, wann immer Sie ihn nötig haben.

An einem bestimmten Punkt der subjektiven Pfadarbeit werden Sie sich Ihres Wächters bewusst werden. Dieser Kontakt befähigt Sie, von den subjektiven zu den objektiven Pfaden zu wechseln, in das Reich des Lichts, das keinen Schatten wirft, des Astrallichts, in dem – unter anderem – das kollektive Unbewusste der Jungschen Psychologie enthalten ist.

Schließlich werden Sie zu dem inneren Zufluchtsort geführt, den Sie suchen – das himmlische *Yeshiva* (Kollegium) des inneren Ordens, dessen Bestandteil Sie sind. Durch ihn können Sie in die größere planetarische Gruppe aller Männer und Frauen, die bewusst dem göttlichen Willen dienen, gebracht werden. Diese planetarische Gruppe ist unter vielen verschiedenen Namen bekannt, unter anderem die Große Weiße Loge, Der Zurückgezogene Orden, das Kollegium des Heiligen Geistes und das Haus Israel.

Sie werden auch andere Wesen gewahren, nämlich die Geist-Herren der zu begehenden Pfade. Es ist unerlässlich, dass Sie mit allen Pfaden des Baumes arbeiten und keinen einzigen vernachlässigen, denn eine umfassende Entwicklung ist von entscheidender Bedeutung. So wie es in der Tat heißt: »Gleichgewicht ist die Grundlage für das Werk.« Für jeden Pfad ist ein Geist-Herr zuständig, denn jeder Pfad stellt einen Ausdruck bestimmter Faktoren in der Zusammensetzung des Universums dar, ob sichtbar oder unsichtbar. Die Geist-Herren sind die leuchtenden Geister, die dank ihrer innersten Natur lebendige Ausdrucksformen dieser Faktoren sind. Wenn Sie einen bestimmten Pfad »beschreiten«, geraten Sie automatisch in den Einfluss des Geist-Herrn dieses Pfades, der unter der Autorität der Hallen der Gerechtigkeit handelt.

Unerschütterliche Hingabe an die Wahrheit Ihrerseits ist Ihr Ariadnefaden durch den Irrgarten der Astralebenen von Jezira. Durch diese Hingabe an die Wahrheit kommen Sie mit dem Geist-Herrn des Pfades in Verbindung. Wie Plotinus schrieb: »Keine Religion steht höher als die Wahrheit.« Sollte es Ihnen an dieser Wahrheitsliebe fehlen, stoßen Sie automatisch auf Ablehnung des Geist-Herrn des Pfades, und als Reaktion werden Ihnen die astralen Wege verschlossen. Wenn Sie sich jedoch weiterhin dem Verständnis der Wahrheit widmen, kommt die Kraft des Geist-Herrn des Pfades in Fluss und steht zur Verfügung, um Sie in der heiligen Kunst zu stärken. Die »Namen« dieser Geist-Herren der glänzenden Pfade sind die esoterischen Bezeichnungen der 22 Tarot-Schlüssel und werden in Anhang I am Ende des vorliegenden Buches aufgelistet.

Jedoch ist nicht alles, was als Lichtwesen erscheint, auch wirklich eines. Eine »Form« kann auch eine »Wunscherfüllung« sein, projiziert aus der im Unterbewusstsein enthaltenen Fülle an Bildern – und von ihr verhüllt. Um, wenn die »Form« eines scheinbaren Wesens auftaucht, zu prüfen, ob es wirklich von einem objektiven Wesen erzeugt wurde oder ein projizierter Teil Ihrer unbewussten Komplexe ist, nennen Sie ein »Wort« oder einen »Namen«, der für Sie das Göttliche symbolisiert. Über das Wort und den Namen müssen Sie über längere Zeiträume hinweg meditieren und durch ein Symbol bildhaft darstellen. Sie müssen so lange üben – und das ist sehr wichtig –, bis das Wort automatisch und unverzüglich das Zeichen heraufbeschwört. Wenn dann ein Wesen erscheint und Sie es durch Wort und Zeichen wieder verschwinden lassen können, steht mit ziemlicher Sicherheit fest, dass eine solche Erscheinung nichts weiter ist als die Personifizierung eines Komplexes in den Tiefen Ihres Unterbewusstseins. In esoterischen Schulen, die mit zeremoniellen Initiationen arbeiten, werden Wort und Zeichen des eingenommenen Rangs verwendet. Einige indianische Völker benutzen das Bild und das Wort des »Feuers der Kinder«; andere Praktizierende bedienen sich des Namens und Bildes, durch die sie das Göttliche, den Buddha oder den Christus und andere verehren.

Gleichzeitig sollten alle falschen Erscheinungen beachtet werden. Zu einem späteren Zeitpunkt kann man sie bewusst heraufbeschwören. Falls ein unbewusster Komplex stark genug ist, um sich auf diese Weise zu projizieren, dann ist es in der Tat besser, sich so schnell wie möglich mit ihm auseinander zu setzen. Beschwören Sie ihn zur imaginativen »sichtbaren Erscheinung« herauf, denn die Imagination ist der magische Spiegel. Jegliche Bilder, die sich mit ihm einstellen, und jegliche subjektive Emotionen, die zusammen mit ihm auftauchen, sollten sorgfältig beachtet und zum Gegenstand intensiver Meditation gebildet werden. Dies führt oft zu einem Hinweis auf den Ursprung dieser Figur, kann zugleich die Form auflösen und die zuvor in dem Komplex eingeschlossene Energie in den Hauptspeicher der psychischen Energie zurückführen. Diese Form magischer Selbst-Psychoanalyse ist eine sehr wirksame Methode, sofern sie sorgfältig und achtsam durchgeführt wird. Sie ist ein zuverlässiger *Tikkun*.

Die Verborgenen Pfade

Erst wenn die Pfade beschritten wurden, gelangt der Praktizierende zu den geheimen Pfaden des Baums, die bis dahin vom Schleier des Geheimnisses verhüllt waren. Das sind die »Pfade der Verborgenen Herrlichkeit«, manchmal auch als die Unsichtbaren Pfade bezeichnet. Sie werden so genannt, weil der Praktizierende sie erst dann wahrnimmt, wenn er »die Erste Materie erfasst« hat. Diese so genannten Geheimen Pfade des Baums sind die im Yoga beschriebenen zahlreichen *Nadis* oder ätherischen Kanäle, die die subtilen Körper durchdringen. Die gleiche Vorstellung findet sich in den Meridianen der Akupunktur. Makrokosmisch gesehen sind sie die »Ley-Linien«, die Energiezentren auf unserem Planeten verbinden, und die Energiestrahlen, die jeden Stern mit allen anderen existierenden Sternen verbinden. Die geheimen Pfade sind die »Fäden« des Netzes des Seins.

Weil Beschreibungen der geheimen Pfade des Lebensbaums sehr selten sind, werden sie hier vorgestellt (siehe Abb. 11 und 12). Aus diesem

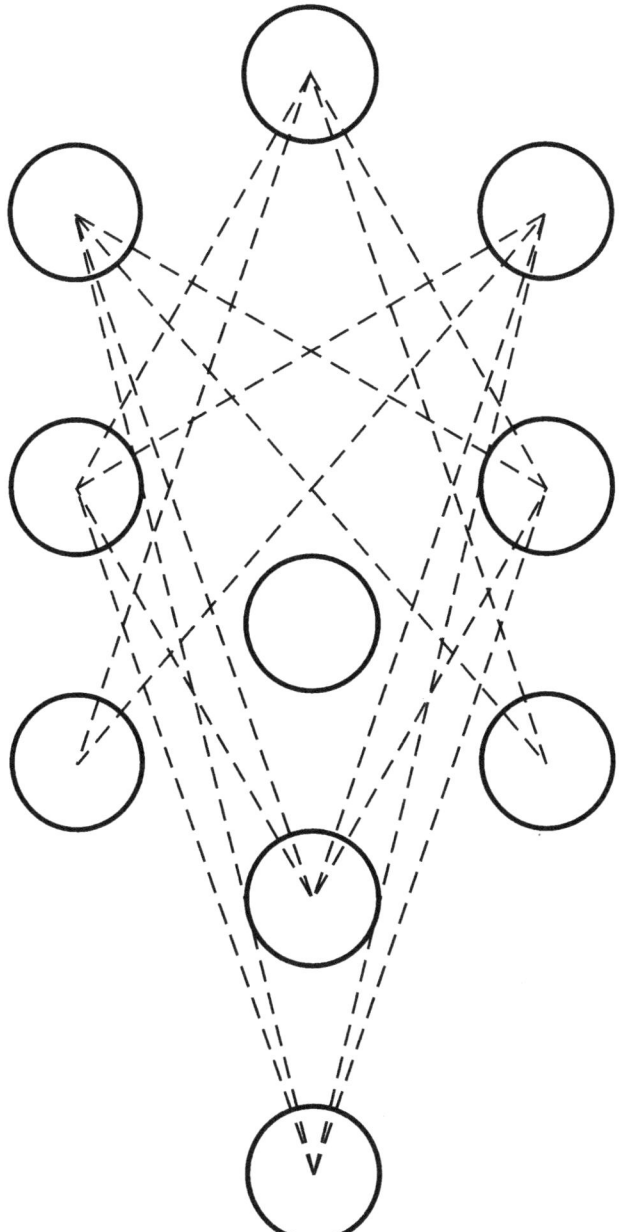

Abb. 11. Die Pfade der Verborgenen Herrlichkeit, die so genannten Unsichtbaren Pfade, sind denen verborgen, die noch nicht die durch die Allgegenwart der Ersten Materie geoffenbarte Einheit geschaut haben.

Diagramm ist zu ersehen, wie die Verborgenen Pfade alle Sefirot miteinander verbinden, die noch nicht von einem »sichtbaren« Pfad verbunden sind. Dies lässt uns erkennen, dass alle Sefirot – die zehnfachen Aspekte der Einen Herrlichkeit – tatsächlich vereint sind und sich daher gegenseitig beeinflussen. Folglich enthält jede einzelne Sefira in sich die Einflüsse aller anderen neun Sefirot. Das ist eine Bedeutung des viel zitierten, aber wenig verstandenen kabbalistischen Spruchs: »Ein Baum in jeder Sefira.« Die Geheimen Pfade deuten an, dass Mezla – die eine Substanz, die wesentliche Erste Materie der Alchimie – alles berührt, durchdringt und vereint. Und aus diesem Grund werden Diagramme des Lebensbaums gewöhnlich auf eine schwarze Oberfläche gezeichnet, um zu vermitteln, dass die Erste Materie (die Manifestation von Ain) den Baum (Existenz) umgibt und ihn gänzlich durchdringt. Die Erste Materie ist, wie es heißt, das »Wasser, das brennt«, das »Feuer, das fließt«, aber sie ist auch das Himmelsbrot, die Nahrung aller Dinge, der Himmelstau, der die Herrlichkeit ist, die vom Antlitz Gottes strömt.

Die Übung: Stufe 1

Das Amt des Verwalters

Wenn Sie die vorbereitenden Arbeiten durchgeführt und den Golem mit Ihrem Bewusstsein durchdrungen haben, gehen Sie von der Kammer des Innewohnens in die Große Halle hinunter. Nehmen Sie Ihren Platz an der Tafel ein. Ihnen fällt auf, dass der Platz links vom Regenten leer ist. Es ist der Gefährliche Sitz, der leere Sitz, der der Prophezeiung zufolge von demjenigen eingenommen wird, der Erfolg bei der Gralsuche haben und dadurch das Land von Logres heilen wird. Es ist der Platz des gewählten Herrschers der Burg und der dazugehörigen Ländereien. Der Heilige Gral bewegt sich nun zu dem Abschnitt der runden Tafel vor dem Regenten. Der Regent hebt ehrfürchtig den Gral hoch und betritt mit der Gemeinschaft der Tafelrunde im Gefolge die Kapelle des Rosenkreuzes.

Die Übung: Stufe 1   299

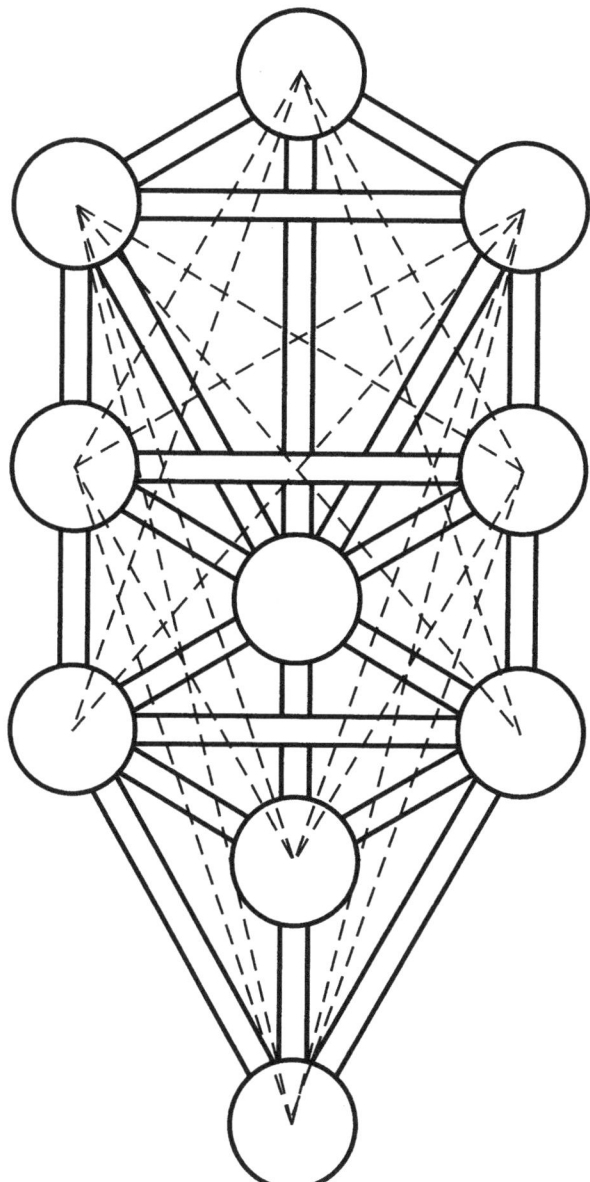

Abb. 12. Dieses Diagramm der Verborgenen Pfade sowie der gewöhnlichen 22 Glänzenden Pfade lässt erkennen, dass jede einzelne Sefira mit allen anderen Sefirot des Baums verbunden ist. Die Sefirot sind keine zehn gesonderten »Dinge«, sondern zehn voneinander abhängige Aspekte der Einen Herrlichkeit, zehn Facetten des leuchtenden Juwels der Ewigkeit.

Am Altar füllt der Regent den Gral mit Wein und hebt ihn zur Weihe in das Göttliche Licht. Eine weiße Taube mit einer weißen Hostie im Schnabel fliegt aus diesem Licht herab, lässt das Himmelsbrot in den erhobenen Gral fallen und verschwindet im Tautropfen in der mystischen Rose.

Der Regent dreht sich um und ruft nacheinander jeden Einzelnen zu sich, damit er aus dem heiligen Kelch der Kelche trinkt. Sie werden als Letzter aufgefordert. Wenn Sie getrunken haben, bleiben Sie neben dem Regenten auf den Altarstufen stehen.

Jeder Gefährte der Tafelrunde tritt erneut an den Altar, legt eine Hand auf den Gral und die andere zwischen Ihre aneinander gelegten Handflächen und schwört Treue zu der Burg und Ihnen, deren wahrem Souverän. Nach Vollendung der Zeremonie begibt sich die Gemeinschaft wieder in die Große Halle.

Folgen Sie nun dem Regenten hinauf ins Turmzimmer von Daat. Sobald Sie in den Raum eingetreten sind, sehen Sie auf dem schwarzen Kontrollstein über dem eingeschnitzten Symbol des Lebensbaums eine silberne *Crux anasta*, das Ankh, das altägyptische Zeichen für das ewige Leben. Das ist der Claviculum, der Schlüssel zu allen Räumen und Pfaden in der gesamten Burganlage. Der Regent hebt den Schlüssel hoch und blickt zur Weißen Sonne hinauf, die durch das Dachfenster des Turmzimmers scheint. Nachdem er deren Einfluss in sich aufgenommen hat, verkündet er: »Der zukünftige Souverän ist gekommen und steht nun vor uns. Nimm diesen Claviculum zu den Pforten der Sternenwege in Empfang.« Er überreicht Ihnen den Schlüssel und vertraut somit den Claviculum Ihrer Obhut an.

Gemeinsam kehren Sie durch die Große Halle in die Kapelle zurück. Auf dem Altar liegt neben dem Schwert der Macht ein kleines Kissen. Der Regent erklärt Ihnen, dass dies der angemessene Aufbewahrungsplatz für den Claviculum sei, und erinnert Sie daran, in der Kapelle des Rosenkreuzes den Segen des Ewigen für jede Reise zu erbitten, die Sie innerhalb oder außerhalb des Turms der Kunst unternehmen.

Nun kehren Sie beide an die runde Tafel zurück, und zusammen mit einem der Gefährten führt Sie der Regent feierlich zu dem Gefährlichen Sitz zu seiner Linken. Sobald Sie Platz genommen haben, nehmen Sie sich etwas Zeit, um die Große Halle aus dieser neuen Perspektive zu betrachten. Danken Sie Ihren Gefährten des Geistes, den Gralsbrüdern im Namen des Allheiligsten. Gehen Sie wieder in die Kammer des Innewohnens hinauf und ziehen Sie alles in die Latenz zurück.

Auswirkungen

Unternehmen Sie Ihre Streifzüge durch die Burg immer in Begleitung des Regenten, denn sein Rat wird von unschätzbarem Wert sein. Suchen Sie alle sefirotischen Tempelkammern auf und begrüßen Sie den Kammerherrn und den Geist-Wächter der jeweiligen Halle. »Begehen« Sie jeden der 22 sichtbaren Pfade. Das alles dient dem Zweck, alle subtilen Zentren und Kanäle ins Bewusstsein zu bringen. Dadurch, dass Sie sich in den Kammern aufhalten und jeden Pfad entlangwandern, werden jegliche Hindernisse oder Verzerrungen beseitigt. Wenn Sie diese Aufgaben erfolgreich ausgeführt haben, wecken Sie den Drachen. Sie werden dann den Unterschied überaus eindrucksvoll und interessant finden.

Die Übung: Stufe 2

Die Wache

Versetzen Sie sich in die Kammer des Innewohnens. Wenn Sie durch die Kupfertür hindurchgehen, stellen Sie fest, dass die ganze Burg dunkel, still und verlassen ist.

Gehen Sie in die Kapelle hinunter. Das einzige Licht dort ist der Tautropfen, der in der Mitte der Rubinrose glänzt. Auf dem Altar liegt das Königsschwert, der silberne Claviculum und dazwischen ein Reif aus alchimistischem Gold, verziert mit einem Drachenkopf. Und am Fuß des Rosenkreuzes brennt eine Lampe, Symbol für die ewig in Ihnen verbleibende Immanenz. Dies ist die Zeit der heiligen Nachtwache. Niemand kommt zu Ihnen, denn in eben dieser Nacht müssen Sie allein sein. Es ist eine Zeit für die introspektive Reflexion – das »Abwägen des Herzens«. Reichen Sie tief nach innen, suchen Sie Zweifel oder Ängste zu ergründen, bringen Sie sie zur Prüfung ans Licht des Rosenkreuzes und nehmen Sie sie dann in sich auf.

Schauen Sie in die Zukunft. Sie werden bald der gesalbte und gekrönte Souverän Ihres inneren Königreiches sein, des Landes von Logres, das vom Augenblick Ihrer Krönung an wieder in voller Blüte stehen wird, nachdem es viele lange Jahre lang eine Ödnis gewesen ist. Von Ihnen, dem Souverän, werden sich alle in der Burg, der Stadt und im Land Gerechtigkeit und weise Führung erhoffen. Sie haben in allen Dingen freie Hand. Wie wird die Zukunft Sie nennen? Einen Artus, einen Parzival, einen Salomo? Oder einen Mordred, einen Klingsor, einen Judas?

Meditieren Sie über all das. Aber vergessen Sie nicht, dass dies Ihr göttliches Erbe ist, von der göttlichen Quelle für Sie entschieden, bevor die Zeit ihren Lauf nahm. Wenn Sie es für angemessen erachten, steigen Sie die Altarstufen hinauf, heben Sie die Lampe empor, sodass deren Flamme und der Tautropfen der Rose einander treffen und eins werden, und bieten Sie die uralte Anrufung der Priesterkönige dar, ein Gebet, das schon alt war, als Atlantis unterging:

> Heilig bist Du, Herr des Universums;
> Heilig bist Du, den die Natur nicht geschaffen hat;
> Heilig bist Du, der Unermessliche und Mächtige,
> Herr des Lichts und der Dunkelheit.
> Hier stehe ich und bringe Dir, o Adonai, meinen Geist, meine Seele und meinen Körper dar; um Dir und Deinem Großen Werk ein heiliges und fortwährendes Opfer zu sein. Amen.[3]

Aus der Mitte der von Gott genährten Stille, die sich anschließt, vernehmen Sie eine Stimme: »Lass den Weißen Glanz niedersteigen!«

---

[3] Ein Gebet aus der »mündlichen Tradition«, das von Eingeweihten in die Kabbala von Mund zu Ohr, von Lehrer zu Schüler übermittelt wird.

Wenn geschehen ist, was geschehen soll, gehen Sie in die Kammer des Innewohnens und ziehen sich zurück.

Auswirkungen

Wiederholen Sie diese Nachtwache-Übung so lange, wie es erforderlich ist.

Die Kontemplation

Über den himmlischen Lichtern leuchtet immer eine unzerstörbare Flamme; die Quelle des Lebens, die Entstehung aller Wesen, der Ursprung aller Dinge. Diese Flamme erzeugt alle Dinge, und nichts geht zu Grunde, was sie verzehrt. Sie entsteht durch sich selbst ... Sie umfasst den Himmel.

Das Herz sollte keine Furcht davor haben, sich diesem verehrungswürdigen Feuer zu nähern oder sich von ihm berühren zu lassen; es wird niemals von diesem herrlichen Feuer vernichtet werden, dessen milde und ruhige Wärme die Bindung, die Harmonie und die Dauer der Welt schafft. Alles besteht nur durch dieses Feuer, das Gott selbst ist. Alles ist erfüllt von Gott, und Gott ist in allem.

Die chaldäischen Orakel[4]

---

[4] »The Chaldean Oracles« in: G. R. S. Mead, Übers.: Echoes from the Gnosis, Bd. 8, Wheaton, IL, 1908

XV

DIE KRONE DES LEBENS

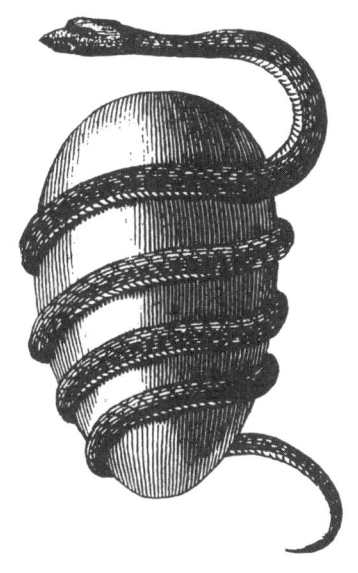

Nur wer das Werk um seiner selbst willen verrichtet, wird eingeweiht.
Nur der Mensch, der manifestieren will, was
Die Kabbala offenbart, kann ein Eingeweihter sein.

Z'ev ben Shimon Halevi[1]

Die Lehre

Inzwischen ist deutlich geworden, warum die alten alchimistischen Texte sich auf »unseren Merkur«, »unser Gold« und »unser Schwefel« beziehen; denn das Große Werk ist ein innerer Prozess, und alle Gefäße der Kunst liegen im Innern. In manchen Fällen ist es der physische Körper und in anderen das astro-ätherische Vehikel des Praktizierenden. Das gesamte menschliche Wesen ist das Laboratorium des Großen Werks. Dafür werden in den Geschichten von den Mahasiddhas viele Beispiele angeführt, wie etwa Aryadeva, der das Elixier des Lebens uriniert. Aber »innen« entspricht »außen«. Unsere persönliche Welt in ihrer ganzen reichen Vielfalt ist eine Manifestation unseres inneren Bewusstseins. Deshalb bewirkt ein eingeweihter Magier, der Alchimist, Veränderungen in der äußeren Welt, indem er Veränderungen im Inneren vornimmt. Daher wird der Schlüssel 5, »Der Hierophant«, der *inneren* Welt als der innere Lehrer zugeordnet, der alles andere vermittelt, während »Der Kaiser« das gleiche Wesen/die gleiche Kraft repräsentiert, die jedoch in der äußeren Welt am Werk ist. Der Kaiser ist ein Herrscher, ein Souverän. Wenn die äußere Welt unharmonisch ist, dann deshalb, weil die innere Welt es ebenfalls ist. Jedoch durchdringen sich diese zwei Welten – die innere und die äußere –

---

[1] Z'ev ben Shimon Halevi: The Work of the Kabbalist, York Beach, ME, 1985, aus dem Vorwort

Der Herrscher des inneren Königreiches. Man beachte den Drachen (Kundalini), der dem Souverän als Fußschemel dient. Lambsprink: DeLapide Philosophica figure et emblemata, in Musaeum Hermeticum retormatum et amplificatum, Frankfurt, 1678.

gegenseitig so wie in der geometrischen *vesica-piscis*-Darstellung (siehe Abb. 8). Sie sind in Wirklichkeit miteinander vereint, weil beide das Produkt des Bewusstseins, des Geistes sind. Im Grunde ist alles geistigen Ursprungs, alles geht aus dem göttlichen Geist oder dem uranfänglichen Bewusstseinsstrom hervor. Swami Vivekananda soll seinen Zuhörern bei einem öffentlichen Vortrag gesagt haben: »In vierzig Lebensjahren habe ich nichts als Gott gesehen, und bei euch ist es nicht anders.«

Zwischen den Prozessen, die sich in der inneren Welt abspielen, und deren Wirkungen, die sich in der äußeren Welt offenbaren, verstreicht eine gewisse Zeit. Dies muss berücksichtigt werden, damit man nicht den Mut verliert oder der Melancholie zum Opfer fällt, wie es in den alten alchimistischen Büchern heißt. Lama Anagarika Govinda erklärt diesen Abstand zwischen Ursache und Wirkung in seinem Buch *Foundations of Tibetan Mysticism*:

> Die körperliche Form kann mit einem schweren Pendel verglichen werden, das, auch wenn der ursprüngliche Impuls aufgehört hat, noch lange danach weiter schwingt. Je länger und schwerer das Pendel, umso langsamer die Schwingung. Wenn der Geist bereits in den Zustand des Friedens und der Harmonie eingetreten ist, weil er durch eine Einstellungsänderung die karmischen Nachwirkungen ausgeglichen oder aufgehoben hat, kann die in der körperlichen Form kristallisierte karmische Wirkung (*vipaka*) noch lange nachschwingen, bevor die völlige Harmonisierung in Form körperlicher Vollendung erreicht wird. Dies kann nur durch bewusste Durchdringung, Vergeistigung und Verklärung des Körpers beschleunigt werden, wie dies von gewissen Siddhas und vor allem vom Buddha berichtet wird, dessen Körper von einer solchen unirdischen Schönheit und einem solchen Leuchten gewesen sein soll, dass selbst die ihm dargebotenen goldenen Gewänder ihren Glanz verloren.[2]

Die »bewusste Durchdringung, Vergeistigung und Verklärung des Körpers« wird durch das gewollte Erwecken der Kundalini erreicht, der Form gestaltenden Kraft, die den Abstieg des »Nektars« oder »Elixiers« aus dem inneren Merkurzentrum von Keter durch den ganzen physischen Körper hindurch auslöst. Dies geschieht als Folge der tiefen Versenkung (*dhyani*) in das Kosmische Bewusstsein. Das Herabfließen des alchimistischen Elixiers (»Nektar« ist der yogische Begriff) wird als ein Gefühl transzendenter Glückseligkeit erfahren, das den Körper all-

---
[2] Lama Anagarika Govinda: Foundations of Tibetan Mysticism, York Beach, ME, 1969, S. 69

mählich erfüllt, bis schließlich Samadhi eintritt, wie es im Schlüssel 12, »Der hängende Mann«, gezeigt wird. Das »Elixier des Lebens« ist Mezla, denn der Blutstrom (das »Blut des roten Löwen«) ist der mikrokosmische Aspekt von Mezla. Es ist bekannt, dass durch bestimmte Bewusstseinszustände – psychischer und mystischer Art – winzige Mengen chemischer Stoffe in den Blutstrom einfließen. Diese chemischen Stoffe werden von gewissen Drüsen ausgeschieden, die die physischen Entsprechungen der oberen Chakras sind. Die wichtigste ist die Zirbeldrüse, Sitz des potenziellen Steins. Die Zirbeldrüse nimmt bei der Entwicklung des physischen Körpers eine Schlüsselstellung ein. Sie bildet sich dreieinhalb Tage nach der Befruchtung eines Eis und ist für die Entwicklung des späteren Fötus unmittelbar verantwortlich. Die Bildung des übernatürlichen Körpers verläuft nicht anders als die des physischen Körpers. Die Mengen der in den Blutstrom freigesetzten chemischen Stoffe sind geringfügig und können von der ich-bewussten Ebene aus nicht beurteilt werden, aber sie werden vom Unbewussten als der »körperlichen oder inkarnierenden Intelligenz«, Schlüssel 18, »Der Mond«, reguliert. Daher nennt der *Sohar* Gabriel (Erzengel von Jesod, der Mond, unser Silber) den »Verteiler von Gottes Medizin«. Mit anderen Worten, das Rote Werk wird mit Hilfe des Weißen Werks unter der Schwelle des Ich-Bewusstseins durchgeführt. Aus diesem Grund ist der Gebrauch von stärkeren Drogen für das Werk unangebracht und wird von esoterischen Schulen nicht gestattet.

Die vergeistigende Wirkung des Elixiers tritt allmählich und kumulativ ein. Die ganzen Stadien der Akklimatisation und Durchdringung hindurch muss man beharrlich an ihm festhalten (im Yoga wird dieses hartnäckige Festhalten »Melken der himmlischen Kuh« genannt), bis schließlich die vollständige Sättigung erreicht ist. Shakyamuni Buddha, der historische Buddha, lehrte, dass der Körper eines Meditierenden, der den Zustand tiefer Versenkung (*dhyani*) erreicht hat, vollkommen von Glückseligkeit erfüllt sein wird (wie Jetsun-Milarepa). Auf der mittleren Stufe der Praxis wird nämlich die Kundalini auf die Wirbelsäule begrenzt, während in der kontrollierten, fortgeschrittenen Praxis die feurige Kraft den gesamten Organismus bis hinunter in die Zehen, in Malkut, durchdringt und sättigt.

Der unsterbliche Körper wird in zwei Metaphern dargestellt, die entsprechend der kulturellen Rahmen voneinander abweichen. In den Mysterienströmen von Atlantis und Ägypten stellt man sich den »neuen Körper« als ein Boot oder Schiff, ein Gefäß für den Geist vor. In beiden Ländern ist ein Fluss das wichtigste Transportmittel – der Naradek in Atlantis und der Nil in Ägypten. Daher wird in den Anrufungen dieser Traditionen von der Schaffung einer neuen Barke für die Reise der Seele zu Licht, Leben und Liebe gesprochen. In der Kabbala und im Yoga Indiens und Tibets wird das neue Vehikel als »zweirädriger Wagen« bezeichnet, hauptsächlich darum, weil er ein gebräuchliches Transportmittel war, aber auch, weil er ursprünglich den Mitgliedern des Könighauses vorbehalten war. Die Symbolik des Tarot-Schlüssels 7, »Der Triumphwagen«, ist durchtränkt von dieser Lehre: Der Wagenlenker ist das Höhere Selbst (Krishna als der Wagenlenker in der Bhagavad-Gita); das Chassis des Triumphwagens ist der physische Körper (seine Würfelform weist darauf hin, dass der Stein tatsächlich in der Physikalität gefunden wird); die vier Säulen, die den mit Sternen verzierten Baldachin tragen, stehen für die Elemente; und die zwei den Wagen ziehenden Sphinxe sind sowohl Aspekte des niedrigeren Selbst, der inkarnierten Seele, als auch der physischen Sinne, durch die es mit der stofflichen Ebene interagiert. Am bekanntesten ist das Bild von Elias, der in einem feurigen Wagen zum Himmel fährt – das Feuer steht hier für die Strahlende Energie. Es wird gelehrt, dass Elias, der den Tod nicht erfahren hat, von Zeit zu Zeit erscheint, um Israel in seiner Not zu helfen. Mehrere fortgeschrittene Kabbalisten wurden persönlich von Elias unterwiesen, wobei der Prophet als ihr Maggid, ihr innerer Lehrer, diente. In der Alchimie kündet das Auftauchen des geheimnisvollen Elias-Artisan die letzten Stufen des Großen Werks an. Dieser Name – Elias-Artisan – ist lediglich lateinisch und bedeutet der große Lehrer der Kunst, Elias.

Wie die alten königlichen Streitwagen ist auch der Wagen des Sonnenkörpers mit vier »Rädern« versehen. »Rad« ist die wörtliche Bedeutung des Sanskrit-Worts *Chakra* und bezieht sich auf die kreisende Bewegung der Chakren. Die vier Chakren, die die »Räder« des feurigen Wagens des Geistes bilden, sind das Merkur- und Venuszentrum vorn und das Sonnen- und Marszentrum hinten. Das ist die *Merkha-*

bah, die in Hesekiels Vision im Tal der Knochen gesehen wurde, der allgegenwärtige Thron von Adam Kadmon. »Merkhabah« bezeichnet auch eine mystische Tradition der Kabbala, die in der Zeit nach Errichtung des zweiten Tempels in Jerusalem entstand.

Das Goldene Vehikel

In der kabbalistischen Philosophie wird alle Manifestation als das lebende, leuchtende Gewand Gottes betrachtet. Folglich ist auch im Mikrokosmos dieser »Funke«, der »Punkt« ewigen Lichts, in jedem einzelnen Atom unserer Körper auf allen Ebenen gegenwärtig und aktiv.

Durch die Anwendung mechanischer und elektrischer Gesetze hat die moderne Wissenschaft die Menschheit in eine Lage versetzt, in der sie tatsächlich ins Heer der Kräfte hinter der Evolution eingetreten ist, aber das ist nur die Hälfte dessen, was noch vollbracht werden könnte. Denn angesichts der wachsenden Zahl derer, die die alchimistische Kunst beherrschen, stellen immer mehr Frauen und Männer fest, dass sie zu Kanälen für diese verborgenen Kräfte geworden sind, die die schöpferischen Energien des Universums bilden. Solche Menschen können ohne jegliche materielle, mechanische oder elektrische Hilfe diese lebenden Kräfte unmittelbar wahrnehmen und mit ihnen arbeiten. Da sie die ätherischen Energien des Planeten beherrschen, werden sie durch das katalytische Wirken gewisser Prozesse im eigenen Organismus das materielle Reich um sie herum ändern und umwandeln. Dieser Wandel wird nicht im Tiegel und in der Retorte des materiellen Wissenschaftlers vollzogen, sondern im Athanor und Ofen des inneren Organismus der wahren Alchimisten. Mit dem Rohmaterial der Weltseele (die *anima mundi*) arbeitend, werden sie genau die materiellen Wirkungen hervorrufen, die heute als das zarte Aufblühen materialistischer Wissenschaft betrachtet werden.

Die ätherischen Umrisse aller vergangenen Formen sind im Astrallicht des Universums latent vorhanden, und mit eben diesem Astrallicht sind wir untrennbar verbunden. Es wurde in alter Zeit als die »Windungen des himmlischen Drachen« bezeichnet. Wenn die feurige Kraft des inneren Selbst geweckt ist, kann der physische Körper aus den Trümmern erneut aufgebaut und seine vollkommene Gesundheit wieder hergestellt werden. Dies ist wegen der inneren Heilfähigkeit (die »Universalmedizin«) möglich, die von diesem angeborenen Wissen aus undenklichen Zeiten abhängt. Unter bestimmten Bedingungen kann mit diesem angeborenen Wissen der physische Körper aufgelöst, wieder verstofflicht und mit neuen und gesunden Mustern verbessert werden. Darüber hinaus kann eben diese Beherrschung der groben Materie des physischen Körpers auf eine ähnliche Beherrschung der äußeren Natur ausgedehnt werden.

Die Universalmedizin ist eine konkrete physische Substanz, von alchimistischen Weisen aus ihren physischen Körpern hergestellt. Hohe Adepten mögen zwar Schülern das Elixier anvertrauen, aber Letztere werden es natürlich nicht reproduzieren können. Dem Anschein nach sieht die Universalmedizin wie rotes Pulver aus, und oft wird sie als die »rote Tinktur« bezeichnet, da sie alles, was sie berührt, durchdringt. Mir wurde die Ehre zuteil, die Tinktur eine Zeit lang aufzubewahren. Sie war von einem großen alchimistischen Adepten des 20. Jahrhunderts hergestellt worden.

Nichts, was vergangen ist – weder Formen von Schönheit noch von Anmut –, existiert nicht weiterhin in den Tiefen des Astrallichts. Wenn diejenigen, die nach dem Muster des neuen Menschen wieder erschaffen sind, die Weisen, beschließen, ihre schöpferische Kraft einzusetzen, kann alles, was auch immer in der Vergangenheit gut, schön oder wahr war, erneut zur materiellen Manifestation gebracht werden. In der jüdischen, christlichen und islamischen Theologie wird eine solche Beherrschung der Natur dem »Auferstehungskörper« zugeschrieben. Dieselben Kräfte sind die Kennzeichen des Körpers aus klarem Licht, der von der Kraft *Kryashakti* entwickelt wird, wie sie in den östlichen esoterischen Schulen genannt wird. Die Vollendung des Werkes – Erleuchtung – bedeutet nicht Verlöschen oder aus dieser Welt zu scheiden. Sie ist Leben in seiner ganzen Fülle. Wir Menschen als Spezies haben erst nur eine bruchstückhafte Vorstellung von dem, was universales Leben ist. Die Weisen sind nicht aus dem Leben geschieden, sondern von der Notwendigkeit von Geburt und Tod befreit. Vom Rad der Geburt und des Todes (von den nicht Eingeweihten gemeinhin das »Rad des Lebens« genannt) hat sich der Weise befreit. Diese Befreiung resultiert daraus, dass sich der Weise zur Mitte des Rads bewegt hat – dem Ruhepunkt, der Null, dem Alef. Auf Hebräisch werden die Wörter für »ich« und »nichts« (Ain) mit denselben Buchstaben אין geschrieben, nur die Aussprache ist unterschiedlich.

Die Vervollkommnung des unsterblichen Sonnenkörpers, dessen Embryo der »Sonnentropfen« im Herzzentrum ist, führte zu dem altägyptischen Brauch, die Toten einzubalsamieren und sie mit Gold zu überziehen. Die Ägypter bezeichneten die Mumifizierung als »in Glanz versiegelt« zu sein. Die Tibeter praktizieren ebenfalls eine Form der Mumifizierung im Falle der physischen Überreste von hochverwirklichten Lamas. Solche Mumien werden *mardong* genannt. Der Körper wird erst mit Salz und Lack einbalsamiert, mit Blattgold überzogen, eingekleidet und dann in einem Chörten aus kostbaren Metallen bewahrt. Die sterblichen Überreste von Tsongkhapa (1357-1419 u.Z.), Begründer der Gelugpa-Schule, wurden auf diese Weise erhalten und im Ganden-Kloster bei Lhasa verehrt, bis sie von den chinesischen Invasoren entweiht wurden. Es konnten jedoch Reliquien gerettet und nach Bodhgaya in Indien gebracht werden. Der verstorbene oberste Lehrer des gegenwärtigen Dalai Lama, Kyab-je Ling Rinpoche, war der erste Lama, dem diese große Ehre nach der Plünderung des Landes des Schnees durch China und der daraufhin entstandenen tibetischen Diaspora im Exil zuteil wurde. Tatsächlich wurzeln alle exoterischen religiösen Glaubensvorstellungen über Unsterblichkeit im angeborenen Wissen (im kollektiven Unbewussten) um den Sonnenkörper als ein Potenzial für die gesamte Menschheit.

Wirkung in der äußeren Welt

Das Studium der esoterischen Wissenschaft, sofern es erfolgreich durchgeführt wird, läuft auf die Veränderung der Persönlichkeit des Praktizierenden hinaus, sodass er zu einem Strahlungszentrum wird und seine Gedanken und Gefühle andere Menschen durch telepathische Strahlung nachhaltig beeinflussen. Diejenigen, denen dieses Wissen und diese Praxis helfen kann, fühlen sich unbewusst zu einem engeren Kontakt mit einem solchen Praktizierenden angezogen.

Manchmal bringt eine Kette von Umständen jemanden, der für das Wissen bereit ist – oft ein völlig Fremder – mit dem Praktizierenden in Kontakt. Die solche Dinge bestimmenden Intelligenzen können lebende Männer und Frauen in höheren Stufen der spirituellen Hierarchie oder exkarnierte Wesen in ähnlichen Entwicklungsgraden sein.

Manche haben den Pfad beschritten und ihre Entwicklung in Übereinstimmung mit dem Willen des Ewigen beschleunigt. Diese erleuchteten Weisen haben die Lektionen der Erde gelernt. Sie haben ihre latenten Fähigkeiten derart gesteigert, dass sie Herren des Lebens sind, befreit vom Kindergarten der Erde. Nun sind sie Neophyten der Mysterien des Kosmos. Diese Herren des Lebens richten dann ihre Aufmerksamkeit auf die sich quälende Menschenrasse, mit der sie noch immer verbunden sind. Durch ihre Schüler organisieren die Weisen hinter den Kulissen die verschiedenen esoterischen Gruppen und Einrichtungen. Denen, die mit reinen Motiven versuchen, ihre Entwicklung zu beschleunigen, wird von den Herren des Lebens und ihren Schülern über die verschiedenen esoterischen Schulen geholfen.

Während wir Beziehungen zu Gefährten in den inneren Welten aufnehmen, werden uns auch Treffpunkte dort gegeben. Im Tiefschlaf, in Trance und an der Schwelle des Todes vereinigen wir uns mit unseren Gefährten, wenn sie in der Großen Weißen Loge zusammenkommen, und wir nehmen in unserem jeweiligen Grad unsere Plätze im Großen Rat ein, der unter dem Ewigen die unsichtbare Weltregierung bildet. Aber vergessen Sie nicht: In jedem von Ihnen wohnt dieser Funke des Göttlichen inne, der Sie in Ihrem eigenen Selbst zu einem Kind des Ewigen macht und somit mit all diesen Großen vereinigt.

Auch wenn die höheren Stufen dieses Rats und Grade dieser Loge der »heiligen Geister des Antlitzes« in Reichen versammelt sind, die unser Vorstellungsvermögen völlig übersteigen (jenseits der Welten der Form: Asija und Jezira), stehen auf der tiefen Astralebene – der Nahtstelle zwischen Briah und Jezira – trotzdem große Gebäude, die in der Materie dieses Reiches errichtet wurden. Und in diesen unsichtbaren Logen, den »Tempeln, die nicht mit Händen gebaut wurden«, versammeln wir uns mit unseren Gefährten, bevor wir höher aufsteigen.

Da alles eine Einheit ist – das Eine in allem ist zugleich Alles in einem –, sind diese Großen, die Herren des Mitgefühls, genauso in uns als Potenzial vorhanden, wie sie im objektiven Makrokosmos des kosmischen Lebens existieren. In seinem Buch *The Philosopher's Stone* schrieb Israel Regardie:

> In diesen geheimen psychologischen und geistigen Tiefen existieren, so behaupte ich, die Archetypen aller Heiligen, die je gelebt haben, die göttlichen Bilder ihrer Errungenschaften. Hermes, Basilius Valentinus, Sendivogius, Synsius, Khunrath, Eudoxus und alle anderen Wesen, die wir nicht nur in der Alchimie als bedeutend ansehen, sondern auch in der Mystik und Religion – diese Wesen haben unauslöschbare Spuren in den tieferen Teilen unserer Seelen zurückgelassen. ...
>
> Da diese Wesen erleuchtet, reich gesegnet und gottbegnadet waren, ist es offensichtlich, dass auch wir bereits, hier und jetzt, ebenso erleuchtet sind. Auch wir sind auf ähnliche Weise gottgesegnet und gottgeführt, wenn wir das nur erkennen würden. Wir können es erkennen. Sie haben es erkannt. Sie waren nichts als Menschen, so wie wir jetzt. Sie erreichten und vollendeten die höchste Transmutation. Auch wir können das erreichen. Diese Transmutation existiert bereits jetzt in uns – genau in diesem Augenblick von Raum und Zeit. Wir müssen das nur noch irgendwie erkennen. Dann wird die Transmutation manifest und offenkundig gemacht. Wenn wir allmählich verstehen, dass Jesus, Buddha, Hermes und all die anderen Adepten und Heiligen aller Zeiten bereits tief in uns existieren, offenbaren wir durch Reflexion über ihr Leben und ihre Worte, was bisher verborgen war. Wir rufen sie aus unserem Innern an und werden demzufolge das, was wir angerufen haben. ... Das Verständnis und das Wissen um den göttlichen Stein der Weisen wird dann hervorgebracht sein.[3]

Dies ist die wahre esoterische Lehre, die sich hinter dem exoterischen Dogma der »Gemeinschaft der Heiligen« verbirgt.

---

[3] Israel Regardie: The Philosopher's Stone, London, ohne Jahresangabe, S. 203, S. 204

Eine Krone des Lebens will ich dir geben

Bei den *Abishekas*, den tantrischen Ermächtigungen im Vajrayana, werden die Empfänger mit königlichen Insignien ausgestattet, um auf ihr Erbe als Söhne und Töchter der Buddhas hinzuweisen und den *Sambhogakaya* (Sonnenkörper) der Bodhisattvas zu symbolisieren, die in der heiligen Ikonografie im *Ziwa*, in ihren friedlichen Aspekten, mit juwelenbesetzten, königlichen Ziergegenständen dargestellt werden. In den alten zeremoniellen Darstellungen der Mysterien wurde der Kandidat oft mit königlichen Insignien ausgestattet (siehe *Der goldene Esel* von Apuleius, einem römischen Priester der Isis[4]). Das trifft auch auf moderne Zeremonien zu.

Eliphas Lévi empfahl, dass Magier sich wie Priester und Monarchen im Exil verhalten sollten. Die Bekleidung mit den Insignien eines Souveräns vermittelt auf einer tieferen Ebene als der oberflächliche Geist das Wissen, dass wir die Nachkommen der allmächtigen Herrschenden Kraft des Universums sind und dass in uns dieselbe herrschende Kraft alle Dinge richtig regeln wird – wenn wir »loslassen und Gott lassen«.

Vorbereitungen

Die folgende Übung sollte wie ein Regiebuch mehrmals gelesen werden, damit Sie mit den Einzelheiten vertraut werden. Wählen Sie dann einen günstigen Zeitpunkt und führen Sie diese Übung nur einmal durch, aber voller Energie und Entschlossenheit.

Die Übung

Nachdem Sie einen geschützten und geheiligten Raum geschaffen haben, rufen Sie die vier Himmelsfürsten an und führen die vorbereitenden Übungen durch. Externalisieren Sie den Burggolem und übertra-

---
[4] Apuleius: Der Goldene Esel, München; Zürich 1989

gen Sie Ihr Bewusstsein in ihn. Sobald Sie sich in der Burg befinden, machen Sie Ihre Gegenwart als das innewohnende Bewusstsein geltend. Streifen Sie das indigoblaue Gewand über das weiße und ziehen Sie die silbernen Sandalen an. Verlassen Sie die Kammer des Innewohnens und steigen Sie die lunare Wendeltreppe hinunter. Dabei spüren Sie die feuchte, kühle Luft, die Ihnen ins Gesicht weht. Gehen Sie ganz nach unten in die Brauthalle von Malkut. Weihen Sie sich dem Ewigen in dem Bestreben, den göttlichen Willen auf Erden zu manifestieren.

Steigen Sie die solare Wendeltreppe hinauf und spüren Sie dabei die trockene, warme Brise, die hinter Ihnen weht. Gehen Sie ganz nach oben auf die Etage von Daat. Treten Sie ins Turmzimmer ein, und nachdem Sie die violette Kordel gezogen haben, steigen Sie die goldenen Stufen hinauf auf die mit Zinnen bewehrte Brustwehr. Stellen Sie sich auf das in den Boden eingelassene Fenster. Damit stehen Sie im Symbol des sechszackigen Sterns. Zu beiden Seiten Ihrer Füße sind die zwei heiligen Buchstaben von Tetragrammaton zu sehen: הוה - Jod-He-Waw-He (»Das, was war, ist und sein wird«), die Eine Wirklichkeit, für »Dein Wort ist ein Licht unter meinen Füßen«. Blicken Sie zur Weißen Sonne empor, öffnen Sie sich ihrem erleuchtenden Einfluss. Lassen Sie das Licht Ihr ganzes Wesen durchdringen und sättigen, bis alles Licht geworden ist.

Sie haben keine Ahnung, wie viel Zeit vergangen ist, »denn tausend Jahre sind nichts als ein Augenblick mit Dir«. Ganz sachte macht sich etwas wie eine Erscheinung bemerkbar, ein Klingeln wie von silbernen Glocken. Es ist die Elfenkönigin aus dem verzauberten Wald.

»Vor Äonen«, sagt sie, »noch vor derzeitigem Turnus des Tierkreises, in Mu, als selbst Atlantis noch ein ungeborener Traum war, kamen aus der Sphäre des Morgensterns Große – Herren des Lichts – auf die grüne und saphirblaue Erde, um das Bewusstsein in die embryonale Menschheit einzuführen.«

Während sie spricht, scheint sie die Szenen, die sie schildert, zu »sehen«, und Sie können Bilder von diesen Urzeiten in ihren violetten Augen erblicken, während sie den unvergänglichen Bericht zu lesen scheint.

»Als die Menschen auf den Weg des Lebens gebracht worden waren, zogen sich viele dieser ›Geburtshelfer‹ wieder hinter den Schleier von

Ain-Sof-Aur zurück, aber einige blieben bis zum Ende, um Führung und Schutz zu bieten. Einer von ihnen ist seit diesen fernen Zeiten auf der Erde. Er ist der verborgene Beobachter, der spirituelle König der Welt, der die *Kalachakra*-Lehren der Zeit empfing und an die Weisen und ihre Schüler weitergab. Von diesem Turm aus im Osten wirst du vielleicht eines Tages den Diamantstern seiner irdischen Bleibe, den ›Platz, an dem man den Willen Gottes kennt‹, wahrnehmen. Jetzt komm, Herr, dein Königreich war lang genug beraubt und verlassen; denn das Land und sein Herrscher sind eins.«

Sie fasst Sie an den Unterarm, und gemeinsam gehen Sie die Stufen hinunter ins Turmzimmer. Sie stellen fest, dass das indigoblaue Gewand der Verbergung verschwunden ist und Sie in reinstes Weiß gekleidet sind.

Während Sie das Turmzimmer durchqueren, sehen Sie, dass in dem offenen Buch ein Name in Lettern aus schwarzem Feuer geschrieben steht. Vergessen Sie ihn nicht, denn er ist der Ihnen zugesprochene Thronname. Gehen Sie jetzt die lunare Wendeltreppe auf das Stockwerk von Tiferet hinab.

Dort, vor dem gewölbten Eingang, von regenbogenfarbigem Nebel verhangenen Eingang, werden Sie von Ihrem Regenten erwartet. Er lächelt, als Sie herantreten, und neigt den Kopf.

»Vergiss nicht, mein Lehensmann«, empfiehlt er Ihnen, »dass es nicht physische Distanzen, sondern egoistische emotionale und geistige Schwingungen sind, die zwischen dir und dem übrigen Leben die einzig wahre ›Distanz‹ ausmachen. Du bist in Wirklichkeit jetzt und immer eins mit allem, was lebt.«

Dann, mit der Elfenkönigin auf der einen und dem Regenten auf der anderen Seite, gehen Sie durch den regenbogenfarbigen Nebel hindurch Ihrer Bestimmung entgegen.

Die Große Halle hat sich ausgedehnt, um der Versammlung Platz zu bieten. Sie wird von einem brennenden Kandelaber beleuchtet und ist mit Kränzen aus mittsommerlichen Blumen behängt. Die acht Tarot-Wandteppiche, mit denen die Wände geschmückt sind, strahlen in dreidimensionalen Farben. In der Halle drängt sich eine große Versammlung. Einige kennen Sie, aber viele noch nicht. Es sind Vertreter der Lebensformen anwesend, mit denen Sie Ihre planetarische Heimat unter den Sternen teilen – Botschafter aller Arten von unzähligen Lebewesen: Tier, Vogel, Reptil, Insekt, Fisch, dazu das gesamte Pflanzenreich, die Bäume, Blumen und Kräuter sowie jene Naturgeister und Elementarerscheinungen, Personifizierungen der lebenden elementaren Essenz, die allen Phänomenen zu Grunde liegt. Rang um Rang sind auch die Geister der Natur, die Leuchtenden, die Edlen erschienen, die in den Hohlen Hügeln wohnen, die Engel der Musik und des Klangs, die Engel der Heilung, die mächtigen Krieger des Lichts, die in der Tat »Sterne des Morgens« sind, und die Erbauer des Universums. Und hinter ihnen allen steht der das mächtige, alles umfassende Bewusstsein repräsentierende Menes – gewandet wie bei Ihrem Ritterschlag –, als Vertreter dieses mächtigen, allumfassenden Bewusstseins, das der Vizekönig unter Gott dieses Planeten ist. Aus allen Königreichen der Schöpfung, aus allen bekannten Evolutionen sind Geschöpfe gekommen, denn dies ist eine Delegation des universellen Lebensausdrucks, in der Sie Ihre integrale und einzigartige Rolle zu spielen haben. Doch alle in dieser Halle Anwesenden haben eines gemeinsam: Ihnen allen steht Freude ins Gesicht geschrieben.

Die Gefährten der Tafelrunde bilden einen Weg, und jeder hält ein glänzendes, erhobenes Schwert in der Hand. Sie gehen unter diesem glänzenden Bogen aus Stahl in die Mitte der Halle. Die runde Tafel wurde versenkt – um zu einem indigoblauen Podium auf dem weißgoldenen Boden zu werden. Durch die goldenen Tierkreiszeichen am Rand bildet es einen hochwirksamen Kreis kosmischer Magie. Mitten auf dem Podium steht die große Statue der Schwarzen Isis aus der Hochzeitskammer. In ihrem Schoß, von einem Sonnenstrahl beschienen, ruht der Heilige Gral, umgewandelt in das Eidolon des heiligen, goldenen Kindes – das Kind, von dem es im *Sohar* heißt, dass es Lektionen über die Geheimnisse des Himmels erteilt.

Sie bezeigen der Koinzidenten Mutter und dem heiligen Kind, das sie nährt, Ihre Verehrung. Dann folgen Sie, noch immer in Begleitung der Elfenkönigin und des Regenten, Menes um das Podium herum und unter den mit dem Phönix geschmückten Schild hindurch in den geheiligten Frieden der Kapelle.

Dort nimmt der Regent Ihnen die Sandalen und das weiße Gewand ab. Sie steigen die Altarstufen hoch, um vor dem leuchtenden Rosenkreuz stehen zu bleiben, und richten in den Worten, die der Geist Ihnen eingibt, Ihre Bitte an den Göttlichen und leisten ihm den Treueeid. Unsichtbare Hände heben Sie ans Kreuz aus Gold hoch. Ihr Herz-Chakra liegt genau über der Rubinrose, Ihre Arme sind am Kreuz ausgestreckt, die Hände in *kenosis*, im Sich-Entleeren, nach oben gerichtet. Mit einem »Seelenblick« schauen Sie sehnsüchtig zur Weißen Sonne hinauf, die über dem Turm glüht. Dann ertönt die Stimme von Menes: »Du mit den am Kreuz des Opfers ausgestreckten Händen hast die Allmacht in dein Selbst aufgenommen!«

So wie Sie hochgehoben wurden, werden Sie jetzt wieder herabgesenkt. Mit Hilfe des Regenten heilt Menes Sie mit dem Öl der Weihe, dem sichtbaren Symbol von Mezla. Dann, wieder weiß gewandt und silbern beschuht, begleiten beide Sie zurück in die Große Halle zur Versammlung.

Die Statue der Schwarzen Isis trägt nicht mehr das Gralskind. Der Gral hat wieder die Form eines Kelches angenommen und wird von einer uralten, schönen, in regenbogenfarbige Gewänder gekleideten Frau gehalten. Das ist Maria-Prophetissa – eine Patronin der Kunst – Miriam, die Hohepriesterin der Schechina, und Schwester von Moses, dem Gesetzgeber. Sie stehen auf dem Podium vor dem Eidolon der Isis, das Gesicht den Versammelten zugewandt. Die Großen Gefährten nähern sich einer nach dem anderen, und jeder trägt ein Kissen, auf dem eines der königlichen Insignien liegt. Menes, unterstützt von dem Regenten und dem Geistwächter der Kapelle, stattet Sie mit den heiligen Gewändern und Verzierungen aus, die auf spirituelle Energien hindeuten.

Über das weiße Gewand wird Ihnen eine blaue Tunika übergezogen, zusammengehalten von einem silbernen Gürtel aus zwölf Gliedern, jedes mit einem Tierkreiszeichen versehen. An einer Seite des silbernen Gürtels wird Excalibur, das Schwert spirituellen Königtums, befestigt; auf der anderen Seite hängt der Claviculum der Weisheit, der Schlüssel zu dieser mystischen Zitadelle und ihren Sternenpfaden. Die Amtsrobe, ein wallender Mantel aus dunklem Indigoblau, wird Ihnen über die Schultern gelegt. Sie wird Ihnen die gleichen Dienste leisten wie zuvor das indigoblaue Gewand. Schließlich wird eine Kristallkugel mit darauf stehendem goldenem Kreuz in Ihre linke Hand gelegt. Dies ist die »Vollkommenheit des Pentagramms«. Dann setzen der

Regent und der Geistwächter aus der Kapelle Sie auf den Schoß der Großen Isis, den Königsthron. Durch diesen Akt sind Sie unauflösbar mit dem Königreich vereinigt.

Sie sitzen, umsäumt vom Licht der inneren Sonne, auf dem Schoß der Großen Mutter, Ihre Füße auf den ihren, gestützt von den Brüsten voller »Sternenmilch«. Menes nähert sich Ihnen, in den Händen die goldene Krone, das mit dem Drachenkopf verzierte königliche Diadem. Er hebt sie hoch, sodass sie im Sonnenlicht aufleuchtet. Dann senkt er sie und legt sie sanft, aber bestimmt auf Ihren Kopf, während er die völlig einfache – doch zugleich mächtige – Anrufung: »Gott beschütze den König (oder die Königin)!« leise verlauten lässt.

Die Anrufung wird von allen Versammelten aufgegriffen und wiederholt: »Gott beschütze den König (oder die Königin)!« Während Herolde es von den Burgmauern ausrufen, reiten Boten hinaus, um allen Bewohnern von Logres die Kunde zu überbringen, und die Kirchenglocken in der Stadt Camelot lassen ein Freudengeläut ertönen.

Nun kommt Maria-Prophetissa zu Ihnen mit den Gral in den Händen. Sie hält ihn Ihnen entgegen, sodass Sie daraus trinken können. Einen Augenblick gewahren Sie, dass der herabfallende Strahl des Sonnenlichts sich in ein Wesen aus goldenem Licht von himmlischer und ewiger Schönheit verwandelt hat. Sie werden von dem Höheren Selbst eingehüllt und beschützt. Und wenn der Kelch von Ihren Lippen genommen wird, sehen Sie, dass der verhüllte Schild an der westlichen Wand der Halle nun aufgedeckt ist, und auf ihm glänzt ein Symbol, Ihr persönliches Zeichen der Macht. Sie haben jetzt einen neuen Namen und ein Zeichen erhalten, durch die Sie nötigenfalls Autorität ausüben können.

Nun nähern sich die Großen Gefährten der Tafel in einer Prozession, und während Sie jedem Einzelnen den »Kuss des Friedens« geben, werden sie in Ihnen aufgenommen, nehmen ihre Plätze im Innern ein, bis nur noch der Regent zurückbleibt. Er verharrt im Turmzimmer und steht Ihnen dort bei.

Sie erheben sich vom Thron der Göttin und gehen in die Kapelle, wo Sie das Schwert, den Claviculum und den Reichsapfel an ihren Platz auf dem Altar zurückbringen. Als Sie im Begriff sind, die Kapelle zu verlassen, sagt Menes zu Ihnen: »Das Zepter der Macht hast du noch nicht erhalten; es liegt im Innern des Herzens.« Gemeinsam mit dem Regenten gehen Sie zu den Zinnen hinauf und schauen über das Land. Es ist klar und hell, die giftigen Nebel sind verschwunden, die Bäume stehen in Blüte, der Weizen auf den Feldern ist reif, und die Flüsse, Teiche und Ströme funkeln rein und unverseucht.

Von Liebe erfüllt, lassen Sie den Regenten im Turmzimmer zurück und suchen noch einmal die Große Halle von Tiferet auf. Die Versammlung hat sich aufgelöst, und die runde Tafel steht wieder an ihrem Platz. Alles ist so wie vor Ihrer Krönung, abgesehen von Ihrem Sitz, der nach Osten vor den Eingang zur Kapelle verschoben wurde und nun der Sitz des Souveräns ist. Sie setzen sich und laben sich noch einmal im harmonisierenden Licht des Grals. Eine nach der andern erscheinen die gedanklichen Präsenzen der Großen Gefährten auf ihren Sitzen, denn sie sind sowohl innen als auch außen. Alle Plätze bis auf einen – der rechts von Ihnen – sind besetzt. Dieser leere Sitz ist den verschiedenen inneren Lehrern vorbehalten, die der Reihe nach kommen werden, um Sie in die unterschiedlichen Aspekte des Werks einzuweisen. Sie werden wissen, wenn ein neuer Lehrer kommt, denn sein Name wird im Buch des Wissens im Turmzimmer eingetragen sein. Danken Sie dem Ewigen und seinen Dienern durch den Gral, in deren Gesellschaft Sie an der Tafelrunde sitzen.

Kehren Sie in die Kammer des Innewohnens zurück. Dort nehmen Sie die Insignien ab – alle bis auf das weiße Gewand und das Zeichen des Rosenkreuzes – und legen das Drachendiadem auf das dafür vorgesehene Kissen. Dann ziehen Sie das Bewusstsein aus dem Golem zurück, nehmen Ihre Zitadelle und Ihr Königreich in die Latenz auf und besiegeln die Zeremonie. Halten Sie Ihre Erlebnisse schriftlich fest, ruhen Sie sich aus und ... »Gott beschütze Eure Majestät«.

Auswirkungen

Suchen Sie in Gesellschaft des Regenten jede einzelne der sefirotischen Kammern im Turm auf, und zwar nach der Sequenz des Blitzstrahls. Intonieren Sie in jeder Kammer den entsprechenden göttlichen Namen – durch den das Absolute in dieser Sefira verehrt wird – und entzünden Sie eine immer brennende Lampe auf dem Altar. Setzen Sie sich für kurze Zeit auf den Thron der Halle und bestätigen Sie dann das Recht des Kammerherrn, in Ihrem Namen darauf zu präsidieren. Diese Prozedur muss in allen Hallen der Sphären vollzogen werden – außer in Tiferet – bevor Sie zur letzten Übung übergehen.

Die Kontemplation

Bodhgaya, wo der eine, den die Menschen seit 2500 Jahren für den Erlöser, den Befreier, den Sieger über das Leiden halten, meditierte; sich im Kampf mit sich selbst durchsetzte und den Sieg davontrug.

Hier, nachdem er den Pfad des Lebens jenseits allen Lebens und allen Todes gefunden hatte, beschloss Gautama – der Buddha –, das Rad der Lehre in Gang zu setzen und den Menschen die Lehre der Edlen Wahrheiten zukommen zu lassen, die die wahre Vision von Was IST verkörpert. Und auch den Pfad zu lehren, der von der Dunkelheit ins Licht führt; von der Illusion zur Wahrheit; vom Tod zur Ewigkeit. ...

Hier, unter einem Baum .... der edle Prinz, der auf den Thron verzichtet hatte ... und der Mönch wurde, um sich und andere Wesen von allem Schmerz und Leiden zu befreien. Hier wurde Gautama – der Muni der Shakya-Dynastie – am Morgen, der einer Nacht folgte, die auf ewig gesegnet sein wird, zu Buddha, dem Erleuchteten, dem Erwachten, dem Vollendeten.

Arnaud Desjardins[5]

---

[5] The Message of the Tibetans, produziert von Arnaud Desjardins, Alize Diffusion, 1963, Videokassette

XVI

SARRAS

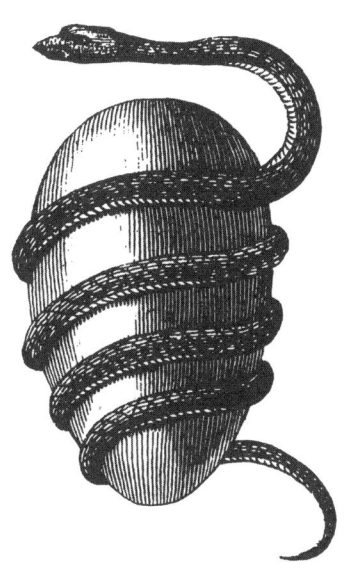

Denn wir sind keine Fremden und Heimatlosen mehr;
sondern Mitglieder der Heiligen und des Haushalts Gottes.
In dem das ganze Gebäude, angemessen zusammengefügt,
zu einem heiligen Tempel im Herrn heranwachsen wird. ...
Es sei denn, dass der Herr das Haus baut;
so arbeiten sie, die es bauen, vergeblich.[1]

The Holy Eucharist

Die Lehre

Die ägyptische Schule ist die Quelle der westlichen Mysterien, und die Mutter-Loge wurde dort als die Wohnstätte des Bienenkönigs eingerichtet. In *The Kybalion* – das von drei in die Hermetik Eingeweihten verfasste Buch der Weisheit – heißt es:

> Im alten Ägypten lebten die großen Adepten und Meister, die niemals übertroffen wurden und die selten ihresgleichen hatten, während der Jahrhunderte, die seit der Zeit des großen Hermes verflossen sind. In Ägypten war die Große Loge aller Logen der Mystiker angesiedelt. Durch die Türen ihrer Tempel traten die Neophyten ein, die später als Hierophanten, Adepten und Meister in die ganze Welt reisten. Sie trugen das kostbare Wissen mit sich und waren bereit, darauf bedacht und willens, es an diejenigen weiterzugeben, die bereit waren, es zu empfangen. Alle Schüler des Okkulten erkennen den Dank an, den sie diesen ehrwürdigen Meistern aus diesem alten Land schulden.[2]

---

[1] Aus der »Shorter Form of the Holy Eucharist« in Liturgy of the Liberal Catholic Church, 5. Edition, 1983
[2] Three Initiates, The Kybalion, Geneva, IL, 1908

In der Weltstadt Alexandria wurden die Besten in den ägyptischen und griechischen Mysterien durch die »Tausendjährige Schule« zusammengeführt und gingen so in den mystischen und esoterischen Strom innerhalb der frühchristlichen Kirche ein. Aus dem inneren Gralstempel entstand – in der vorgesehenen Zeit – dieser mythische Impuls, der, auch wenn er bereits in weit zurückliegenden Zeiten in die Gesegneten Inseln von Albion (Britannien) eingedrungen war, unter anderen Namen und Formen aus dem nun verloren gegangenen Land zum »bretonischen Sagenkreis« wurde. Wieder belebt von dem neuen Impuls, breitete er sich von Britannien nach Europa aus und wurde in den Gedichten und Liedern der Trouvères, Troubadoure und Minnesänger in das Gewand des »Hohen Lieds« vom Heiligen Gral gehüllt. Aus diesem Grund findet der Artusmythos in der westlichen Alchimie Anwendung. Der Einfluss der griechisch-ägyptischen Mysterien, die zweitausend Jahre zuvor in Alexandria in Blüte standen, ist von der hochspirituellen Kraft beseelt, die auf ewig aus dem Zurückgezogenen Tempel des Grals strömt und mit dem Artusmythos zutiefst verbunden ist.

Die Übung

Die folgende Übung ist lang, intensiv und anspruchsvoll. Sie wird Sie tiefer nach innen führen als die vorhergegangenen Übungen und in kommenden Zeiten von großem Nutzen sein. Denn sie integriert mehrere Stufen des Werks miteinander und verbindet diejenigen von uns, die unten arbeiten, mit denjenigen, denen oben die Führung obliegt. Diese Übung kann in vier Abschnitten (wie angegeben) durchgeführt oder bei besonderen Gelegenheiten – an hohen Festtagen oder in Zeiten des Rückzugs von der äußeren Welt – auf einmal in einer Sitzung bewältigt werden. Die Gefährten der Tafelrunde werden darauf hinweisen, wann der günstige Zeitpunkt für eine Unterbrechung gekommen ist.

In der alchimistischen Vorstellung erlangen durch die Wiedervereinigung des königlichen Erben mit seinem Vater sogar die »Diener« der

Burg und die »Untertanen« des Königreiches (allesamt von den Vehikeln des Praktizierenden mit ihren Bestandteilen) die Königswürde.

Stufe 1: Die Reise

Nach der vorbereitenden Übung des miteinander verwobenen Lichts externalisieren Sie den Burggolem mit dem Mantra und projizieren Ihr Bewusstsein in die Kammer des Innewohnens. Dort bekleiden Sie sich mit den Krönungsinsignien: Ziehen Sie über das weiße Gewand die blaue Tunika, legen Sie den Gürtel mit den Tierkreiszeichen, die silbernen Sandalen und zum Schluss den indigoblauen-purpurnen Mantel an. Wenn Sie das goldene Drachendiadem aufsetzen, hören Sie wieder: »Gott beschütze den König (die Königin).« Begeben Sie sich in die Große Halle. Beim Eintreten begrüßen Sie die Gefährten durch den Gral und gehen weiter in die Kapelle. Steigen Sie die Altarstufen hinauf und huldigen Sie dem Einen, auf dem Ihre Souveränität beruht. Dann befestigen Sie die Scheide mit Excalibur und den Burgschlüssel an Ihrem silbernen Gürtel und heben den Reichsapfel auf. Kehren Sie in die Halle der Tafel zurück. Die Großen Gefährten erheben sich von ihren Plätzen, und gemeinsam ziehen Sie in den Burghof.

Es ist kurz vor Sonnenuntergang, und die Fackeln an den Burgmauern sind bereits angezündet, um den Schauplatz zu beleuchten. Eskortiert von den Gefährten, die jetzt brennende Fackeln tragen, durchqueren Sie den Hof, passieren die Zugbrücke über den Burggraben und gehen weiter den Hügel hinunter zum Fluss. An der steinernen Brücke hat ein fremdes Schiff festgemacht. Es ist aus Zedernholz, das aus dem fernen Libanon stammt. Von der Mitte des Decks erheben sich drei große Masten, überragt von uralten Kronen. In der Mitte eines jeden Mastes ist eine Garnspindel befestigt; das Garn auf der einen Seite ist grün, das am mittleren Mast weiß und das auf der anderen Seite rot. Unter diesem seltsamen dreifachen Baldachin steht ein großes, mit purpurroter Seide bezogenes Bett. Am Fuß des Bettes liegt ein in der Scheide steckendes Schwert. In Richtung Heck befindet sich ein einzelner Mast mit eingerolltem Segel. Auf dem Vordeck steht ein Stuhl mit hoher Lehne direkt hinter dem großen Bug, an dem eine nicht angezündete Laterne befestigt ist.

Am Kai warten drei Gestalten. Beim Näherkommen können Sie erkennen, dass es sich um Frauen handelt. Sie sind zwar alle verschleiert, aber im Licht der Fackeln der Gefährten schimmern Juwelen an ihren Häuptern durch die Schleier. Ihre verborgene königliche Herkunft bestätigt sich, als sie Sie mit einer leichten Neigung des Hauptes begrüßen, der üblichen Höflichkeitsbezeigung unter Monarchen. Eine der königlichen Gestalten ist in weiße Seide gewandet und verschleiert und trägt einen Spinnrocken und einen Maulbeerzweig. Die zweite ist in blutroten Brokat gekleidet, und ihr Schleier ist in der gleichen Farbe gehalten. Sie trägt ein blankes Schwert, das einen hellen Ton von sich gibt. Die dritte, die Älteste, trägt Gewänder und einen Schleier aus mitternachtsblauem Samt und hält einen Fächer aus den Flügelfedern eines schwarzen Schwans in der Hand. Sie wird begleitet von einer großen Katze mit dichtem Fell und langen Haarbüscheln an den Ohren. Dieser Luchs – das Totemtier der Schwestern- und Brüderschaften der inneren Ebene – betrachtet Sie mit Topasaugen und stillem Interesse. Wortlos gehen diese drei Schwestern – denn das sind sie – Ihnen über die Laufplanke auf das Deck des Schiffs voran. Dort warten Sie.

Von der Burg ist ein Chor zu hören, der eine himmlische Hymne singt. Sie drehen sich um und sehen eine Prozession, die aus dem Tor auftaucht und zur Brücke herunterkommt. Sie wird von dem Geistwächter der Kapelle angeführt, dem sechs leuchtende Engel folgen, die alle brennende Kerzen tragen. Sie eskortieren den Regenten, der einen Gegenstand in den Händen hält. In roten, schweren Seidenstoff gehüllt, ist er zwar nicht zu sehen, aber dennoch ist er von einem Schein schimmernden, glühenden Lichts umgeben, der die Flammen der Kerzen und Fackeln überstrahlt. Überall ist himmlischer Gesang zu vernehmen, während der Regent ans Flussufer tritt. Die Gefährten verneigen sich vor dem, was er in Händen trägt, und als er an Bord steigt, machen die drei Schwesternköniginnen vor ihm einen tiefen Knicks. Der Regent geht zum Schiffsbug und gibt Ihnen mit seinen Augen ein Zeichen, zu ihm zu kommen.

»Du stehst«, erklärt er, »auf dem Schiff Salomos, dem mystischen Schiff, das die Lehren des Baums des Seins – die heilige Kabbala – in diese Länder trug. Die drei Masten hier sind die Säulen dieses Baums, der aus den vom Paradies gesandten Samen gewachsen ist und in Adams Schädel eingepflanzt wurde. Ihre Kronen, älter als die Zeit, sind die *Zazahot*. Und die Spindelfäden sind die von *Madim*, *Galagalim* und *Nogah*. Aus ihnen webt die Vorsehung die Kett- und Schussfäden für den *Pargod*, den Vorhang, der vor dem Thron der göttlichen Herrlichkeit hängt.«

»In diesem Schiff der Heiligkeit und von diesen königlichen Priesterinnen begleitet, wirst du in die geheiligte Stadt der Weisheit reisen. Aber dabei wirst du aus deinem subjektiven inneren Königreich heraus- und in die objektiven inneren Ebenen des Makrokosmos hineintreten. Und darum wirst du begleitet und mit Zeichen des Schutzes versehen, denn die Reise ist lang und tief und führt zu der Dimension, in der das Sternenreich zum Fußschemel der Schöpfung und die Seele vom Kosmos verschlungen wird, um sich auf andere Weise wieder zu finden. Deshalb übergeben wir dir, dem rechtmäßigen Souverän dieses Reiches, diese Leuchtbake, die dich leiten soll, und deine rechtmäßigen Untertanen sehen deiner Rückkehr und der damit verbundenen Segnung entgegen.«

Der Regent öffnet die Laterne auf dem Schiffsbug und zieht den rubinroten Stoff von dem, was er in der Hand hält, und enthüllt damit den Heiligen Gral. Ehrfürchtig stellt er ihn ins Innere der Laterne und schließt die Glastür. In der Lampe leuchtet der Gral in unverhülltem Glanz auf, und sein goldener Schein wirft eine helle Lichtbahn auf die Oberfläche des dahinfließenden Flusses. Feierlich reichen Sie dem Regenten den Reichsapfel zum Zeichen, dass er an Ihrer statt regieren wird, während Sie diese Pilgerfahrt unternehmen. Das Königreich ist in guten Händen. Der Regent verlässt das Schiff, die Laufplanke wird zurückgezogen, die Vertäuungen werden gelöst, und das Schiff Salomos gleitet anmutig flussabwärts.

An Bord steht die weiß gekleidete Schwester unter dem vereinzelten Mast; die scharlachrot gewandete Priesterin tritt ihre Wache am Fuß des großen Bettes an, und die dunkle Schwester hat auf dem Stuhl am Bug Platz genommen. Sie selbst stehen am Heck und beobachten, wie die Lichter der Burg in der Ferne verschwinden, während Sie hinweggetragen werden. Nach einer Weile ist nur noch die Weiße Sonne über dem Turm zu sehen. Das Schiff fährt um eine Flussbiegung, und dann ist auch sie außer Sicht. Sie blicken zum Bug hinüber, wo der Gral golden und ruhig leuchtet, und im Licht, das er wirft, können Sie den Fluss sehen. Hier und dort entlang der Flussufer sehen Sie etwas glänzen – Glühwürmchen? Als sich Ihre Augen an die Dunkelheit gewöhnt haben, nehmen Sie Gestalten wahr, die die Ufer säumen, in ihren Augen spiegelt sich der vorüberziehende Gral. Es sind Ihre Untertanen, Geschöpfe dieses Königreichs und Gebiets – Männer, Frauen und Kinder; Vögel und Tiere. Da steht der weiße Hirsch und dort der junge Faun mit seinem Freund, dem Zentaurenfohlen. Alle sind gekommen, um ihrem Souverän eine sichere Überfahrt zu wünschen. Vom Ufer aus wird etwas aufs Deck geworfen. Es ist ein Gebinde von Waldblumen. Sie heben es auf und schwenken es, damit alle sehen, dass Sie es erhalten haben. Ungezählte Stimmen murmeln: »Gott sei mit Eurer Majestät.«

Das Schiff Salomos erreicht die Flussmündung und fährt ins Meer hinaus. Zuerst lassen die Brecher das Schiff in ihrem Auf und Nieder schlingern, aber das ist bald vorbei und das Schiff bewegt sich ruhig in den mächtigen Wassern. Die Uferlinie und das Vorgebirge entschwinden in der Ferne. Was bleibt, das ist das Rauschen der dunklen See, das Licht des Grals und die Sterne hoch oben, die hell wie Diamanten am dunkelvioletten Himmel funkeln.

Die dunkel gewandete Schwester tritt an Sie heran: »Wir reisen weit«, sagt sie. Ihre Stimme ist voll und tief, doch zugleich von unirdischem Klang. »Ruh dich auf dem Bett aus.« Sie befolgen ihren Rat und strecken sich auf dem purpurroten Bett aus. Die dunkle Priesterin steht da und betrachtet Sie eine Weile. Dann nickt sie ihrer schwerttragenden Schwester am Fuß des Bettes zu und nimmt wieder ihren Platz am Bug ein.

Während Sie daliegen, richtet sich Ihr Blick zuerst auf den Gral in der Lampe. Dann schauen Sie in den Nachthimmel hinauf. Die Sternbilder kreisen majestätisch in ihrem Tanz um die Galaxie. Direkt über Ihnen leuchtet Orion, der den Himmel entlangschreitende Riese, gefolgt von der glitzernden Schönheit Sirius', des Hundssterns. »Schau dir«, teilt Ihnen die dunkle Schwester von ihrem Platz am Bug auf telepathischem Wege mit, »das Sternenbild von Adam Kadmon an, dem himmlischen Narren von Alef, dem der treue weiße Hund auf den Fersen folgt.« Sie sehen hin und stellen fest, dass dieser himmlische Narr in die entgegengesetzte Richtung des Narren auf dem Ihnen vertrauten Tarot-Schlüssel blickt. Der Satz aus der Smaragdtafel: »Wie oben so unten, aber auf *andere* Weise« nimmt hier eine tiefe Bedeutung an. »Auf andere Weise« kann auch als ein Bild verstanden werden, das in einem reflektierenden Spiegel umgekehrt erscheint. Der Mikrokosmos kehrt den Makrokosmos um, und viele unserer menschlichen Schwächen beruhen darauf, dass wir das reflektierte Bild mit dem verwechseln, dessen Widerspiegelung es ist.

Das Rad des Tierkreises dreht sich über Ihnen, während Sie auf dem Bett von Salomo dem Weisen liegen. Am Horizont des Himmelsgewölbes – in rechten Winkeln zueinander – glänzen vier helle Sterne: im Osten Formalhaut, der Südliche Fisch, unterhalb des Sternbildes Wassermann; im Süden Regulus, das Herz des Löwen im Sternbild Löwe; im Westen leuchtet Antares im Sternbild Skorpion, und am nördlichen Himmel glänzt Aldebaran, das Auge des Stiers, im Sternbild Stier. Oben ist der Große Bär zu sehen, der im Westen »Artus' Streitwagen« und im Osten »die Sieben Rishis« genannt wird. Sie alle werden von dem Sternbild Drache überragt, dem Himmelsdrachen, der hinauffliegt, um den Nordstern, den unbeweglichen Gipfel des Himmels, zu ergreifen.

Während Sie die sich langsam drehenden Sonnen betrachten, dringt ein Lied an Ihr Ohr – gesungen von der Schwester am Fuß des Bettes, auf dem Sie liegen, gesungen von der schwerttragenden scharlachrot Verschleierten. Das Lied war alt, als die Pyramiden von Khem und Yukatan noch nicht entstanden waren und es auf dem Heiligen Berg – dem Vorbild für die Pyramiden – gesungen wurde – dem Berg der Stadt der Goldenen Tore im Verlorenen Land, das nun unter Wellen träumend daliegt. Bei der alten, sinnträchtigen Kadenz des Gesangs senken sich Ihre Augenlider, und Sie träumen einen Traum – eine Vision inmitten einer Vision. Erinnern Sie sich daran. Erinnern Sie sich!

[Die Übung kann hier unterbrochen werden. Dazu konzentrieren Sie sich auf den Reichsapfel, und schon stehen Sie vor ihm, der in den Händen des Regenten im Turmzimmer liegt. Gehen Sie in die Kammer des Innewohnens und von dort in Ihren physischen Körper. Nehmen Sie den Burggolem in die Latenz auf. Wenn Sie mit der Übung fortfahren wollen, projizieren Sie erst die Burg und dann ihr Bewusstsein in sie hinein. Suchen Sie das Turmzimmer auf und stellen Sie sich vor den Regenten. »Sehen« Sie in der Kristallkugel in seinen Händen den Schauplatz in der Übung, so wie Sie ihn verlassen haben. Sehen Sie sich selbst an diesem Schauplatz und treten Sie auf mentalem Weg in die Szene ein und fahren Sie fort.]

Stufe 2: Die Vision

Sie erwachen im Licht der Morgendämmerung, das auf Ihr Gesicht fällt. Das Erste, was Sie sehen, ist der Gral, der im Zentrum der aufgehenden Sonne leuchtet. Die drei königlichen Schwestern stehen vor ihm und vollziehen die morgendliche Anbetung über dem blauen Meer. Beim Geräusch eines dumpfen Schnurrens wenden Sie den Kopf und sehen den Luchs auf einem Kissen neben Ihnen liegen, die Pfoten unter sich verschränkt, einer lebenden Sphinx gleich, die Sie mit rätselhaftem Gesichtsausdruck beehrt. Sie erheben sich von dem purpurroten Bett und gehen zum Heck, um die Königinnen bei ihrer Anbetung nicht zu stören. Das Segel des vereinzelten Mastes wurde in der Nacht losgemacht, und im heller werdenden Licht erkennen Sie, dass auf ihm drei sitzende Gestalten dargestellt sind. In der Mitte ist Christus Pantokrator zu sehen, die eine Hand in segnender Geste erhoben, in der anderen hält er das Buch des Lebens. Neben ihm sitzt Osiris, der Auferstandene, und schwingt den Krummstab des Hirten und die Geißel der Erkenntnis. Auf der anderen Seite sitzt Dionysos, der efeugekrönte Gott der Ekstase, in ein Panterfell gekleidet und den Thyrsusstab in der Hand. Diese drei Erlöser blicken vom Segel nach außen.

Sie hören folgende Worte: »Immer und immer wieder kommen die, die zum Pfad der Erleuchtung weisen. In allen Zeitaltern und Gefilden erscheinen allen Menschen diese Manifestationen der Erlösung. Ja, und auch in jedem Leben. Denn letzten Endes sind das, was erlöst, und das, was erlöst wird, eins – und diese Erkenntnis ist die Erlösung selbst.« Als Sie sich umdrehen, sehen Sie die dunkel verschleierte Königin, die hinter Ihnen hervortritt und auf ihren Stuhl am Heck zugeht.

Sie beginnen ihr zu folgen, aber als Sie an der scharlachrot gekleideten Schwester vorbeikommen, die wieder am Fuß des Bettes steht, halten Sie inne, denn sie summt eine Melodie – die Melodie des Liedes, das sie vergangene Nacht gesungen hat. Ihr Traum steigt ins Ich-Bewusstsein auf und Sie übergeben ihn der bewussten Erinnerung. Dann zeigt die scharlachrot gekleidete Schwester auf das Schwert über dem Bett. Sie spricht: »Das ist das Schwert König Davids, der den Riesen von trügerischem Aussehen mit einem geschleuderten Stein erschlug und der vor dem anderen Schrein, dem ›Thron‹ der Schechina, tanzte, als er ihn an den Ort des Friedens brachte. Die Scheide dieses Schwertes besteht aus der Haut von Delfinen, ein Andenken an das Verlorene Land und den bewahrenden Schrein der Samenträger.«

Sie danken der Kriegerpriesterin für die Lehren und gehen denselben Weg zurück, um über das, was Sie erfahren haben, nachzudenken. Aber jetzt sitzt unter dem Segelmast die weiß gekleidete Königin. Sie arbeitet an einem Webstuhl mit weißem Garn, herabgezogen von der am mittleren, gekrönten Mast in der Mitte des Schiffs befestigten Spindel. Nachdem Sie eine Weile zugesehen haben, wie ihre sicheren und geschickten Finger das Jadeschiffchen durch die Fäden zieht, fragen Sie sie, warum sie so beschäftigt ist. »Für dich«, erwidert sie. Verwirrt fragen Sie sie, was sie denn herstellt. »Ein neues Gewand für dich. Unter den Maulbeerbäumen saßen die Jungfrauen der Sonne und spannen und webten die Gewänder für die heiligen Souveränen. Ich webe dir ein neues Gewand, ein neues Kleid. Es wird deine Robe der inneren Herrlichkeit sein.« Der feine weiße Stoff hängt vom Webstuhl herab, und mit tiefer Ehrfurcht erkennen Sie, dass er nahtlos ist.

Von mittschiffs erschallt ein Ruf! Eine weibliche Stimme äußert sich laut, als würden ihre Krieger siegreich zurückkehren. »IAO!« Vom Bug ertönt es jetzt auch: »IAO!« Und ein drittes Mal hört man es vom Heck: »IAO!« Sie eilen zum Schiffsbug und sehen am Horizont eine weiße Säule im Morgenlicht glänzen. Das Schiff fährt mit erhöhter Schnelligkeit über die Wellen auf sie zu. Und beim Näherkommen erkennen Sie es deutlich: ein etwa 70 Meter hoher Leuchtturm, dessen marmorverkleidete Wände die Sonne widerspiegeln.

»Der Pharos«, hauchen Sie, und viele Dinge werden jetzt klar.

»Alexandria«, erwidert die dunkel Gekleidete.

Nach kurzer Zeit fährt das Schiff Salomos um den achteckigen Sockel des Leuchtturms, an den sich ein kleiner Tempel für Isis-Pharia anschmiegt, und läuft in den prächtigen Hafen ein. Als das Schiff sich dem Kai nähert, werden Seile geworfen und das Schiff festgemacht. Die dunkel verschleierte Schwester heißt Sie, den Gral aus der Lampe am Bug herauszuholen. Sie kommen der Aufforderung nach und nehmen ihn vorsichtig in die Hände. Zusammen mit der Dunklen und dem Luchs steigen Sie die Stufen zum Kai hinauf, wo eine Gruppe in Leinen gekleideter Priester und gepanzerte Wachen warten. Die Dunkle nimmt ihren Platz in einer Sänfte ein, deren Stangen von acht Männern in Schulterhöhe getragen wird. Sie selbst werden zu einer mit Vorhängen versehenen Sänfte geleitet. Zuerst ist alles seltsam. Noch nie haben Sie den Gral angefasst. Die ziselierte Schale verursacht Prickeln in Ihren Handflächen und Fingern, und der goldene Glanz scheint geradewegs durch Ihre Hände wie Röntgenstrahlen und durchflutet Ihren Körper und Ihre Aura. Aber bald haben Sie sich an die erhöhte Schwingung gewöhnt und wenden Ihre Aufmerksamkeit anderen Dingen zu. Durch die hauchdünnen Vorhänge der Sänfte blicken Sie in die Stadt hinaus.

Die Prozession hat das Mondtor und die Kathedrale des heiligen Markus hinter sich gelassen und passiert nun das Brucheum, das königliche Viertel. Sie sehen den Dom und die Marmorsäulen der Großen Synagoge. Die Prozession wendet sich nach rechts, um an der Großen Bibliothek vorbeizuziehen, die im Gebäudekomplex des Museion untergebracht ist. Auf der großen Prachtstraße, die von Verkaufsständen für Waren aus der ganzen bekannten Welt gesäumt ist, bilden die geschäftig hin und her eilenden Käufer eine Gasse und erweisen der dunkel verschleierten Gestalt in der Sänfte vor Ihnen ihre Ehrerbietung. Sie kommen an dem Denkmal vorbei, das das physische und ideologische Zentrum der Stadt ist, das Sema, das Tempelgrab Alexanders des Großen. Die Strahlen der Morgensonne glitzern auf dem goldenen Lorbeerkranz, der die Kuppel des Gebäudes schmückt. Über den Palmen entdecken Sie in der Ferne in Richtung Sonnentor, das zum Mareotis-See und der Insel der Therapeutoi führt, das Große Serapeum, das die Stadt von seinem künstlichen Hügel aus beherrscht. Dieses Gebäude, der Tempel des Sternenschäfers, wird über eine riesige Marmortreppe erreicht, eine Stufe für jeden Tag des Jahres.

Die Prozession biegt noch einmal ab, und kurze Zeit später wird Ihre Sänfte abgesetzt und der Vorhang zurückgezogen. Sie tragen das kostbare Gefäß weiterhin in den Händen, während Ihnen aus der Sänfte geholfen wird. Von den Priestern begleitet, folgen Sie der dunklen Schwester zu Fuß, und bald kommen Sie zu zwei großen, mit Blei ummantelten Eingängen. Auf den Türsturz ist der hebräische Buchstabe *Taw* eingraviert, der Buchstabe, der den Todesengel veranlasste, vorüberzugehen. Die begleitenden Priester verneigen sich vor den Türen und entfernen sich. Dann hebt der Luchs die Vorderpfoten und legt sie an die Türen. Sie öffnen sich, und den leuchtenden Kelch in Händen folgen Sie der verschleierten Priesterin in das dahinter liegende Dunkel. Sie haben einen großen, dunklen Raum betreten, der nur von dem Gral und einem schwachen Schimmer aus einer mit Vorhängen versehenen Nische weiter vorn erhellt wird. Die dunkel Gewandete bedeutet Ihnen, zwischen ihr und dem Luchs in der Mitte des Raums stehen zu bleiben.

In die Stille hallt der Klang eines großen Gongs wider, der dreimal geschlagen wird. Langsam teilt sich der Vorhang vor der Nische. Dabei wird das schwache Leuchten immer stärker und flutet in den Raum. In der Nische sitzt eine Lichtgestalt auf einem Thron. Zu ihrer Linken schwebt ein Engel aus weißem Licht mit silbernen Funken, zu ihrer Rechten ebenfalls ein weißer Engel, jedoch übersät mit Goldstäubchen.

Der Mann auf dem Thron trägt eine Robe aus weißem Leinen und darüber einen von den Schultern herabfallenden Purpurmantel aus Seide. Der große Stab in seiner Hand wird vom dreifachen Kreuz des Melchisedek gekrönt. Auf dem Haupt trägt er die Weiße Krone Oberägyptens, die von drei Golddiademen umgeben ist. Sein Gesicht ist so alt wie das Gestern und so jung wie das Morgen. Der Mund ist großzügig und freundlich, die Augen sind tief und dunkel; in sie zu blicken bedeutet, die Sternenweisheit zu sehen, die sich in ihnen spiegelt.

Überall an den Wänden des Raums sehen Sie Männer und Frauen aller Menschenrassen sitzen, die sich rote, schwarze, gelbe und weiße

Körper für ihr Werk zu Eigen gemacht haben. Sie alle tragen schwarze Gewänder, und auf ihrer Brust glänzt ein goldenes Kreuz mit der goldenen Rose der Verwirklichung.

Die Verschleierte neben Ihnen verneigt sich ehrfürchtig vor dem Herrn des Ortes: »Ich preise das Licht in der Person des Hermes Trismegistos; und auch die hier versammelten Herren des Geheimnisses des Saturns ehre und grüße ich!«

»Ich grüße dich, Tochter der Isis und Schwester!«, erfolgt die Antwort von allen Anwesenden. An den Dreimal Großen direkt gewandt, fährt sie fort: »Mein Herr, Hermes, ich stelle dir jemanden vor, der sich in der Ausbildung in die Kunst bewährt hat. Dir wurde bereits von anderen Beobachtern unserer Gemeinschaft berichtet, und jetzt bringe ich ihn/sie gemäß der Anweisung, damit du direkt mit ihm/ihr in Verbindung treten kannst.«

Mit diesen Worten schiebt sie Sie sanft nach vorne auf die Nische zu. Während Sie näher treten, schweben die beiden strahlenden, weißen Engel auf Sie zu, nehmen den Gral aus Ihren Händen, kehren an ihre Plätze am Thron zurück und halten den Kelch über dem Dreimal Großen hoch. Unwillkürlich knien Sie vor dem Meister nieder, und er sieht Ihnen lange und tief in die Augen, bevor er zu sprechen anfängt.

»Hier in dieser Stadt wurden die Weisheitslehren der Alten und der Jungen, des Ostens und des Westens eingeführt. Hier beschützte die ›Tausendjährige Schule‹ Würdige und lehrte sie diese Zeitlose Weisheit, damit sie von da deren Balsam in die Länder trügen und danach strebten, die Nationen zu heilen. Und hierher kam ein Großer, um für dieses Amt ausgebildet zu werden. Nach seiner Weihe zum Priesterkönig, zum ›Gesalbten‹ seiner Zeit, errichtete er mit Hilfe mächtiger Magie den hohen Tempel des Heiligen Grals auf den subtilen Ebenen oberhalb der irdischen Stadt Alexandria. Er wird in einigen Legenden Sarras genannt, hat aber auch andere Namen. Denn der Gral ist unerlässlich, wenn der Phönix wieder leben soll. Als er damit fertig war, kehrte er in das Land seiner Geburt zurück, um dort als ein ›williges Opfer‹ zu sterben – wie andere zuvor und danach – und um durch seine Auferstehung zu zeigen, dass das Grab seine Macht und der Tod seinen Sieg verloren hatte.

»Weil du der heiligen Kunst des Dienstes am Göttlichen treu geblieben bist, gewähren wir dir – unter dem Schleier irdischer Dinge – einen Vorgeschmack auf das, was allen bestimmt ist.«

Der Meister heißt Sie, in die Mitte des Tempels der Magier zurückzugehen. Der verborgene Gong erschallt noch einmal, aber diesmal verklingt sein Nachhall nicht, sondern wird allenfalls stärker. Sie sehen, wie die sitzenden Menschen zu leuchten beginnen, als würden sie von innen erhellt. Ihre schwarzen Gewänder werden golden und ihre Gestalten heller und heller. Bald sind sie nur noch reinweißes Glühen, und von ihrer Stirn gehen Lichtstrahlen aus – das »Horn« des Einhorns – hinauf zu einer Stelle hoch über der Decke des Raums. Jetzt verwandeln sich die Körper der Magier in reinste Energie, die Umrisse verschwimmen wie morgendlicher Dunst vor der aufsteigenden Sonne. Der Klang des Gongs schwillt zu einem Ton von unvorstellbarer Reinheit an. Dann sind alle außer Hermes verschwunden.

»Wohin gehen sie?«, fragen Sie.

»Dorthin«, antwortet der Erzmagier der Alchimie. Und der Richtung seines Fingers folgend, sehen Sie durch die Decke dieses Raums hindurch hoch oben am azurblauen Himmel inmitten der Wolken einen himmlischen Tempel. Er scheint aus Juwelen erbaut zu sein, die vor übernatürlichem Glanz funkeln und das ganze Gebäude mit einer Regenbogenaura umfassen. Gekrönt ist er von einer großen Saphirkuppel, einem Diadem aus Licht gleich, auf der ein glitzernder roter Juwel glänzt, dessen Strahlen alle Dimensionen durchdringen und so die Diener des Grals nach Hause führen.

»Komm, mein junger Schützling«, sagt Hermes, »lass uns zur Anbetung gehen.« Unter dem Boden ist ein dröhnendes Geräusch zu hören, wie von einem fernen Donner, der immer näher kommt. Und dann taucht aus dem Boden ein großer Drache auf! Schillernde Schuppen wie Perlen glänzen an seinem über 20 Meter langen Körper. Die riesigen Flügel liegen rechts und links an den Wänden an. Ein großes Auge von der Farbe geschmolzenen Goldes in einem Tiegel blickt Sie aus dem gewaltigen gehörnten Kopf an, der zu groß ist, um Sie mit beiden Augen gleichzeitig wahrzunehmen. Und zwischen dem elfenbeinernen Gebiss seines Kiefers, im Rachen, ist der weiße Glanz des geballten Kundalini-Feuers zu sehen. Auf ein Wort vom Dreimal

Großen senkt der Drache gehorsam den riesigen Kopf auf den Boden, und der Meister der Alchimie besteigt ihn und geht über ihm zum Nacken, um dort oberhalb der Schuppen über der Wirbelsäule Platz zu nehmen. »Der Vogel von Hermes«, denken Sie ehrfurchtsvoll. Dann, innerlich bebend, machen Sie sich daran, sich auf ein Handzeichen hin hinter den Meister des Werkes der Sonne zu setzen.

Der Drache erhebt sich und breitet seine riesigen Schwingen aus. Die Erde wird immer kleiner, während Sie nach oben getragen werden, auf der lebenden Synthese aus den Elementen zum Himmel aufsteigen!

In wenigen Augenblicken nähert sich der Reitdrache dem himmlischen Tempel. Er ist unermesslich, gewaltig, es ist der hohe Tempel des Heiligen Grals. Zweiundsiebzig achteckige Kapellen umgeben das mit einer Kuppel versehene Heiligtum – eine Kapelle für jeden der Namen Gottes. Der Tempel ist von Türmen aus Gold und Edelsteinen gekrönt. Auf jedem einzelnen glänzt auf einem Kristallkreuz das Bild eines fliegenden Adlers. Als sich der Drache dem Tempel nähert, schwingen seine großen, bernsteinfarbenen Türen aus Gold und Silber auf, und die geflügelte Schlange landet auf dem Onyxboden der Vorhalle. Hermes nimmt Sie an die Hand und führt Sie in den hohen Tempel. Er ist gewaltig. Die Fenster sind aus dünn geschnittenen Edelsteinen angefertigt: Amethyst, Beryll und Achat. Jeder juwelenartige Stein des Heiligtums ist ein Engelwesen; und sieben gigantische Erzengel, die Arme wie lebende Säulen erhoben, stützen die große Kuppel. Die Saphirkuppel ist aus den miteinander verwobenen Flügeln der vier Heiligen Geschöpfe – Löwe, Mensch, Adler und Stier – gebildet, deren Gesichter inmitten der durchscheinenden Federn erscheinen. Auf der Stirn eines jeden der vier glänzt ein mit schwarzem Feuer geschriebener Buchstabe: Yod, Heh, Vau und Heh. Und von jedem lebenden Buchstaben wird ein Strahl projiziert, der in der Mitte der Kuppel mit den drei anderen verschmilzt und von dort als ein Strom feurigen Taus in den leuchtenden Großen Gral herabfließt, der auf dem diamantenen Altar steht.

Dieser Diamantaltar wird von Mitgliedern dieser erlauchten Gesellschaft umgeben, die in vielen Traditionen unter vielen Namen bekannt sind: die Gemeinschaft der Heiligen, der Vajra-Sangha, das Geistige Israel und die Große Weiße Loge. Jeder von ihnen ist ein unsterblicher Weiser, der den unsterblichen Sonnenkörper, den Regenbogenkörper aus klarem Licht, erlangt hat: Henoch ist da, Guru Padmasambhava und Elias; Lao Tse, Jetsun-Milarepa und der Ältere Zadith; Ahijah aus Shiloh, Yeshe Tsogyel, Chüng Li Ch'uan und Serah; Garab-Dorje, Jesus von Nazareth und Johannes der Geliebte; Han Hsiang-tzu, Arya-Nagarjuna, Comte de Saint Germain und Paul Foster Case; Methusalem, Rabbi Abraham Eleazar und Rechungpa; Nicolas und Perenelle Flamel, Ho Hsien-ku, Jyanqub-Dorje und viele andere »sich im Verborgenen Haltende«.

Während Sie dichter herantreten, beginnt der Gral in Ihren Händen zu »singen« und sich Ihrem Griff zu entwinden. Plötzlich fliegt er hinauf, geradewegs in das Licht des Großen Grals, der auf dem Altar strahlt. Sie fühlen sich beraubt, als wäre Ihr wertvollster Schatz verloren gegangen.

»Wo dein Schatz ist, da wird auch dein Herz sein.« Der Gedanke überflutet Sie wie eine Woge. Sie schauen sich im Kreis derer um, die das Ziel erreicht haben, und bemerken, dass aus dem Herzzentrum aller Anwesenden der Gral hervorleuchtet. »Es gibt nur einen Kelch, doch zugleich unzählige Manifestationen; nur ein Leben, doch zugleich unzählige Leben. Hier ist das Symbol mit seiner Wirklichkeit vereint.«

Nun überfällt Sie tiefer Kummer, weil der Gral nicht in Ihnen leuchtet. Als Reaktion auf Ihre Verzweiflung, die Streben und Sehnen zum Ausdruck bringt, sendet der Kelch einen starken Lichtstrahl aus, der in Ihr Sonnenzentrum eintritt. Und wie ein Fisch am Angelhaken werden Sie unaufhaltsam zum Altar hingezogen. Entsetzt und zugleich fasziniert werden Sie durch den Kreis der Weisen immer näher an das Gefäß, das Gnade von oben empfängt, herangeholt. Jetzt befinden Sie sich in der Sphäre des Regenbogenlichts rund um den Großen Gral, und Sie können den Kelch deutlich erkennen. Der Fuß des Kelches ist mit zwölf Edelsteinen besetzt und die Schale mit goldenen, in allen Einzelheiten sorgfältig ausgeführten Figuren ziseliert. Jetzt, da Sie noch näher gekommen sind, können Sie sie deutlich sehen. Es sind Bilder von Gottheiten; jeder Gott, der je angebetet wurde, ist dargestellt, jede »Maske« des Ewigen, durch die die Menschen danach streben, mit dem Unaussprechlichen zu kommunizieren. Und überall am Rand des Grals entstehen und ändern sich Buchstaben aus Feuer, die den Willen Gottes kundtun.

Ein Glanz fließt über den Kelch, der alles mit seiner Helligkeit durchdringt; Sie werden behutsam hochgehoben und dann wieder abgesetzt, als der Glanz zurückgeht. Als nacktes Baby liegen Sie auf dem Boden der glatten, goldenen Schale des Großen Grals. Das Licht von oben senkt sich über Sie herab. Durch dieses Licht nimmt Ihre Sehkraft zu, und Sie vermögen in die unermessliche, dunkle Weite des Raums zu sehen. Die Szene scheint zu entschwinden. Jetzt sehen Sie eine Galaxie nach der anderen, die sich von Ihnen fortbewegen, bis Sie in kindlichem Staunen das gesamte Multiversum, den ganzen Kosmos erblicken. Auch das schwindet und wird zu einem schwarzen, von weißem Licht umgebenen Kreis, der sich auch zurückzieht, um zum Allsehenden Auge zu werden! Der Blick des Göttlichen ruht auf Ihnen. *Denn in Ihnen erblickt jetzt Gott Gott.*

Eine Träne fließt aus dem glänzenden Auge. Sie fällt durch den Raum, im Sternenlicht glitzernd, um auf Ihnen im Gral zu landen. Sie werden ins Wasser der Weisen getaucht, erfüllt mit der *aqua vitae*, dem Wasser des Lebens. Sie schließen die Augen, ruhen sich aus, schweben als Ungeborenes im Schoß der uranfänglichen Ursache aller Ursachen.

[Pause]

Sie spüren, wie Ihnen etwas behutsam in die Hände gelegt wird, und schlagen die Augen auf. Sie sind wieder im Tempel des Saturns in Alexandria und knien vor Hermes Trismegistos. Hermes legt Ihnen den Burggral in die Hände. Dann bringt er aus seinem Körper einen grünen Stein hervor, der wie ein Smaragd glänzt. Diesen legt er in den Kelch und hüllt das Gefäß in ein mit Rosen gemustertes Tuch aus roter Seide ein. »In deinem inneren Königreich«, sagt der Dreimal Große, »das zugleich dein ›Laboratorium‹ für das Große Werk ist, wird der Regent deine Verbindung zu mir sein. Durch ihn werde ich dich einweisen.« Sie bedanken sich, und über ihn statten Sie auch dem Einen, dessen Geschenk die Kunst ist, Ihren Dank ab.

Die Übung 343

Die dunkle Priesterin der Isis hilft Ihnen aufzustehen, und mit ihr und dem Luchs verlassen Sie das Heiligtum durch die Bleitüren. Die Priester warten bereits und begleiten Sie zu der mit Vorhängen versehenen Sänfte. Dort nehmen Sie Platz und halten den verschleierten Gral in Ihren Händen, während Sie zu dem kleineren der beiden Häfen Alexandrias getragen werden.

Am Kai steigen Sie aus der Sänfte und verabschieden sich von den Priestern. Einer von ihnen steckt eine kleine Papyrusrolle in Ihren Gürtel mit den Tierkreiszeichen. Er erklärt Ihnen, dass dies ein Passierschein sei, der Sie ermächtigt, diese Stadt nach Belieben zu betreten und zu verlassen. Nachdem Sie sich bei ihm bedankt haben, gehen Sie die in die Seite des Kais gehauenen Stufen hinab und besteigen das sagenhafte Schiff Salomos, auf dem die Rote und die Weiße Königin Sie und ihre dunkle Schwester erwarten. Während die Vertäuungen gelöst werden, gehen Sie zur Laterne am Bug, enthüllen den Gral und stellen ihn ins Innere der Laterne zurück, wo er im Abendlicht hell leuchtet.

Das Segel der drei Erlösergötter wird losgemacht, und wie ein Schwan fährt das Schiff aus dem prächtigen Hafen hinaus, vorbei am großen Leuchtturm Pharos und hinein ins Mittelmeer Richtung Westen, auf die Säulen des Herkules zu. Sie schauen zurück. Vom Pharos ist das neu entfachte Leuchtfeuer zu sehen, das all denen einen sicheren Hafen verheißt, die danach streben, zu »wissen, um zu dienen«.

Plötzlich ermüdet, gehen Sie zum violett bezogenen Bett und strecken sich darauf aus. Der Gral leuchtet, die Sterne strahlen hoch oben, die scharlachrot gekleidete Priesterin singt die alten Lieder, und Sie schlafen ein. Sie träumen einen Traum – eine Vision in einer Vision. Erinnern Sie sich.

[An dieser Stelle können Sie die Übung unterbrechen. Dazu konzentrieren Sie sich auf den Reichsapfel, und schon stehen Sie vor ihm, der in den Händen des Regenten im Turmzimmer gehalten wird. Begeben Sie sich in die Kammer des Innewohnens und von dort in Ihren physischen Körper. Nehmen Sie den Burggolem in die Latenz auf. Wenn Sie mit der Übung fortfahren wollen, projizieren Sie erst die Burg und dann Ihr Bewusstsein in sie. Suchen Sie das Turmzimmer auf und stellen Sie sich vor den Regenten. »Sehen« Sie in der Kristallkugel in seinen Händen den Schauplatz in der Übung, so wie Sie ihn verlassen haben. Sehen Sie sich selbst an diesem Schauplatz, treten Sie auf mentalem Wege in die Szene ein und machen Sie weiter.]

Stufe 3: Die Rückkehr

Sie erwachen im stärker werdenden Licht der Morgendämmerung. Die lieblichen Stimmen der Priesterinnen, die die Hymne an die aufgehende Sonne singen, tönen vom Schiffsheck zu Ihnen herüber. Die Meeresbrise bauscht die Falten ihrer Mäntel und hauchdünnen Schleier auf, während sich ihre erhobenen Hände in den Mudras des Grußes, des Willkommens und der Umarmung anmutig bewegen. Nach der Anbetung begeben sich die Schwestern schweigend an ihre üblichen Plätze. Die Weberin bleibt am Heck, die Kriegerin wacht in der Mitte des Schiffs, und die Weise geht an den Bug, um dort bei der Gralslaterne ihren Platz einzunehmen.

Sie stehen auf und strecken sich, während Sie die salzige Luft einatmen. Bald werden Sie wieder in Logres sein. Ihre Gedanken wenden sich voller Zuneigung all denen zu, die Sie dort kennen und lieben gelernt haben. Mit den Gefährten an Merlins Tafel werden Sie vieles aus dieser Pilgerfahrt besprechen müssen, vieles von geheimer Bedeutung, das noch verständlich werden muss.

Sie gehen ans Heck, wo die weiß gekleidete Königin am leeren Webrahmen sitzt. »Dein Gewand ist fertig, du kannst es also tragen.« Sie zeigt auf den gefalteten Stoff auf ihrem Schoß. Sie entledigen sich Ihres Mantels, Ihres Gürtels, Ihrer Tunika und des weißen Gewands, falten alles auf dem Zederndeck zusammen und legen schließlich das Drachendiadem auf den Haufen. Die Priesterin hält das neue weiße Gewand hoch, gewebt aus feinstem Leinen von der Mittleren Säule des Lebensbaums. Neues Kleid, neues Vehikel? Sie wissen, dass Gewänder und Insignien auf den inneren Ebenen innere Zustände bedeuten. Dann sehen Sie, dass auf das Gewand in Brusthöhe ein kleines Bild mit bunten Fäden gestickt ist. Es zeigt auf einer goldenen Glorie aus zweiundzwanzig Strahlen eine weiße Taube mit einer Hostie aus Weizen im Schnabel – das Himmelsbrot, das Brot der Engel –, die zu einem goldenen Kelch herabfliegt.

Die Stimme der Dunklen erklärt: »Siehe, das Siegel von *Ruach Ha-Qodesh*, dem Heiligen Geist, der dich im Großen Gral in sich aufgenommen hat. Ich, Morgan le Fay, sage dir: ›Trage dies zur ewigen Erinnerung.‹« Sie drehen sich um, um ihr ins Gesicht zu blicken. Ihren dunklen Schleier hat sie zurückgeschlagen, sodass ihr langes, rabenschwarzes Haar zu sehen ist. Sie mustert Sie mit smaragdgrünen Elfenaugen. Dann lächelt sie – ein Lächeln wie Mondstrahlen, die einen heiligen Kreis weihen – und legt ihren Fächer aus schwarzen Schwanenfedern auf Ihre Brust, während sie sagt: »Fahre mit der Kunst fort, und ich verspreche dir, dass in Jezira ein ›Liebender des Werkes‹ kommen wird, der mit dir arbeitet.« Sie verstehen zwar nicht ganz, senken aber dankbar den Kopf. Als Sie ihn heben, hat sie den dunklen Schleier schon wieder vor das Gesicht geschlagen. Dann nimmt die Dunkle ihrer Schwester das neue weiße Gewand ab, zieht es Ihnen über den Kopf und hilft Ihnen, die Arme durch die Ärmel zu stecken. Nun legt die weiße Schwester die blaue Seidentunika über Sie. Aber das »Siegel des Heiligen Geistes« leuchtet noch immer durch, und es sieht aus, als befände es sich außen auf der Tunika. »Gleichgültig, welches innere Kleid dich schmückt«, bemerkt sie, »dieses Siegel wird den Bewohnern der inneren Welten immer sichtbar sein. Es dient als ein Schild für dein Herz, bis ein anderes und größeres Zeichen es ersetzen wird.«

Die scharlachrot gewandete Schwester legt den silbernen Gürtel mit den Tierkreiszeichen um Ihre Taille, dann befestigt sie die Scheide mit Excalibur an ihm. Mit Hilfe ihrer weiß gekleideten Schwester legt sie Ihnen den indigoblauen Königsmantel um die Schultern. Morgan, die Dunkle, tritt mit dem Drachendiadem an Sie heran. Sie hält das Diadem über Sie – ihre Schwestern strecken die Arme aus, um es ebenfalls zu ergreifen – und dann legen sie es Ihnen gemeinsam um den Kopf und sagen einstimmig: »Erhalte aus unseren Händen dieses Symbol deiner Souveränität zurück. Bei der Spindel, beim Schwert und bei unserer Zaubermacht über das Meer weben wir einen Schleier des Schutzes um dich, der dich vor Pfeilen der Bosheit bewahrt; das erklären die Ältesten der geheimen Schwesternschaften von Ruta. Und wie wir gesprochen haben, wird es geschehen!«

Sie spüren das Gewicht des königlichen Diadems, als es wieder auf Ihrem Kopf ruht – der Druck des Drachenkopfes an Ihrer Stirn. Die weiß gewandete Weberin legt die Falten ihres Schleiers über Sie; dann legt die scharlachrot gekleidete Schwester des Schwertes ihren purpurroten Schleier über den weißen, und schließlich hüllt die Älteste alles in ihren dunklen Schleier ein, und – der Akasha-Schild ist erstanden!

Als der dunkle Schleier beseitigt wird, hören Sie eine volltönende Altstimme singen: »IAO.« Als dann der scharlachrote Schleier weggezogen wird, ertönt eine Stimme im Sopran: »IAO«, und schließlich wird der weiße Schleier mit dem geflüsterten Wort: »IAO« entfernt. Dann hören Sie die drei Schwestern einstimmig: »Erblicke dein Königreich!« Sie drehen sich zum Bug um und sehen, sich über die Wellen erhebend, die grünen Hügel von Logres, und in der Ferne scheint eine weiße Sonne über einem ummauerten Turm zwischen den smaragdfarbenen Hängen.

Bald erreicht das Schiff Salomos die Flussmündung und fährt flussaufwärts im Morgenlicht. Ungeduldig verschlingen Ihre Augen jede Einzelheit Ihres Reiches. Eine Besonderheit hier, ein Findlingsblock da; ein Hain voller Bäume, eine Wohnstätte, ein Kreis aus aufrecht stehenden Felsen. An Steuerbord erscheint der große Wald, als das Schiff um die Biegung des letzten Hügels fährt. Und vor Ihnen liegt Camelot und die Burg der Tafelrunde!

Am Anlegesteg bei der Steinbrücke warten die Großen Gefährten auf Sie. Und hinter ihnen drängen sich Massen Ihrer Untertanen, alle festlich gekleidet, mit Blumenkränzen geschmückt und grüne Zweige in den Händen. Das Schiff wird festgemacht, die Laufplanke herabgelassen. Sie gehen zur Laterne am Bug, holen den Gral aus der Laterne und bedecken ihn mit dem purpurroten, mit Rosen gemusterten Seidentuch. Der verhüllte Gral leuchtet in Ihren Händen wie ein großer Rubin.

Sie gehen an Land und werden zuerst vom Regenten und dann von den anderen Gefährten begrüßt. Sie drehen sich um, um die drei Schwesternköniginnen für die Nacht und zum Feiern einzuladen. Aber die Laufplanke ist schon wieder entfernt. Mit der Geschwindigkeit eines galoppierenden Pferdes wälzen sich plötzlich Nebelschwaden flussaufwärts und hüllen das Schiff Salomos ein. Man hört Gesang und Lachen. Eine warme Brise weht von den Hügeln hinab und löst den Nebel auf, um den im Morgenlicht glitzernden leeren Fluss zu enthüllen.

Einer Ihrer Gefährten sendet eine Botschaft mittels der »lautlosen Stimme«: »Sie sind zur Herrin vom See und der mystischen Insel Avalon zurückgekehrt.« »Werde ich sie wieder sehen?«, senden Sie zurück. Keine Antwort ... aber Sie sind ganz zuversichtlich, dass es so sein wird.

Nun bildet sich eine Prozession; Pagen treten vor, um über Ihnen an langen Stangen einen Baldachin zu tragen. Der Geistwächter der Kapelle führt den Zug an, und Sie folgen ihm gemeinsam mit dem Regenten an Ihrer rechten Seite und den Gefährten als Eskorte. Aber die Prozession geht nicht den Weg zur Burg hinauf, wie Sie erwartet haben, sondern biegt nach links auf den Weg in die Stadt Camelot ab. Beim Betreten der Stadt werden Sie von jubelnden Bewohnern begrüßt. Die Prozession zieht weiter zur Kirche und begibt sich in ihr stilles Heiligtum, wo eine Jungenstimme singt: »*Vivat Rex (oder Regina) in aeternum.*«[3] Vor dem Hochaltar steht ein Thron, und daneben wartet Menes in einem grauen Gewand mit Kapuze. Sie gehen die Altarstufen hinauf und nehmen Ihren Platz auf dem Thron ein, flankiert von Menes und dem Regenten, während Ihr Standartenträger weiter weg links von Ihnen steht.

Die kleine Kirche ist von einer schweigenden Menge erfüllt. Die Hymne endet. Sie stehen auf; Menes enthüllt den Gral, und Sie heben ihn hoch. Den Versammelten, die die goldene Herrlichkeit des Kelches zum ersten Mal erblicken, entringt sich ein Seufzer der Ehrfurcht und Sehnsucht. Wie als Reaktion weitet sich der Schein um den Gral und sendet Lichtstrahlen aus, die diesen Menschen hier Gnade bringen.

Sie nehmen wieder Ihren Platz ein. Die Versammelten stellen sich in einer Reihe auf, und einer nach dem anderen tritt nach vorn und kniet nieder, während Sie ihnen segnend den Heiligen Gral kurz auf den Kopf halten. Männer, Frauen, Kinder, Tiere, Vögel, mythische Geschöpfe, sogar die Dryaden aus den Wäldern, das Feenvolk und die De-

---

[3] »Möge der König (die Königin) ewig leben.«

vas der inneren Landschaft sind erschienen. Der Reihe nach kommt jeder nach vorn, um sich vor dem Kelch zu verneigen und seinen Segen zu empfangen.

Als sich die Reihe ihrem Ende nähert, ist im hinteren Teil der Kirche plötzlich Geflüster zu hören, und man hört das Geräusch von Metall, das auf Stein schleift. Schwer bewacht werden die mit Ketten versehenen Gefangenen aus den tiefen Burgverliesen in die Kirche geführt! Zögernd, fast widerstrebend kommen die Gefangenen nach vorn, um sich der Reihe vor Ihnen anzuschließen. Nun sind Sie verwirrt, empfinden plötzlich Zorn ... oder ist es Angst? Hilfe suchend werfen Sie dem Regenten einen Blick zu; er zieht die Augenbrauen hoch. Dann zu Menes hinüber, der sanft lächelt. Sie sehen wieder auf die näher tretende Reihe der Gefangenen. Ihr Blick heftet sich auf die Augen eines bestimmten Gefangenen. Sie kennen ihn überhaupt nicht, doch in diesem Augenblick der Wahrheit lesen Sie klar und deutlich in seinen Augen, dass er erwartet, wieder abgelehnt, zurückgewiesen zu werden, dass ihm die Rettung versagt wird. Schlimmer noch, er hat sich damit abgefunden.

Sie sprechen ihn an: »Komm hierher ... Bruder.«

Er traut seinen Ohren nicht, doch auf ein ermutigendes Nicken von Menes hin schlurft er unter dem Gewicht seiner alten, schweren Ketten nach vorn und schleppt seine Füße die Altarstufen hinauf. Einen Augenblick lang steht er vor Ihnen. Zorn flackert in seinen Augen, als alter Hass auflodert, ein ungelöster, niemals akzeptierter Schmerz. Seine dunklen Energien knistern förmlich um Sie herum, suchen Einlass, forschen nach einer Resonanz in seinem Innern, die sie für ihre grausamen Zwecke benutzen können. Aber Sie umgeben den Gefangenen mit der bedingungslosen Liebe von Tiferet, für die *Sie* das lebende Symbol aller in diesem Land sind. Er schwankt, neue Gedanken keimen in seinem Geist, und .... er kniet nieder. Sie heben den Gral hoch. Seine Augen folgen ihm mit einem neuen, kindlichen Staunen. Sie senken den Kelch wieder und lassen ihn behutsam auf seinem Kopf ruhen. Der Gral umschließt ihn mit seinem Licht. Der Glanz mildert die Falten von Schmerz, Groll und Wut in seinem Gesicht, einer Mutter gleich, die einem weinenden Kind die Tränen von den Wangen wischt. In seinen Augen keimt Hoffnung. Das Geräusch fallender Ketten ist zu hören. Ungläubig, denn seine »Hoffnung« ist erst wenige Sekunden alt, schaut er auf die Fußfesseln, die zerbrochen auf dem Boden liegen. Noch während er sie betrachtet, lösen sie sich in nichts auf. Er blickt zu Ihnen auf, und zum ersten Mal seit – wie lange? – Jahren, Jahrzehnten, Lebenszeiten lächelt er einfach. Sie beugen sich nach vorn und geben ihm den »Kuss des Friedens«.

Menes tritt hinzu, um den befreiten Mann aufzurichten, und führt ihn an die Seite, während ein weiterer mit Fußketten versehener Gefangener nach vorn kommt, um von dem erlösenden Kelch gesegnet zu werden. Und so werden vom Gral alle Gefangenen einer nach dem anderen befreit. Menes wird sich ihrer annehmen und sie ausbilden, damit sie als treue Pagen und Boten dem Königreich dienen können.

Nach der Segnung bildet sich die Prozession wie zuvor und verlässt Kirche und Stadt. Sie biegt nach links ab, zieht den Hügel der Macht hinauf, überquert den Graben und gelangt schließlich in den Hof der Burg.

[An dieser Stelle können Sie die Übung unterbrechen. Dazu konzentrieren Sie sich auf den Reichsapfel, und schon stehen Sie vor ihm, der in den Händen des Regenten im Turmzimmer gehalten wird. Begeben Sie sich in die Kammer des Innewohnens und von dort in Ihren physischen Körper. Nehmen Sie den Burggolem in die Latenz auf. Wenn Sie mit der Übung fortfahren wollen, projizieren Sie erst die Burg und dann Ihr Bewusstsein in sie. Suchen Sie das Turmzimmer auf und stellen Sie sich vor den Regenten. »Sehen« Sie in der Kristallkugel in seinen Händen den Schauplatz in der Übung, so wie Sie ihn verlassen haben. Sehen Sie sich selbst an diesem Schauplatz und treten Sie auf mentalem Wege in die Szene ein und fahren Sie fort.]

Stufe 4: Der Aufstieg

Die Hände über den leuchtenden Gral haltend, stehen Sie in der Prozession. Die Gefährten begleiten Sie über den Hof der Burg und zum Eingang in den Burgfried hinauf. Sie sehen auf das Wappen, das über der Tür eingemeißelt ist: der bekrönte und von Hirsch und Einhorn flankierte Drachenschild. Die Devise schwingt tief in Ihrem Innern: »Der Tod soll keine Macht haben.« Sie betreten den Turm der Kunst.

Es bleibt noch eine weitere Aufgabe zu erledigen. Allein gehen Sie in die Halle der Braut, der Kammer von Malkut, hinunter und legen den Gral für kurze Zeit auf den Altar, wo die gigantische Kraft dieses Raums sich durch ihn hindurchbewegt. Dann nehmen Sie ihn wieder an sich und begeben sich ins Treppenhaus, wo Sie sich vor die Darstellung »Die Welt« zwischen den beiden Türen der Wendeltreppen stellen.

Hier externalisieren Sie zwei Gestalten, eine silbern gewandete Frau und einen golden gekleideten Mann. Sie sind Prinzessin und Prinz, Ihr königlicher Nachwuchs. Die Prinzessin stellt sich vor den Zugang der lunaren Wendeltreppe und der Prinz vor die solare Wendeltreppe. Auf Ihr Geheiß steigen sie die sich um die mittlere Säule windende Treppe hinauf. Sie dagegen, den Gral in den Händen, eingehüllt in den Königsmantel von Akasha und mit dem Drachen gekrönt, treten durch das Fenster »Die Welt« direkt in die Mittlere Säule von Susumna.

Sie befinden sich im Mittelpunkt des Drachenfeuers, durchdrungen von seiner weißen Glut und seinen schillernden Funken in Scharlachrot, Blau und Gold. Das Feuer dringt in jedes Atom ein und verbrennt alles, was nicht göttlich ist. Erkennen Sie das Feuer als die verborgene Herrlichkeit Ihres Wesens und *werden Sie eins mit ihm*. Ihr erhöhtes Bewusstsein ist mit Allmacht erfüllt und steigt mühelos im Innern des Feuers auf. Während Sie auf Flügeln aus Flammen emporschweben, sind Sie sich gleichzeitig der silbernen Prinzessin und des goldenen Prinzen bewusst, die die Wendeltreppen hinaufsteigen. Binnen kurzer Zeit stehen Sie auf dem Fenster von Shem auf der Brustwehr. Ihr »Nachwuchs« ist zu Ihnen gestoßen, die Prinzessin zur Ihrer Linken und der Prinz zu Ihrer Rechten.

Die Gestalt der silbernen Prinzessin wird unkörperlich, zu einem Oval aus silbernem Licht, das sich auf Ihr Herzzentrum legt, mit ihm verschmilzt und sich mit ihm vereint. Dann verwandelt sich die Form des goldenen Prinzen ebenso in goldene Energie und wird mit dem Von-einer-Schlange-umgürteten-Herz vereint. Als Drei-in-Einem leeren Sie jetzt den Gral, nehmen den Inhalt zu sich wie einen Liebestrunk aus einem »Pokal«.

Nun in den drei integrierten Bewusstseinsaspekten – Salz, Schwefel und Quecksilber – vollendet, halten Sie den leeren Gral der Weißen Sonne entgegen, damit er erneut gefüllt werde.

Und der Himmel reagiert. Ein Blitz, der die Augen blendet und den Geist betäubt, schlägt von der Weißen Sonne durch den Gral in den Turm ein. Wenn sich die visuellen Nachbilder verzogen haben, sehen Sie, dass jetzt alle Steine des Turms aus makellosem Kristall bestehen, und dass auf der Brustwehr vier Statuen aus dreimal gefeintem Gold in den vier Himmelsrichtungen stehen: im Süden der geflügelte Löwe, Symbol der Herren der Flamme; im Westen der Adler, der die Herren des Geistes versinnbildlicht; im Norden der mächtige geflügelte Stier für die Herren der Form; und im Osten ein geflügelter heiliger Mensch, Totem der Herren der zukünftigen Menschheit.

Von der Weißen Sonne flutet Licht auf den Kristallturm herab, der es wie ein Prisma auf das Land von Logres überträgt. Sie sehen, wie die Nebel der Verzauberung, die das Königreich immer eingehüllt haben, weggebrannt werden. Die Bäume blühen auf; die Flüsse, Seen und Ströme glänzen; die Felder gedeihen, und alle Bewohner Ihres Königreiches sind mit Frieden gesegnet.

Die Falltür mit dem Prithivi-Prithivi-Siegel öffnet sich, und die Leiter mit den sieben goldenen Sprossen senkt sich auf den Boden des Turmzimmers herab. Sie steigen hinunter. Dort werden Sie vom Regenten, begleitet von zwei neuen Pagen (die zwar vertraut, aber völlig verändert aussehen) und zwei Gefährten der Tafelgemeinschaft, mit dem Reichsapfel in der Hand erwartet. Von Angesicht zu Angesicht tauschen Sie den Gral gegen den Reichsapfel aus. Dann vertrauen Sie den beiden Gefährten den Reichsapfel, Excalibur und den Schlüssel zu den Pfaden an und bitten sie, alles auf den Altar in der Kapelle des Rosenkreuzes zu legen, bis Sie wiederkommen. In Begleitung der Pagen gehen die Gefährten weg, und Sie bleiben mit dem Regenten allein zurück.

Er deutet auf das Buch auf dem Pult. Auf einer neuen Seite steht ein neuer Name geschrieben – »Hermes«, lesen Sie.

»Willkommen zu Hause, Majestät«, sagt der Regent. »Wenn es dir genehm ist, drücke die Saphirtaste des Himmels auf der Tafel des Wissens.«

Sie blicken auf die Tafel aus schwarzem Stein. Die Sefirot des Lebensbaums, die in Silber in sie eingeritzt sind, glänzen in der Königskala, dem Farbkode von Azilut. Die diamantene Taste auf der rechten Seite ist noch immer eingedrückt. Sie strecken einen Finger aus und drücken die blaue Saphirtaste daneben. Eine laute Stimme spricht ein einziges Wort, das durch den ganzen Turm erschallt: »Seg!« Die Sefirot des Baums nehmen die Farben der Königinnenskala von Briah an, und gleichzeitig »sehen« Sie, dass das weiße Feld des Phönix-Schildes über der Tür zur Kapelle azurblau wird. Und in der Kapelle ist der Reichsapfel, der auf dem Kissen auf dem Altar liegt, zu einem kostbaren blauen Saphir geworden.

Fragend sehen Sie den Regenten an. Dann geschieht es – wahrscheinlich der schockierendste Vorfall auf Ihrer ganzen langen Reise – *der Regent zwinkert Ihnen zu*! Dann verneigt er sich und verlässt Sie, um den Gral zur Tafelrunde zurückzubringen. Sie gehen durch den Gang in die Kammer des Innewohnens.

Dort entledigen Sie sich Ihrer Kleidung, lassen aber das weiße Gewand an, das mit dem Siegel des Heiligen Geistes bestickt ist. Wenn Sie das Diadem auf sein Kissen legen, fällt Ihnen auf, dass nun ein Paar Drachenflügel aus beiden Seiten des Golddiadems ragen, die an die Flügel am Kopfschmuck Merkurs erinnern. Zwischen den Zähnen im Drachenmaul leuchtet eine goldene Perle. Kehren Sie in die Physikalität zurück und nehmen Sie den Golem in die Latenz auf. Führen Sie die abschließenden Übungen durch und schreiben Sie Ihren Bericht.

Auswirkungen

Nutzen Sie nach der vorhergehenden Übung einige Sitzungen, um mit den Großen Gefährten an der Tafel zu sitzen und die gemachten Erfahrungen zu integrieren. Wenn sich Fragen in Ihnen ergeben, stellen Sie die angezündete Lampe auf das Sonnenzeichen vor Ihrem Sitz und suchen Sie bei den Gefährten Kommentare und Hinweise auf weitere Einsichten, die Ihnen als Grundlage für Meditationen dienen. Die Früchte, die sich durch diese Übung ernten lassen, wird die Entwicklung der Fähigkeit sein, beliebig ins Samadhi einzutreten.

Die Kontemplation

Wer über Wissen um den Mikrokosmos verfügt, wird bald auch Kenntnis vom Makrokosmos haben. Genau das haben die ägyptischen emsigen Naturforscher oft gesagt und laut verkündet ... dass jeder sich selbst erkennen sollte.

Diesen Spruch verstanden ihre begriffsstutzigen Schüler (die Griechen) im moralischen Sinne, und in ihrer Unwissenheit versahen sie ihre Tempel damit. Aber ich warne dich, wer du auch sein magst, du, der den Wunsch hegt, in die tiefsten Tiefen der Natur zu tauchen, wenn du das, was du suchst, nicht in dir selbst findest, so wirst du es niemals außerhalb deiner selbst finden. Wenn du nichts von der Herrlichkeit deines eigenen Hauses erkennst, warum strebst und suchst du dann nach der Herrlichkeit anderer Dinge? Die universale Weltkugel enthält nicht so viele große Geheimnisse und Herrlichkeiten wie ein kleiner Mensch, der von Gott nach seinem eigenen Bild erschaffen wurde. Und wer sich den Vorrang unter den Schülern der Natur wünscht, wird nirgendwo ein größeres oder besseres Feld finden als das Studium seiner selbst.

Daher folge ich dem Beispiel des Weisen und erkläre aus ganzem Herzen, aus bestimmter von mir bestätigter wahrer Erfahrung heraus und in den Worten der Ägypter und mit lauter Stimme: »O Mensch, erkenne dich selbst, in dir ist der Schatz aller Schätze verborgen.«

»The Salt of Nature Regenerated«
Alipili[4]

---

[4] Alipili: »The Salt of Nature Regenerated« in: Herbert Silberer: Hidden Symbolism of Alchemy and the Occult Arts, New York 1971

XVII

DIE SOROR MYSTICA

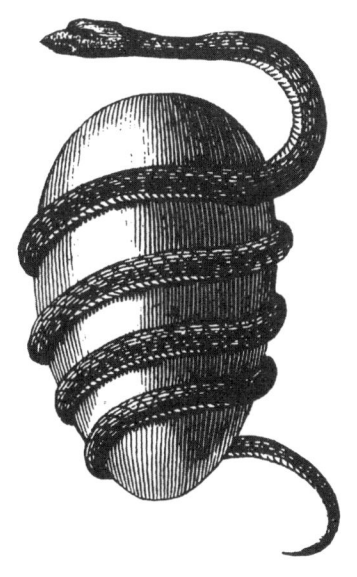

Ich grüße das Licht in deinen Augen,
in denen das ganze Universum wohnt.
Denn wenn du in dieser Mitte in dir bist und ich in meiner,
werden wir eins sein.

Crazy Horse,
Lakota-Führer und Heiliger Mann[1]

Die Lehre

Vom esoterischen Standpunkt aus besteht echter Fortschritt in der Ausrichtung des niedrigen, persönlichen Bewusstseins auf das höhere, spirituelle Bewusstsein, um ein wirksames Werkzeug hervorzubringen, durch das der Wille des Ewigen auf Erden erfüllt werden kann, auch wenn er oben im Himmel ist. Das ist natürlich der wahre Grund für das Wissen und die Ausbildung, die von den Herrschern der Mysterien – den Herren des Mitgefühls – vermittelt werden, und das ist der einzig wirklich akzeptable Grund für jegliche esoterische Arbeit. Das ist die wahre Richtung des Aufstiegs, der Pfad, der zur Vollendung des Großen Werks führt, denn »in Seinem Willen liegt unser vollkommener Frieden«. Alle anderen Richtungen des »Fortschritts«, alle anderen Interessenrichtungen sind nichts weiter als partielle Aspekte dieses Pfades der Rückkehr, der allen Menschen offen steht.

Der alchimistische Begriff »die manuelle oder Handarbeit der Kunst« ist irreführend. »Manuell« bedeutet »mit der Hand ausgeführt«. Auf Hebräisch ist »Hand« die Bedeutung des Buchstabens Jod – aber Jod bedeutet auch »Phallus«. Die Fortpflanzungsorgane werden der neunten Sefira, Jesod, zugeschrieben, deren Name wie der von Jod-Sod, »das Geheimnis von Jod«, lautet. Dieses Geheimnis ist nichts an-

---

[1] Aus einer Fußnote zu einem Interview mit David Swallow, das in *Sacred Hoop*, Winter 1998/99, 23, erschien.

deres als die in diesem Buch gelehrte westliche Form des Kundalini-Yoga. Das Geheimnis ist das Werk von Yod, bei dem die Yod-Kraft eingefangen und das Urfeuer nach oben gezogen wird.

Der dem Tarot-Schlüssel 6, »Die Liebenden«, zugeordnete hebräische Buchstabe lautet Sajin, ז, was »Schwert« bedeutet. Ein Schwert wird im Feuer geschmiedet. Es ist auf eine Weise das magische Schwert, Excalibur. Es symbolisiert das »Erzeugnis« der Kunst – das, was in der Schmiede von Athanor erhitzt und gehärtet wurde, die scharfe Klinge des Geistes, eingeschlossen in der Hülle eines stofflichen Körpers. Es ist das Schwert des spirituellen Königtums, dessen Gegenwart das Land heilt und den Untertanen des inneren Königreiches vollkommenen Frieden schenkt. Die Schwertklinge ist der Susumna-Strom; sein Heft symbolisiert die übernatürlichen Sefirot, die Parierstange der Glocke sind Binah und Chokmah, und der juwelenbesetzte Knauf ist Keter, der tausendblättrige Lotus, der den Stein der Weisen enthält. »Om Mani Padme Hum«, Om, das Juwel im Lotus, Hum.

Der alchimistische Weise, Paracelsus, besaß ein magisches Schwert. Man glaubte, dass das Juwel am Knauf eigentlich der Stein der Weisen sei – weil auf ihm das Wort »Azoth« stand. Nach Paracelsus' vermeintlichem Tod wurde sein Grab geöffnet, um an sein verzaubertes Schwert zu gelangen. Aber das Grab enthielt weder das Schwert noch irgendwelche physischen Überreste des Alchimisten.

Schlüssel 6, »Die Liebenden«, ist ein Tableau der Kunst. Der nackte Mann rechts auf der Karte (dem symbolischen Süden) ist Adam. Er steht für unseren Schwefelgehalt, unser selbst-bewusstes Gewahrsein und den physischen Körper. Der feurige Baum dahinter – seine zwölf Flammen beziehen sich auf den Tierkreis und somit auf Chokmah, Schwefel und die Yod-Kraft – bringt zum Ausdruck, dass der physische Körper von der Strahlenden Energie erschaffen und erhalten wird. Die nackte Frau im Norden des Tarot-Schlüssels (vom Betrachter aus auf der linken Seite) ist Mutter Eva. Sie verkörpert das alchimistische Salz, das Unterbewusstsein und den Astralkörper. Der Baum hinter ihr trägt fünf Äpfel, die die Tattvas darstellen, und die zusammengerollte Schlange ist ein Symbol für die im subtilen Körper präsente Kundalini. Über ihnen im Osten ragt der Erzengel Raphael empor – die »heilende Hand Gottes« –, der das Höhere Selbst und das erleuchtende alchimistische Merkur, Quecksilber, das Überbewusstsein, repräsentiert. Es ist das Quecksilber, das das »Werk der Sonne« vervollkommnet. »Der Magier«, Schlüssel 1, wird dem Planeten Merkur zugeordnet und die Karte der Liebenden dem Tierkreiszeichen Zwillinge, das von Merkur regiert wird; der Astralkörper wird durch die weißen Lilien und der physische Körper durch die roten Rosen symbolisiert.

Der Sonnenkörper, der die Frucht des Großen Werkes ist, ist ein Vehikel, in dem die Kräfte sowohl des physischen als auch des astralen Körpers voll und ganz manifestiert sind. Der Astralkörper nimmt die Materialität des Physischen an, während der physische Körper die Kräfte des astralen Vehikels erbt. Das Ergebnis ist ein vom Rad der Geburt und des Todes befreiter Körper, im Stande, sich beliebig zu materialisieren – ausreichend physisch, um berührt zu werden und zu essen, doch zugleich so subtil, dass er die Schwingungen seiner Atome nach Belieben erhöhen und so auf jeglicher Ebene des Universums – sei es die physische, astrale, spirituelle oder göttliche – wirken kann. Die Lehre wird in der Alchimie mit dem Begriff *Rebis* oder »Zwei-Ding« beschrieben. Diese beiden Vehikel müssen vom quecksilberhaltigen Wasser durchdrungen – durch und durch gesättigt – werden, von dem es bei Artephius heißt, dass es »die Körper durchdringt und aus zwei Körpern einen neuen schafft«. Das quecksilberhaltige Wasser ist *Mezla*, das erleuchtende Elixier oder der Nektar des Lebens, das vom Merkur-Zentrum, dem Kronen-Chakra von Keter, durch die Körper ausgegossen wird. Erzengel Raphael ist die »heilende Hand Gottes«, und »Hand« bezieht sich auf Yod, »heilen« auf »Ganzheit«, »Einheit«. Die gegenseitige Durchdringung des astralen und physischen Körpers (die Vermählung der Weißen Königin mit dem Roten König) wird in der Alchimie durch einen Hermaphroditen symbolisiert, einen Körper mit zwei Köpfen (*Rebis*) oder durch den doppelköpfigen Adler.

Dessen eingedenk wird der Leser das folgende Zitat von Artephius »von innen erleuchtet« finden:

Und dadurch wird der Körper [Asija] in einen Geist [den jeziratischen Golem] verwandelt und danach der Geist in einen Körper; und dann wird die Freundschaft, der Frieden, die Eintracht und die Vereinigung der Gegensätze erreicht, nämlich zwischen Körper und Geist, die gegenseitig oder auf natürliche Weise ihre Eigenarten ändern, die sie durch ihre winzigsten Teile (die Chakras und Atome) gegenseitig empfangen und übertragen.

Bei diesem Vorgang wird der Körper zu einem Geist von subtilster Beschaffenheit gemacht, und der Geist wiederum wird verkörperlicht und in die Substanz des Körpers verwandelt, beides vereint, wodurch unser STEIN aus einem Körper, einer Seele und einem Geist besteht.

Unsere ... Laterne wird dann zum Aufsteigen gebracht, gemäß der Grade des Feuers ... ohne Gewalt ... wenn sie hoch aufsteigt, wird sie in der Luft [Briah] oder Seele geboren und in Geist verwandelt; und wird Leben mit Leben erfüllt. Und durch ein solches Werk wird dem Körper ein subtiles Wesen verliehen, und der Geist wird mit dem Körper verbunden und ist eins mit ihm.[2]

Künftige Praxis

Die in diesem Buch vorgestellten Übungen werden, wie bereits erklärt wurde, auf der Ebene von Azilut durchgeführt. Einer der Gründe dafür ist der, dass bei den meisten Menschen diese Ebene nicht gut entwickelt ist. Aber da es sich um die Ebene der Göttlichen Emanation handelt, wird jede Übung, die hier durchgeführt wird, schließlich Früchte tragen und eine Ernte ermöglichen. Denn zur Vollendung des Werkes muss der Drachen auch in den drei unteren Welten, in Briah, Jezira und Asija, geweckt werden. Wenn dies in allen Welten erreicht ist, nimmt das entsprechende Maß an Glückseligkeit zu. Die letzte Übung (siehe Kapitel XVI) weist darauf hin, wie der Burggolem nach den Energien der Briah-Welt auszurichten ist. In Briah, der spirituellen Welt, der Ebene des Höheren Selbst und der geistigen Hülle, ist wie in Azilut jedes Vorgehen relativ »sicher«, da sie bei den meisten Men-

---
[2] Dieses und das weiter oben angeführte Zitat stammt aus: Artephius: »The Secret Book of Artephius«, Übersetzung aus dem 12. Jahrhundert von Lapidus, The British Library Collection.

schen gleichfalls nur embryonal entwickelt ist. Daher kann das Werk die Entwicklung nur fördern und beschleunigen. Praktizierende, die vom gesunden Menschenverstand Gebrauch machen (der wahrlich nicht weit verbreitet ist), aufrichtig im Streben und ehrlich im Dasein sind, werden von den Großen Gefährten oder von einem von ihnen gesandten physisch inkarnierten Adepten die erforderlichen Lehren erhalten, um die Praxis in den unteren Welten umzusetzen. Dann wird Gott Ihnen einen Meister schicken, und die Vollendung des Großen Werkes wird in Sichtweite sein.

In der Astralwelt von Jezira liegen die größten möglichen Gefahren, weil das Astrale in allen inkarnierten Menschen gut entwickelt ist. Daher sind auf dieser Stufe des Werkes viel mehr »Korrekturen« durchzuführen, bestehen mehr Hindernisse für die feurige Kraft, zu verbrennen und zu integrieren. Idealerweise sollte diese Ebene nur unter direkter Unterweisung und Aufsicht eines inkarnierten Lehrers der Kunst in Angriff genommen werden. Abgesehen davon ist für das Wirken der Kunst in Jezira ein »Liebender der Kunst« (Schlüssel 6) *unerlässlich*. Diese Voraussetzung hat wahrscheinlich zu mehr Missverständnissen und falschen Lehren geführt als alle anderen im gesamten Arkanum der Mysterien. Wir müssen also reinen Tisch (*Tabula rasa*) machen und klar und deutlich verstehen, was wirklich gemeint ist. Dass diese Lehre jetzt vermittelt wird, geschieht nur, um diesen zahlreichen Missbräuchen entgegenzuwirken.

Die Mudra

Praktizierende des Vajrayana nennen den »Liebenden des Werks« eine *Mudra*. Das Wort »Mudra« umfasst mehrere Bedeutungen. Im Westen ist sie als rituelle Handbewegung wohl am bekanntesten, aber sie birgt außerdem Bedeutungen wie Symbol oder Siegel in sich. Das Mahamudra des Ati-Yoga bedeutet das »große Siegel«, die große Geste oder das große Symbol, womit die paradoxe Erkenntnis gemeint ist, dass Samsara, die Illusion der Getrenntheit, im Nirvana wurzelt. Oder mit kabbalistischen Begriffen ausgedrückt, dass der Herr und sein Tempel (Schöpfung) eins sind. Aber eine Mudra ist auch ein Wesen – ein menschliches oder ein anderes –, das dem Yogi, der Yogini oder dem Alchimisten hilft, die letzten Integrationen vorzunehmen, die heilige Vermählung, den Hiero Gamos, zu erreichen. Denn ein wahrer Adept muss ein selbst-polarisiertes Wesen sein.

Diese alchimistische Praxis wurde aus dem Zusammenhang gerissen, weil die Gründe dafür den Nichtpraktizierenden unbekannt sind, was wiederum zu all dem Unsinn geführt hat, der in verschiedenen Erscheinungsformen wie »Arbeitspartner«, »Seelenverwandte« und anderen Verzerrungen gelehrt wird. Die Zauberkunst ahmt gern die wahre Kunst nach, und Unwissenheit zieht alles auf die eigene Ebene herunter.

Im Vajrayana unterscheidet man zwei Gruppen von Mudras: *Karma-Mudras* und *Dharma-Mudras*. Eine Karma-Mudra ist ein physischer Gefährte/eine physische Gefährtin und eine Dharma-Mudra ein nicht physischer Gefährte beziehungsweise eine nicht physische Gefährtin. In den tibetischen Traditionen (besonders der Gelupga-Schule), die den Zölibat befürworten, treten die Gurus für die Notwendigkeit der physischen Karma-Mudra ein, weil im Zölibat lebende Mönche und Nonnen sich unmittelbares Wissen um die physisch ausgedrückte Sexualität aneignen müssen, um gewisse relevante Einsichten gewinnen zu können. Die tibetischen Praktizierenden, die den Zölibat nicht beachten, tendieren zu einer Dharma-Mudra, also subtilen Gefährten. Tatsächlich verwenden nur mittelmäßige Praktizierende eine Karma-Mudra, während sich vollendete Praktizierende mit einer Dharma-Mudra befassen. Wie ein verwirklichter Yogi gesagt haben soll: »Wozu brauche ich eine äußere Gemahlin, wenn ich doch mit der inneren Göttin verheiratet bin?« Und die Dakini Yeshe-Tsogyal (Mudra des Guru Rimpoché) erklärte in Hinblick auf diese heilige Vereinigung (tibetisch: *Yab-Yum*): »Unsere Nektare verbanden sich zu einem Elixier ... Ich und Nicht-Ich lösten sich in strahlendem Gewahrsein auf ... Angeborene Glückseligkeit entstand als die äußerste Weite des Großen Raums.«[3]

In der Alchimie wird eine weibliche Mudra *Soror Mystica* – Mystische Schwester – und eine männliche Mudra *Frater Mysterium* – ein

---

[3] Aus: The Supreme Nectar-Elixir Dialogue of the Medicine Buddha, unveröffentlichter tibetischer Text.

Bruder der Mysterien – genannt. Bei männlichen Praktizierenden wird dieser subtile Brennpunkt als eine innere Gestalt der *Soror* (Sanskrit: *Dakini*) heraufbeschworen, die als Weisheit Nicht-Ichbezogenheit (*Nairatmya*) verkörpert, was in viel höherem Maße anzustreben ist als ein äußerer Partner. »Sie« absorbiert dadurch alle Wünsche des Einzelnen, die normalerweise nach außen fließen, und fokussiert sie wieder nach innen und oben. Die sexuelle Vereinigung weckt alle Sinne des physischen Körpers und inneren Elemente des subtilen Körpers, sodass die solaren und lunaren Energien aktiviert werden, die durch das innere Mandala des Körpers, seine subtile Entsprechung, fließen. Der männliche *Frater* (Sanskrit: *Heruka*) erfüllt die entsprechende Aufgabe bei weiblichen Praktizierenden. In fortgeschrittenen Stufen der Praxis benötigen weder Männer noch Frauen einen äußeren Partner, weil jeder seinen oder ihren inneren Partner hervorgerufen hat, entwickelt in und verdichtet aus seinen körperlichen weltprojizierenden Fähigkeiten. Im Umgang mit einer subtilen Dharma-Mudra ist das anscheinende Geschlecht der Mudra unerheblich; es kann, muss aber nicht mit der persönlichen sexuellen Orientierung des Praktizierenden übereinstimmen. Auf dieser Ebene des Werkes sollten Praktizierende genügend Erfahrung besitzen, um zu wissen, dass das »Geschlecht« in Hinblick auf Wesen der inneren Ebene lediglich eine Metapher für Klassifizierungen der Energie ist. Wenn dies tiefes psychisches Unbehagen hervorrufen sollte, ist der Praktizierende in den inneren Welten noch nicht ausreichend erfahren, um auf dieser Stufe der Praxis erfolgreich weiterzumachen. Einheit *ist* Einheit. In dem Buch *The Perfect Discourse*, das Bestandteil der *Hermetica* ist, fragt Asklepios – ein Schüler von Hermes Trismegistos: »Du sagt also, dass Gott beide Geschlechter besitzt?« Worauf der Dreimal Große antwortet: »Ja, Asklepios, und nicht nur Gott, sondern alle Lebewesen.«[4]

Die Vereinigung mit diesen inneren Partnern – der anderen Hälfte unseres wahren schöpferischen Selbst – ruft glückselige Erfahrungen (*Sahaja*) hervor, weit intensiver als jedes mögliche physische Vergnü-

---

[4] Randy P. Conner, David Hatfield Spraks und Mariya Sparks: Cassell's Encyclopedia of Queer Myth, Symbol, and Spirit, London 1997, S. 177

gen. Tatsächlich sind sehr wenige Praktizierende in der Lage, in diesem Bereich Fuß zu fassen oder seine gewaltigen Energien erfolgreich zu verwerten und zu absorbieren. Wenn es ihnen gelingt, können sie weitergehen, um das Reich der allerletzten Realität zu erreichen, das den Gipfel des subtilen Körpers überragt – die Wohnstätte des Höchsten Prinzips – vollkommen und glückselig vereint mit der höchsten Weisheit, Chokmah. Die Vision, die der zweiten Sefira zugeschrieben wird, ist »Die Vision Gottes von Angesicht zu Angesicht«. Diejenigen, die erfolgreich sind, treten in die Leere, die dreimal strahlende Dunkelheit von Ain, ein. Für einen solchen fortgeschrittenen Praktizierenden (genau genommen einen »angehenden Weisen«) werden die Visualisierungen überflüssig, sobald die direkte Vereinigung von Glückseligkeit und Weisheit stattfindet. Während das Relative und das Absolute im Überbewusstsein vereinigt sind, wird Ain, das Nichts, als unbeschreibliche, unsägliche und höchste Glückseligkeit erfahren.

Bei dem »Liebenden des Werks« geht es keineswegs darum, sich auf sexuelle Beziehungen einzulassen, sondern darum, den Praktizierenden zu befähigen, den subtilen Körper zu externalisieren. Dazu stehen zwei Methoden zur Verfügung. Bei der einen Methode richtet der Praktizierende sein emotionales und sexuelles Verlangen in einem Akt der Übertragung auf das Objekt des Verlangens (die physische oder subtile Mudra). Das auf der physischen Ebene unerfüllte Verlangen wird, wenn es stark genug ist, den physischen und den inneren Körper dazu veranlassen, sich voneinander zu trennen. Bei der zweiten Methode geht es darum, die Imagination in solchem Maße in Anspruch zu nehmen, dass sich das Bewusstsein beinahe zufällig und (zunächst) unbemerkt von seiner physischen Hülle trennt. Diese zweite Methode ist der *Modus operandi* der Übungen im vorliegenden Buch – daher die ausführlich beschriebenen Visualisierungen und emotionalen Auslöser. Die zweite Methode ist der ersten überlegen, weil bei ihr der Akt der Trennung und Wiedervereinigung der Kontrolle des Praktizierenden unterliegt. Gareth Knight erwähnt in seinen Kommentaren zu *The Circuit of Force*, dass Dion Fortune über diesen entscheidenden Schlüssel zur Kunst schreibt. »Für die Herstellung der alchimistischen Resultate wie das Elixier des Lebens und der Stein der Weisen ... benötigte der männliche Alchimist die *spirituelle* Hilfe einer Frau. Aber wehe dem Alchimisten, der dies fälschlicherweise im Sinn von *physischer Vereinigung* versteht.«[5]

In ihrem okkulten Roman *Moon Magic* bringt Dion Fortune die wahre Funktion der *Soror Mystica* überdeutlich zum Ausdruck. In diesem Roman bildet die Hauptfigur, eine Priesterin der Schwarzen Isis, einen Mann für das Werk aus. Es wird außerdem verständlich (da die Autorin uns in die Beweggründe und Gedanken der Priesterin einweiht), was es mit der Beziehung genau auf sich hat – dass man sich für das Große Werk allein auf sie einlässt und sie nicht als Ersatz für emotionale oder sexuelle Beziehungen dient. Wir entnehmen dem Roman die genauen Stufen, durch die die Mudra (die Dienerin der Schwarzen Isis) den angehenden Praktizierenden führt, und die Lehren, die sie ihm vermittelt.

> Ich lehrte Malcolm auch die mystische Alchimie, die der Yoga des Westens ist. Ich lehrte ihn, wie man die Kräfte aus dem Erdzentrum gewinnt und sie die Wirbelsäule hinaufzieht. Diese bilden die Grundlage für alles darauf Folgende. Nur diejenigen, die das vermögen, können Magie treiben. Wir im Westen arbeiten mit dem Baum; im Osten arbeitet man mit Blumen (Lotus), aber im Grunde ist das ein und dasselbe.[6]

Während der letzten Zeremonie in *Moon Magic* geschieht Folgendes:

> Sie hatten jetzt die Plätze gewechselt, und sie befand sich im Westen und er im Osten. ... Als er den Osten erreichte, den Platz des Priesters, ging eine Veränderung in ihm vor; es schien, als ob die verschiedenen Ebenen seines Bewusstseins sich alle in einem Brennpunkt vereinigten, sodass die Vergangenheit wieder in seiner Seele lebte und die Zukunft in Sicht kam; er war der aus der Priesterschaft Ausgestoßene, der er gewesen war, und der große Adept, der er werden würde, und der Adept baute auf dem Ausgestoßenen auf. ...

---
[5] Dion Fortune: The Circuit of Force, Loughborough, Leicestershire, UK, 1998, S. 231
[6] Dion Fortune: Moon Magic, York Beach, ME, 1978, S. 197

366 Die Soror Mystica

Der große Kreis verbindet die Astralebene von Jezira mit dem spirituellen Reich von Briah. In der Mitte des Kreises – dem Dreieck mit dem Planetensymbol von Merkur – leuchtet der Stein der Weisen als die Achse des Existenzrades. Die fünf Vögel im unteren Kreisbogen stehen zu den planetarischen inneren Metallen, den Chakras, in Verbindung. Der Rabe ist Blei, Saturn; der Schwan ist Zinn, Jupiter; der Hahn ist Eisen, Mars; der Pelikan ist Kupfer, Venus; und der Phönix ist das Quecksilber von Merkur. Die Symbole im oberen Bogen des Rades sind die des Transzendenten (verkörpert durch den Tetragrammaton), des Messias (das Lamm), des *Ruach-Hakodesh* (die Taube des Heiligen Geistes) und die Engelscharen. Der Wald unten ist ein Symbol des physischen Zustandes, und jeder Baum trägt ein Symbol für eine der Stufen im alchimistischen Prozess. Der Sonnenkönig und die Mondkönigin sind an den Stein gebunden (mit ihm vereint), während der Hirsch die Psyche repräsentiert und der Löwe die *Nefesch*, die Vitalseele der Verkörperung. Unter dem Rad steht auf einem zweifachen Löwen der alchimistische Weise. In beiden Händen hält er eine Axt, womit er zeigt, dass er die Illusion der Erscheinungen durchtrennt hat. Sein mit Sternen übersätes Gewand ist je zur Hälfte hell und dunkel, um darauf hinzuweisen, dass der Weise in seiner Person die Sternenkräfte des Makrokosmos mit den mikrokosmischen »inneren Sternen«, den Chakras seines Körpers, vereinigt hat. *Hermetic Museum*, 1678.

Der Raum entschwand seinem Blick, und er befand sich in der Höhle der Schwarzen Isis. ...

Auf der irdischen Ebene sah sie dann das ätherische Doppel des Mannes aus seiner physischen Form projiziert und vor ihr stehen, von Angesicht zu Angesicht; es kam näher, sie spürte seine silbrige Kälte, es begann sich mit ihr zu vereinigen. Er wurde eins mit ihr, absorbiert. In der Vision, die sie miteinander teilten, schwebten sie hoch im Raum zwischen den Sternen. Es war, als wäre sie auf mächtigen Flügeln aufgestiegen, den Mann wie im Hochzeitsflug der Bienen mit sich ziehend.[7]

Das folgende Zitat entstammt der letzten Seite von *Moon Magic*. Ich ziehe es aus dem Grund heran, weil ich klarmachen will, dass diese Techniken ebenso sehr Teil der westlichen Mysterientradition sind und immer waren wie der östlichen esoterischen Tradition:

Die Welt der Träume und die Welt des Wachens begegnen sich an dieser Schwelle, und er kannte jetzt das Geheimnis, wie man sie überschreitet. Denn in den großen Augenblicken des Lebens überschreiten wir die Schwelle in einer Art Trance, die von denen beschrieben wird, die sie als einen kleinen Tod erlebt haben – als die hl. Teresa in der Göttlichen Einheit hinschmolz, als Keats den ersten Blick in Chapmans Homer warf ... kannten sie diesen kleinen Tod und seine Erleuchtungen. Wer auch immer niemals dieses Fließen der Seele in einer transzendenten Erfahrung erlebt hat, dem fehlt der Schlüssel zum Leben.[8]

Die Edlen

Die Arbeit, den Drachen auf der astralen Ebene von Jezira zu wecken, erfordert den Beistand einer *Soror Mystica* oder eines *Frater Mysterium*. Diese Mudras oder Gefährten sind Initiatoren der subtilen Ebene und

---
[7] Dion Fortune: Moon Magic, S. 228-230
[8] Dion Fortune: Moon Magic, S. 241

entsprechen den *Dakinis* und *Herukas* im Vajrayana. Gefährten der inneren Ebene werden von Praktizierenden mit fortgeschrittenen Fähigkeiten und Gefährten der äußeren Ebene von Praktizierenden mit mittelmäßigen Fähigkeiten eingesetzt. Im hinduistischen Tantra werden diese Gefährten *Shakti* (passiv) und *Shakta* (positiv) genannt und durch Mahadeva, die Große Göttin, und den dritten Aspekt von Trimurti (die Hindu-Trinität), Shiva, der Gott der Yogis, der dem Heiligen Geist der christlichen Trinität entspricht, als der Umgestalter personifiziert. Vergessen Sie nicht, dass die planetarische Kundalini im Laboratorium des Heiligen Geistes entsteht. Der Strom der planetarischen Kundalini wird durch Berge geleitet, die vor alters die »Quellen der Hekate« genannt wurden. Der Berg Kailash in Tibet (Berg Meru auf Sanskrit) wird in der östlichen Metaphysik als die Weltenachse betrachtet. Dieser wie ein Schädel geformte, heiligste aller Berge gilt bei den Hindus als der Thron des Shiva und bei tibetischen Buddhisten als das Zentrum des physischen Mandalas von *Demchog*, der »Höchsten Glückseligkeit«.

Die westliche Entsprechung der Dakinis und Dakas sind die Elfen des Lichts. Dies sind keine Naturgeister – die rein ätherisch sind –, sondern die ätherische und astrale Ebene von Jezira bewohnenden Wesenheiten. Aber nur die »Königlichen« der Elfen sind dazu geeignet. Als die *Grimoires*, mittelalterliche Sammlungen von magischen Zaubersprüchen (sowohl himmlische als auch höllische), geschrieben wurden, teilte man die Geister entsprechend der sozialen Stellungen der damaligen europäischen Gesellschaft ein. Daher lesen wir von Prinzen, Herzögen, Grafen und dergleichen sowie ihren weiblichen Entsprechungen. Diese Stellungen oder Einteilungen sind nicht willkürlich gewählt, sondern beziehen sich auf Stufen der Verwirklichung bei diesen Wesen. So werden beispielsweise die Elementargeister der vier Elemente – Sylphen, Salamander, Undinen und Gnomen – von ihren Königen regiert. Diese vier Könige (Paralda, Djin, Nixsa und Ghob) sind jedoch *keineswegs* Elementargeister, sondern der Himmelschor der *Malakhim*, der Engel von Tiferet. Das liegt daran, weil wie bei den vier kabbalistischen Welten jede obere Welt die »herrschende Macht« über die untere Welt innehat. Briah ist also passiv gegenüber Azilut, aber positiv gegenüber Jezira, während Jezira gegenüber Briah passiv ist, aber positiv gegenüber Azilut. Und Azilut und Asija, die zunächst von einer Polarität zu sein scheinen, bilden eigentlich eine Zweiheit. Azilut ist zwar positiv gegenüber Briah, aber passiv gegenüber dem Nichtmanifestierten, gegenüber Ain. Und selbst Asija, obwohl gegenüber allen drei oberen Welten passiv, ist *in gewisser Weise* positiv gegenüber Ain, und zwar in dem Sinn, dass die durch all die Welten fließende Strahlende Energie das Malkut der Malkuts passiert, um *wieder* ins Nichts zurückzukehren. Auf gleiche Weise sind Wesen von höheren Reichen die »Herrscher« über die Wesenheiten auf den unteren Ebenen. Die Elfen, die Feenscharen, setzen sich überwiegend aus den subtilen Elementen Feuer und Luft zusammen, die zum Aspekt der Kraft am Baum gehören – Feuer ist unbedingte Kraft und Luft bedingte Kraft. (Wasser ist unbedingte Form und Erde bedingte Form). Aber die elfischen »Könige« und »Königinnen« sind wie die Dakas und Dakinis des Vajrayana Bewohner in Akasha, *innerhalb der Quintessenz selbst*. Aus diesem Grund sind sie Lehrer und Initiatoren auf den inneren Ebenen.

In tibetischen Initiationskreisen ist es wohl bekannt, dass gewisse hoch angesehene Gurus – beispielsweise Garab-Dorje, der den *Dzogchen* auf der irdischen Ebene in die Tat umsetzte, und Padmasambhava selbst – die Dakinis und Dakas (die Bewohner in Akasha) in das Dharma und die geheimen Aspekte der Tantras eingewiesen haben. Die ganzen Jahrhunderte hindurch sind die Dakinis (das königliche Elfenvolk) oft die Quellen für die geheimen Lehren (*termas*) und die persönlichen Initiatoren gewisser Yogis – zum Beispiel des Mahasiddha Naropa – gewesen. Wie bereits erwähnt, erreichten viele der Mahasiddhas die physische Entrückung in das Paradies der Dakinis (in der Kabbala das »Obere Eden«, wo Jezira und Briah sich berühren, mit anderen Worten, wo Seele und Geist miteinander verschmelzen und sich vereinigen).

In den Kleinen Mysterien der westlichen esoterischen Schulen ist dies im Großen und Ganzen in Vergessenheit geraten. Ein mitwirkender Umstand dieses Verlustes war eine von der mittelalterlichen Kirche eingepflanzte Angst vor dem »Feenvolk«. Im Artusmythos wird jedes Wesen, das im Besitz des Erbes von zwei Welten beschrieben wird – wie der Erzmagier Merlin –, als Träger einer solchen lehrenden Energie »gekennzeichnet«. Es liegt auf der Hand, dass ein weiser Praktizierender große Vorsicht walten lässt, bevor er irgendein Wesen als einen »Liebenden des Werks« akzeptiert. Die gewöhnlichen Bewohner des Feenlandes, die Elfen oder gar die Hohen Elfen (die *Lios-Alfar*), haben nämlich diese Entwicklungsstufe nicht erreicht. Nur die Königlichen Elfen – Ehrfurcht gebietende Wesen aus eigenem Recht – sind als Mudras für das Große Werk geeignet. Auch wenn man sehr vorsichtig sein muss, wird der Praktizierende sich inzwischen mit den Wissenden (den Großen Gefährten beispielsweise) ausreichend ausgetauscht haben, die im Stande sind, sich für ein solches Wesen zu verbürgen und die notwendigen Zeichen zu geben, die zu verstehen geben, dass eine solche Verbindung vom Himmel gewollt ist.

In seinem Gedicht »The Dirge of the Four Cities« schreibt Fiona MacLeod über die Tuatha de Danaan, die Sidhe oder Hohen Elfen Irlands, und über ihre Versammlungsorte, die in den vier Himmelsrichtungen der Welt liegen. Der folgende Auszug enthält viel von der Weisheit der königlichen Herrscher der Edlen:

> Vier Städte gab es, Finias, Murias, Gorias und Falias, die vier Städte an den vier Enden des grünen Diamanten, der die Erde ist. ... In der Mitte des grünen Diamanten, der die Welt ist, liegt das Tal der Edelsteine. Es hat die Form eines Herzens und leuchtet wie ein Rubin, obwohl alle Edelsteine und Juwelen dort sind. Dort gehen die Sidhe hin, um ihr unsterbliches Leben zu stärken.[9]

Der Schatz des Drachen

Wenn eine Rose in der Brust eines jeden Mannes und einer jeden Frau erblüht, werden wir sehen, wie wir am Anfang sahen.
Alchimie: Die Kunst der Transformation

Jay Ramsay[10]

---

[9] Fiona MacLeod: Poems and Dramas, London 1993, S. 47
[10] Jay Ramsay: Alchemy: The Art of Transformation, London 1997, S. 163

Einige Früchte des Kundalini-Yoga, die sich lange vor der Vollendung des Großen Werkes selbst zeigen, bestehen darin, dass die *Siddhis* (die so genannten magischen Kräfte, die sich im Verlauf der Seelenentwicklung entfalten) nach dem physischen Tod und in anschließenden Inkarnationen beibehalten werden. Tibetische Tulkus liefern genügend Beweise dafür, sodass wir auf diesen Punkt nicht mehr einzugehen brauchen. Dieses Phänomen tritt so auf, dass Praktizierende unter den entsprechenden Umständen ihr früheres Wissen und ihre früheren Fähigkeiten schnell umsetzen und an ihren früher erzielten Fortschritten in dem Werk anknüpfen können. Diese Siddhis manifestieren sich in der Kindheit, kommen in der Pubertät zu einem gewissen Grad zum Erliegen, wenn die Schlangenkraft sich im physischen Körper aktiv rührt, und tauchen wieder im Erwachsenenalter auf.

Die Vorteile der alchimistischen Praxis liegen darin, dass Sie die Ergebnisse Ihrer geschickten Erweckung der Ehrfurcht gebietenden Drachenkraft direkt sehen können; denn durch die Arbeit mit hochfrequenter Energie treten Veränderungen auf allen Ebenen auf. Das ist keine Sache des Glaubens, sondern eine Sache der unmittelbaren Erfahrung; Sie führen lediglich die Übungen durch und erzielen die Ergebnisse. Diese Ergebnisse sind unter anderem: die Entfaltung latent vorhandener Siddhis (das Wecken der schlummernden medialen Fähigkeiten); die Sensibilisierung und Hebung der Emotionen; die enorm verstärkte Fähigkeit des physischen Körpers, Glückseligkeit zu erfahren; hinzu kommt, dass das Bewusstsein selbst von den Fesseln des Scheins befreit wird und somit beliebig in erhöhte Bewusstseinszustände einzutreten vermag.

Sie tun gut daran, nicht zu vergessen, dass Sie alle Ewigkeit haben, um das Große Werk zu vollenden. »Beeile dich langsam.« Aber das bedeutet nicht, dass Sie ewig warten sollen. Sorgfalt und Fleiß können durchaus dazu führen, dass Sie das Werk in dieser Inkarnation abschließen. Oder Sie haben einen genügend guten Start, der es Ihnen ermöglicht, das Werk in vollem Bewusstsein fortzusetzen, nachdem Sie Ihren derzeitigen physischen Körper abgelegt haben. In einem solchen Fall werden Sie die heilige und Königliche Kunst in den inneren Welten vollenden, indem Sie Ihre Mühen mit der Fähigkeit krönen, einen physischen Körper in die Inkarnation zu projizieren, ohne durch das Tor der Geburt gehen zu müssen.

Wenn das Große Werk vollendet ist, werden Sie zu einem Mitglied dieser kleinen, aber immer größer werdenden Gesellschaft der voll erleuchteten Weisen. Diese Erleuchteten, die über den Schleier der Erscheinungen hinaussehen, wissen vor allem, dass sie eins sind. Sie sind lebende Verkörperungen von Mitgefühl (Bodhisattvas), Zentren dieser bleibenden Liebe, die von der Erkenntnis der Einheit aller Wesen herrührt. Wenn sie das Licht gefunden haben und in ihm ruhen, treten die Weisen nach Belieben in diese Dunkelheit, die sogar jenseits des Lichtes liegt, die große Glückseligkeit des Ungeschaffenen. Von der Unendlichkeit in das Nichts, ist der Weise in den geheimen Platz des Höchsten eingetaucht. Dann findet die letzte Verklärung statt, und einer der vielen wird zu Allem.

Die Kontemplation

Unsere tiefste Angst ist nicht, dass wir der Sache nicht gewachsen sind. Unsere tiefste Angst ist, dass wir unermesslich mächtig sind. Es ist unser Licht, das wir fürchten, nicht unsere Dunkelheit. Wir fragen uns: »Wer bin ich eigentlich, dass ich leuchtend, hinreißend, begabt und fantastisch sein darf?« Wer sind wir denn, dass wir das nicht sein dürfen? Sie sind ein Kind Gottes. Sich klein zu machen ist der Welt nicht dienlich. Es hat nichts Erleuchtendes an sich, wenn Sie kleiner werden, damit andere Menschen in Ihrer Nähe sich nicht unsicher fühlen. Wir alle sollen strahlen, wie Kinder es tun. Wir wurden geboren, um die Herrlichkeit Gottes zu offenbaren, die in uns ist. Wenn wir unser Licht erstrahlen lassen, geben wir unbewusst anderen Menschen die Erlaubnis, das Gleiche zu tun. Wenn wir uns von unserer Angst befreit haben, wird unsere Gegenwart automatisch andere befreien.

Nelson Mandela[11]

---
[11] Aus Mandelas Antrittsrede als Präsident der Republik Südafrika in Johannesburg, 10. Mai 1994.

Abschiedsgruß

Und nun, Mitpraktizierender, sage ich Ihnen Lebewohl und flehe den vollkommenen Frieden des Göttlichen auf Sie herab. Möge er, der Heiligste und Allmächtige Meister unserer Kunst, alle Ihre Mühen mit seinem vervollkommnenden Schalom krönen.

Ihr Bruder im Werk,
David Goddard

ANHANG I

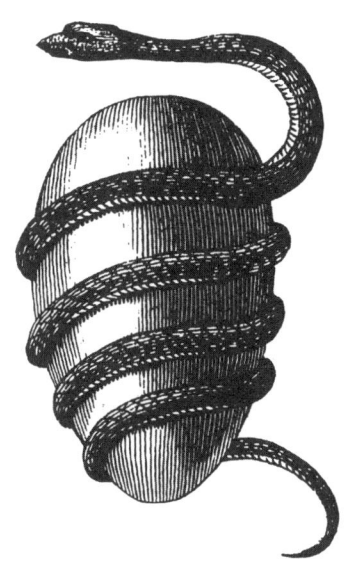

Farben und Schlüssel

Farben der Sefirot in den vier Welten

Azilut – Die Welt der Emanation und die Ebene der innewohnenden Göttlichkeit – König-Farbskala

Keter: Weiß glühend
Chokmah: Azurblau
Binah: Karmesinrot
Chesed: Violett
Geburah: Orange

Tiferet: Rosarot
Netzach: Bernsteinfarben
Hod: Violett-Purpur
Jesod: Indigoblau
Malkut: Goldgelb

Briah – Die kosmische Welt und die Ebene des Geistes (Höheres Selbst) – Königin-Farbskala

Keter: Weißer Glanz
Chokmah: Grau
Binah: Schwarz
Chesed: Blau
Geburah: Scharlachrot

Tiferet: Goldgelb
Netzach: Grün
Hod: Orange
Jesod: Violett
Malkut: Zitronengelb, Olivgrün, Rostbraun und Schwarz

Jezira – Die astrale Welt und die Ebene der Seele (Psyche) – Ritter-Farbskala

Keter: Weißer Glanz
Chokmah: Bläuliches Perlmutt
Binah: Dunkelbraun
Chesed: Dunkelpurpur
Geburah: Strahlendes Scharlach

Tiferet: Goldgelb
Netzach: Grün
Hod: Rostbraun
Jesod: Sehr dunkles Purpur
Malkut: Zitronengelb, Olivgrün, Rostbraun und Schwarz mit goldenen Flecken

Asija – Die Welt des Handelns und die Ebene des Körpers – Pagen-Farbskala

Keter: Weiß mit
   goldenen Flecken
Chokmah: Weiß mit blauen,
   roten und goldenen
   Flecken
Binah: Grau mit blauen,
   roten und goldenen Flecken
Chesed: Dunkles Azurblau
   mit goldenen Flecken
Geburah: Rot mit goldenen
   Flecken

Tiferet: Gold-Bernsteinfarben
Netzach: Olivgrün mit goldenen
   Flecken
Hod: Gelbbraun mit
   weißen Flecken
Jesod: Zitronengelb
   mit azurblauen Flecken
Malkut: Schwarz mit
   goldenen Lichtstrahlen

Esoterische Bezeichnungen der Tarot-Schlüssel der Großen Arkana und ihre Pfadfarben

0 – Alef: Der Geist von Äther (Akasha); hellgelb
1 – Bet: Der Magus der Macht; gelb
2 – Gimel: Die Priesterin des Silbersterns; blau
3 – Dalet: Tochter der Mächtigen; grün
4 – He: Sohn des Morgens; Oberhaupt der Mächtigen; rot
5 – Waw: Magus der ewigen Götter; rotorange
6 – Sajin: Kinder der göttlichen Stimme, die Orakel der mächtigen Götter; orange
7 – Chet: Kind der Macht der Wasser, Herr des triumphierenden Lichts; orangegelb
8 – Tet: Tochter des glühenden Schwertes, Führer des Löwen; gelb
9 – Jod: Der Magus der Stimme des Lichts, der Prophet der Götter; grün mit goldenen Flecken
10 – Kaf: Der Herr der Lebenskräfte; violett
11 – Lamed: Tochter des Herrn der Wahrheit, der Bewahrer des Gleichgewichts; grün
12 – Mem: Der Geist der mächtigen Wasser; blau
13 – Nun: Das Kind der Großen Umwandler; Herr der Tore des Todes; blaugrün (türkis)
14 – Samech: Tochter der Versöhner, der Hervorbringer des Lebens; blau
15 – Ajin: Herr der Tore der Materie; Kind der Kräfte der Zeit; blauviolett (indigoblau)
16 – Pe: Herr der Scharen der Mächtigen; rot
17 – Zade: Tochter des Firmaments; Bewohner zwischen den Wassern; violett
18 – Kof: Herrscher von Fluss und Rückfluss, Kind der Söhne der Mächtigen; violettrot
19 – Resch: Herr des Feuers der Welt; orange
20 – Schin: Der Geist des Urfeuers; rot
21 – Taw: Der Große der Nacht der Zeit; blauviolett (indigoblau)

Ein alchimistisches Gebet[1]

Das folgende Gebet entstammt der christlich-alchimistischen Tradition, und mit ihm wird der göttliche Segen für die Arbeit angerufen. Es richtet sich an die drei Personen der Heiligen Dreifaltigkeit. Der transzendente Vater als die Essenz der Ewigkeit und das SELBST des Selbst (*Jechida*), Gott der Sohn (*Adam-Kadmon*) als Identität und die innewohnende menschliche Seele (*Ruach*) und der Heilige Geist als der Körper und seine Kräfte (*Nefesch* und *Guph*). Denn wenn unser Geist, unsere Seele und unser Körper die unteilbare Vereinigung der Dreifaltigkeit widerspiegeln, ist das Große Werk vollbracht, und wir werden in den Jubel des Großen Sabbat eintreten.

Das Gebet
O heilige und geheiligte Trinität, lass mich in den Abgrund Deines grenzenlosen, ewigen Feuers sinken, denn nur darin kann die sterbliche Natur des Menschen in einfachen Staub verändert werden, während der neue Körper der Vereinigung des Salzes im Licht liegt.

O schmelze mich und verwandle mich in diesem Deinem heiligen Feuer, damit ich an dem Tag, an dem auf Deinen Befehl hin die feurigen Wasser des Heiligen Geistes mich aus dem dunklen Staub ziehen, neu geboren und mir von Seinem Atem Leben eingehaucht werde.

Möge ich auch durch die bescheidene Demut Deines Sohns erhöht werden, mich mit seiner Hilfe aus dem Staub und der Asche erheben und mich in einen reinen geistigen Körper aus Regenbogenfarben verwandeln, dem durchsichtigen, kristallartigen, paradiesischen Gold gleich, damit mein eigenes Wesen erlöst und geläutert werden kann.

---

[1] Dieses Gebet stammt aus Jeremy Catto, Alchemy: The Art of Knowing, London 1994, S. 52-55

Vermenge mich mit dem Wasser des Lebens, so als wäre ich im Weinkeller des ewigen Salomo. Hier wird das Feuer Deiner Liebe neues Öl erhalten und auflodern, sodass keine Ströme es zu löschen vermögen. Durch die Hilfe dieses göttlichen Feuers werde ich schließlich vielleicht für würdig befunden, in die Erleuchtung der Gerechten gerufen zu werden.

Möge ich dann mit dem Licht der neuen Welt so vereint sein, sodass ich auch die Unsterblichkeit und Herrlichkeit erlange, in der es keinen Wechsel von Licht und Dunkelheit mehr gibt.

Amen

ANHANG II

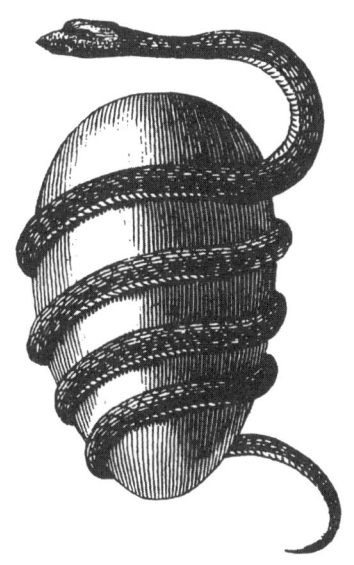

Literatur

Apuleius: *Der goldene Esel: Metamorphosen*. München; Zürich 1989
Atwood, Mary A.: *A Suggestive Enquiry into the Hermetic Mystery*. Geneva 1976
Avalon, Arthur (John Woodroffe): *The Serpent Power*. New York 1974
Barrett, Francis: *The Magus*. York Beach, ME 1977
Böhme, Jakob: *The Signature of All Things*. London and Cambridge 1969
Böhme, Jakob: *Threefold Life of Man*. London 1909
Böhme, Jakob: *Im Zeichen der Lilie. Aus den Werken des christlichen Mystikers*. München 1998
Butler, W. E.: *The Magician: His Training and Work*. North Hollywood, CA 1979; London 1970
Caldecott, Moyra: *The Silver Vortex*. London 1987
Campbell, Joseph: *Joseph Campbell and the Power of Myth with Bill Moyers*. Mystic Fire Video 1989
Case, Paul Foster: *The Book of Tokens*. Los Angeles 1989
Catto, Jeremy: *Alchemy: The Art of Knowing*. London 1994
Conner, Randy P., David Hatfield Sparks und Mariya Sparks: *Cassell's Encyclopedia of Queer Myth, Symbol, and Spirit*. London 1997
Evans-Wentz, W.Y.: *Geheimlehren aus Tibet. Yoga und der Pfad des Mahayana Buddhismus*. München 1997
Fortune, Dion: *The Circuit of Force*. Gareth Knight, Hrsg., Loughborough, Leicestershire, UK 1998
Fortune, Dion: *Moon Magic*. York Beach, ME 1978
Fortune, Dion: *The Mystical Qabalah*. York Beach, ME 1984
Freke, Timothy: *The Wisdom of the Hindu Gurus*. Boston 1998
Freke, Timothy: *The Wisdom of the Tibetan Lamas*. Boston 1998
Freke, Timothy und Peter Gandy: *The Wisdom of the Pagan Philosophers*. Boston 1998
Govinda, Anagarika: *Foundations of Tibetan Mysticism*. York Beach, ME 1969
Govinda, Anagarika: *Psycho-Cosmic Symbolism of the Buddhist Stupa*. Berkeley, CA 1976

Halevi, Z'ev ben Shimon: *Kabbalah: The Divine Plan*. San Francisco 1996
Halevi, Z'ev ben Shimon: *A Kabbalistic Universe*. York Beach, ME 1977
Halevi, Z'ev ben Shimon: *The Way of the Kabbalah*. York Beach, ME 1976 (dt. *Der Weg der Kabbalah*. München 1993)
Halevi, Z'ev ben Shimon: *The Work of the Kabbalist*. York Beach, ME 1985 (dt. *Lebendige Kabbalah: Anleitung und Übungen zur praktischen Arbeit im Alltag*. München 1989)
Jung, C. G.: *Psychology and Alchemy*. Bd. 12, Princeton 1953, 1968
Kaplan, Aryeh: *The Sepher Yetzirah*. York Beach, ME 1993
Lao Tzu: *Tao Teh Ching*, Boston 1961
Lévi, Eliphas: *Transcendental Magic*. A. E. Waite, Übers., York Beach, ME 1972 (dt.: *Transzendentale Magie*. Basel 1975/76)
MacLeod, Fiona: *Poems and Dramas*. London 1993
Mathers, S. L. MacGregor, Übers.: *The Kabbalah Unveiled*. York Beach, ME 1983
Matthews, John und Caitlin Matthews: *Encyclopedia of Celtic Wisdom*. Rockport, MA 1996
Mead, G. R. S.: *Echoes from the Gnosis*. Bd. 8 und 10. Wheaton, IL 1908
Müller, Ernst, Hrsg.: *Der Sohar. Das heilige Buch der Kabbala*. München 1998
Paracelsus:. *Hermetic and Alchemical Writings of Paracelsus the Great*. A. E. Waite, Übers., Edmonds, WA 1974
Plotinus: *The Enneads*. Stephen MacKenna, Hrsg. und Übers., Burdette, NY 1992 (dt.: *Die Enneaden des Plotin*. Erlangen 1820)
Pernety, Antoine-Joseph: *An Alchemical Treatise on the Great Art*. York Beach, ME 1995
Ramsay, Jay: *Alchemy. The Art of Transformation*. London 1997
Redfield, James: *The Celestine Vision*. New York 1997 (dt.: *Die Vision von Celestine*. München 1999)
Regardie, Israel: *The Art of True Healing*. San Rafael, CA 1991
Regardie, Israel: *The Philosopher's Stone*. London o. J.
Roerich, Nicholas: *From the Heart of Asia: Memoirs from the Himalayas*. Rochester, VT 1990
Silberer, Herbert: *Hidden Symbolism of Alchemy and the Occult Arts*. New York 1971
St. Theresa of Ávila: *The Interior Castle*. London 1974 (dt.: *Seelen-Burg oder die sieben inneren Wohnungen der Seele*. Freiburg im Breisgau 1999)
Szêkely, Edmund: *The Gospel of Peace of Jesus Christ*. Saffron Walden, Essex, UK 1982
Tolkien, J. R. R.: *The Lord of the Rings*. Boston 1991 (dt.: *Der Herr der Ringe*. Stuttgart 1972)
Vaughan, Thomas (Eugenius Philalethes): *The Works of Thomas Vaughan*. A. E. Waite, Hrsg., London 1919; Kila, MT 1992
Vivekananda, »Raja Yoga« in Vivekananda: *The Yoga and Other Works*. New York 1996

Waite, A. E., Hrsg.: *The Hermetic Museum*. York Beach, ME 1991
Waite, A. E.: *Turba Philosophorum*. New York 1970
Zohar. Fünf Bände, übers. v. Harry Sperling und Maurice Simon. London 1984

Abbildungsverzeichnis

Abb. 1	Der persönliche Sitz des Praktizierenden	83
Abb. 2	Die Große Halle	112
Abb. 3	Der Caduceus des Hermes oder Merkur	129
Abb. 4	Der Aufbau des tibetischen Chörten	140
Abb. 5	Die tattvischen Symbole der inneren Sterne	145
Abb. 6	Das Stockwerk von Daat und die Kammer des Innewohnens	172
Abb. 7	Die Burg und ihr Hof	174
Abb. 8	Das *vesica-piscis*-Symbol	185
Abb. 9	Der Ort, wo sich die drei unteren Welten berühren	217
Abb. 10	Die sefirotischen Kammern und der Hügel der Macht	289
Abb. 11	Die Pfade der verborgenen Herrlichkeit	297
Abb. 12	Die verborgenen Pfade zusammen mit den 22 glänzenden Pfaden	299

Register

Aben 233
Aben-Gedulah 76
Abisheka 80, 317
Abraham 147, 165, 212
Abramelin, System von 163
Absolute, das 45
Achtfache edle Pfad, der 42
Adam 28, 331, 358
Adam Kadmon 146, 332, 383
Adonai Interna 76
Adytum 165
Agni 142
Ägyptische Schule 327
Ahijah aus Shiloh 28
Ain 252, 364, 369
Ain-Sof-Aur 222
Akasha 73–74, 125, 130, 141, 150, 152, 186, 195, 221, 288, 350, 369
Akasha Tattva 278
Akasha-Akasha 167
Akasha-Tejas
– Schild 155
– Symbol 144
Alchimie 27, 127, 130, 139, 183, 187
Alchimistische Erste Materie 73, 90
Alchimistischer Ofen 249
Alchimistischer Springbrunnen 67

Alchimistisches Gebet 383
Aldebaran 333
Alexander der Große 189
Alexandria 187
Alipili 91, 353
Ama 194
Ambrosia der Glückseligkeit 80
Amitabha 80
Amitayus, Buddha 80, 220
Amt des Verwalters, das 298
Angelhaken 90
Ankh 300
Antares 333
Apas 141–142
Apas-Apas
– Glyphe 144
– Symbol 153, 171
Apas-Tejas 170
– Glyphe 171
Apollon 126
Apollonius 104
Apuleius, Lucius 193
Aquin, Thomas von 76
Aralim 94
Arbor inversum 44
Arbor philosophica 44
Aron 161
Artephius 67, 359
Artus, Pendragon, König 101, 247

Artusmythos 38–39
Asana 51
Asija 222, 232, 249, 253, 279, 283, 315, 360, 369
Asija-Jezira-Schnittstelle 215
Asklepios 363
Astralkörper 358
Astrallicht 312
Astralprojektion 54
Atem 53
– der Leben 94
Athanor 249, 273, 358
Ätherische
– Kanäle 296
– Körper 51, 67
Atlantis 41
Atman 28
Atwood, Mary A. 208
Aufstieg 349
Aura 55, 66, 122, 215, 249, 293
– Versiegeln der 57
Avalon, Arthur 131
Azilut 41, 75, 195, 231–232, 249, 360, 368
Azoth 31, 358

Ba'al ha-Da'ath 293
Barasith 168
Barrett, Francis 86
Barukah 168

Baum der Erleuchtung 45
Baum der Jakobsleiter 75
Baum des Körpers 66
Baum des Lebens 44, 123, 139
Baum von Asija 109, 111, 132, 197, 200, 237
Berg Abiegnus 165
Berg der Verwirklichung 165
Berg Meru 81
Beten, der »Schoß« 221
Bewusstsein 39, 55, 130, 139, 181, 211
– Körper des höchsten, universalen 37
– kosmisches 130, 309
– uranfängliches 235
Bewusstseinszustand 134
Binah 43, 61–62, 65, 75, 94, 126, 168, 171, 194–195, 221, 254, 269, 286, 290–291, 358
Blasebalg 49
Blätter des Baums 292
Blitz 65, 323
Blut des roten Löwen 310
Böhme, Jakob 119, 143, 247
Bon-Schamanismus 162
Book of Enoch (Buch Henoch) 161
Brahma-vihara 41
Brahman 45
Brauthalle 151-152, 154
Brauthalle von Malkut 163, 200, 318
Briah 75-76, 95, 119, 124, 215, 249, 279, 283, 315, 360, 368
– Farbskala von 65
– Königinnenskala von 67
Buddha Shakyamuni 35, 139
Builders of the Adytum (Erbauer des Adytum – B.O.T.A.) 45
Bundeslade, die heilige 162

Burg 174
– projizierte, die 207
Butler, W. E. 34

Caduceus des Hermes 124–125, 165, 272
Caldecott, Moyra 263
Campbell, Joseph 76
Case, Paul Foster 45, 167, 257
Chaiah 64, 222, 269
Chajjam, Omar 165
Chakras 144, 147, 149, 186
– Ajna 101
– Anahata 80, 283
– Kronen- 359
– Muladhara- 163, 187, 270, 272
– Sahastata 187
– Svahisthana 151
Cherubimschar 294
Chesed 43, 62, 65, 126, 142, 236, 254, 286, 290–291
Chitta 222
Chokmah 43, 62, 65, 81, 94, 126, 171, 194–195, 221, 233, 236, 254, 269, 286, 290–291, 358, 364
Chörten 139-141, 146, 188, 222
Christus Pantokrator 334
Chthonische Brauthalle 209
Claviculum 281
Claviculum der Weisheit 321
Comte de Saint-Germain 104
Corpus Hermeticum 135
Crazy Horse 357
Crowley, Aleister 193
Crux anasta 300

Daat 61–62, 65, 78, 148–149, 151, 165, 171, 200, 286, 290, 318
– Stockwerk von 172

Dakas 368
Dakini 363, 368
Dalet 288
Darshan 102
Deborah, Prophetin 162
Demchog 81
Dharmadhatu 221–222
Dhyani 309–310
Diagramme, heilige 75
Diamant-Sau 195
Diana 187
Dionysos 165, 334
Djed-Säule 163
Drache
– Schatz des 370
– Sternbild 274, 333
– wecken, den 265
Dragpo 166
Dreifaltigkeit, Heilige 41
Drittes Auge 81, 162, 165, 219

Edlen, die 367
Eine Wirklichkeit, die 40, 142
Einhorn 167
Einsiedler, der 236
Elemente der Weisen 141
Elfen des Lichts 368
Elias 28, 216, 311
Elias-Artisan 311
Energie, universale 55
Entspannung 53
Erde der Weisen 74, 142
Eremit, der 110, 219, 236
Erste Materie 141, 166, 196, 214, 218, 249, 270, 296, 298
Erzengel 76, 130
Erzengel Mikael (Michael) 76, 106, 147, 197
Erzengel von Jesod 270
Erzmagier Merlin 92, 369
Eucharistie 234
Evans-Wentz, W. Y. 181

Excalibur 113, 259, 321, 329, 345, 358

Farben 61
Farben der Sefirot 377
Feuer der Weisen 74, 142
Feuersäule 195
Fischerkönig 73
Flammenschrift 292
Fohat 268
Formalhaut 333
Fortune, Dion 44, 95, 191, 193, 215, 364
Frater Mysterium 362, 367

Gabriel 107, 147, 197, 270, 274, 294, 310
Galagalim 331
Gandhi 104
Garab-Dorje 369
Geburah 43, 62, 65, 126, 254, 256, 270, 290-291
Gedankenformen, Erzeugung von 119
Gefährten
 – der Tafelrunde 320
 – des Lichts 87, 96
Geflügelte Schlange 270
Geheime Pfade 298
Geist 39
 – erleuchteter 139
Geist des Äthers 211
Geister des Lichts 104
Gematria 76
Gerechtigkeit 110, 183, 273
Gesalbte, der 232
Gesang der Einen Wirklichkeit 81
Gewand der Herrlichkeit 215
Glorien 122
Gold 36, 307
 – Verwandlung von Blei in 36
Goldenes Vehikel 312

Golem 210–212, 232, 283–284, 298, 317, 329
Golem des Turms 291
Gott
 – existiert und existiert nicht 40
 – innerer 76
 – verweilen in 41
Göttliche Emanation 360
Göttlicher Funke 236
Göttlicher Geist 308
Govinda, Lama Anagarika 119, 309
Gral 38, 73–74, 78, 82, 84, 90, 106, 119, 162, 199, 298, 322, 329, 331
Gralsgemeinschaft 134
Gralskind 321
Gralsstadt Sarras 162
Greif 167
Grenzenlose Licht, das 64, 93
Große Halle 110, 134
Große Halle der Tafelrunde 149
Große Halle von Tiferet 148, 288, 323
Große Mutter 94
Große Weiße Loge 294, 315
Große Werk, das 27, 51, 78, 80, 125, 209, 311
Großen Gefährten, die 107, 225, 251, 258, 276, 287, 322, 329
Große Arkana 45
Guinevere 92
Gunas 287
Gyalwa Karmapa, der 16. 216

Hadrian, Kaiser 163
Halle
 – der Braut 148, 275, 350
 – der Gerechtigkeit 295
 – der großen Glückseligkeit 290
 – der Sternenweisheit 290
 – des heiligen Feuers 290

 – des heiligen Ibis 291
 – des roten Löwen 291
 – oder Kammer der verlangenden Suche 290
Hängende Mann, der 310
Hathor 188
Haus Israel 294
Hechaloth 147
Heilfähigkeit, innere 313
Heiliger Geist 80, 128, 151
Heiliger Georg 274
Heiliges Herz 77
Heilige Hochzeitskammer 169
Heiliger Ibis 151
Heiliges Kind 320
Heilige Magie 231
Heiliger Michael 274
Heilige Mythen 78
Heilige Schutzengel 75, 167, 205
Heiliger Treffpunkt 99
Helden 233
Henoch 28, 164
Hermaphrodit 127
Hermes Trismegistos 135, 216, 283, 338, 342, 363
Herr der Bilder 293
Herren des Geistes 142
Heruka 368
Herz der Sonne 93
Herzzentrum 80, 89, 283, 314
Hesekiels Vision 312
Hierophant, der 108, 130, 307
Hieros Gamos 170
Himmlische Eden, das 41
Himmlische Runde des Melchisedek 68
Hirnanhangdrüse 101
Hiskija, König 272
Hochzeitskammer 148, 167, 170, 193, 209, 270, 276, 286, 320
Hod 43, 62, 65, 126, 128, 254, 286, 291

Hohepriesterin 132, 134, 150, 153, 154, 173
Horus-König 194
Höhere Selbst, das 55, 75, 77, 106, 167, 273, 311
Hügel der Vision 165

Iamblichos 192
Ida 125, 149
Igraine 162
Indirekte Weg, der 33
Innere Königreich, das 291
Integrität 42
Ipsissimus 28
Isis 187
Israel 161

Jakob 28, 161
Jakobsleiter 89
Jechida 75, 84
Jesod 43, 61–62, 65, 67, 78, 89, 126, 142, 146, 148, 154, 163, 165, 167, 175, 188, 206, 254, 270, 275, 290, 294, 357
Jesod-Daat-Strom 149
Jesod-Zentrum 268, 274
Jesus 28, 147, 216, 233
Jetsun-Milarepa 310
Jezira 75, 77, 188, 215, 249, 251, 279, 283, 315, 360, 368
– Astralwelt von 361
Jod 94, 221, 357
Jod-He-Waw-He 133, 148, 318
Jod-Kraft 222, 269
Jod-Sod 146, 357
Joseph von Arimathäa 162
Joshua, Rabbi 163
Jung, C. G. 206, 221
Juwel der Ewigkeit 299

Kabbala 44
Kabbalistische Kreuz, das 55, 59–60, 82, 84, 95, 97, 109, 111, 132, 198, 200

Kaiser, der 108, 110, 307
Kallah, die Braut 170
Kammer
– der großen Glückseligkeit 286
– der Sternenweisheit 286, 290
– des Innewohnens 170, 172, 175, 198–199, 224, 227, 257, 275, 286, 291, 301, 318, 323, 329, 352
– von Malkut 350
Kapelle des Rosenkreuzes 113–114, 134, 144, 149, 153, 173, 225, 237, 242, 257, 298
Kaplan, Rabbi Aryeh 212, 213
Karma 183
Kayas 141
Kelch 74
Kelch des Moses 253
Keter 43, 45, 61, 63, 65–67, 75, 78, 126, 142, 148, 152, 164, 168, 175, 195, 214, 223, 236, 252, 254, 256, 269, 287, 290, 358–359
– von Asija 215
– von Azilut 222
– von Briah 124
– von Jezira 232
– Zentrum 60
Keter-Malkut 150
Keter-Malkut-Strom 149
Khem 333
Klare Licht, das 220
Kleinen Mysterien, die 119, 125, 220, 369
Knight, Gareth 364
Kof 288
Kollegium des Heiligen Geistes 294
Kontemplation 46, 69, 85
Königinnenskala 61, 221, 256
Königliche Kunst 27, 32, 188, 233

Kreuz der Elemente 151, 154
Krishna 311
Krone 45
Krone des Lebens 164, 305, 317
Kronenzentrum 152, 219
Kryashakti 313
Kundalini 127–128, 146, 149, 151, 163–164, 169, 186, 195, 207, 211, 219, 223, 248, 256, 267–268, 270, 272–273, 285, 308, 310, 358, 368
Kundalini-Yoga 78, 146, 187, 219, 251, 268, 358, 371
Kunst der Alchimie 251
Kyab-je Ling Rinpoche 314

Lamed-Vaw 28
Lanze 74
Lanzelot 73
Lao Tzu 221
Latens Deitas 76
Lebensenergie des grenzenlosen Lichts 64
Leere von Shunyata 220
Lévi, Eliphas 156, 167, 228, 243, 317
Leviathan 273
Lichtkörper 211
Lichtkreuz 57
Liebenden, die 110, 130, 358
Lios-Alfar 370
Löw, Rabbi 210
Luft der Weisen 74
Lungen 250
Luz 161, 170, 270

Ma'at 106
MacLeod, Fiona 370
Madim 331
Maggid 311
Magier 128, 168, 214, 256, 272, 286, 359
Magische Kraft 102, 224

Magische Spiegel, der 39
Mahadeva 368
Mahamudra 33, 220
Maharamayana 139
Mahasukha 81
Mahatma 103
Mahayana-Buddhismus 35, 104, 216, 222, 235
Maja 195, 270
Malekh 170
Malkut 43, 60–63, 65–67, 78, 84, 94, 142, 148, 150, 152, 164, 170, 175, 215, 222, 231, 252, 254, 268, 275, 290, 310, 369
Malkut von Briah 217, 232
Malkut-Zentrum 197
Mandala 207
Mandel 167
Mandela, Nelson 372
Mantische Bilder 120
Mantra 66, 198
Mardong 314
Maria Magdalena 147
Maria-Prophetissa 321–322
Marpa 186
Mars 273, 311
Mäßigung 76, 150, 154, 167, 214, 249, 251, 273, 275
Mathers, S.L. MacGregor 269
Mead, G.R.S. 218, 303
Medicina catholica 73
Meditation 52, 183, 251
– Atmungszyklus während der 54
Meditationsraum 197
Melchisedek 147, 165, 167, 212, 216, 234, 337
Melekh 84
Menes 236, 239, 251, 259, 320, 347
Merkhabah 231, 311
Merkur 125, 130, 149, 219, 235, 287, 307, 311, 359

Merkurzentrum 101, 104, 130, 165, 309
Merlin 107, 162
Metatron 164
Methusalem 28
Mezla 164, 214, 256, 298, 310, 321, 359
Milarepa 186
Miriam, die Hohepriesterin der Schechina 321
Miteinander verwobene Licht, das 198, 237
Mitgefühl 37
Mittlere Säule 59, 78, 126, 149–150, 154, 170, 186, 207, 290
Mond 52, 69, 117, 151, 223, 310
Mond-Chakra 144
Mondgöttinnen 188
Mondzentrum 101
Morgan le Fay 162
Moses 42, 193, 321
Mudra 361, 362, 367
– Dharma 362
– Karma 362
– Öffnen des Schleiers 82, 95, 109, 132, 198
– Schließen des Schleiers 84, 97, 200
Muladhara-Chakra 170
Mumifizierung 314
Mutter, koinzidente 179, 193, 276
Mysterien 32, 74
Mysterium Magnum 153
Mystische Suche 252
Mythische Symbolkette 38

Nagas 165
Nagayuna 27
Nahasch 272
Nairatmya 363
Naropa 185
Narr, der 74, 81, 92, 163, 183, 210, 231

Natur des Verlangens 252
Nefesch 167, 206
Neith 195
Nequidah 252
Neschamah 75
Netz der Maja 105
Netzach 43, 62, 65, 126, 151, 254, 256, 286, 291
Nicht-Ichbezogenheit 363
Nichts 222, 364
Nogah 331
Nordstern 333

Obere Welten 293
Ofen 49
Offenbarung des Johannes 292
Omnipotenz 164
Osiris 163, 194, 234, 334

Padmasambhava, Guru 89, 102, 162
Pan 193
Paracelsus 44, 212, 249, 358
Paraklet 80
Pargod 331
Parzival 73
Pashu 233
Patanjali 156
Pentagramm 166
Pernety, Antoine-Joseph 249
Persona 148
Pfad der Rückkehr 175, 182, 357
Pfadarbeit 292
Pfade der Verborgenen Herrlichkeit 296–297
Pfauenschwanz 203
Phallus 357
Philemon 206
Physische Körper, der 67
Physische Symptome, durch die Praxis auftretende 285
Pingala 125, 130, 149
Pinienzapfen 165
Plotin 231

Plotinus 107, 295
Polarität 124
Prana 53, 127, 222, 273
Pranayama 51, 250
Praxis, künftige 360
Prima Materia 73, 218
Prinz des königlichen Geheimnisses 292
Prithivi 141-142
Prithivi-Prithivi-Symbol 152, 351
Psyche 75
Psychische Energie 247
Ptolemäus I. Soter 189
Ptolemäus II. Philadelphos 189

Quarzkristall 219
Quecksilber 30, 130, 359
Quellen der Hekate 368
Quintessenz 73, 125, 130, 141, 211, 270, 369

Rad 311
Rad des Schicksals 76
Rajas 287
Ramsay, Jay 370
Raphael 147, 197, 358–359
Rasayanas 29
Raumwürfel 198, 231
Rebis 359
Regardie, Israel 59, 64, 316
Regenbogenkörper 216
Regent 234
Regulus 333
Reise 329
Rimpoché, Guru 162, 216
Ripley, George, Kanoniker 44
Roerich, Nicholas 79
Rituelle Handbewegung 361
Ritus der schottischen Freimaurer 292
Rohe Ashlar 150
Rosa Alba 163
Rosenkreuz 77

Rosenkreuzer, goldener 257
Rote König, der 67
Rote Werk, das 51
Ruach 75
Ruach-Chaim 94
Rückkehr 344
Runde Tafel 82, 85, 92, 122

Sahasrara-Padma 152
Sajin 358
Salz 287
Samadhi 187
Sambhogakaya 37, 317
Samen der Sonne 101, 219
Saphire 286
Sattva 235
Sattva im Yoga 287
Saturn 94, 194–195
Saturnzentrum 187
Säule der Form 126
Säule der Kraft 126
Schale Buddhas, die 79
Schechina 195, 232, 248
Schekel Salomos, der 253
Schiff Salomos, das 162
Schlange der Weisheit 270
Schlange, wie sie den eigenen Schwanz verschlingt 273
Schlangenkraft 187, 268
Schule der Seele 190
Schwarze Isis 193–194, 321, 365
Schwarze Krone der Karmapa-Inkarnationen 102
Schwefel 30, 287, 307, 358
Schwert 74
Schwert Davids 253
Schwert des Lichts 113
Seele 75
Sefer Jezira 52, 69, 79, 94, 164
Sefirot 61
Sefirotische Kammern 286–287
Selbstheilung 292
Selbstreinigung 268

Serah 28
Shabda-Brahman 77
Shakta 368
Shakti 195, 248, 368
Shakyamuni, Buddha 310
Shem 28, 152
Shemesh 78
Shi'r-Yehovah 81
Shiva, Gott 81, 368
Shiva Sanhita 142
Shunyata 195
Siddha 102
Siddhi 156
Signaturenlehre 143
Silber 310
Skorpion 270
Smaragdtafel 78, 164, 167
Smaragdtafel des Hermes Trismegistos 46
Sonne 117, 130, 223, 311
Sonnenkörper 37, 314, 317, 359
Sonnenscheibe 130
Sonnenzentrum 144
Soror Mystica 362, 367
Sphäre der Sinneswahrnehmung 55
Spiegel des Tetragrammatons 75
Stab Arons 253
Stab der Macht 163, 165
Stärke 128, 273
Starzen Methusalems, die 28
Stein 74, 164
– der vollendete 165
– der Weisen 73, 101, 166, 274, 358
Stern 90
Sternentafel des Großen Schalom 123
Stimme des Schweigens 77
Stoff aus Ägypten 27
Subtile Körper, der 139, 146
Susumna 125, 128, 150, 350, 358
Susumna-Kanal 270

Swallow, David 357
Symbol
 – für das Venuszentrum 170
 – für Salz 171
 – für Schwefel 171
System 163
Székely, Edmund 178

Tabula rasa 361
Tafel der Feenscharen 123
Tafel des Handelns 123
Tamas 287
Tantra 35, 42
Tantrische Gottheiten 165
Tantrische Initiationen 80
Tao 28
Tarot 45, 192, 292, 295
Tarot-Schlüssel 288
Tattvas 141, 143, 358
Tattvische Entsprechungen 144
Tattvische Symbole 145
Tau-Kreuz 272
Tausendblättriger Lotus 152
Tausendjährige Schule 328
Tejas 141
Telepathie 101–102
Telesmatische Bilder 121
Tempel
 – des Geheimnisses Jods 170
 – des Saturns 342
Teresa von Ávila 147, 205
Termas 369
Tetragrammaton 148, 213, 232, 277, 318
Teufel 110, 130
Thankas 130
Theurgie 17, 192
Thron der göttlichen Herrlichkeit 331
Tibetische heilige Kunst 122, 127, 165
Tiefenpsychologie 39
Tierkreis 92

Tiferet 43, 61–62, 64–65, 67, 76, 78, 82–83, 85, 96, 106, 126, 142, 149–150, 154–155, 167, 170, 199, 215, 236, 254, 256, 278, 290, 319, 324, 368
 – von Azilut 124
 – von Briah 232
 – Zentrum 109, 132, 198
Tigle 268
Tikkun 251
Tilak 166
Tod 110, 163
Trancearbeit 54
Träne der Isis 92
Transformation 251, 285
Transubstantiation 234
Trinkbare Gold, das 222, 287
Triumphwagen 130, 311
Tse-bum 80
Tsongkhapa 314
Tummo 185–186
Turm 209, 223
Turm der Kunst 146, 148, 350
Turmzimmer 144, 148–149, 151, 155, 170–171, 286, 300, 318

Überbewusstsein 130, 359
Überirdische Triade 287
Übung
 – Fontäne-Atmung 64, 66, 68, 82, 111, 132, 198, 214–215, 237
 – Das Rote Werk 52
 – Das Weiße Werk 59
 – des miteinander verwobenen Lichts 66, 329
Unendlichkeitszeichen 128
Unrat 250
Unsterbliche Vajra-Träger 28
Unsterbliche, der verborgene 229

Unzerstörbarer Tropfen 77
Upanischaden 45
Uriel 147, 197
Ursprüngliche Einheit 101
Ursymbole 142
Urteil 130, 151
Urwille 252, 256

Vajra-Höllen 270
Vajra-Mukhut 102
Vajra-Yogini 186, 195
Vajrayana 35, 37–39, 42, 80, 121, 130, 139, 183, 185, 188, 191, 209, 211, 219, 251, 274, 317, 361, 368
Valentinus, Basilius 115
Vanghan, Thomas 31, 196
Vayu 141
Venus 254, 366
Verborgene Pfade 299
Vesica-piscis-Symbol 183
Via Negativa 33
Viras 233
Vision 334
Visualisierungen 39, 127, 181, 364
Visualisierungsmeditationen 186
Vivekananda, Swami 29

Wache 301
Wachsende Schmerzen 285
Wagenlenker 130
Waite, A.E. 31, 44, 69, 197, 253, 280
Wakan-Tanka 269
Wasser der Weisen 74, 142
Weg zur Befreiung 182
Weiße Königin 67
Weiße Stufe des Werkes 187
Weißes Werk 51
Weiße Sonne des höchsten Bewusstseins 77
Welt 81, 130, 150, 154, 275
Weltseele 194

Werk
 – der Transformation 121
 – Vollendung des 313
 – Vorbereitung auf das 42
Westliche Mysterientradition 55
Wille des Ewigen 315
Wirbelsäule 165, 310
Wolkensäule 195

Yab-Yum 127
Yang 192
Yantra 207
Yin 192
Yoga 127, 183
 – des inneren Feuers 186
 – des Westens 31
 – Tibetischer 130
Yukatan 333

Z'ev ben Shimon Halev 45, 307
Zade 90
Zazahot 331
Zazen 33
Zehn Gebote 42
Zehn Sefirot 43
Zentren 149
»zeremonielle« Weg, der 33
Zinnen 152
Zion 165, 219
Zirbeldrüse 81, 101, 165, 219, 310
Zitadelle 206
Zitadelle der Seele 137
Ziwa 317
Zosimos 27
Zurückgezogene Orden 294
Zweiunddreißigste Grad, der 292
Zwölf spirituellen Typen, die 93
Zwölf Stufen des Großen Werkes 93

Über den Autor

David Goddard ist ein Vertreter der westlichen esoterischen Tradition. Er wurde von verschiedenen Ältesten und Gruppen in der Kabbala, den Hermetischen Künsten und der keltischen Weisheit Britanniens ausgebildet. Er unterrichtet in der ganzen Welt und hält regelmäßig Workshops in den USA. Er ist der Begründer von *The Pharos*, einer internationalen Schule der Seele, und außerdem Autor von *The Sacred Magic of the Angels* (Weiser, 1996). Für weitere Informationen über David Goddards Kursprogramm und *The Pharos* wenden Sie sich bitte an:

The Pharos
P.O. Box 9245, London NW10 5WG England

oder besuchen Sie Davids Website:
www.davidgoddard.com.